山东大学简史

《山东大学简史》编委会　编

山东大学出版社

·济南·

图书在版编目（CIP）数据

山东大学简史/《山东大学简史》编委会编．—济南：山东大学出版社，2022.11
ISBN 978-7-5607-7143-4

Ⅰ.①山…　Ⅱ.①山…　Ⅲ.①山东大学-校史　Ⅳ.①G649.285.21

中国版本图书馆 CIP 数据核字（2021）第 193690 号

责任编辑　肖淑辉　肖世伟　楚洋洋
封面设计　王秋忆

山东大学简史
SHANDONG DAXUE JIANSHI

出版发行　山东大学出版社
社　　址　山东省济南市山大南路 20 号
邮政编码　250100
发行热线　（0531）88363008
经　　销　新华书店
印　　刷　山东新华印务有限责任公司
规　　格　787 毫米×1092 毫米　1/16
　　　　　29 印张　　507 千字
版　　次　2022 年 11 月第 1 版
印　　次　2022 年 11 月第 1 次印刷
定　　价　198.00 元

《山东大学简史》编委会

序

“一切向前走，都不能忘记走过的路，走得再远、走到再光辉的未来，也不能忘记走过的过去，不能忘记为什么出发。”2021 年是中国共产党成立 100 周年，同时也是山东大学建校 120 周年。站在这一砥砺奋进、继往开来的新起点上，我们回顾和总结百廿山大与党、与祖国同呼吸共命运的发展历程，对于明确前进方向、坚定发展信心、汇聚磅礴力量具有重要的意义。

120 年前，山东大学在办学章程中明确提出：“公家设立学堂，是为天下储人材，非为诸生谋进取；诸生来堂肄业，是为国家图富强，非为一己利身家。”120 年来，山东大学始终把“为天下储人才，为国家图富强”作为自己的初心使命，以“强校兴国”的责任担当，书写了一部波澜壮阔、荡气回肠的创业史、发展史、奋斗史。

图强而生、为国育贤，山东大学在中国近代大学教育兴起中发挥了重要的示范作用。1901 年，山东大学堂因兴学图强而生，开启了在地方兴办新式大学堂的先例，为各省书院改学堂所效法，被誉为中国近代高等教育的起源性大学。风雨飘摇的年代，虽数经变迁、几度分合，山东大学始终坚持文理融通、不拘一格，展广阔胸襟，纳四海英才，人文荟萃，名师云集，培养了开国元帅罗荣桓、“当代诗魂”臧克家、国学泰斗季羡林等一批革命先驱和学术英才，为实现民族独立、人民解放积蓄了中坚力量。

革故鼎新、砥砺前行，山东大学努力服务社会主义革命和建设。中华人民共和国成立后，山东大学与华东大学合并，开启社会主义新型大学建设的新征程，在院系调整中参与支持建设了十余所大学。华岗校长亲授政治大课，学校以马克思主义为引领，勇立学术潮头，《文史哲》开风气之先，“文史见长”特色彰显，形成文、理、工、医、农“五院十八系”的强大阵容，“冯陆高萧”

“八马同槽”等巨子云集。回迁济南后，山东大学自力更生、发愤图强，“童鱼”、哥德巴赫猜想、晶体材料等方面取得了突破性成就，“社会主义新山大”的发展步伐铿锵有力。

解放思想、求真务实，山东大学积极投身改革开放和社会主义现代化建设。改革开放以来，山东大学开展“实践是检验真理的唯一标准”大讨论，吹响了山大人思想解放的号角，迎来了科学的春天。学校迅速恢复教学科研秩序，把主要科研力量组织到为经济建设和社会发展服务的主战场上来，在保持“文史见长”特色的基础上，创建经管法政学科，自主培养了新中国的首批博士，邓从豪、潘承洞摘得全国科学大会奖。伴随“211 工程”的加快建设，山东大学沿着“中国特色的社会主义大学”发展快车道，昂首迈向 21 世纪。

凝心聚力、开拓创新，山东大学全面贯彻落实“科教兴国”重大战略决策。2000 年，原山东大学、山东医科大学、山东工业大学三校合并组建新山东大学，开启发展的新征程。“齐鲁大地人才辈出，百年学府再创新章。”山东大学在推进“985 工程”中综合实力和国际影响力明显提升，“三跨四经历”人才培养模式独树一帜，助力 ATLAS（超环面仪器实验）、AMS（阿尔法磁谱仪）等重大国际科学工程，金融数学、生殖医学、密码学等研究跻身世界前列，为国家经济社会发展提供了坚实的人才和智力支撑，为中国高等教育改革和发展作出重要贡献。

追求卓越、只争朝夕，山东大学在新的历史起点坚决扛起民族复兴的时代重任。中国特色社会主义进入新时代以来，山东大学深刻领会扎根中国大地办大学的精神内涵，坚持“顶天”“立地”“育人”，大力实施“六大战略”，加快推进“由大到强”的历史性转变，聚焦国家重大战略需求着力打造国家战略科技力量，围绕构建中国特色哲学社会科学体系精心培育“山大学派”，扎根齐鲁大地凝练形成服务山东“山大系”品牌，圆满完成“双一流”建设第一周期目标任务，为服务国家重大战略和山东经济社会高质量发展作出了山大贡献，“中国特色、世界一流、山大风格”的发展道路越走越清晰、越走越笃定、越走越宽广。

2021 年 5 月 9 日，在《文史哲》创刊 70 周年、山东大学迎接建校 120 周年之际，习近平总书记给《文史哲》编辑部全体编辑人员回信，充分肯定了《文史哲》在弘扬中华文明、繁荣学术研究等方面所付出的努力，对办好哲学社会科学期刊、构建中国特色哲学社会科学提出殷切期望，体现了对山东大学的亲切关怀和期盼重托，为学校未来发展指明了前进方向、提供了根本遵循，进一步增强了全体山大人建设担当中华民族复兴大任世界一流大学的自信自省自觉。

“度之往事，验之来事，参之平素，可则决之。”《山东大学简史》系统梳理回顾学校发展历程，全面阐述了120年来敢为人先、艰苦卓绝的奋斗史，兴学图强、立德树人的育才史，守正创新、薪火相传的文化史，心系家国、担当有为的奉献史。翻开这部校史，我们深刻感悟到百廿山大积淀而成的独特的“山大基因”，这种“山大基因”饱含着大爱无疆的家国情怀、舍我其谁的担当精神、坚毅厚重的崇实品格、敢为人先的创新素养，是“山大风格”的文化内核，必将指引和激励全体山大人战胜风险挑战、从胜利走向胜利。

百廿恰是风华正茂，百廿矢志强校兴国。立足新时代，展望新甲子，山东大学将始终高举中国特色社会主义伟大旗帜，立足新发展阶段，贯彻新发展理念，服务构建新发展格局，聚焦高质量发展，心怀“国之大者”，落实“立德树人”，坚守初心，引领创新，不断开创担当中华民族复兴大任的世界一流大学建设新局面，为全面建设社会主义现代化国家、夺取新时代中国特色社会主义伟大胜利作出新的更大贡献！

郭新立　樊丽明

2021年9月

目 录

第一编　图强而生　立为国育贤初心（1901～1928）

第二编　汇揽英才　开文理合办先河（1928～1949）

第四编　砥砺前行　守坚韧崇实品格（1958～1976）

第五编　改革创新　拓开放发展格局（1977～2000）

第一编
图强而生　立为国育贤初心
（1901~1928）

1840年鸦片战争爆发之后，中国逐渐沦为半殖民地半封建社会，清政府无力承担起对外实现民族独立、对内实现国家富强的历史使命。当时的中国，“不患贫，不患弱，特患无人才”，要想造就人才，必先振兴教育，而欲振兴教育，别无其他捷径，唯有广设大学。山东大学的源头——山东大学堂就是担负着“教育救国”的时代使命于1901年诞生的。

山东大学在当时的官办大学中开制度治校之先河。《山东大学堂章程》因顺应时势、制度制定较为完善，而被光绪皇帝下令在全国推广。“著政务处即将该署督原奏并单开章程，通行各省，立即仿照举办，毋许宕延。”因此，山东大学堂不仅是继京师大学堂之后中国创办的第二所国立大学，也是中国第一所按章程办学的大学，开创了近代中国大学早期建设的制度化进程，成为中国近代高等教育的起源性大学。

从1901年山东大学堂创设到1928年省立山东大学停办，山东大学在早期发展阶段受社会政治影响，汇纳传统学塾教育和新式大学，呈现出“一体多源”的发展特点。山东大学在这28年的办学历史中经历了更名、分流、撤并和停办的重大变革，但是学校发展弦歌不断，薪火相传。尤其是山东大学堂所秉持的“为天下储人才，为国家图富强”的办学宗旨，表达出了引领时代风潮的天下情怀和家国担当，为此后的办学历程埋下了兴学强国的精神基因，成为一代又一代的山大人在面临民族危机时所应担负的历史使命和价值追求。

第一章　山东大学堂

鸦片战争之后，面临西力东侵之千年未有之变局，晚清逐步陷入半殖民地半封建社会之泥淖。身处内忧外患的近代中国，“不患贫，不患弱，特患无人才”[①]。从当时的社会环境来看，要想造就人才，必先振兴教育，而欲振兴教育，别无其他捷径，唯有广设大学。在这种背景之下，山东大学堂担负着“教育救国”的时代使命而诞生。在其早期发展阶段，受社会政治发展变迁的影响，山东大学堂不但经历了更名、分流和撤并的重大变革，还在不同时期汇纳传统学塾教育和新式大学，呈现出“一体多源”的发展特点。

第一节　山东大学堂创建

自 1840 年被西方坚船利炮强行叩开国门之后，中国的民族危机和社会危机逐步加剧，爱国救亡成为摆在中国人民面前的首要课题。改革封建传统教育，推动中国教育的近代转型，培养有益于社会各业发展的新式人才，不仅是近代教育自身发展的必然要求，而且是担负起为国育才的历史责任所在。

时至《辛丑条约》签订，中国社会愈加危机四伏，内外矛盾交织，民族前行道路艰难，变法图强成为当时唯一的出路。光绪二十六年十二月初十日（1901 年 1 月 29 日），尚在“西狩”的慈禧太后以光绪皇帝的名义颁布上谕，宣布举国推行变法，并命督抚以上大臣各就地方情形，参酌中西政要，“举凡朝章

① ［美］狄考文等：《拟请京师创设总学堂议》（附跋），《万国公报》第 101 册，1897 年 6 月，第 39 页。

国故、吏治民生、学校科举、军政财政，当因当革，当省当并”[①]。教育变革在内的清末新政改革就此拉开了帷幕。

光绪二十七年八月初二日（1901 年 9 月 14 日），清政府颁发“兴学诏”，谕饬各地兴办学务，将各地书院分别改为大、中、小三类学堂，培养新式实用人才，内云：“人才为政事之本，作育人才，端在修明学术……除京师已设大学堂，应行切实整顿外，著各省所有书院，于省城均改设大学堂，各府及直隶州均改设中学堂，各州县均改设小学堂，并多设蒙养学堂。”[②] 地方督抚大员纷纷响应，积极遵旨办理，进行教育改制。

当时的山东巡抚袁世凯，生于河南项城，时人称其为“袁项城”。在清末政坛中，袁世凯有任事之才、治军之能，实为务实干练的能臣。早在 1901 年春，他就萌发了筹办一所新式大学堂的想法，向朝廷上书《遵旨敬抒管见上备甄择折》，认为“百年之计，莫如树人。古今立国，得人则昌。作养人材，实为图治根本。查五洲各国，其富强最著者，学校必广，人材必多。中国情见势绌，亟思变计，兴学储才，洵刻不容缓矣”，并具体提出了“慎号令、教官吏、崇实学、增实科、开民智、重游历、定使例、辨名实、裕度支、修武备”等十条教育改革建议。[③] 袁世凯正欲稳步推进，不料其生母刘氏因病去世。清政府令袁世凯移孝作忠，赏假百日，在巡抚衙门内尽孝。在接到朝廷施行新政的“兴学诏”，尤其看到各地同僚在教育改革上争先恐后，袁世凯不甘落伍，遂组织人手，并结合山东地方情形，起草教育改革方案。

光绪二十七年九月二十四日（1901 年 11 月 4 日），袁世凯向朝廷上呈《奏办山东大学堂折》，奏请在山东兴建一所新式学校，名“山东大学堂”，并阐述设校目的：“国势之强弱，视乎人才，人才之盛衰，原于学校。诚以人才者，立国之本，而学校者，又人才所从出之途也。”袁世凯倡议新式学校的设立要以“实学”和“实科”为改革进向。所谓“实学”“实科”，非滥觞于北宋的“实体达用之学”，而是指西方近代科学，亦即当时西人所定义的“周知天下之事，而

① （清）沈桐生辑：《光绪政要》卷二七，沈云龙主编：《近代中国史料丛刊》第三十五辑，台北：文海出版社，1969 年，第 10～11 页。

② 朱寿朋编，张静庐等校点：《光绪朝东华录》第 4 册，北京：中华书局，1984 年，第 4719 页。

③ 袁世凯：《遵旨敬抒管见上备甄择折》，陈元晖主编，璩鑫圭、唐良炎编：《中国近代教育史资料汇编·学制演变》，上海：上海教育出版社，2006 年，第 10～13 页。

遍格物之理也”[①]。袁世凯在奏折的附片中阐述了山东大学堂的办理方法，名为《山东省城试办大学堂暂行章程》，简称“山东章程”。其内容计四章共96节，涉及学堂办法、学堂条规、学堂课程和学堂经费等各项管理制度。该折稿对省城大学堂的筹建方法作出明确具体的规定，策略得当，可操作性强，加之各省当时并无章程办学先例，因此光绪皇帝接报后于十月初六日（11月16日）朱批：“知道了。政务处暨各该衙门知道，单并发。”清廷又令各省效仿山东举办新式学堂：“查袁世凯所奏山东学堂事宜及试办章程……著政务处即将该署督原奏并单开章程，通行各省，立即仿照举办，毋许宕延。”[②] 学部大臣张百熙旋即将山东大学堂办学章程转饬各省，要求各地督抚照章办理。地方督抚在复折中均称，除参酌本省情形稍微变通外，一切条规均略仿山东章程。[③]

为将山东大学堂的办学蓝图付诸实践，并重点彰显新式大学堂的“新”意所在，袁世凯在前期筹建大学堂时对中外人士不分畛域，人尽其用，凡有利于学堂兴建者皆多方延请，放手使用。袁世凯将学堂的管理职责一分为三：设立“总办”统管学校大小事务，设立“监督”负责督饬学生，设立“总教习”择聘教习人员和核定课程。

考虑到总办一职乃主管校务运营，处于中枢地位，袁世凯遂起用精通中西之学的亲信幕僚担任。然而，这些幕僚各自有其岗位职责，加之大学堂毕竟处于草创阶段，规制尚需摸索，管理职责未予以明定，导致学堂总办一职出现多人接力且权责共担的情形。在大学堂酝酿期间，发挥较大作用的是广东中山人唐绍仪。唐绍仪的父亲唐巨川在上海经商，从事茶叶出口贸易，这种生活环境使其年幼时就接触了西学西知。1874年，唐绍仪作为第三批留美幼童出洋留学，进入哥伦比亚大学学习。1881年，唐绍仪被召回国，入天津水师附设的洋务学堂读书。次年，又作为德国驻天津前领事穆麟德的随员前往朝鲜襄助海关事务。在朝鲜任职期间，与同在朝鲜的袁世凯“一见契合”，两人此后成为莫逆之交。[④] 1900年3月，袁世凯任山东巡抚之后，唐绍仪来鲁襄助办理洋务。在山东大学

① 袁世凯：《奏办山东大学堂折》，陈元晖主编，璩鑫圭、唐良炎编：《中国近代教育史资料汇编·学制演变》，第60～63页。

② 《谕政务处将袁世凯所奏山东学堂事宜及试办章程通行各省仿照举办》，陈元晖主编，璩鑫圭、唐良炎编：《中国近代教育史资料汇编·学制演变》，第8页。

③ 参见陈元晖主编，璩鑫圭、唐良炎编：《中国近代教育史资料汇编·学制演变》，第64～74页。

④ 参见夏征农、陈至立主编：《大辞海·中国近现代史卷》，上海：上海辞书出版社，2013年，第249页。

堂酝酿过程中，作为“洋务中杰出人员”[①] 的唐绍仪自然能够发挥重要作用。1901 年 11 月 7 日，在山东大学堂即将正式开校之前，唐绍仪又随袁世凯赴任天津，出任津海关道一职。[②] 总管校务且在大学堂顺利开校过程中发挥重要作用的当属山东候补道员周学熙。周学熙，字缉之，号止庵，安徽至德县（今东至县）人。1897 年任开平矿务局驻上海分局监察，1898 年 10 月升任开平矿务局总办，1901 年来鲁投入袁世凯麾下。因倡导“实业救国”，他在天津、唐山、青岛等地创办了不少工业企业，与江苏南通的张謇齐名，被后人誉为“北国工业巨子”[③]。据巡抚衙门某师爷的日记所载，周学熙在总办任上订立规章制度，规划教学方针，在教务管理上与总教习“妥商酌办”[④]，成为山东大学堂正式开办之后的第一任总办。然而，袁世凯受命署理直隶总督兼北洋大臣之后，其山东巡抚职务由周馥于 1902 年接任。按照清朝任官的回避制度，周学熙作为周馥之子理应遵例“回避”，故被袁世凯委派赴天津总办银元局，而山东大学堂的总办一职则交由和唐绍仪、周学熙同时来大学堂的安徽定远人方燕年接任。[⑤]

在山东大学堂监督一职上，袁世凯又调原蓬莱知县李于锴来济充任，令其参与山东大学堂的筹建事宜。李于锴，字叔坚，甘肃武威人。虽受旧学教育，但他心胸开阔，对新学抱持欢迎态度，曾在 1895 年参加“公车上书”运动，起草《请废马关条约呈文》并率先签名，彰显了一名读书人的家国情怀。然而，正当李于锴欲在山东大学堂筹建阶段实施教育抱负之时，不料武威家中逢难，继母病逝，其子女三人当时尚且年幼，均寄居老家，因此他在任不到三个月就不得不辞去在济南的职务，请假返回武威。[⑥]

既然号称新式大学堂，开设西学西艺知识则是学校作为一所近代大学的应有之义。因此，必须选聘一位任其职尽其责的总教习。然而，当时风气尚未大开，难觅兼通中西学术的本土学者担任大学堂的总教习。于是，袁世凯在上奏朝廷时就明言，“课士之道，师范最难”，要想真正办成一所新式大学堂，必须

---

① 廖一中、罗真荣整理：《袁世凯奏议》，天津：天津人民出版社，1987 年，第 361 页。

② 参见徐忱：《袁世凯全传》，北京：中国文史出版社，2017 年，第 197 页。

③ 陈基余、赵培根主编：《安徽大辞典》，上海：上海辞书出版社，1992 年，第 639 页。

④ 中国社会科学院近代史研究所、中国第一历史档案馆编：《筹笔偶存：义和团史料》，北京：中国社会科学出版社，1983 年，第 648 页。

⑤ 1902 年，山东巡抚周馥为选送京师、保定及日本师范生，录取廪增生、附生 104 人，饬山东大学堂暂设师范馆收容之，馆务即由方燕年主持。

⑥ 参见武威通志编委会编纂：《武威通志·人物卷》，兰州：甘肃人民出版社，2007 年，第 155～156 页。

一洗畛域之陋，延聘外人为师，作为先路之导。[1] 这时，坐落在山东登州由外人创办的一所新式大学“文会馆”开始与山东大学堂有了难以割断的历史渊源。

创设于1864年的文会馆，由一所只有五六名学生的教会小学登州蒙养学堂发展而来。[2] 文会馆实施分斋教学，具有递升性、分科类的特点，被视为分科型大学的雏形。[3] 在教学过程中，该校吸收西学教材并融入具体教学实践，编辑出版西学课程用书，不但为教会学校使用，也为晚清新式学堂采用。学校秉承“完全教育”理念，重视中学与西学知识的讲授，所培养出的毕业生不仅流向教会学校，且为清廷官办新式学堂充当西学师资。1898年京师大学堂创建，其首任总教习美国传教士丁韪良（William Martin）携刘永锡、仲伟仪、朱葆琛等文会馆12名师生前去任教。据统计，京师大学堂的西学教习除一人外，其余均从文会馆毕业。事实上，不唯位于北京的京师大学堂，就连地方上的山西大学堂、江南高等学堂、天津北洋师范学堂、云南法政学堂、云南农业学堂、奉天陆军学院、保定陆军速成学堂等均前来登州聘请文会馆毕业生。“东明高座，脱颖而出，咸应聘于高等学堂，以分司教铎，执牛耳焉。”[4] 在当时，文会馆不但被认为是一所“名副其实的大学”，还是“中国最好的大学”[5]。“该时所谓高等学校，照全国而论，当以登州文会馆为第一。”[6]

袁世凯与登州文会馆的渊源要从其登州从军经历说起。袁世凯在22岁时“蒙四叔赏川资四十金”奔赴登州，投效与袁家“三代交好”的淮军名将吴长庆。[7] 在登州驻防期间，袁世凯有时会前往文会馆与馆主狄考文（Calvin Mateer）交流，“满清军队修械所的技工是狄训练出来并介绍的。袁世凯来参观过狄的一切设备”[8]。也就是袁世凯在登州从军期间，埋下了现代文明的种子。1900年义和团运动影响了文会馆的正常教学工作，学校也暂时停止运营。因此，袁世凯在倡办山东大学堂时，首先想到的就是赋闲登州的文会馆师生。袁世凯

---

① 参见袁世凯：《订美国人赫士充大学堂总教习片》，廖一中、罗真荣整理：《袁世凯奏议》，第340页。

② 参见王元德、刘玉峰：《文会馆志》，潍县：广文学堂印刷所，1913年，第20页。

③ Kwang-Ching Liu，“Early Christian Colleges in China”，*The Journal of Asian Studies*，1960，20（1），pp. 71-72.

④ 王元德、刘玉峰：《文会馆志》，第6页。

⑤ Irwin T. ，Hyatt Jr.，*Our Ordered Lives Confess*：*Three Nineteenth Century American Missionaries in East Shantung*，Harvard University Press，1976，pp. 174-175.

⑥ 连警斋：《郭显德牧师行传全集》，上海：上海广学会，1937年，第150页。

⑦ 参见张謇：《张謇全集》卷一《与朱曼君及叔兄致袁慰亭函》，江苏：江苏古籍出版社，1994年，第19页。

⑧ 曲拯民：《登州文会馆的创办人狄考文》，《山东文献》（台湾）1987年第4期，第107页。

认为，“各国洋人，类多骄蹇不受钤制。惟美国人心地和平，其在华年久者，往往自立学会，传授生徒，多冀中国之振兴”，便“访订美国人赫士派充大学堂教习”。[①] 赫士（Watson Hayes）当时担任的是文会馆馆主一职。赫士是美国宾夕法尼亚人，大学生涯在阿里甘学院度过，1882 年应狄考文之邀来华协办文会馆校务。赫士赋性聪明，勤学不倦，数载即精通汉语，又可授天文、地质、经济等科，1896 年起开始主管文会馆校务。赫士在华活动近 20 年，“品行端正，学术淹通”，“曾在登州办理文会馆多年，物望素孚，实堪胜任”，乃是统筹大学堂教务工作的最佳人选。[②]

赫士应邀来济之后，“总理择聘教习，核定课程等事”，被称为“海总教习”。[③] 袁世凯与赫士订立合同，约定权责，载明其只对巡抚负责，后者对此“亲笔签字”以示认可。[④] 在校务处理上，赫士协助总办“总理学堂一切应办事件”。在具体的校务运营中，除了“不牵涉他项教务”即染指传教事宜外，赫士基本不受中方掣肘。山东抚台在复外务部的函件中称：“海总教习虽遇事存有意见，不易受商，但凡无甚关紧之事，亦必婉商，以顾大体。”[⑤] 大学堂成立之初，德国驻济使馆梁领事致函东抚推荐德人费里斯出任西学教职，抚台复函时请其“径向贵总教习商办”，并“立即转询大学堂总办周道暨赫总教习，并将费里斯原禀交由海总教习阅看”，至于该人学问人品是否堪充教习，则由赫士“照章查明”即可。[⑥] 因此，赫士由登州来济时，才能携登州文会馆本校师资张丰年、仲伟仪、王锡恩、王执中、罗绳引、刘光照，往届毕业生刘永锡、郭中印、李星奎、冯志谦、刘玉峰、连警斋，应届毕业生王振祥和赵策安，以及西学教习赫美吉、富知弥、文约翰、卫礼大等一道来济参与山东大学堂的创建。实际上，当时文会馆的西学教习，除路思义（Henry Winters Luce）一人之外均随赫士前往山东大学堂任职。正是有以赫士为首的教学团队，山东大学堂才能以文会馆的办学实践为蓝本，制定学堂条规，厘定教学内容，设计教学方法，在很短的时间内就具备了开堂授课的条件。

---

① 袁世凯：《订美国人赫士充大学堂总教习片》，廖一中、罗真荣整理：《袁世凯奏议》，第 340～341 页。
② 袁世凯：《订美国人赫士充大学堂总教习片》，廖一中、罗真荣整理：《袁世凯奏议》，第 340 页。
③ 袁世凯：《遵旨改设学堂酌拟试办章程折》，廖一中、罗真荣整理：《袁世凯奏议》，第 322 页。
④ 中国社会科学院近代史研究所、中国第一历史档案馆编：《筹笔偶存：义和团史料》，第 646 页。
⑤ 中国社会科学院近代史研究所、中国第一历史档案馆编：《筹笔偶存：义和团史料》，第 647 页。
⑥ 中国社会科学院近代史研究所、中国第一历史档案馆编：《筹笔偶存：义和团史料》，第 655 页。

在遴选总办、监督和总教习的合适人选以及延聘师资之后，还要建造校舍。当时适逢全国各地的书院改作大、中、小学堂，坐落在省城济南的泺源书院作为传统的学塾教育学校，遵章要改设为大学堂。泺源书院的历史较为久远，早在雍正十一年（1733），山东巡抚岳濬即奉“省会之地仍各建书院，以作育人才”的旨意，在明代都指挥使司官署旧址建立了泺源书院，以泺水之源为名，取“不忘所自”的寓意，以期培育维护封建统治的人才。朝廷岁发帑金，以资膏火，还特赐白银千两以示对学校的重视。后来，经铁保、琦善、托浑布、丁宝桢、李秉衡等山东历任巡抚大力支持和多方运营，泺源书院一时间校园宽敞，建筑规整，藏书丰富，斋舍宽敞，经费充裕，成为山东地区规模最大的书院，文风盛极一时。在新建校舍难以及时落实的背景下，泺源书院对山东大学堂来说当然是一所理想的校舍驻地。当然，泺源书院的固定资产及各类人员也都借传统书院改制的“利好”政策，分流到新建的山东大学堂。因此，在由传统书院教育向现代高等教育的转变过程中，泺源书院的名谓虽然已经消失在历史烟云之中，但其历史如同积水成渊，涓流成海，最终汇入山东大学堂“一体多源”的校史发展脉络当中。

1901 年 11 月，设在泺源书院的山东大学堂正式开学，招收了第一届学生，从此揭开了学校 120 年历史华章的序篇。

第二节　《山东省城试办大学堂暂行章程》

1901 年袁世凯酝酿成立山东大学堂时，作为戊戌变法的“新政”成果之一的京师大学堂尚未复校，因此，如何兴办新式大学堂实际上在全国范围来说并无章可循。为此，经“海总教习与袁抚彼此商定”，山东大学堂在还没有正式开办之前即制定“学堂暂行试办章程”，作为兴办学校的设计蓝图。[①] 袁世凯上折倡办山东大学堂时，专附《山东省城试办大学堂暂行章程》（以下简称“山东大学堂章程”），阐述办学流程，陈明学校条规。山东大学堂章程亦因应时势，详

① 中国社会科学院近代史研究所、中国第一历史档案馆编：《筹笔偶存：义和团史料》，第 646 页。

规较为完整，对当时全国新式高等教育的设立起着制度示范作用，故被称为“中国最早的大学章程”。

山东大学堂章程近一万余言，分“学堂办法”“学堂条规”“学堂课程”“学堂经费”四章，计 96 节，涉及学生收招、师资选聘、课程设置、教学管理和经费来源等学校运营的方方面面。

在办学宗旨方面，山东大学堂章程明确学校的创设目的在于“储为明体达用之材，仰副朝廷图治作人之至意”①。虽然在主观上乃是培养维护封建体制的人才，然而在民族危机和社会危机空前加剧的时代背景之下，其在客观上也担负了为国育才和兴学强国的历史责任。

在学生收招方面，考虑到新式大学堂尚未有合适的预备学生，山东大学堂章程规定第一届学生面向社会进行公开考招，“本年以三百名为额”。以后是否按照现定原额，则由总办和总教习根据学堂办理情形酌量筹议，呈候巡抚核定，于考选一个月之前向社会公示。大学堂的预备学校即各府直隶州所设中学堂顺利培养的学生，将被陆续送入山东大学堂挨班递升，届时实行预备学堂直升和社会公开考招相结合的学生收招制度：十府、两直隶州拟分配 220 个名额，80 名余额即在省城附近招考；考招人数按应选人数多加三分之一，以备复试淘汰。山东大学堂章程还对学生资质有着明确的规定：“凡投考学生须在十五岁以上二十三岁以下，通解经史、文理明顺、身家清白、体质强实并无习气疾病嗜好者”，方有初试资格。在复试中，山东大学堂将测试策论经义，录取公开公平公正，“严禁瞻徇请托情事”②。

在经费管理方面，学堂常年需用经费暂以六万两为限，每年按季度前往藩库申领，嗣后原拨经费若不敷开支，可再酌量添拨。山东大学堂章程规定，常年经费领回学校后，归总办会同总教习共同管理，并在学校设立一所财务管理机构——收发处，遴选得力委员专管收发银钱等项事宜，总办和总教习可不定期进行财务核查。收发处委员每年应将收发款目于每年六月、十二月清结两次，分造“四柱清册”，连同原簿呈由总办、总教习核查，并另派他人复查一次，核对各项凭单、领状、发票、收据等，清算账目无误后再行呈报巡抚鉴核。山东大学堂章程规定，年度经费主要有两项用途，分别是“额支”和“活支”。所谓

① 山东大学档案馆编：《山东省城试办大学堂暂行章程》，济南：山东大学出版社，2018 年，第 43 页。
② 山东大学档案馆编：《山东省城试办大学堂暂行章程》，第 58～59 页。

“额支”就是固定开支，具体是指“总办、总教习、监督、西学洋教习、华教习、中学教习、医生、委员、司事、差弁应支薪水，夫役应支工食，以及笔墨纸张油烛薪炭等项杂款”。其中，发给监督、教习、委员、司事、医生和差弁的薪水，按月由总办、总教习、教习查照，禀定数目，发给凭单，交收发处支付；总办和总教习的薪水，则由巡抚发给凭单支领。至于“活支”则是指学堂“购置书籍、报章、仪器并应用器物、家具所需价值，排印书籍、修补房屋器具、考选学生津贴廪膳所需款项，以及陆续添购药房药料、工房物料、化学房材料、格物学所需质料器皿等项杂款”。因为这些款项均属临时支出，一般是先由办事人员将缮具清单随案声明，再由总办、总教习察看情形认真核办，即可划拨经费，不过开销在五百两以上者仍应呈候巡抚核定。①

在学业考核方面，山东大学堂章程尤为重视。它规定：“学堂考核功课，用北宋国学积分法，每季发给教习日记簿一本，令将逐日功课所完分数依次填注，呈由监督商承总教习并会同各教习详加稽核，以分数之多寡定学生之勤惰。”大学堂每年组织两次考试，分春考和秋考。总成绩由平时成绩和卷面成绩两部分构成：平日堂课占三分之二，季考课占三分之一。“如季考等级最下，应由教习呈请分别降革，以示儆戒。”除季考之外，“教习亦可定期考校，或由总教习、监督传考亦可”②。

除了在内容上初步具备大学章程的体系价值之外，山东大学堂章程的功能价值也值得关注。一般而言，大学章程在功能上主要着眼于调节学校的内外关系，而学校内部的关系主要是指校方和教师、校方和学生、教师和学生这三者的关系。就山东大学堂章程的规定来看，其出发点在于满足办学的实际需要，主要调节校方和学生、校方和教师的关系。

以学生管理为例，山东大学堂章程规定，学生通过初、复两试入堂后，“应责成监督、教习详查该生心术品行是否不逾范围，材质口音是否能有成就，于三个月后查明，据实呈报总办、总教习，严加考察，以定去留”③。若有心术不正、品行不端者，材质口音虽优，亦不留堂学习。学生在学堂每日的寝食和学习都有时间表，以鸣钟为号，如夏季时早五点半钟鸣钟一次，学生醒来预备课

① 参见山东大学档案馆编：《山东省城试办大学堂暂行章程》，第155～159页。

② 山东大学档案馆编：《山东省城试办大学堂暂行章程》，第121～123页。

③ 山东大学档案馆编：《山东省城试办大学堂暂行章程》，第62页。

程；早、中、晚膳分午前七点半钟、午后十二点半钟及六点半钟各鸣钟一次，则为用膳时间；晚九点钟鸣钟一次，概行停课，预备休息。学生还要严守学堂纪律，“禁止酗酒、赌博、吸洋烟，并严禁喧嚣、争詈、斗殴等事，违者分别责罚”①。学生完成每门功课之后，还要通过各项考试，“每年春秋季考两次，以平日堂课三分之二、季考课卷三分之一定其等级”②。学业完成之后，正斋学生“由总办、总教习考取优等发给凭照。有愿入专斋者，应升入肄业；有愿赴北京大学堂肄业者，禀由巡抚咨送；有愿充教习者或赴本省各府州县学堂或赴他省学堂及愿就他项职业者，悉听其便”。至入专斋学生，“仍由总办、总教习考验，择优发给专门凭照，或准令出洋留学，或分派练习实事，备将来教习差遣之用。其有学识过人专门名家者，并由巡抚随时奏请破格优奖”③。

最后值得注意的是，山东大学堂章程在指向上以教学为本位，强调会通中西之学。山东大学堂章程开宗明义，即言：“其教法以四书、五经为体，以历代史鉴及中外政治、艺学为用。”④ 山东大学堂作为一所扎根于中华大地且是官方设立的学校，山东大学堂章程自然也必须强调中学在课程设置上的中心地位，“总以正心术、敦品行、明伦理、知大体为主。择四书、五经及先儒性理诸书要义，反复详释印证”⑤。然而，山东大学堂毕竟是一所有别于中国传统书院的新式大学堂，因此，其章程同时也指出：“西学、中学名虽区别，理仍一致。各国学堂亦以伦理为重，其研求伦常、性理诸学复甚精备，而恪守国宪，尤为学中要义。”⑥ 同时，山东大学堂章程特别强调国际化教育的重要性：“学生出洋游学最易成就，现已恭奉谕旨著各省督抚资遣学生出洋游学，学成回华奏请优予出身，自应一体钦遵办理。学生毕业后，即由总办、总教习选择心术端正、学术渊博之士，呈请咨遣出洋游学。如果学成领有凭照回华，本省考验后即咨送外务部复加考验，奏请奖励。”⑦ 总之，在会通中西之学教学指向的培养之下，山东大学堂的学生“以植其本而立其基，庶几成德达材，体闳用大”⑧。为此，山

① 山东大学档案馆编：《山东省城试办大学堂暂行章程》，第 91 页。
② 山东大学档案馆编：《山东省城试办大学堂暂行章程》，第 122 页。
③ 山东大学档案馆编：《山东省城试办大学堂暂行章程》，第 63～64 页。
④ 山东大学档案馆编：《山东省城试办大学堂暂行章程》，第 43 页。
⑤ 山东大学档案馆编：《山东省城试办大学堂暂行章程》，第 113 页。
⑥ 山东大学档案馆编：《山东省城试办大学堂暂行章程》，第 114 页。
⑦ 山东大学档案馆编：《山东省城试办大学堂暂行章程》，第 65～66 页。
⑧ 山东大学档案馆编：《山东省城试办大学堂暂行章程》，第 113～114 页。

东大学堂章程在备斋、正斋、专斋三项大学堂课程的设置中，均彰显出会通中西之学的特征。

例如，备斋课程以两年为毕业之限，“温习中国经史、国朝掌故大略，并授以外国语言文字、史志、舆地、算术各项初级浅近之学”。再如，正斋课程以四年为毕业之限，“授以普通学，分政学、艺学两门”。所谓“政学”，又分三科：（一）中国经学，（二）中外史学，（三）中外治法学（内分吏、户、礼、兵、刑、工、交涉七目）。所谓“艺学”，又分八科：（一）算学，（二）天文学，（三）地质学，（四）测量学，（五）格物学（内分水学、力学、气学、热学、声学、光学、磁学、电学八目），（六）化学，（七）生物学（内分植物学、动物学两目），（八）译学（泰西方言附）。以上政学、艺学均编入普通课程。又如，专斋课程则以两年至四年为毕业之限，“参酌中外学制”，下分十门：（一）中国经学，（二）中外史学，（三）中外政治学，（四）方言学，（五）商学，（六）工学，（七）矿学，（八）农学，（九）测绘学，（十）医学。章程还规定：“凡入专斋肄业者，俾各认习一门，以征实用而备器使。”[①]

处于新旧冲突、中西融合的晚清中国，山东大学堂章程并没有摆脱时代之窠臼。虽然其存在这样或那样的缺陷，然而它却深印着时代发展的轨迹，那就是近代时期中国本土高等教育发展建设的制度化进程。晚清政府尽管早在1898年维新运动时期就意识到教育改革对强国固本的重要性，并批准设立了京师大学堂，“乃欲培植非常之才，以备他日特达之用”。然而，维新运动只维持了一百余天便宣告失败，变法措施几乎尽数废除。唯有京师大学堂以“萌芽早，得不废”，但此后的发展步履艰难，只能勉强维持而已。1900年，八国联军悍然入侵北京，占领了京师大学堂的校舍，焚毁不少图书以及其他仪器设备。京师大学堂的师生四散逃离，学校无法继续运营，不得已于当年8月3日停办。1901年9月，清政府下令进行教育体制改革之时，京师大学堂还没有得令复校。是以，虽然各地纷纷响应清政府兴办新式学堂的诏令，但兴办流程和方法在当时并没有路径可循。因此，袁世凯将山东大学堂章程上呈清廷之后，清政府认为其兴建学堂之法切合实际，颇为可行，具有示范意义，遂下令全国推广，“著政务处即将该署督原奏并单开章程，通行各省，立即仿照举办，毋许宕延”。

① 山东大学档案馆编：《山东省城试办大学堂暂行章程》，第107～110页。

有山东大学堂章程作为先路之导，各地督抚不管是新设大学堂还是将原有书院改设大学堂，都有了可以仿效的榜样：

在江苏，巡抚聂缉槼在《遵改书院为学堂疏》中称："现在钦遵谕旨，设法扩充，应即以此为苏州省城大学堂广拓斋舍，多招生徒，以一百人为额。其课程、等级、班次，不外山东章程，先从备斋、正斋入手，再习专斋之意，并拟购置各类图书、仪器，添课德文、俄文"，"将来应如何增设译书局、藏书楼、博物院，以资肄习而广闻见，除批令再行参酌山东章程，设法逐渐扩充，认真办理，期收实效"。①

在浙江，巡抚任道镕在改设大、中、小学堂时，表文呈奏《遵旨改设学堂疏》，明确表示："各堂均延聘总理一人，分设中西学各教习，中教习课经史、政治等学，西教习课天算、地舆、测绘、格致、方言、体操等学。其大学堂事体较重，派委正监督一员，凡堂中一应事宜，皆以总理董其成，而监督亦随同稽查，并督率司道等总理银钱收支等事，务期条理精密，约束整齐。其余一切条规，略仿山东章程；惟东省大学堂兼包中、小两学，浙省则系各堂分设，情事稍异，不得不量加变通，此酌定学堂办法之大概情形也。"②

在河南，巡抚锡良和学政林开謩具折上奏清廷，奏报河南大学堂的筹办情形，在名为《遵旨设立学堂谨陈筹备情形疏》的奏折中称："现已择定开封游击衙署改建学堂，额定学生二百名，内附客籍五分之一；聘总教习一人，中教习十二人，以咨训迪。其教法恪遵谕旨，以四书五经纲常大义为主，以历代史鉴及中外政治、艺学为辅，务使心术端正，文行交修，痛除空疏浮薄之习。其章程则仿照山东学堂规制，由备斋、正斋而入专斋，次第毕业，无躐等，无旷功，以收成德达材之效。惟豫省地处中州，士风素朴，非通商各省习见洋务者可比。西学教习拟暂缓聘西人，但以华人之通西学者为之，免至士心或生疑阻。"③

在山西，巡抚岑春煊在筹建山西大学堂章程中也明确表示："谕旨敕令各省开办学堂，并令仿照山东章程举办。会商再四，佥以为山东大学堂章程本极周

---

① 聂缉槼：《遵改书院为学堂疏》，陈元晖主编，璩鑫圭、唐良炎编：《中国近代教育史资料汇编·学制演变》，第64～65页。

② 任道镕：《遵旨改设学堂疏》，陈元晖主编，璩鑫圭、唐良炎编：《中国近代教育史资料汇编·学制演变》，第65～66页。

③ 林开謩：《遵旨设立学堂谨陈筹备情形疏》，陈元晖主编，璩鑫圭、唐良炎编：《中国近代教育史资料汇编·学制演变》，第73～74页。

密，既当仿照。惟晋省情形略异，尚应因时因地稍有变通，谨将臣与学臣及司道所拟办法为皇太后、皇后陈之。”①

在广西，巡抚丁振铎将桂林体用学堂改为广西大学堂，在《奏陈桂省改设大学堂情形折》中也强调：“所有一切事宜，仿照山东章程，就本省情形现有财力，斟酌妥办。”②

在贵州，巡抚邓华熙奏请办理贵州第一所新式大学堂——贵州大学堂，在奏折中说：“贵州设立大学堂，系领奉叠次谕旨遵办。其规制办法，亦遵旨仿照山东大学堂章程，参酌本省情形，稍为变通，总期实事求是，造就通才，仰副朝廷兴学作人至意。”③

总之，晚清时期各地兴办新式大学堂时，在治理框架、课程设置、师资选聘诸方面对山东大学堂章程或直接援用或稍加变通。因此，山东大学堂在这股兴办新式大学堂的历史潮流中率先承担了建章立制的历史责任，其章程不仅具有示范意义，而且也成为中国近代本土高等教育制度化进程的标志，在中国高等教育史上书写了意义深远的篇章。

第三节　办学宗旨与管理体制

作为第一所京外创办的官立大学堂，山东大学堂自然是通过培养新式人才来维护既有的封建体制。因此，山东大学堂在创建时“以四书、五经为体，以历代史鉴及中外政治、艺学为用”，目的是“储为明体达用之材，仰副朝廷图治作人之至意”④。然而，在国家羸弱的背景之下，兴办新式学堂、培养实用人才也使得山东大学堂自觉地承担起为民族培养实用人才的责任，客观上担当了推动国家近代化发展的历史使命。为此，山东大学堂在其办学章程中疾呼：“公家

① 岑春煊：《旨设立晋省大学堂谨拟暂行试办章程缮草恭折》，王杰、祝士明编著：《学府典章：中国近代高等教育初创之研究》，天津：天津大学出版社，2010 年，第 168 页。

② 丁振铎：《改设学堂筹办情形折》，陈谷嘉、邓洪波主编：《中国书院史资料》下册，杭州：浙江教育出版社，1998 年，第 2503 页。

③ 邓华熙：《试办大学堂暂行章程》，陈元晖主编，璩鑫圭、唐良炎编：《中国近代教育史资料汇编·学制演变》，第 89 页。

④ 山东大学档案馆编：《山东省城试办大学堂暂行章程》，第 43 页。

设立学堂，是为天下储人材，非为诸生谋进取；诸生来堂肄业，是为国家图富强，非为一己利身家。”①

抱持“为天下储人才”和“为国家图富强”的办学宗旨，山东大学堂在学生招录、培养和考核的教育全过程中强调德性教育，格外重视学生道德品格的塑造。山东大学堂的办学章程明确规定了学生求学时的品德条件：“凡投考学生，须无习气、疾病、嗜好者。”学生取得入学资格之后，还要经过二次复查，其中重要的考核指标也是道德品行。“考取学生入堂后，应责成监督、教习详查该生心术品行是否不逾范围，材质口音是否能有成就，于三个月后查明，据实呈报总办、总教习，严加考察，以定去留。其有心术不正、品行不端者，材质口音虽优，亦不留堂肄业。”② 如果学生在校读书期间品行端正且通过各项学业考核，毕业后“即由总办、总教习选择心术端正、学术渊博之士，呈请资遣出洋游学”③。1902年山东大学堂附设师范馆之后，更加强调道德品格在选拔师范生中的重要性。“此次筹办大学堂，拟暂参用初等师范学堂规制，在备斋各班学生内，择其心术端正者，兼令练习初等师范，以便毕业后听候考验。考取优等，领有师范凭照，即可承充小学堂教习。其有入正斋肄业者，届时参用中等师范学堂规制，再令练习中等师范，以备中学堂教习之选。”山东大学堂在教学中重视传统文化，将之作为德性教育的重要抓手。其章程规定教习的重要职责之一就是“教导学生，贵乎明廉耻、知羞恶，崇尚礼让，激发忠义”④。山东大学堂还通过祭孔等一系列文化活动将德性教育融入学生的教育日常工作。“大学堂内，恭祀至圣先师孔子暨本省诸先贤先儒，每月朔望由中学教习率领各班学生行礼，并由中学教习宣讲圣谕广训一条。诸生环立敬听，听毕向教习三揖，诸生各相向一揖，礼成，退班。”⑤

作为一所新式大学堂，山东大学堂既然抱着“为国家图富强”的办学宗旨，那么就要担负起近代中国的历史使命，自觉地承担起为国家培养实用人才的历史责任。因此，山东大学堂在办学中不仅强调德性教育的重要性，而且重视实学教育，在学生培养的过程中强调德才并举，实现德性教育与实学教育的相融

① 山东大学档案馆编：《山东省城试办大学堂暂行章程》，第116页。
② 山东大学档案馆编：《山东省城试办大学堂暂行章程》，第62～63页。
③ 山东大学档案馆编：《山东省城试办大学堂暂行章程》，第66页。
④ 山东大学档案馆编：《山东省城试办大学堂暂行章程》，第93～94页。
⑤ 山东大学档案馆编：《山东省城试办大学堂暂行章程》，第78页。

共生。为此，山东大学堂在教学课程设置上开设文学、历史、地理、法制、理财、兵学、格致、心理学、算学、物理、化学、博物、地质矿物、英文、德文、法文、日文、图画、音乐、体操等现代意义的人文社会科学和自然科学的科目。除了规定这些必修的西学课程，山东大学堂还重视理论知识的实际运用和落地操作，山东大学堂章程明确规定："凡讲解之书，次日须由学生答问，试验之理，次日须由学生演说。"① 山东大学堂将西学传播和实践运用相结合，目的就是为了培养助推于"国家富强"的各类实用人才。

由于官立新式大学堂在当时属于新生事物，尚无章法可循，体制也未健全，山东大学堂在管理上不断摸索前进，借鉴中西教育体制优点，融汇变通，博采众长，形成了一套具有鲜明特色的表述话语和制度体系。

首先，实施分层教育的管理体制。在旧有的封建教育体制下，学宫和书院作为传统教育机构，所开设科目或为义理与经世之学，或为八股文制艺，其最鲜明的特征是缺少升级性的递升学制，加之以培养"通儒"为目标，故未对学生进行专业区分。此时，如果贸然推行具有高等教育性质的教学体制，最大的困难就在于没有合适的生源。因此，山东大学堂拟改变既有学制，推行层次教育，倡导分科教学，设立了备斋、正斋和专斋的新型学制体系。其中，设立备斋和正斋是为具有现代高等教育性质的专斋培养预备学生。备斋以两年为毕业之限，学习中国经史、国朝掌故大略，并授以外国语言文字、史志、舆地、算术等基础西学知识。正斋以四年为毕业之限，授以"普通学"，即专门学术，分政学、艺学两门，所谓"政学"类似于今时的人文社会科学，"艺学"则与理工科相似。专斋则以两年至四年为毕业之限，参酌中外学制，设置中国经学、中外史学、中外政治学、方言学、商学、工学、矿学、农学、测绘学和医学十门专业供学生选读。②

其次，在校务管理上推行校权分责和层级管理。山东大学堂设立总办、总教习和监督作为学校的管理层，分工协作，职权明确，各有专责。总办是山东大学堂的最高管理者，实际上为一校之长，总理一切应办事件，掌管大小事宜。总教习掌管学校的教学事务，选聘教习，核定课程，购置书籍仪器等，有时还要和总办一道收招学生和稽查银钱款目。监督则主要督饬堂内学生恪守规约，

① 山东大学档案馆编：《山东省城试办大学堂暂行章程》，第117页。

② 参见山东大学档案馆编：《山东省城试办大学堂暂行章程》，第107～110页。

会同中西教习随时考核课程，“学堂凡有记功记过、议赏议罚等事，并归监督商承总办”[①]，其职责类似于今时的教务长；若总教习因公离堂，所有应办事件由监督暂行代理。

总办、总教习和监督组成的管理层之下还设有委员、司事和差弁以及其他杂役人员，推行层级管理，具体开展校务。有的人员负责管理学堂出入，“除总办、总教习、监督、教习、委员外，其余勿论何项人等出入大门，均须认真稽查”[②]。有的人员负责清扫讲堂及旁室，每日打扫两次，“不得任意污秽，致酿疾病”[③]。有的人员管理图书楼，除负责图书借阅之外，还要维持馆所纪律，“不准吸烟谈笑，以致耽误他人阅书”[④]。有的人员管理阅览室，内有各种学问报、月报、旬报、日报，“每日上午八点钟至十一点钟，下午三点钟至五点钟，晚七点半钟至九点钟，均准学生前往披览，以广见闻”[⑤]。

最后，在校务运营中尝试引入制度化管理。学堂建立纪律台账，除总办、总教习、监督之外，设“功过簿”三本，以记录学校人员奖惩情形：学生共列一簿，各教习、委员共列一簿，司事、差弁共列一簿。“至记功若干次，应予奖励，记过若干次，应予罚办。”一切奖惩事宜概由监督商承总办、总教习并依据章程依法办理，最后还要将结果在校园“刊布榜示，以俾众咸知”[⑥]。

对学生的管理是学堂正常运行的中心职责。学生在读期间，不得私自出入学校。若“实有紧要大故，应由其父兄家属具函陈明，经总教习核准，交由监督酌发假单”，还在单内注明期限，届期即须销假回堂。学生若是私自外出，则管理学堂出入的司阍可予以禁止。倘若持有假条但回堂逾期者，由总教习、监督“查明逾限之故，分别酌核办理”[⑦]，考虑是否允许其回堂继续上课。学生在上课期间各按班次徐行，不得喧哗吵闹，更不能吸烟饮茶，私相笑语，以昭课堂纪律之严肃。学生若违犯堂规，不敦品谊，不守礼法或不能完成学业，先由监督及各教习商承之后，呈送总办、总教习秉公查核，“或量予责惩，或降列等

① 山东大学档案馆编：《山东省城试办大学堂暂行章程》，第 54 页。
② 山东大学档案馆编：《山东省城试办大学堂暂行章程》，第 85 页。
③ 山东大学档案馆编：《山东省城试办大学堂暂行章程》，第 92 页。
④ 山东大学档案馆编：《山东省城试办大学堂暂行章程》，第 101 页。
⑤ 山东大学档案馆编：《山东省城试办大学堂暂行章程》，第 102 页。
⑥ 山东大学档案馆编：《山东省城试办大学堂暂行章程》，第 99～100 页。
⑦ 山东大学档案馆编：《山东省城试办大学堂暂行章程》，第87～88 页。

次，或酌议罚办”[①]，直至开除名单。

同时，山东大学堂在对学生管理上也彰显出柔性的一面。大学堂设立校医院，名曰“养病房”，内设诊疗医生，提供各类药物，每日上午八点钟即开堂诊视。“凡学生有患病者，或由自己报明，或由同班学生代报”[②]，可以前来校医院就诊调治。山东大学堂设立浴房一所，供学生卫生清洁使用，还明确“浴池均用流水暗沟”，并派专人管理浴房，“以力求洁净为主，庶于卫生有益”。[③] 大学堂虽然规定学生应自备饭资，然而若家境贫寒，“亦可由学堂发给津贴，每名至多不得逾三两之数，亦无一定名额，应俟开学后由总办、总教习、监督随时酌量办理。此项津贴即由总办、总教习会缮，凭单交收发处支付”[④]。

大学堂同时重视教职员工的管理。在师资方面，将学校教师分为中学教习和西学教习。中学教习6名，专授中学课程，由总办、监督选派，仍由总教习随时稽查。西学教习6名，专授西学课程，由总教习选派，总办、监督可以随时稽查。中、西教员的数量在学生名额增多时，再行酌量添派。中、西教习的职责是教导学生和按时授课，不得擅自离开学堂，有事离堂须向总办和总教习请示。山东大学堂专门制定条规，明确规定教习职责：“教习常年督课各有专责，不得时常请假致误课程。如有紧要事故，须具假单候总办、总教习核准并于单内声明假限，以便另派教习代为督课。假限届满，即行回堂，如逾限不回，按日照扣薪俸；逾限在两个月以外，即将员额开除。如平时偶因要事暂行请假，亦须于前一日呈候总教习、监督核准，不得随时任便离堂。至于暑假、年假，则系按照定章办理。”[⑤] 在员工方面，委员、司事、差弁均须按照大学堂章程认真处理行政事务。如有违犯堂规不勤其职或不慎其事者，则由总办查明事实，按照情节轻重分别予以惩处；若是夫役人等有违犯堂规或懒惰误公者，则查明之后即行开除。

与以院系两级为管理体制的近代西方大学相比，山东大学堂的管理机制显得相对简陋粗鄙，然而在晚清兴办新式大学堂毕竟是开风气之先，基本没有可以依赖的路径。同时，在管理体系设计中不仅要考虑近代高等教育中的西方因

① 山东大学档案馆编：《山东省城试办大学堂暂行章程》，第94页。
② 山东大学档案馆编：《山东省城试办大学堂暂行章程》，第103～104页。
③ 山东大学档案馆编：《山东省城试办大学堂暂行章程》，第104～105页。
④ 山东大学档案馆编：《山东省城试办大学堂暂行章程》，第166～167页。
⑤ 山东大学档案馆编：《山东省城试办大学堂暂行章程》，第97～98页。

子，还要更多地考虑中国本土元素。因此，山东大学堂的这种管理体制在当时吸收了中外教育管理的合理因素，并做了最优选择，较大发挥了效率优势，顺利保障了学校的正常运营。

当然，创建于封建末期的山东大学堂难以摆脱传统社会的影响。总办周学熙治理学校实际上就是秉持“中学为体，西学为用”的教育方针。他还亲自编印《中学正宗》一书，内选四书五经等儒家经典以及宋明理学等大儒的著述，以正“中学根本”。因此，周学熙在任总办期间，山东大学堂尤其重视传统教化。学生见总教习、监督以及中西学各教习时，都要执弟子礼，除朔望揖拜外，平日接见亦必肃然致敬，以昭师范之重。学堂内除恭祀至圣先师孔子暨本省诸先贤、先儒，定期行礼听训外，在每年恭逢皇太后万寿、皇上万寿、皇后千秋节时，总办还要率中学教习暨堂内学生齐班行礼。①

在相对完整规范的管理体系之下，山东大学堂甫一开办就具备了正规高等学校的体制和规模。学堂聘用中学教习 6 名，西学华人教习 6 名，西学洋人教习 3 名，还聘用司事等管理人员以及夫役等服务人员。大学堂首届招收新生 300 人，分专斋、正斋、备斋，学制三至四年不等。光绪三十年（1904），正斋毕业生有 62 人、备斋毕业生有 120 人。② 光绪三十一年（1905），正斋毕业生有 109 人，备斋毕业生有 77 人。③ 其中，1904 年冬，山东大学堂奉命改为山东高等学堂，因此，1905 年毕业学生皆由山东高等学堂颁发毕业证书。

总之，这一时期的山东大学堂虽然带有时代的烙印，深受传统文化甚至封建糟粕的影响，然而其率先开启了在地方兴办新式大学堂的先例，成为山东省内第一所具有高等教育意义的官办高等学府，为山东地区乃至全国的教育近代化培养了一批人才，更积累出宝贵的办学经验，“为各省学堂之冠，各省学堂大半仿照办理”④。最为重要的是，依据章程办学的山东大学堂的发展历史彰显出近代大学早期建设的制度化进程，这也是山东大学堂留给中国高等教育的丰厚遗产。

---

① 参见山东大学档案馆编：《山东省城试办大学堂暂行章程》，第78～79 页。

② 参见《署理山东巡抚吴廷斌奏山东高等学堂毕业学生请奖折》，《政治官报》1908 年第 199 期。也有说 1904 年正斋毕业生共 182 人，参见《署东抚杨奏山东高等学堂已届五年办有成效遵将办理人员择尤保奖折》，《北洋官报》1905 年第 853 期。

③ 参见《京外学务报告：本部视学官调查山东学务委员报告书》，《学部官报》1908 年第 54 期。

④ 《桐城方君家永山东高等学堂演说稿》，《济南报》1900 年第 8 期。

第四节　山东高等学堂与山东高等学校

光绪二十九年（1903），清政府颁布《奏定学堂章程》，这是近代中国第一个以教育法令的形式公布并在全国实行的学制。该章程将当时的学校划分为初等教育、中等教育和高等教育，对课程设置、教育行政及学校管理等都作了明确规定，因为是在癸卯年颁发的，故又称为“癸卯学制”。

根据“癸卯学制”的规定，各省城须设置一所高等学堂，“以教大学预备科为宗旨”，“以各学皆有专长为成效”。因此，山东大学堂改称为“山东高等学堂”。时任巡抚周馥亲自题写校名，并在“藩库税契项”即地方税收财政中下拨白银八万两，作为学校常年经费。这时，学校的办学地点迁入济南杆石桥新址，在这里开启了十年的办学历程。

位于济南永绥门外杆石桥的山东高等学堂新址占地140余亩，修建有2700多平方米的校舍和900多平方米的操场，大小房舍1700余间。校园按照功能可分为办公区、生活区和运动场地。办公区建有前讲堂、中讲堂、后讲堂、东学堂、西学堂、演说所、阅报所、礼厅、先师厅等场所。生活区建有学生宿舍，东、西各有七排，东七排分别定名为道、尊、邹、鲁、存、宗、教，西七排分别定名为学、贯、中、西、集、众、长，这两排宿舍又雅称为“东七斋”和“西七斋”。运动场地建有体操场、体操棚等运动场馆。山东高等学堂另外附建两幢楼房供外籍教师居住，还为教职员眷属建有宿舍。校园里不仅建造发电所、天文观象台等西洋设施，还引入了自来水。可以说，此时期学校的建筑闳壮，风景优美，展现出一所现代化大学的校园气象。1904年冬，山东高等学堂正式开学招生。

根据规定，山东高等学堂将前期的管理总办也就是校长一职改名为“监督”。监督下设教务长、庶务长、斋务长、监学、检察等行政职位，各长之下又设文案、统计、会计、杂务、管书、中医、西医等随员职位。学校延请陈恩焘担任首任监督。陈恩焘乃福建福州人，毕业于福州船政学堂，后受官费资助前往英国主修“测绘海图、巡海练船、兼驾驶铁甲兵船之学”[①]。1894 年，陈恩焘作为北洋海军舰队司令部成员，随提督丁汝昌乘坐“定远”舰参加黄海海战，作战英勇，身受重伤，“仅免于难”。后来，受政府力请，改往教育界工作，1902 年来济南担任山东大学堂的总办职位，1904 年又任改名为山东高等学堂的第一任监督。1905 年，陈恩焘辞去学校监督职位。此后，山东高等学堂监督一职先后由萧应椿、陈庆和、周学渊、魏业锐、陈恩畬、李豫同、李联璧接任。

创办之初，山东高等学堂按照“癸卯学制”的规定推行分科制度。学生自预科起按照三类编班：一类预备升入经学科、政法科、文学科和商学科；二类预备升入格致科、农科和工科；三类预备升入医学科。正科则于 1905 年开课，学生来源多是原山东大学堂的正斋毕业生。此后，学校学制多有变化。1906 年，陈庆和接任山东高等学堂监督时，改革教学体制，将原来的正斋和备斋合称为“预科”。这样，预科为正科培养预备人才，两科构成了完整的教学体系。1907 年，清廷学部对山东高等学堂进行的校情调查显示，当时学校共有校舍 1700 余间，管理人员 15 人，教员 32 人。科目分设中学和西学两类，其中，中学包括伦理、经学、史学、法制、兵学和文学科目，西学包括历史、英文、德文、法文、东文、博物、地理、算学、格致、理财、化学、图画和体操科目。班级按照中、西分班，在西学班中，英、法、德、日四类又各自分班。在校学生凡计 411 人，中学分甲、乙、丙、丁、戊、己六班，每班 60 余人。西学按照语种共设立四类：英文七班，共 198 人；德文六班，共 151 人；法文两班，共 32 人；东文两班，共 30 人。[②] 1910 年，为解决生源不足，学堂添设附中并加设中学补习科，学生由各中学转入。

山东高等学堂办学期间，学校向来重视师生的德性教育，培育他们的家国情怀，尤其是在辛亥革命期间，学校涌现出多位杰出师生代表。

著名的民主革命家徐镜心为山东黄县人，肄业于烟台统才学堂，于 1902 年转入山东大学堂。毕业后负笈东瀛，前往早稻田大学研修法学。1905 年，徐镜心与孙中山、黄兴等在东京创立中国同盟会，被委为山东主盟人。武昌起义后，徐镜心在济南与丁惟汾、刘冠三、王乐平和丁佛言等人暗地联络，积极策划，成立山东各界联合会，反对清政府的黑暗统治，响应武昌起义，谋求山东独立。

① 刘传标：《船政人物谱》上册，福州：福建人民出版社，2017 年，第 61 页。
② 参见《京外学部报告》，朱有瓛主编：《中国近代学制史料》第 2 辑（上），第 620～621 页。

1912 年，徐镜心等人邀请中华民国临时大总统孙中山先后到德州、济南和青岛考察。1914 年，徐镜心不避风险，公然反对袁世凯称帝，遭到军警逮捕，并于 1914 年 4 月在北京英勇就义，时年 41 岁。[①]

与徐镜心一道参与辛亥革命的山东高等学堂师生还有山东诸城人王乐平。王乐平于 1906 年考入山东高等学堂。1907 年，王乐平加入中国同盟会，成为近代民族民主革命的先驱之一。辛亥革命爆发后，王乐平在山东积极响应，与徐镜心和丁惟汾一道组织山东各界联合会，并于 1912 年当选为山东省临时议会议员。“二次革命”失败后，王乐平转入山东高等学堂执掌教鞭。1926 年 1 月，在国民党二大上，王乐平当选为候补中央委员。1930 年，王乐平不满于蒋介石在政策上的倒行逆施，拟策动军事反蒋，不料遭到特务暗杀。[②]

投身于民族民主革命洪流的山东高等学堂师生还有孔祥柯。孔祥柯是山东曲阜人，孔子第七十五代孙，著名教育家、政治家、社会活动家。孔祥柯出身世家，少年时便在直隶、江苏、浙江等地学堂游学，1906 年进入京师译学馆（北京大学前身）学习深造。1911 年辛亥革命爆发后，孔祥柯毅然决定回鲁参加革命活动，同年被任命为山东高等学堂教务长。1913 年，孔祥柯当选省议会副议长，并兼任山东高等学校校长。1919 年，日本帝国主义在巴黎和会上索取德国在山东青岛的不当权益，激起全国人民尤其山东民众的极大愤慨。为促进山东问题的解决，山东各界公推孔祥柯和许汉章为民间代表，于 4 月 16 日从上海启程，赴美、英、法三国申述请愿。孔祥柯抱定“非达到废约目的不回”之决心，在会场内外发表英文演说，“闻者动容，殊方绝域，报章传载”，对维护中国主权和收复青岛权益以及推动五四运动的发展发挥了积极的作用。孔祥柯回国后，在经济调查局任职。因事项繁多，工作繁忙，积劳成疾，孔祥柯于 1920 年初突患阑尾炎，医治无效，病逝于北京，年仅 33 岁。其事迹和照片收录进《世界名人录》。[③]

1911 年 12 月，山东高等学堂改为山东高等学校。监督改称校长，范之杰、黄国恩、丁惟椽先后任校长职位。1912～1913 年，中华民国教育部推行新订学

---

① 参见章开沅：《辛亥革命辞典》，武汉：武汉出版社，2011 年，第 341 页。

② 参见刘国铭主编：《中国国民党百年人物全书》上册，北京：团结出版社，2005 年，第 148 页。

③ 参见中国社会科学院近代史研究所中华民国史组编：《中华民国史资料丛稿特刊》第 2 辑，北京：中华书局，1974 年，第 78 页。

制，因在壬子年和癸丑年颁布，故又称为“壬子癸丑学制”。[①] 该学制推行大学区制，各区中心城市设大学，各省设专门学校。山东隶属中心城市北平，山东高等学校遵章将被立即裁撤，但正科两班尚未结业，因而俟后停办。

1914 年，正科两班顺利结业，山东高等学校奉令停办。部分师生转入法政、工业、农业、商业四所专门学校，校舍则由法政专门学校承接使用，时任校长丁惟椽改任商业专门学校校长。1901 年创始的山东大学堂至此已经办了 14 年，共有七届 770 余名学生毕业。学校还前后选送 59 名学生出国留学，其中，到欧美留学的有 11 名，赴日本留学的有 48 名。

从山东大学堂到山东高等学校的 14 年办学历程中，学校虽然两度更名，经历了分流乃至撤并的重大变革，但是学校发展弦歌不断，薪火相传。尤其是山东大学堂所抱持的“为天下储人才，为国家图富强”的办学宗旨，表达出了引领时代风潮的天下情怀和家国担当，也为此后的办学历程埋下了兴学强国的精神基因，成为一代又一代的山大人在面临民族危机时所应担负的历史使命和价值追求。

① 参见顾明远、张东娇：《中国学制百年》，北京：教育科学出版社，2006 年，第 34～36 页。

第二章 省立山东大学

1912年教育部颁布《专门学校令》规定“专门学校以教授高等学术、养成专门人才为宗旨”，分为法政、医学、药学、农业、商业、美术、音乐、外国语等类别。按照“各省设专门学校”的精神和教育部《专门学校令》的规定，山东省先后设置了法政、农业、工业、商业、医学、矿业六个专门学校。1914年6月，山东高等学校停办，部分师生分别转入六个专门学校。在此之前的1913年2月，山东公立法政专门学校已从城内皇华馆迁入，在校学生千余人，使用停办的山东高等学校校舍上课。1926年6月，张宗昌下令在省城济南创建山东大学。同年7月，山东省教育厅发出指示，决定将六个专门学校合并，改建为省立山东大学。8月5日，兼任山东大学校长的山东省教育厅厅长、清末状元王寿彭到职视事，启用校钤，挂出校牌，宣告省立山东大学正式成立。1928年5月，北伐军逼近济南，张宗昌败逃。日本军队在济南制造了骇人听闻的“五三惨案”，并占领济南。省立山东大学无人负责，师生为躲避战乱星散，学校不得不临时停办。

第一节 山东公立六所专门学校

1914年山东高等学校按章停办后，山东当局按照《专门学校令》的要求，经过十余年的努力，在济南陆续建立了六所专门学校，即山东公立法政专门学校，校址在杆石桥山东大学堂旧址；山东公立农业专门学校，校址在黄台；山东公立工业专门学校，校址在趵突泉附近；山东公立商业专门学校，校址在皇华馆；山东公立医学专门学校，校址在济南白鹤庄和商埠二大马路纬八路；山东公立矿业专门学校，校址在城东门外。这六个专门学校，既接纳了官立山东高等学校停办后的人员和财产，而后又合并建成省立山东大学。所以在山东大学的发展史中，六所专门学校起着承前启后的作用。

一、山东公立法政专门学校

清朝末年，山东当局为了加强地方治安和司法工作，于光绪三十二年（1906）设立法政学堂，由山东大学堂第三任总办方燕年任监督（校长）。1912年初改名为山东法政学校，同年6月，又改名为山东第一法政学校。与此同时，山东还在1911年创立了山东官立法律学堂，次年改名为山东法律学校，6月，又改名为山东第二法政学校。1913年按照《专门学校令》，山东将两个法政学校合并，定名为山东公立法政专门学校。校址初设在第一法政学堂的皇华馆内，后使用停办的山东高等学校校舍。山东大学堂的教习赵策安、张春海、王泽同、李国钧等均陆续转入该校任外文或专业课教师。

法政专门学校以培养法律政治经济之人才为宗旨，设预科、本科和研究科，预科学制一年，本科学制三年，研究科学制为一年以上。入学者多为三十岁以上的现任官员或地方士绅。山东大学堂停办后部分学生转入，该校的学生成分才略有改变。在课程的设置和教材教法方面，全是依照日本。历任校长除少数是山东大学堂和直隶师范学堂毕业生外，多数是日本留学生。该校三十多名中国教员中，除两名毕业于国内法政学校外，其余全是日本高等法政系科的留学生。

该校在1913年第一和第二两所法政学校合并时，包括山东大学堂停办后转入的学生共达1118人，年教育经费7.6万元，是当时六个专门学校中学生最多、经费最充足的。1915年毕业七个班，毕业学生710人，在校学生208人，每年经费仍达3.6万元。这说明当局迫切需要法政人才，从而对于法政教育格外重视。但随着实业教育的发展，法政人员的培养逐渐减少。该校从创设到与其他五个专门学校合并成立省立山东大学，共毕业学生（包括其前身第一、第二法政学校）2000余人，对山东的地方行政和司法产生了一定的影响。张自忠与王翔千是其中影响力较大的两位。

张自忠（1891～1940），字荩忱，山东临清人，著名抗日将领、民族英雄。

1908 年，入临清高等小学堂读书。1911 年加入同盟会。1913 年入山东公立法政专门学校学习。后投笔从戎，历任营长、团长、旅长、师长、军长、集团军总司令等职，曾任天津市市长、察哈尔省主席。在抗日战争中，身经百战，屡建奇功。1940 年 5 月 16 日，在枣宜会战中，他率部奋勇杀敌，以身殉职。国民政府为其举行国葬，延安各界举行隆重的追悼大会，毛泽东、朱德、周恩来分别为其题写了“尽忠报国”“取义成仁”“为国捐躯”的挽词。张自忠是第二次世界大战反法西斯阵营中牺牲的最高级别将领。

王翔千（1888～1956），名鸣球，号劬髯、劬园，山东诸城人。1907 考入北京译学馆，学习德文。1911 年毕业，先后任济南《大东日报》《齐鲁民报》编辑。1913 年回家乡义务办学，自任校长兼教员。1916 年任山东公立法政专门学校文案。1920 年秋，参加励新学会。不久，他同王尽美、邓恩铭等发起成立马克思学说研究会，并于次年 7 月 5 日协助王尽美创办山东劳动周刊社，并担任主编。1921 年春，他们三人又秘密组织济南共产主义小组，成为山东最早的共产党员代表。1922 年 9 月，中国社会主义青年团济南地方团组织成立，他首批入团并为领导成员之一。1923 年 8 月，他同王尽美主编《晨钟报》。1925 年 2 月，任中共山东地委委员。同年 5 月青岛惨案和上海五卅惨案发生后，组织筹备济南 10 万余人的声援声讨大会。其后政治形势急剧恶化，王翔千因敌人通缉而离济返乡，与党组织失去联系。之后他辗转各地，以教书为生，继续宣传进步思想，做了许多有益的工作。1944 年，他任山东省参议员。1950 年当选为山东省第一次各界人民代表会议代表、山东省政协委员、山东省土地改革委员会委员。

二、山东公立农业专门学校

山东公立农业专门学校前身为山东官立高等农业学堂。1907 年，山东巡抚杨士骧、吴廷斌为振兴农学、改良农事，在省城济南东关全福庄建筑校舍，发展农业教育，定名为山东高等农业学堂，并以南郊千佛山、马鞍山北麓五千余亩土地作为学堂的实验林场。该学堂规定招收中学毕业及具有同等学力者，但创办之初，由于山东尚无合格的中学毕业生，所以先设中等农、林、蚕三科。学校首次招生 120 人，至 1909 年毕业。1910 年夏招收中等班正科、农林科各一班，合计 81 人，修业三年，1912 年毕业。山东官立高等农业学堂第一任监督是茌平县马荫荣，他是翰林出身，光绪三十年（1904）十一月任师范学堂国文教员，三十一年（1905）六月充驻日游学监督，三十二年（1906）六月回到济南，任学务公所议长兼高等农业学堂监督。1912 年，中华民国成立，他被选为国会议员，对山东初期新式教育作出很大贡献。

辛亥革命后，山东巡按使根据“壬子癸丑学制”和《专门学校令》，于 1912 年将该高等农业学堂改组为公立高等农业专门学校。1916 年定名为山东公立农业专门学校。该校以培养农业专门人才为宗旨，设置预科、本科和研究科。预科学制一年，共开十二门课程，除必修课外，有动物、植物、矿物及动植物实验四种专业科目。本科修业三年，分农业、林学、蚕桑三个专业，各专业分设普通科目、专业科目及实习三类课程。此外，还附设甲种农业、蚕业讲习所和农业教员养成所。1913～1926 年，前后毕业的有农学本科八个班、林学本科五个班、蚕学本科五个班，制丝本科一个班，约 400 人，还培养中等农业技术人员 200 余人，为传播农业知识和促进山东农业建设作出了积极的贡献。

该校历任校长（清末称监督）有王宗禧、马荫荣、张岩南、周秉琨、巩秉秋、郭葆林。与当时工、商、医、矿几个实业学校相比，山东公立农业专门学校经费较充裕，办学条件较好。1926 年，山东公立农业专门学校与其他五个专门学校合并，成立省立山东大学。1930 年，在省立山东大学的基础上建成国立青岛大学，原山东公立农业专门学校留在济南改为国立青岛大学的农业实验场，后发展成为山东农学院。

三、山东公立工业专门学校

1912 年 5 月，山东将前青州府高密中等工业学堂和济南中等工业学堂合并成立山东公立工业专门学校。初以济南趵突泉街济南中等工业学校为校址，后山东第一中学并入，遂迁入一中的尚志堂校舍。1913 年，根据教育部颁发的《专门学校令》和《工业专门学校规程》，定名为山东公立工业专门学校。学堂监督（校长）初为许衍灼。原山东大学堂的教习钮凤仪、王振祥、连之锋等转入该校任英文、数学、物理等课程教员。

该校的宗旨是培养具有高等知识和技能并能从事工业的人才。学校分专科部、预科部，并附设甲种讲习所。专科部下设机织、染色、应用化学、研究四科。预科部（又称讲习科）设金工、染织两科。高密、济南两校合并初期，只有预科甲、乙、丙、丁、戊五个班。甲、乙班是高密校的金工、染织两班改设，丙班是高密校的矿业和师范班改设，丁、戊两班由济南班改设。1915 年，五班学生结业后，呈准成立专科部和预科部。为充分利用山东大学堂移交的物资器材，学校在预科部设立金工、染织讲习班，培训在职人员。1920 年，为集中力量办好专科部，讲习班停办。

投考资格与毕业年限。本科须中学毕业或有相当学力者，三年毕业。甲种讲习科预科须高等小学毕业，修业一年，升入讲习科，三年毕业。关于考试科目，专科为国文、算学、物理、化学、国画、英文，甲种讲习科为国文、算数、理科、历史、地理。

学制与课程方面，预科招收中学毕业生或同等学力者，学习期限一年，经考试合格升入专科。预科开设课程有修身、外语、数学、物理、化学等十一门，以补足中学程度和打好基础为目的。专科学习期限三年，分为十三科，一土木科，二机械科，三造船科，四电气机械科，五建筑科，六机织科，七应用化学科，八采矿冶金科，九电气化学科，十染色科，十一窑业科，十二酿造科，十三图案科。设普通科目、基础理论、专业及实习四类课程。

其中，机织科的专业课程主要有应用化学大意、机械工程学大意、机织及艺匠、织物整理、漂染法、纺织法、机纺机械、电子学大意、工业经济、工厂管理、建筑学、工业簿记、制图学等。染色科的专业课程主要有应用化学、色素化学、染色学、染色制造法、机械工程学大意、织物原理及机织、电工学大意、工业经济、工厂管理、簿记、化学分析及实验、实习等。讲习班招收在职人员和具有小学程度以上者，讲授工业必要知识和技能，课程以专业科目和实习为主，学习期限也是一年。

山东公立工业专门学校先后共毕业机织科八班，染色科二班，应用化学科五班，讲习班的染织和金工各一班，共计毕业生 239 人。除少数人从事工业者外，多数则改行另谋职业，由此可见山东当时工业的落后面貌。1926 年，该校与其他五个专门学校合并组建省立山东大学。

四、山东公立商业专门学校

清末山东办新教育，各种学校大都齐全，独缺商校。1912 年 6 月，由日本留学生叶春墀请准临时省议会，在济南南关新街租赁民房，成立山东高等商业学校。1912 年 12 月，改称山东公立商业专门学校。原山东大学堂的教习沙庆、孔祥柯、朱正钧、林承宣、李学惠等改任该校英文或专业课程教员。校址初在济南南关租赁民房，设备简陋。1915年，山东高等学校停办，所遗杆石桥旧将军府署之校址由山东公立法政专门学校迁入，山东公立商业专门学校随即迁入法政学堂所遗的皇华馆，将其作为固定校址。学校迁入皇华馆后，除改建大门三间、教职员学生接待室各三间外，改建宿舍三十四间，共有学生宿舍七十一间，每间容学生二人或四人。当时学生一百六十多人，全部住校，形成优良校风。1916年，教育部视察报告书中说："校内学生总数百六十五人，多半寄宿校中，食用虽由各生自备，然食息兴居，均有定时，一切以校章部署之。寄宿舍间，容二人至四人不等，室内虽尚清洁，然房屋逼窄，光线不足，亦属无可如何之事。学生均节俭耐苦，能以粗衣恶食，磨练身体，养成一种淡朴无华之习惯，决无高视阔步之气象，殊属可嘉。前此毕业学生百余人，就事者十之八九，其所以能见用于商界者。固由该校长推荐之力居多，然此亦其原因之一也。"①学校迁到皇华馆后，各项设备亦具规模。

为适应社会需要，该校先后设过五种学科：一为专门科。投考资格为中学校毕业或与中学校同级学校毕业，年龄在二十五岁以下者。考试科目为国文、数学、历史、地理、英文、理化，以英文、国文为最要。修业年限为预科一年、本科三年。二是研究科。1922年呈准设立。研究部招收本校和外校的本科毕业生，学制二年，课程要求除本专业有关科学须加深钻研外，还须提高译著能力和理论水平。三是附设甲种商业讲习预科与本科。投考资格：预科为高等小学毕业或同等学力，年龄在十四岁以上者；本科须本校预科或乙种商业学校毕业或同等学力者。考试科目为国文、数学、历史、地理。修业年限为预科一年、本科三年。四是附设商业专修科。投考资格为高等小学毕业或同等学力者，考试科目为国文、算数或珠算、地理、历史、英文、口试。修业年限为银行专修科一年，交通专修科二年，簿记专修科一年。五是附设商人补习班。投考资格为在各公司商号任有职务、经商会或各该商号出具证明书者。考试科目为国文与口试。修业年限为一年。

至于课程，专门科预科全年共十三门：修身、历史、地理、数学、国文、理化、簿记学、经济学、法学、商业学、英语、日语、体操。本科共十八门：

---

① 褚承志：《山东公立商业专门学校》，《山东文献》（台湾）1979年第1期，第91页。

商业道德、商用文、商业算数、商业地理、商业历史、簿记学（含商业簿记、银行簿记、英文簿记）、工学（含机械工学、工场管理法）、商品学、经济学（含经济原论、货币论、银行论、商业政策、投机论、恐慌论）、法学（含法学通论、民法、商法、破产法、商事行政法、国际法）、商业学（含商业通论、银行论、保险论、买卖论、税关论、仓库论、海陆运输论、交易所论）、统计学、会计学、财政学、商业实践、英语、日语、体操。

该校历任校长有叶春墀、丁惟椽、朱五丹、朱正钧等，均以治学严谨、结合实际、培养人才、精于业务而著称。叶春墀在1913～1920年再度担任该校校长，他以办学得力、成绩优良，受到政府的嘉奖，并被授给七等嘉禾章。1917年全国专门学校成绩展览会上该校名列甲等，教育部再次颁发一等奖状。1922年山东省举办的商业展览会上，该校参加的展品均获得荣誉奖。兹将1917年、1918年在校之职教各员列表（见表2-1）说明如下：

表2-1 1917～1918年山东公立商业专门学校在校职教各员情况

姓名	籍贯	资格	职务	到校年月
叶春墀	山东日照县	日本长崎高等商业学校毕业	校长	1912年7月
李克谦	山东菏泽县	日本早稻田大学大学部商科毕业	教务主任	1912年6月
朱正钧	山东平阴县	山东高等学堂正斋毕业	学监	1912年8月
程德元	山东昌乐县	本校本科第一班毕业	文案	1918年2月
於绳庆	浙江萧山县	曾充山东省议会庶务科科长	庶务	1915年9月
丁汝葵	山东日照县	本校银行专修科毕业	会计	1916年5月
温漱玉	山东招远县	本校本科第二班毕业	学监助理员兼商品陈列室司事	1918年2月
蔡芳田	山东历城县	本校银行专修科毕业	管书司事	1914年4月
邵世荃	江苏丰县	—	校医	1917年10月
冯浩昌	广东番禺县	香港皇仁大学毕业	专任教员	1912年9月
董瑞熙	江苏吴县	北京大学商科毕业	专任教员	1913年9月
李三台	山东郓城县	日本明治大学商科毕业	专任教员	1915年9月
武延贤	直隶乐亭县	北京大学商科毕业	专任教员	1915年5月

续表

姓名	籍贯	资格	职务	到校年月
李家祥	直隶涿县	日本法政大学法科专门部得业士	专任教员	1916 年 1 月
毕凤亭	广西果德县	陆军第四十七旅技术队教员	专任教员	1915 年 11 月
丁汝清	山东日照县	前清举人	专任教员	1913 年 9 月
高树榛	山东历城县	本校本科一班毕业	专任教员	1916 年 9 月
程德元	山东昌乐县	本校本科一班毕业	专任教员	1918 年 2 月
郭葆珍	山东夏津县	山东优级师范学校毕业	专任教员	1918 年 3 月
李克谦	山东菏泽县	日本早稻田大学大学部商科毕业	专任教员	1918 年 6 月
吴焕然	河南开封县	日本早稻田大学法科毕业	兼任教员	1917 年 2 月
丛汝珠	山东文登县	日本早稻田大学商科毕业	兼任教员	1917 年 12 月
魏祥麟	直隶昌黎县	北京工业专门学校毕业	兼任教员	1916 年 10 月
朱正钧	山东平阴县	山东高等学校正斋毕业	兼任教员	1917 年 3 月
袁自仁	山东即墨县	潍县广文大学毕业	兼任教员	1918 年 3 月

资料来源：褚承志：《山东公立商业专门学校》，《山东文献》（台湾）1979 年第 1 期，第 107～108 页。

山东公立商业专门学校自 1912 年成立，至 1926 年和其他五个专门学校合并重新组成省立山东大学，前后毕业商科专业 12 个班，计 405 人，甲种讲习班 268 人，其他专修科 240 人。该校既为山东商业的发展培养了人才，也为办好山东实业教育提供了经验。

五、山东公立医学专门学校

山东的医学教育较之其他实业教育起步较晚。清末济南省城只有几十人规模的医道专门学堂。1915 年 5 月，山东医学讲习所在济南城北杨家庄山左公学旧址设立，仅招收讲习科一班，学生 40 人，校舍和设备都很简陋。1916 年 4 月，该讲习所易名为山东省立医学学校，校址在济南北园白鹤庄，并租赁附近民房设教学医院。学制、课程遵部定章程，悉按专门学校设置。但因学生来源匮乏，符合中学毕业及同等学力者很少，且师资、设备亦不完善，所以暂以医学校相称，直至 1920 年才正式命名为山东公立医学专门学校。1921 年增租鞭指巷房舍一所，教学设备略有增加。学校虽分置两处上课，有诸多不便，但较前已有所发展，也初具规模，此时校长为马骥良。

该校招收医学本科，学制四年。课程主要分四大类：（一）普通科目。有国文、修身、伦理、物理、化学、德文、日文等。（二）基础理论科目。有系统解剖学、局部解剖学、组织学、生理学、医化学、微生物学、病理学、病理解剖学、药物学、胎生学等。（三）专业科目。有诊断、内科、外科、矫形、耳鼻咽喉、妇科、产科、儿科、皮肤、精神病等。（四）临床实习。教学设备有细菌实习室、解剖实习室、尸体储藏室、解剖标本室、病理实习室、生理实习室、生理组织实习室、预备室及有关器皿等。该校教师多数是留学德、日的医学博士，如生理学教师张济卿、细菌学教师杨歌廷、妇产科教师高蓬南、耳鼻喉科教师张济乡、小儿科教师周继真等都有留学德、日的经历。因此，从课程设置到教学内容和教学方法，基本上都是仿照德国和日本。当时社会上流传一句话：齐鲁大学医科是英美派，山东医学专门是德日派。

山东公立医学专门学校于 1915 年创建，1926 年与其他五个专门学校合并成立省立山东大学，前后共毕业本科八个班。一至三班是省立医学学校时代，四至七班是正式的公立医学专门学校时代，八班已进入省立山东大学时代。八个班毕业生约 200 人。从四班以后，学校不但培养人数多，质量也好。晚清民初，山东造就的医学人才除外国教会所办的齐鲁大学医科若干毕业生外，便是该校培养的这些学生。该校对于山东新式医学的发展作出了开创性贡献。

六、山东公立矿业专门学校

该校前身为 1918 年山东省实业厅创办的山东矿业传习所。1920 年 3 月，为了适应探矿和开矿的要求，遵照部令更名为山东公立矿业专门学校。校址设在济南东关山水沟街。校长为王锁。易名后由地方教育经费拨款，直接由山东省教育厅领导。

该校以培养矿业专门人才为宗旨，先后设有预科、本科、预科补习班及讲习科。预科招收中学毕业生及同等学力者，修业一年，成绩及格升入本科。预科的课程除普通科目外，还开设地质学大意、矿物学、岩石学等专业科目。本科修业三年，重点是专业课程，计有地质学大意、矿业测量及矿山测量、采矿化学分析、实验实习等十三门。预科补习班为程度较低者设置，修业一年，成绩及格升入预科。讲习科属于补习教育性质，招收各矿业公司在职人员进行培训，学习一年，专修专业课程。山东公立矿业专门学校1922年教职员列表（见表2-2）如下：

表2-2 1922年山东公立矿业专门学校教职员情况

职务	姓名	资格	职责	到校年月	月薪	备注
校长	王镇	北京大学采冶学士	统辖全校事务	1920年7月	120元	兼图画三小时
文牍	刘学灏	前清附生，山东全省自治研究所毕业	文件撰拟管保	1920年8月	30元	
庶务	陈惠元	山东警察学校毕业	修缮保管	1920年8月	20元	
会计	于文祯	曾任烟酒公卖局书记	款项收支	1920年8月	20元	
教务主任	林济青	美国理法大学矿科硕士、北京汇文大学学士	除教务外任探矿冶金、矿床、地质十六小时	1920年9月	140元	兼教员
学监	刘长蓉	山东优级师范毕业、北京大学法科学士	监察学生勤惰等	1920年8月	40元	
舍监	刘瞻尧	山东公立法政专门学校毕业	监察宿舍食堂	1920年8月	30元	
司事	邢鼎铭	武昌法政研究所毕业	襄办主管职员	1918年11月	10元	
技手	姚承煜	山东高等学堂正科毕业	保管仪器标本	1920年9月	20元	
助手	刘金墀	山东省立第一师范讲习所毕业	协助教员设备等	1920年11月	10元	
校医	王福泽	英浸会医学校毕业	每日定时诊视疾病	1920年7月	10元	兼任
教员	李方琮	英国李次大学化学专科学士、制革专科硕士	化学十四小时	1920年9月	110元	
教员	孙丙炎	美国普渡大学毕业	机械学、力学代数、图画十三小时	1920年9月	100元	省立一中校长兼任
教员	唐恩良	美国普渡大学工科毕业	水力学、英文八小时	1918年10月	70元	

续表

职务	姓名	资格	职责	到校年月	月薪	备注
教员	俞诚镐	北京大学采冶门毕业	测量吹管分析矿物、地质十六小时	1920 年 9 月	75 元	
教员	张兴华	北京大学矿科工学士	图画兼测量助教九小时	1919 年 10 月	70 元	
教员	王如曾	山东高等学堂毕业	代数、几何、三角十五小时	1918 年 10 月	100 元	
教员	吴陛	北京高等师范英语部毕业	英文十一小时	—	65 元	
教员	吴讷	全国水利局河海工程专门学校毕业	测量物理七小时	1920 年 9 月	50 元	
教员	聂澄泽	北京大学文科毕业	国文五小时	1920 年 9 月	35 元	
教员	孙维藩	北京大学法科政治门毕业	修身、工业、经济四小时	1920 年 9 月	30 元	
教员	刘毓芷	山东第六中学毕业	体操四小时	1920 年 4 月	25 元	

资料来源：褚承志：《山东公立矿业专门学校》，《山东文献》（台湾）1979 年第 4 期，第 22～24 页。

山东公立矿业专门学校起初经费拮据，设备奇缺，图书仪器甚少。后经撙节开支，略有添置，又接受毛升三先生的捐赠，才使设备有所补充。山东矿藏丰富，亟待勘探开发，但该校前后只毕业本科六班，学生 82 人，是当时六个专门学校中毕业人数最少者。1926 年夏，山东公立矿业专门学校与其他五个专门学校合并，组成省立山东大学，矿业专门学校改为山东大学工科的采矿系。

山东公立六个专门学校在外侮日迫、内战日急、风云变幻的年代，不但为强国富民的实业教育培养了人才，而且也发扬了热爱祖国、敢于斗争的光荣传统。1919 年五四运动前夕，学生获悉巴黎和会上中国外交失利的消息后立即行动起来，组成山东学生外交后援会，掀起了声势浩大的爱国运动。他们的《泣告山东父老子弟书》激发了广大青年的爱国热情，鼓舞了各阶层人们的斗争士气，成为充满血泪的战斗檄文。他们还以山东学生外交后援会为核心，以六个专门学校学生为骨干，组织全省人民开展了轰轰烈烈的罢课、罢市、游行示威、抵制日货、抗议请愿等正义行动，在山东的革命史上写下了光辉的一页。

第二节　省立山东大学建立

1911年10月10日，武昌首义一声枪响，各省响应，推翻了清王朝。1912年2月，清帝退位，从此结束了中国两千多年的封建专制统治。资产阶级民主革命的胜利，给黑暗的中国大地带来了曙光，中国人民长期追求的办教育、兴科学、强国本、振中华的愿望，开始从理想走向现实。

1923年熊炳琦任山东省省长时，预将济南六所专门学校合组为山东大学。1924年高恩洪督办胶澳后，随即倡办私立青岛大学，熊炳琦唯恐落后，亦有实行合并六所专门学校为大学之议。1924年6月24日，熊炳琦令教育厅即日筹备山东大学。6月25日，《新闻报》以《山东大学将实行筹办》为题进行报道：

为训令事，查鲁省设立大学一事，筹画经年，尚无具体办法。固由事体重大，亦因经费难筹。十二年度预算，所列经费五万元，财政厅向未发出；十三年度预算，虽经继续照列，两年合计亦仅十万元。如议另建大学校舍，万难办到。本省长斟酌再三，只得就原有专门各校，合并改设。除农专工专，或校址宽大适用，或设备颇具基础，可分改为大学农科工科。统筹组织外，至法科商科医科，自可均就现在之法政专校改办。惟兹事体大，筹备偖时，应由该厅先在法政专校内，组织山东大学筹备处，遴派深明教育人员，按照部章及地方情形，拟订设学大纲，及一切详细规则。次第呈送本公署核定，咨商院部施行。至筹备期间所需经费，应先在教育预算范围内，酌景挹注。撙节开支，其预算原列大学经费，非俟大学计划议定实行，著手开办后，不得动支，庶几款归实用，免受地方责备。再法政专校原系前高等学堂旧址，现有军队及育英中学私立甲商各住一部分，将来大学成立，如需各该处腾让，随时由厅呈候，分别商令迁移。为此令仰该厅，即便遵照办理，并先将组织大学筹备处情形，呈报核示，勿延此令。[①]

① 《山东大学将实行筹办》，《新闻报》1924年6月25日。

1924年8月，为筹备山东大学，熊炳琦在法政专门学校设立山东大学筹备处，省教育厅于元芳任筹备处处长，教育厅第一科科长张涛为筹备主任，筹备设立大学一切事宜。筹备会拟先组织大学董事会，草订大学章制、大学预算、大学计划书以及核定大学各科股办事细则。常任董事暂定为省长、教育厅厅长、财政厅厅长、省教育会会长、省会议长、本省士绅及济南商会会长等。

筹备处成立后，于元芳同筹备委员积极推进，期于1925年秋季成立，其地址设在法政专门学校旧址。将法、商、医、矿四所专门学校合并，农、工两专门学校因与农田及工业关系，仍在旧址，为山东大学工、农二科。然而，山东大学的筹办并不顺利。1924年11月，熊炳琦辞去山东省省长之职，1925年秋筹备山东大学开学成了泡影。1925年4月，张宗昌任山东军务督办，7月兼任山东省省长。1926年4月，张宗昌保荐林宪祖为山东省代省长。6月28日，林宪祖令教育厅取消法政、医学、矿业、商业、工业、农业六个专门学校及省立第一、二、六、十中学附设之高中班，暑假期间筹备山东大学，教育厅厅长王寿彭兼代校长。

关于成立山东大学的理由，张宗昌和林宪祖曾咨教育部："教育为国家根本事业，齐鲁为圣贤桑梓之邦，乃自停办科举，兴办学校，将及三十年，而最高学府，尚敷缺如，不得谓非憾事。因于（十五年）五月间训令教育厅厅长王寿彭赶速筹备，务期早日观成。……总期养成优美学风，造就高尚人材。管理训练，尤以尊德性，明人伦，拒邪说为依归。"①

6月29日早，各专门学校接到命令，教育厅委员下午即到校监视，限令7月1日交代清楚。济南省立一中、东昌省立二中、曹州省立六中、青州省立十中附设之高级中学班亦一并取消。自7月1日起，六专校及四中校之高级中学班费，统归山东大学承领。筹备处设在教育厅内，筹备主任为教育厅总务科科长张彭年、省署教育科科长徐殿甲。其升学办法为：农、工、商、矿、医、法六专校学生本科二年级者，入大学本科一年级；本科一年级者，入大学预科二年级；四高中一、二年级学生，须考试后，分别编入附设高中二、三年级。山东省训令如下：

为训令事，案查本厅前奉省长训令，赓续筹备山东大学一案，业经拟

① 民国教育部档案：《张宗昌林宪祖会衔教育部文》。

具设学大纲及各专校高中合并办法，呈奉省长公署指令第一九七八号□开，呈□附件均悉。查核所拟设学大纲第七条，本校之下，应添各科二字，并应与第八条先□互易，以免次序颠倒，其余各条及专门高中归并办法，大致妥协，应准照办。仍俟中央正式政府成立，再行咨报备□。惟大学为最高学府，将来招收学生，务须严格甄选，宁缺毋滥，切勿通融迁就。至大学校长一席，由署遴员函聘，另令行知，大学钤记，饬科刊就，送交校长启用。所需筹备经费，已捡回凭单，令行财政厅迅予拨发，仰速由厅先行派员接收专门六校，一面将大学应行筹备各事，妥速布置，庶□误秋季开学之期。仍录案咨行事，业经查照此令等因，奉此。查山东大学，开办在即，该校高中部，应即遵照规定办法，即日裁并，附设大学以内。该校高中部管教各员，自七月一日起，一律解职，由该校长取其履历，连同学生名册一并交厅，候交大学核聘，一面通知该校学生，于秋季开学以前，亲视大学报到，以便施行编级试验，勿得自误，除分行外，合行令仰该校长，即便遵照，迅将该校高中部即日结束，所有案卷图书□本仪器，逐项点清，呈□来厅，开支经费，截至本年六月底止，核算清楚，由该校长目行具领支发，余款一并交厅，案查改革学制，丞待通盘筹备，限期迫促，勿稍延误，切切此令。①

6月30日，林宪祖函聘王寿彭兼大学校长。7月3日，王寿彭就任山东大学校长。王寿彭（1875～1929），字次篯，山东潍坊人。清末民初著名学者、教育家、书法家，状元。幼承祖训，刻苦读书，后应科考，多次在县、府试中名列案首。清光绪二十九年（1903）癸卯科状元，授翰林院修撰，后入进士馆读书，并曾在译学馆（北京大学前身）教书。1905年，王寿彭随载泽、端方等五大臣出国，赴日本考察政治、教育和实业。宣统二年（1910），王寿彭到武昌出任湖北省提学使，兼布政使，代理湖北巡抚，曾创办两湖优级师范学堂，为湖北、湖南培养了一批教育人才。这一期间，他创立预算制度，并制定学款独立章程，使办学经费专款专用，为全国之首创。辛亥革命后，任山东巡按使署秘书，山东都督府教育司司长，北京总统府秘书。1925年，任山东省教育厅厅长。1926年，王寿彭创办了省立山东大学并兼校长和山大附中校长。1929年，王寿彭病逝于天津。

① 《山东大学限期成立》，《新闻报》1926年7月4日。

著有《考察录》《靖盦诗文稿》《潍县志稿·艺文志》，并编修《王氏家乘》。

1926 年 7 月 6 日，山东省教育厅布告各专校高中学生听候试验编级。《时报》载：

> 山东大学，经教厅长王寿彭筹备就绪，所有开办各费，亦由财政厅筹齐。日前六专校以事前毫无预备，要求展期交代，现闻各该校已将清册造齐，交代完竣。省长林宪祖以大学校长人选，一时不易物色，乃发表教厅长王寿彭暂行兼任，王接委令后，即布告就职，拟定大学本部设在工专原址。其布告云，山东大学业经奉令即日成立，所有省立专门六校暨第一、第二、第六、第十各中学高中部肄业诸生，厅即并归大学，分别编级。诸生就学有年，志切上进，要知此次改革学制，专为升高学级，培养硕学闳材起见。先将各该校原有诸生，按照肄业年限，分编相当班次，俾得继续修业，既不致虚掷光阴，更不令一人失学，且于五年以内，免收学费，所以待遇诸生者，较从前更为优厚。本校长受任伊始，查照教育厅之设学大纲，以工业专门学校原址为大学本部，从事组织一切，务臻完备，合行布告。仰各该校肄业诸生，务于八月十五日以前，亲赴本校报到，厅候试行试验，编级开学，幸勿观望自误云云。①

8 月 5 日，王寿彭到职视事，启用校钤，挂出校牌，省立山东大学正式成立。学校筹备就绪后，于 1926 年 8 月进行招生。由于当时学校风气大开，报考的高中毕业生较多，结果共录新生 95 人，连同六个专门学校合并的一年级学生共达 1088 人。其中，文学院有 240 人，法学院有 228 人，工学院有 220 人，农学院有 222 人，医学院有 178 人。报考的学生除本省外，还有江苏、河南、安徽、河北等省学生。同时，把两所附属中学的高中学生按照要求分为一、二、三部，做到在教学中各有侧重点，有计划有目的地为大学本科输送学生，并制定学校规程和教学计划，建立了各项制度。

省立山东大学于 9 月 1 日上午举行开学礼。王寿彭邀请各界到校观礼，是日到者有张宗昌代表赵光谦、代理省长林宪祖等百余人。赵光谦、林宪祖分别致训词，王寿彭报告省立山东大学成立经过："大学之发起，由于民国十三年，因种种

---

① 《王寿彭就山东大学校长职》，《时报》1926 年 7 月 10 日。

关系未得成立，现由保安总司令[1]及林省长，于百忙中认为大学有成立必要，责成寿彭，于暑假短时期内，筹备务使成立。虽有六专门为之基础，然千头万绪，几经周折，幸底于成。现自八月十六日考试学生，现有学生一千零六十四人。本科专门部高级中学部共分四十班，预科十班，本科十四班，专门五班，附设商甲一班。……”[2] 省立山东大学随即正式上课。

第三节　探索近代大学体制

省立山东大学建立后，根据其具体条件，对原来六个专门学校进行了适当调整和合并，并制定了一些规章制度，初步建立起了具有综合性大学的办学体制。学校设文、法、工、农、医五科十三个系（相当于学院），各科设学长，各系设主任。在学制上文、工、农三科为四年，法、医两科为五年，实行学分制。文科设中国哲学、国文学两个系，法学院设法律、政治经济、商学三个系，工学院设机械、机织、应用化学、采矿四个系，农学院设农学、林学、蚕学三个系，医学院设医学系。大学学制六年，预科二年，本科四年。校长由教育厅厅长王寿彭兼任，下设总务、教务、会计三科，各设科长一人。另设附属高中，高中文科设于济南北园医专原址，主任为原省立六中校长丛连珠；高中理科设于济南东关山水沟矿专旧址，主任为朱遹孝。科系名称及校址如表 2-3 所示：

表 2-3　省立山东大学科系各科及校址

科别	系别	校址
文科	中国哲学系、国文系	济南趵突泉街工专原址
法科	法律学系、政治经济学系、商学系	济南杆石桥街法专原址
工科	机械系、机织系、应用化学系、采矿系	济南趵突泉街工专原址
农科	农学系、林学系、蚕学系	济南东关外农专原址
医科	医学系	济南皇华馆商专原址

① 保安总司令为张宗昌。
② 《山东大学之开学礼》，《新闻报》1926 年 9 月 4 日。

省立山东大学的经费除按原来六个专门学校和两个附属中学的经常费照拨外，教育厅每月拨给大学部事业费25000元，学生每人每年交纳寄宿费和杂费50元。教职工的待遇为：校长月薪400元，学长、系主任及教授月薪300～360元，讲师和高级职员月薪200～240元，助教和一般职员月薪30～100元。教育厅拨款和学生交费每年收入约33万元，用于教职员薪俸约28万元，用于行政开支和添置教学设备的经费为数不多。

对于六个专门学校的学生，分别按照其原来基础和专业程度，编入大学的不同班级。六个专门学校的一年级学生，一律作为大学预科二年级，再经一年的学习，考试及格后发给预科结业证书，可直接升入大学本科；六个专门学校的二年级学生，编入大学本科一年级，继续进行专业学习；六个专门学校三年级学生，编入大学本科四年级，再学习专业一年，考试及格后作为大学本科毕业。当时只有法政、医学两个专门学校有三年级学生，故省立山东大学成立后即有四年级学生。到1927年秋季，这批编入四年级的学生毕业，成为省立山东大学的第一批毕业生。1928年，因时局变化，学校停办后改建，所以这批学生又是省立山东大学最后一届的毕业学生。现将1926学年度各科系及专门甲种各类学生人数（共计1086人）分列如下（见表2-4）：

表2-4　1926学年度各科系及专门甲科各类学生人类

科	系	年级	每班人数	总人数
文科	哲学系	一年级	21	95
	国文系	一年级	35	
	预科	一年级	39	
工科	采矿学系	一年级	18	124
	预科	二年级	21	
	预科	一年级	54	
	机械专门部	三年级	12	
	化学专门部	三年级	12	
	矿业专门部	三年级	7	

续表

科	系	年级	每班人数	总人数
法科	法律学系	一年级	31	367
	政经学系	一年级	16	
	商学系	一年级	6	
	预科	二年级	74	
	预科	一年级	47	
	法律专门部	三年级	42	
	政经专门部	三年级	23	
	商业专门部	三年级	42	
	甲商讲习科	三年级	39	
	甲商讲习科	二年级	47	
农科	预科	二年级	14	98
	预科	一年级	29	
	农学专门部	三年级	21	
	林学专门部	三年级	12	
	蚕学专门部	三年级	22	
医科	医学系	一年级	22	105
	预科	二年级	23	
	预科	一年级	25	
	医学专门部	三年级	35	
附属高中	高中文科	三年级	44	297
	高中文科	二年级	30	
	高中文科	一年级	96	
	高中理科	三年级	19	
	高中理科	二年级	52	
	高中理科	一年级	56	

省立山东大学组织机构如下：校设评议会，由校长、院长、系主任和推选的教授参加，校长是议会主席，定期研究学校的大政方针、人事机构、教学科研、经费预算等重大问题。院设教务会议，由院长、系主任和有关教授参加，院长是教务会议主席，讨论解决本院教学和其他工作中的重大问题。系设教授会，由系主任、教授和有关授课老师参加，系主任是教授会主席，讨论学校和院的指示及教学工作中的问题。各院系负责人和教师基本上是六个专门学校的原班人员。

省立山东大学创办之初，巩秉秋任总务课，庄恩泽任教务课，何守恒等为股员。各科学长分别为：法科刘文显、工科王传义、医科周颂声（后于绍庆接任），皆为德国博士；农科孙盱；文科由校长王寿彭兼任，后由王宪五、秦锡铭接任。

文学院院长王宪五，清末拔贡，兼任省议会秘书，精通经学、古文，有“山东才子”之称。法学院院长朱正钧，留学日本，原为商业专门学校校长。工学院院长汪公旭，留学德国，原为工业专门学校校长。农学院院长郭次璋，日本早稻田大学毕业，原为农业专门学校校长。医学院院长周颂声，留学日本，原为医学专门学校校长。当时，全校共有教师330余人，其中教授约200人，在全国高等学校中，亦可称得上阵容齐整，人才荟萃。教授中有一部分是科举出身的经史学者，如清末翰林陈舸庭、举人丛禾生、秀才祁蕴璞等。他们主要在文科，担任全校经学、古文学、古史学的必修或选修课程；一部分为从英、日、德取得学位的回国留学生，如留学英国取得博士学位的张徽五、王慈伯等人，留学德国取得博士学位的张东里、于复先、周瑞廷、高汉符等人，留学日本取得大学毕业证书的卞东寅、房金锜等人。他们主要在法、工、农、医各院系担任自然科学课程教学。按照教学计划，除开设专业课程外，经学、数学、英语、日语为必修课程，并开设古文学、古史学、世界史、逻辑学等选修课程。教材一部分选用国内已出版的大学教科书，一部分靠教师自编。教师多数学有专长，抱有“教育救国、科学救国”的思想，又因才得其用，故教学态度认真，较能联系实际，肯于探索，提高水平。学生多数受到五四运动新思潮的影响，思想开放，勇于接受新事物，勤奋向上，故学习风气较浓厚。省立山东大学初步树立起了重视教学、重视研究的好风气，也充满着科学、民主和进步的生机。

作为山东省教育厅厅长兼山东大学校长的王寿彭，提倡尊孔读经，办学坚持鲁文化的重传统和齐文化的重创新思想，提倡古今并重。他在兴办教育方面表现出极大的执着和投入，为创办山东大学付出了不少心血。从经费的筹措到学科的设置，直至聘用教职员工，件件事情他都亲自过问。一是资金方面加大投入。山东省教育厅每月拨给费用为25000元，教职工的待遇为：校长月薪400元，系主任及教授月薪300～360元。二是广揽各类人才。山东大学的教师来源主要有两部分：一部分是科举出身的经史学者，另一部分是从德、英、日取得学位的回国留学生。新与旧的结合，使省立山东大学充满了生机。有资料记载：“当时山东大学有1088名学生在学习。在山东大学名下的毕业者共计210名。”

在内战频繁的动荡年代，王寿彭能够坚持办教育，让一些学生没有荒废学业确属不易。尤其是省立山东大学制定的《设学大纲》和明确的培养目标，比起山东大学堂是一个很大的进步，应该说王寿彭在其中作出了重大贡献。

据当年在山东大学读书的学生回忆："校长（王寿彭）对待学生，总是循循诱导，未曾加以训斥。在督办公署派人来逮捕学生中的中共党员时，他宣扬当局怎样优待学生，谆谆告诫学生要明哲保身。这话本不足以说服学生求进步的心理，但在他还是出于诚心爱护。"

王寿彭在省立山东大学开学典礼上发表了"读圣贤书，做圣贤事"的训词。为了鼓励学生好好学习，王寿彭当众作出承诺：哪位学生如果连续两个学期获得甲等第一名，他就给谁题写一幅字。王寿彭工于书法，字以藏锋圆润、敦厚大气为特色，时人以"得其片纸寸缣为荣"。当年"山东大学"的校牌和齐鲁大学"校友门"的匾额均为其所书。

著名学者季羡林曾在省立山东大学附属中学读书，成绩出众，连续两个学期都得了甲等第一名，王寿彭履行自己的诺言，给季羡林写了一副对联和一个扇面。季羡林（1911～2009），字希逋，又字齐奘。山东清平（今临清市）人，著名语言学家、教育家、翻译家、社会活动家。历任中国科学院哲学社会科学部委员，北京大学副校长，中国社科院南亚研究所所长，第二、三、四届全国政协委员，第六届全国人民代表大会常务委员会委员。

1926年，季羡林在正谊中学毕业，考入新成立的山大附中。附中有两处校舍，一处设在北园白鹤庄，用的是原职业中学校舍；另一处设在老东门外的山水沟，用的是原矿业专门学校的校舍。

省立山东大学附属中学的教师，也可谓极一时之选。国文教师王崑玉，英文教师尤桐，史地老师祁蕴璞，伦理老师鞠思敏（正谊中学校长兼任）、完颜祥卿（一中校长兼任），还有教经书的"大清国"（因诨名太响亮，真名被忘记）、前清翰林（不知是不是陈舸庭），两位先生教《书经》《易经》《诗经》，上课从来不带课本，四书五经连注都能倒背如流。

有这样一批阵容整齐的好老师，再加上学校用了原职业中学的校舍，周围环境优美，荷塘四布，垂柳蔽天，是念书再好不过的地方。季羡林到了这所中学，学会了用功，再也不去荷塘钓鱼、摸虾了，他后来回忆说：

> 我有意识地真正用功，是从这里开始的。我是一个很容易受环境支配

的人。在小学和初中时，成绩不能算坏，总在班上前几名，但从来没有考过甲等第一。我毫不在意，照样钓鱼、摸虾。到了高中，国文作文无意中受到了王崑玉先生的表扬，英文是全班第一。其他课程考个高分并不难，只要稍稍一背，就能应付裕如。结果我生平第一次考了一个甲等第一，平均分数超过九十五分，是全校唯一的一个学生。当时山大校长兼山东教育厅厅长前清状元王寿彭，亲笔写了一副对联和一个扇面奖给我，这样被别人一指，我的虚荣心就被抬起来了。从此认真注意考试名次，再不掉以轻心。结果两年之内，四次期考，我夺了四个甲等第一，威名大振。

当时王寿彭给季羡林题写了一副对联："才华舒展临风锦，意气昂藏出岫云。"题头是"羡林老弟雅簪（察）"，落款是王寿彭的签名。王寿彭另外又写了一个扇面，他把清代诗人厉鹗的一首诗恭录在一面，赠给季羡林这位16岁的高中学生，诗说：

净几单床月上初，主人对客似僧庐。
春来预作看花约，贫去宜求种树书。
隔巷旧游成结托，十年豪气早消除。
依然不坠风流处，五亩园开手剪蔬。

在扇面末端，王寿彭题写："录《樊榭山房诗》，丁卯夏五，羡林老弟正，王寿彭。"季羡林曾回忆说："一个教育厅厅长兼大学校长的硕士之士，能对一个十六岁的学生称老弟，看来是相当没有架子的，从这一点看，他还是一个开明的人。""没有山东大学，没有王校长，就没有我季某的今天。"

省立山东大学创建后，1928年1月，校长王寿彭因思想陈旧、因循陋规，受到校内的强烈责难，乃拂袖而去。由于校长一职暂悬，且又待遇优厚，在张宗昌集团内部引起激烈争夺，相互攻击，闹得满城风雨。张宗昌在盛怒之下，拍案大骂，训斥周围："山东大学的校长，谁也不给，由我自兼。"为此济南曾流传："齐鲁文明之邦，目不识丁当校长，孔圣九泉哀叹，荒唐，荒唐。"

1月16日，张宗昌自兼山东大学校长。张因军务倥偬，不能常任校长。为此学校多数教授积极建议聘请曾在张之洞身边做过幕僚和担任过清末外务部左丞的洋务派名人辜鸿铭接任校长。张宗昌亲自进京托人邀请辜鸿铭，辜以年老多病力辞。2月11日，山东大学开学，辜鸿铭任教务长。不久，张宗昌实无余暇顾及校中事务，遂决定让陈家麟代己以校长名义，办理山东大学。陈家麟（1877～?），河北静海人。留学欧美，英国牛津大学文学博士，美国康奈尔大学法学博士，曾任北京师范大学教授。

1928年4月，蒋介石领导的北伐军进抵泰安，张宗昌自知不保，便出卖民族利益，勾结日军出兵济南，制造了枪杀市民数千人、残杀国民党政府山东特派交涉员蔡公时的震动全国的“五三惨案”。省立山东大学师生对此义愤填膺，虽在日军严密戒备下，仍不计安危，不怕流血牺牲，开展各种反帝爱国运动。他们揭露“五三惨案”真相，控诉日本帝国主义罪行，查禁日货，慰问难民等，表现出关心国家民族命运的英勇气概。5月底，张宗昌败逃，省立山东大学师生四处流散，学校无人负责，经费无着，随即停办。

1928年5月，南京国民政府教育部筹办国立山东大学，并由何思源、魏宗晋、陈雪南、赵畸（赵太侔）、王近信、彭百川、杨亮功、杨振声、杜光埙、傅斯年、孙学悟11人组成国立山东大学筹备委员会，着手筹备工作。8月，筹备委员会在泰安红门宫召开第一次筹备会议，推举何思源为临时主席。议决：(1) 山东大学筹备委员会组织条例修正通过；(2) 推定何思源、赵畸、王近信为常务委员；(3) 扩充并建筑新校舍；(4) 由常委会规定科系组级；(5) 设分组筹备委员会；(6) 筹划经常及临时设备各费，在筹备期间，力谋图书仪器设备之充实；(7) 与教育厅合办中等学校教职员训练班及职业学校教职员训练班，并协助教育厅办乡村师范教职员训练班。1929年初日军撤出济南，教育厅厅长何思源按照1928年南京国民政府教育部把省立山东大学改为国立山东大学的决定，着手筹建山东大学。在筹建过程中，决定将学校迁至青岛，接收私立青岛大学校产，筹建国立青岛大学。至此，省立山东大学即告一段落。

省立山东大学于1926年8月在济南建立，1928年6月停办。虽然只有两年的时间，但其在困难时期忍辱负重，艰苦奋斗，为促进山东科学文化事业的发展作出了应有的贡献。广大师生关心国家和民族的命运，坚持进步，反对腐朽，重视科学，联系实际，深入探索，树立了教与学的良好风气。特别是在革命的转折关头，部分师生认清了形势，接触了真理，遵循中国共产党指引的方向前进，同敌人进行了英勇顽强的斗争，发扬了反帝爱国的革命传统。省立山东大学存在的时间虽然短暂，但其在山东大学的发展史上，具有不可忽视的作用。

第二编

汇揽英才　开文理合办先河

（1928~1949）

2

1928年初，蒋介石的北伐革命军进抵山东，张宗昌败逃，私立青岛大学经费来源中断，不得已而停办。后于1930年4月与同样在1928年停办的省立山东大学合并成立国立青岛大学，这是国立山东大学的前身。1932年9月初，国民政府行政院会议决定将国立青岛大学改名为国立山东大学。这是山东大学发展史上的一个重要时期，学校在教学和科研上有许多建树，形成了自己的优良传统和学风，校内名流云集，培养了一批学有专长的人才，学校声誉颇高。国立山东大学作为抗战前十三所国立大学之一，由此崭露头角。

1937年抗日战争全面爆发，学校内迁四川万县后奉国民政府行政院令暂行停办。教育部成立国立山东大学校产保管处，先后在四川省万县、重庆市牛角沱高级陶瓷科职业学校、重庆教育部第二办公处及江津县白沙镇王家院办公，保存校产，为复校做准备。

经过多方呼吁，国民党当局决定在青岛原址恢复国立山东大学。1946年1月，国民政府教育部委派赵太侔为山东大学代理校长。2月，国民政府行政院正式任命赵太侔为国立山东大学校长，负责复校事宜。赵太侔重点在延聘师资、收回校舍、设置院系、筹划招生等方面开展工作，使复校任务得以顺利完成。他将学校扩充为文、理、工、农、医五个学院十四个学系，新增附属医院和附设高级护士学校。他将学术研究摆在首要地位，多方延聘知名专家学者来校任教，为山东大学的建设和发展奠定了基础。

第三章　国立青岛大学

山东大学堂的建立，标志着传统教育向现代教育转变的开启。现代教育规模和范式的初步展现，则始于国立山东大学时期学校由济南到青岛的迁移。国立山东大学前身为国立青岛大学，国立青岛大学则脱胎于省立山东大学与私立青岛大学的融合。

第一节　国立青岛大学创办

一、私立青岛大学

青岛地处山东东部，环山面海，风景秀丽，冬暖夏凉，气候宜人，有舟车之便，但非兵家必争的要衢，环境安静整洁，是一个探讨学问、钻研学术的佳地，有识之士早有在此创办大学之意。

1924 年初，当时的北京政府由直系军阀吴佩孚执政，直系健将高恩洪出任青岛胶澳商埠督办。高恩洪是山东蓬莱人，曾任北洋政府教育总长、交通总长等职，对教育事业颇为热心。同年 5 月，青岛富绅和教育界人士刘子山（刘子山是青岛大富户，出资创办私立青岛中学，由孙广钦任校长）、孙广钦等建议创办青岛大学，高恩洪欣然同意。随后成立由高恩洪、刘子山、孙广钦等 11 人组成的校董会，另推举青岛知名人士王西园、王荩卿等 29 人为董事，还聘请国内学界名流梁启超、蔡元培、张伯苓、黄炎培、颜惠庆、顾维钧、罗家伦等 24 人为名誉董事，积极进行筹备工作。校址选定在德国人占领青岛时所建的俾斯麦兵营（第一次世界大战中，青岛被日本占领，改称万年兵营），赶修校舍，添置器材。校董会公推高恩洪任校长，聘请孙广钦为校务主任，李贻燕为教务主任，接收刘子山出资创办的私立青岛中学为附属中学。报请山东督办府备案后，私立青岛大学于1924年8月正式成立。

私立青岛大学成立后，学校确立“以教授高深学术，培养硕学宏才，应国家之需要”的办学宗旨。学校根据社会的需要和本身条件，决定先设立工科，以适应工业的兴起和机械的制造；设立商科，以适应贸易的发展和经济的竞争。1924年8月中旬，学校在青岛、济南、北京、南京四个城市同时招生。由于当时全国高等学校为数不多，且青岛交通方便，风景秀丽，气候宜人，名遐中外，故报考学生极为踊跃，除本省本国学生外，还有南洋华侨和朝鲜的学生（录取的学生中有朝鲜贵族子弟帕尔克等）。限于学校的条件，本届只录取工科新生40人，商科新生40人。工、商两科所开的课程除专业课外，国文、数学、英语、日语为必修课，另有法律学、逻辑学、世界史等，选修课教材大部分靠教师自编。学制一律为四年，学生修业期满，考试及格授予某科学士学位。

私立青岛大学的校舍坐落在汇泉角的南海边，避去市区的喧闹，环境幽雅清静。大学路和鱼山路环绕校舍周围，两旁刺槐繁茂，紫藤累累，林荫夹道，充满生机。门前靠近波平如镜、细沙铺底的海水浴场，东有风景秀丽的中山公园，西有嵌入海中的海滨公园（新中国成立后改为鲁迅公园），是青岛游览的好地方。院内有八幢楼房，依山设计，布局工整，灰砖红瓦，格调协调。楼内宽敞，空气流畅，院中开阔，舒展宜人。按其房舍条件，可办成千人大学。学校原计划陆续增设文科、法科、理科、农科、医科，以促进山东科学教育的发展。孰料在1925年5月，奉系军阀张作霖率兵进关，引起第二次直奉战争，结果吴佩孚败北下野，校长高恩洪被逼去职，学校一时无人负责，濒于倒闭。为使学校不致夭折，校董会公推山东省议长宋传典接任校长，维持残局。学校经费原来全靠高恩洪拨款和士绅捐赠，高恩洪一倒，经费无着，教师辞职的不少，学生也走了很多，形势顿趋逆转，学校每况愈下，1925年以后未再招生。1928年初，蒋介石的北伐革命军进抵山东，张宗昌败逃，学校经费来源也中断，教师学生散去大半，学校不得已停办，学生均按大学结业处理。

私立青岛大学自1924年8月成立，至1928年初停办，在时局动荡、政权更迭、经费枯竭中维持了近四年的时间。私立青岛大学的创建，为后来国立山东大学提供了理想的校址和校舍，学校的良好校风和革命传统，也对国立山东大学产生了深刻影响。

私立青岛大学培养出一批杰出人才，举其代表者有：

罗荣桓（1902～1963），湖南衡山县（今属衡东县）人，伟大的无产阶级革命家、政治家、军事家。1924 年考入私立青岛大学工科预科，1926 年结业。1925 年 4 月底“青岛惨案”发生，引发学生罢课、市民罢市、工人罢工的运动。作为学生领袖之一，罗荣桓白天带领演讲队在街头巷尾散发小报、传单，揭露帝国主义的罪行，慰问死难者家属，晚上又参加演剧队的工作，用募集的资金来支援青岛和上海工人的革命斗争。1926 年从青岛大学预科毕业后，罗荣桓与张沈川奔赴国民革命的策源地广州，受到党组织教育，阅读了许多宣传马列主义的书籍，从此走上革命道路。1927 年 4 月入武昌中山大学（今武汉大学）学习，加入中国共产主义青年团，并很快转为中共党员。不久后，他弃笔从戎，参加了秋收起义和创建井冈山革命根据地的斗争，走完了长征。先后担任红军连、营、纵队党代表、军政委，军团和红军后方政治部主任。1937 年任八路军 115 师政治部主任、政委，后历任山东军政委员会书记、山东军区司令员兼政委、中共中央山东分局书记、东北民主联军副政委、东北野战军政委、第四野战军第一政委、中共中央华中局第二书记。1949 年后任最高人民检察署检察长，中国人民革命军事委员会总政治部主任、副主席，第一、二届全国人大常委会副委员长，中国人民解放军监察委员会书记，中国人民武装委员会主任，中国人民解放军政治学院院长，第七、八届中央政治局委员。1955 年被授予元帅军衔和一级八一勋章、一级独立自由勋章、一级解放勋章。

张沈川（1900～1991），原名张沈传，苗族，湖南慈利人。1911 年考入澧县文学专修科，1922 年考入湖南省立法政专门学校。1923 年，他结识了也到北京报考大学的湖南同乡罗荣桓。1924 年 6 月，私立青岛大学预科在北京招生，张沈川、罗荣桓、彭明晶报名参加考试，三人均被录取。在私立青岛大学求学期间，他们发起成立了三民实业社，生产纱布、药棉、墨水、肥皂、蜡烛等用品，以此来抑制日货。“青岛惨案”发生后，张沈川被推选为学生联合会主席，与罗荣桓等组织青岛惨案后援会，支援日本纱厂罢工工人的运动。后被军阀张宗昌通缉，潜逃到山东高密、即墨一带农村躲避。1926 年 6 月，青岛大学预科结业后，考入广州中山大学。其间，他积极参加社会科学研究社（党的外围组织）

的活动，还利用课余时间到广州农民运动讲习所为毛泽东等人校对讲稿。10月，张沈川离校参加北伐，担任北伐军中央党部军人部宣传干事，同年加入中国共产党。1928年10月，受周恩来指派学习无线电技术，进入中央特科通讯联络科，成为中国共产党第一名无线电报务员。1930年9月，开办了中共第一个无线电训练班，培训了第一批无线电报务员，编制了中共第一本无线电通讯密码，参与创建第一部地下无线电台，是我党无线电通讯事业的创始人之一，电影《永不消逝的电波》的主人公李侠的原型之一。

新中国成立后，张沈川先后在最高人民检察院、湖南省政协、湖南社科研究所任职，曾任第五届全国政协委员、国家安全部特约咨询委员等。1981年离休后，整理写下了几十万字的革命回忆录，其中《1929～1949我党地下无线电通讯发展概况》是一部反映中国共产党和中国人民解放军特种工作的宝贵书籍。

彭明晶(1899～1928)，又名彭明精，四川安岳人。1924年8月考入私立青岛大学商科。在校期间，担任私立青岛大学学生自治会和青岛学生联合会负责人。1925年与罗荣桓、张沈川组织学生声援工人罢工和声援“青岛惨案”“五卅惨案”的游行示威，遭到张宗昌追捕。1926年秋，到广州报考中山大学，经恽代英介绍加入中国共产主义青年团，后转为中共党员。10月，从广州转入武昌中山大学，介绍罗荣桓加入共青团，担任武昌中山大学团支部组织干事，后又介绍罗荣桓转为中共党员。1927年七一五反革命政变后，汪精卫开始“清共”活动，彭明晶转入地下斗争，任中共武昌一区区委书记，组织工人、学生及市民坚持斗争。后在武昌法租界秘密召开紧急会议、布置斗争任务时，被国民党便衣特务逮捕，经党组织多次营救，未获成功。彭明晶在狱中大义凛然，坚贞不屈。1928年春，彭明晶在武汉被国民党当局杀害，年仅29岁。

二、蔡元培与国立青岛大学的建立

1928年5月，蒋介石的北伐革命军进抵山东，张宗昌败逃，私立青岛大学不得已停办。与此同时，日本帝国主义悍然出兵济南，对中国革命进行武装干涉，残杀中国外交官，打死打伤中国军民数千人，制造了震惊中外的“五三惨案”。在混乱中，省立山东大学师生星散，学校也陷于停顿状态。1928年8月，南京国民政府教育部根据山东省教育厅的报告，决定在已停办的省立山东大学的基础上筹建国立山东大学，并指令何思源、魏宗晋、陈雪南、赵太侔、王近信、彭百川、杨亮功、杨振声、杜光埙、傅斯年、孙学悟 11 人为筹备委员，组成国立山东大学筹备委员会，着手筹备工作。1928 年 8 月，国立山东大学筹备委员会在泰山红门宫召开第一次筹备会议，何思源、魏宗晋、赵太侔、王近信、彭百川、杨亮功、杜光埙 7 人出席。大家一致推举何思源为临时主席，推举何思源、赵太侔、王近信为常务委员；会上讨论并通过了筹备委员会组织条例，研究了学校的院系设置、扩建校舍、充实图书仪器设备、经费来源以及原有学生的转学休学等问题，决定将筹备委员会办公处设在教育厅，以便与各方联系。会后呈报大学院备案，并函知省政府所属各机关。但是，由于当时济南和胶济线均被日军侵占，一切筹备工作只能是纸上谈兵，不能具体实行。

在此历史节点上，我国著名教育家蔡元培先生对山东大学的奠基、发展起着至关重要的作用。1929 年 6 月 3 日，蔡元培携眷来到青岛，住在原私立青岛大学女生宿舍小楼（后中国海洋大学档案馆楼）。他对青岛的优美环境和宜人气候倍加赞赏。当时，军阀割据，战乱频仍，济南是四省通衢、兵家必争之地。而青岛地处海滨，可少受战乱影响，所以他力主将国立山东大学迁到青岛筹办。他多次称："青岛之地势及气候，将来必为文化中心点，此大学关系甚大。"[①]"山大的环境可以说是中国唯一的，背山面海，实在是适于研究学问的地方。"[②]

这位资深教育家的建议，获得时任国民政府教育部部长蒋梦麟的同意，国民政府教育部接受了蔡元培的意见，指令将国立山东大学筹备委员会改为国立青岛大学筹备委员会，除接收原省立山东大学外，并将私立青岛大学校产、校舍收用，筹备国立青岛大学。另行函聘何思源、王近信、赵太侔、彭百川、杜光埙、傅斯年、杨振声、袁家普、蔡元培 9 人为国立青岛大学筹备委员会委员，并任命何思源为筹委会主任。10 月，又增聘陈调元、于恩波、陈名豫三人为筹备委员会委员。由教育部拨给开办经费 10 万元（教育部和山东省各付一半），并指示原省立山东大学和私立青岛大学具造资产清册，办理移交事项。

蔡元培不仅建议山东大学迁至青岛，还积极参与学校筹备。他亲自题写校牌，并先后举荐了杨振声、赵太侔两位校长，两次出席开学典礼并致辞。更重要的是，他所提倡的"兼容并包""思想自由""科学民主"现代学风，作为一

① 《1929 年 8 月 23 日蔡元培致吴敬恒（稚晖）函》，《山东文献》（台湾）1980 年第 3 期。蔡先生的函件现存台湾。

② 《蔡孑民（元培）先生在国立山东大学成立四周年纪念会上的演讲词》，《国立山东大学周刊》第 85 期，1934 年 9 月 24 日。

种文化基因植入了山东大学的根系，使这所学校从初创时期就立足于较高的崭新起点，从而迎来了山东大学发展史上的第一个辉煌时期。

三、依据《大学组织法》《大学规程》办学

国立青岛大学筹备委员会成立以后，先后举行了六次会议，对学校的筹建工作，作了细致的研究。

1929年6月20日，国立青岛大学筹备委员会在原省立山东大学校本部召开第一次会议，本省委员何思源、袁家普、赵太侔、王近信、彭百川5人出席，外省委员未及出席。会议除宣布国立青岛大学筹备委员会成立外，主要讨论了办学经费来源、大学基金以及确定筹委会秘书人选等事项。次日，何思源、赵太侔、王近信即赴青岛接收私立青岛大学校产。

7月8日，筹委会在青岛汇泉大饭店召开第二次会议，这是筹委会最重要的一次会议。除原先9位委员全部出席外，教育部部长蒋梦麟还从南京专程来青岛参加。会议听取了筹委会主任何思源关于接收原省立山东大学和私立青岛大学的经过、前国立山东大学筹备委员会工作情况的报告，讨论了院系设置、院系人选、各院地址、扩充校舍、学校经费、原有两校学生的处理、开学日期等问题。会议选举何思源、傅斯年、杨振声、赵太侔、王近信为筹委会常务委员。会议决定国立青岛大学设于青岛，并分设工厂、农事试验场于济南。这次会议基本商定了国立青岛大学的雏形。

7月14日，在济南原省立山东大学校本部召开第三次会议。何思源、杨振声、袁家普、王近信、赵太侔、彭百川6人出席，主要讨论了学校的行政组织、教务长、总务长及各院院长的人选、拟聘教师、教职员薪金标准、经费预算、应设年级以及旧生入学编级等问题。

以后的几次会议，分别于同年11月2日和次年的3月20日、5月10日在济南和青岛召开，对筹备工作中的一些重大问题作了研究讨论。

1929年7月26日，国民政府颁布《大学组织法》。该法共26条，规定大学应遵照教育宗旨及其实施方针，以研究高深学术，养成专门人才。规定大学设国立、省立、市立和私立四种，大学的设立、变更及停办，须经教育部核准。大学分文、理、法、农、工、商、医各学院。凡具备3个以上学院者方可称大学。国立学院院长由教育部聘任。校务会议审议的事项包括：大学预算；大学

学院学系的设立及废止；大学课程；大学内部各种规则；关于学生试验事项；关于学生训练事项；校长交议事项等。1929年8月14日，教育部公布《大学规程》。该规程分6章30条。规定依据《大学组织法》并遵照中华民国教育宗旨及其实施方针，强调大学教育注重实用科的原则，大学的学院必须包含理学院或农、工、商、医各学院之一。该规程还规定了大学各学院或独立学院的经费及设备，规定各科的开办费为10万～30万元不等，每年经费为8万～20万元；规定大学或独立学院须有相当的校地、校舍、运动场、图书馆、实验室、实习室及图书、仪器、标本、模型等设备。

国立青岛大学的创建严格依据《大学组织法》《大学规程》的法规制度，按照现代意义上的大学组织形式、规模样式、设备条件、学科设置、人员素质组成，并逐步加以完善。

四、杨振声任国立青岛大学校长

蔡元培推荐自己的高足杨振声出任国立青岛大学第一任校长，取得时任教育部部长蒋梦麟的同意。1930年4月28日，国民政府颁布任命。5月，杨振声校长到校视事，启钤办公。杨振声是山东蓬莱人，1919年毕业于北京大学国文系，1920年考取官费留学美国哥伦比亚大学，获文学博士学位，后又到哈佛大学攻读教育心理学。1924年回国，历任武昌大学、北京大学、燕京大学、中山大学教授，清华大学教务长兼文学院院长，在教育界颇负盛名。

1930年8月，学校分别在青岛、济南、北平三地招收新生153人，先修班学生测试合格者升入23人，共176人。9月21日，举行开学典礼，杨振声校长宣誓就职，并在会上作《打基础，重质量，务实际，艰苦创业》的讲话，国立青岛大学正式成立。随后即按已订的教学计划上课。学制为四年，实行学分制，对毕业生成绩优良者授予学士学位。后经校委会决定，每年9月21日为学校成立纪念日。

蔡元培先生参加了开学典礼。在国立青岛大学筹备建立时，他为国立青岛大学题写的校名已制成木牌悬挂在学校大门旁。梁实秋曾回忆说："我们初到青岛的时候，蔡孑民先生还携眷住在女生宿舍那座小楼里。学校大门上的木牌是蔡先生的题字，清癯一如其人。"

五、“兼容并包”“思想自由”的办学方针

杨振声任国立青岛大学校长期间，效法恩师蔡元培在北京大学推行的“兼容并包”“思想自由”“科学民主”的办学方针，打破门户之见，选贤任能，积极延聘专家学者来校任教，以提高学校的学术地位。他使尽浑身解数，广揽人才。曾亲自赴沪面请著名诗人闻一多来校担任文学院院长兼中文系主任，请知名作家梁实秋担任外文系主任兼图书馆馆长，还相继聘请数学家黄际遇、化学家汤腾汉、生物学家曾省、教育家黄敬思等分别主持各院系的教学与科研工作。国内知名的文、理学专家学者如谭书麟、蒋德寿、王恒守、赵少侯、孙大雨等，以及语言学家闻宥、《楚辞》专家游国恩、化学家傅鹰等也先后应聘到国立青岛大学任教。一时群贤毕至，名流云集，师资阵容在全国大学中屈指可数，由此开启了山东大学历史上第一个辉煌时期。杨振声曾这样对胡适之先生夸耀：“我们中国文学系主任的英文很好，外国文学系主任的中文很好，两个系主任彼此的交情又很好，所以我们中外文学系是一系。”

他提倡不同学派的争论，活跃学术气氛，以自己的地位和声望，利用广泛的人脉关系，经常邀请学术界名流在每星期一“总理纪念周”的集会上来校演讲，以加强学术交流，启迪思想，开阔视野。章太炎、蔡元培、陈寅恪、胡适、冯友兰、顾颉刚、罗常培、竺可桢等名流都曾来校讲学。他治学严谨，敢于革除陈规陋习，自兼中文系“小说作法”课程，在教学中要求吸取新的科学成果，强调打好基础，重视学以致用。

总之，杨振声在校两年做了大量工作，学术气氛浓郁，形成良好的学风校风，教学和科研生机勃勃，为学校发展打下了坚实的基础。杨振声是山东大学发展史上的重要奠基者。

第二节　构建综合性大学框架

一、行政体制，院系设置

国立青岛大学行政机构较为精干，设教务处、总务处、秘书室和图书馆。教务处下设注册、体育、军训三组，总务处下设庶务、会计、校医三组。教务长为张道藩（后为赵太侔），总务长兼秘书主任为陈命凡，图书馆馆长为梁实秋（起初由宋春舫兼任）。全校共有职员 43 人。各组负责人有的是专职，有的是教授兼任。

学校最初在青岛本部设文、理两个学院，在济南设立试验场和实习工厂。文学院下设中文、外文、教育三个系，理学院下设数学、物理、化学、生物四个系。文学院院长闻一多（兼中文系主任），外文系主任梁实秋（兼图书馆馆长），教育系代主任谭书麟。文学院有教授赵太侔、杜光埙、黄敬思、谭葆慎、程乃颐、马师儒、郭斌龢、宋春舫（兼），讲师游国恩、赵少侯（游、赵后升为教授）、沈从文、黄淬伯、方令孺、薛彩凤、李方琮、梁启勋及教员、助教共二十余人。理学院院长黄际遇（兼数学系主任），物理系主任蒋德寿，化学系主任汤腾汉，生物系主任曾省。该院有教授傅鹰、周钟岐、王恒守，讲师王普、郭贻诚、李先正、梁其奎、宋智斋、秦素美、沙凤护及教员、助教共四十余人。体育系有教授郝更生、宋君复、高梓等三人。1931 年秋，经校务委员会决议，将教育系扩建为教育学院，设教育行政和乡村教育两个系，由黄敬思任院长兼教育行政系主任，谭书麟任乡村教育系主任。这样就形成文学院、理学院、教育学院，中国文学系、外国文学系、数学系、物理系、化学系、生物学系、教育行政系、乡村教育系“三院八系”格局。

二、依章管理，教授治校

早在 1912 年出任民国第一任教育总长时，蔡元培就起草了《大学令》，规定大学要建立评议会、教授会等组织。1917年，蔡元培主持设立了北大评议会，作为全校的最高立法机构，通过一定的规章制度和组织形式，由教授决定办学方针大计，维护学校的自主与自治。国立青岛大学也是实行校务会议制度。杨振声校长认为，制定规章制度与计划“不能不十分审慎，专靠校长一人或数人是很危险的”，必须有一个“集思广益的组织，权在校长之上”。这个组织就是校务会议。国立青岛大学校务会议由全体教授选出的代表（一般为3人）及校长、教务长、秘书长、各学院院长、各系主任组成，校长为当然主席。学校的一切重大事项都要由校务会议审议，会议所形成的各项决议，校长必须执行。

1930年12月4日，学校召开第一次校务会议。出席第一次校务会议的有张道藩、闻一多、黄际遇、梁实秋、赵太侔、谭葆慎、谭天凯、汤腾汉、杜光埙、陈命凡。当时学校面临学生罢课问题。起因是开学不久，校方查出有些学生是用假文凭考取的，于是勒令这些学生离校。这引起学生的不满，并引发了国立青岛大学成立后第一次学生罢课。此次校务会议作出决议布告全校：要求全体学生立即复课，宣布本校学生自治会“不合法”。后来学校决定每星期四下午举行校务会议，讨论学校重大事项。比如，1931年2月24日校务会议决定由赵太侔、梁实秋、陈命凡组成审查委员会，审查本年度预算。1931年5月公布《助学金规则》，正式建立奖助学金制度，规定凡品学优良、家境贫寒的学生均可申请。每名金额50元，每学期评定一次，由系主任提名，院务会议初评，校务会议审定批准。此举极大地激发了学生们刻苦学习、奋发向上的精神。学校还设立了聘任委员会，由校长聘请教务长、各学院院长及教授若干人组成，校长为主席，委员有赵太侔、闻一多、黄际遇、梁实秋、杜光埙等。学校凡拟聘教授、讲师等，均须经聘任委员会审查通过。

校务会议是制定学校规章制度的机构，又是学校的最高权力机构。这种校长主持下的教授治校制度，是国立青岛大学管理制度的鲜明特色，也是现代大学实现民主管理的重要途径。

三、严格学则，作风民主

在主持学校工作中，杨振声既要求严格，又讲究民主。他把制定各种规章制度视为学校的一项根本工作。学校不仅建立起校务委员会、院务会议、系务会议、图书委员会、出版委员会、古物征集委员会等组织，还陆续制定了学校的组织规程、校历、学则、各系学程纲要等规章，包括图书馆及各部科的章程及办事细则、各种委员会规程以至学生寝室规则等大小规章数十种。杨振声把制定各种章规视为学校的一项根本工作。他认为："一个机关必须纪律化。一切规程，使其简而易守，然后大家循序而善行之，则学校事务，化复杂为简单，治纷乱以条理。"这样，大家才能"专心一致于学术上之建设，蔚然成为整肃庄严之学府"。大家都按章办事，学校的各项工作便得以有秩序地进行。他还提出："要学校有法制，第一个得从校长做起，校务会议的决议案，校长是第一个负执行的责任与遵守的义务的。"① 这种尊重校务会议的民主作风，深受教师们的欢迎。

四、节约开支，勤俭办学

国立青岛大学在同类国立大学中经费属于少的。当时，国民党政府热衷于打内战，财政拮据。虽名为国立大学，但办学经费主要不是由南京中央政府开支，大部分要由各省地方开支。江苏、广东等富裕省份出钱多，所以中央大学、中山大学的经费多。而山东在当时是生产较为落后的省份，就拿不出许多经费办大学。中央大学和中山大学每年经费都是一百几十万，而国立青岛大学每年只有四十几万。自学校成立后，1930 年预算为四十八万元，经过教育部和山东省多次磋商，实际上只拨给四十四万八千元，其中教育部拨款四万元，山东省拨款三十六万元，青岛市拨款三万六千元，胶济铁路局拨款一万二千元，不足部分由收入学杂费中垫补。1931 年，由于学校增聘教授、添置图书设备、维修校舍等，预算为五十九万元。除地方负担四十万八千元外，教育部应拨款十八万二千元。但因教育经费被压缩，教育部无法承担，造成当年秋季开学后教职员薪俸不能按时支付，引起教师罢教一月之久。杨振声校长不得不去京沪大声疾呼，求得解决。1932 年以后，青岛市政府和胶济铁路局借口开支过大、入不敷出，不再拨给经费。当时学校正值发展阶段，教师和学生激增，经费也需相应增加，拨款数额却难以保证，因此筹划经费成为校长要解决的主要问题。

杨振声在任职校长期间，除了校舍，其余一切几乎均需从头做起。他从实际出发，极为重视撙节开支，注意精打细算，压缩行政费用，把经费用在办学

① 《校长报告》，《国立青岛大学周刊》第 28 期，1931 年 11 月 9 日。

最需要处。除支付教职工的薪金外（聘请教师开支最大，约占全部经费的40%），首先是购买图书、仪器设备，修建体育场地，进而节省经费建筑教学楼，如后来建筑的科学馆，当时在全国也是被称赞的。为了节省开支，他把公家为校长提供的较好住房让给教职员住，自己出钱另租房子住；不用学校的家具，自己花钱置备；开校务委员会时，由他自己提供茶叶和香烟；在学校购买汽车时，为节省开支就只买了一辆旧车，连出差也是自费。他曾说："我们惟有节省经常费来补充设备费，我们经常费能多省一文，即设备上能增加一点，也便是学校的基础上多放一基石"，"在行政上多花一文，这一文便是虚耗；在基础上多花一文，这一文便是建设"。他把这项工作比喻为盖房子打基础，"地基打得好，础石放得牢，将来这广厦百间，高楼千栋，才盖得起，负得住。我们的经费能多花在这基础上一文，这一文便有它百年的价值，文化的贡献"。[①] 因此，山东大学从一开始就树立了撙节开支、艰苦创业的校风。

五、扩充图书，出版校刊

国立青岛大学图书馆成立于 1929 年 12 月，剧作家宋春舫、文学家梁实秋、图书馆学家皮高品等相继任职图书馆，为图书馆的科学合理发展奠定了基础。当时所藏图书是从前私立青岛大学和原省立山东大学接收过来的，为数极少，而且大半是旧课本，多不实用。国立青岛大学成立后，学校在自身经费常有不足的情况下，保证图书馆经费每年在 5 万元上下，大量采购中外文图书。由于经费有限，更加注重图书质量。为此专门设立了图书委员会，规定各系所需要的参考书必须由系主任签字负责，然后交图书委员会审查通过，再由图书馆在各系的图书预算项下统一订购。

杨振声就任国立青岛大学校长之后，在 1931 年 2 月 22 日主持召开的校务会议上，决定出版校刊《国立青岛大学周刊》。1931 年 5 月 4 日，《国立青岛大学周刊》正式出版，四开八版，刊头由赵太侔题写，报道学校重要活动和重大兴革。杨振声在校刊上发表了《校长报告》，阐述了他的办学思想，对国立青岛大学的办学方针、任务、发展方向和教学上的重要问题进行了详细的阐述。他效法教育家蔡元培"兼容并包""思想自由"的办学理念，提倡科学和民主，学术

① 《校长报告》，《国立青岛大学周刊》第 1 期，1931 年 5 月 4 日。

自由，打破门户之见。他要求校刊传播他提出的办学思想，推动学校教学科研工作，为日后山东大学的发展打下了坚实的根基，也为校刊的发展奠定了基础。创刊之日，随《国立青岛大学周刊》一起出版的还有《图书馆增刊》，图书馆馆长梁实秋题写了发刊词。校刊和增刊各占四个版面，自第八期起改为四版，各占两版。《图书馆增刊》每周一期，内容包括新编书目、新书通知、新书介绍、新书简评、借书制度、图书馆学、目录学等文章，指导学生充分利用图书，帮助教师及时获取信息进行科学研究。《国立青岛大学周刊》和《图书馆增刊》对活跃学校文化氛围，推动学术研究风气起到极大的作用。《国立青岛大学周刊》也经历了《国立山东大学周刊》《国立山东大学校刊》《山大生活》《山东大学报》等不同发展时期，成为中国高校创刊较早的报纸之一，至今仍在记录着这所百年老校砥砺前行的脚步。

为了开辟学术园地，检阅教学研究成果，学校从 1932 年起创办了《文史丛刊》（文学季刊）、《科学丛刊》（理学季刊）、《励学杂志》（文理半年刊）、《刁斗杂志》（文艺半年刊）。理科师生经过调查研究，编印了《科学的山东》《科学的青岛》，比较全面地介绍了山东省和青岛市的自然地理、资源、科学技术发展概况。文科师生还同报社协作，在《山东日报》上办《素丝》周刊，在济南《民国日报》上办《潮音文艺》周刊，在《青岛民报》上办《文刊》周刊，在《青岛晨报》上办《社会与文学》周刊，对促进山东文学艺术发展起了一定的作用。

由于学校新建，富有朝气，上下一心，励精图治，在教学和学术方面作出了成绩，加上青岛的环境得天独厚，学校不久就崭露头角，博得声誉，引起国内教育界和学术界的重视。

第三节　学术生态与校园文化

国立青岛大学存在时间虽然短暂，却成为后人时常怀念的一段美好岁月。由于校长杨振声的多方援引，当时的学校名流汇聚。各学科学派的精英人才、不同背景的海归教授，思想多元，自由奔放，风采迥异，为学校注入了活力。当年并没有统一的教材，教授们都是自己开课，自己编写讲义，独立思考，百家争鸣。校长杨振声法度严明，治校有方，学者们各显神通，交相辉映。正如冯友兰先生在西南联大纪念碑文所示，“文人相轻，自古而然”，他们却“合作无间，同无妨异，异不害同，五色交辉，相得益彰，八音合奏，终和且平”，以兼容并包之精神，为一所大学的初创，奠定了良好的根基。

一、杨振声校长的文化沙龙

杨振声不但善于发现人才，更能够吸引人才。他学养深厚，正直朴实，风度潇洒。他有山东人的热情豪爽，“身材修长，仪表甚伟”，极具个人魅力。当时他和赵太侔同住黄县路7号，学者们课余都喜欢到杨振声住处聊天，时而品茶谈诗，时而煮酒论文。闻名遐迩的“酒中八仙”便在这种雅集欢聚中产生，可以说是一种特殊的文化沙龙。梁实秋《酒中八仙——记青岛旧游》中说：“青岛是一个好地方，背山面海，冬暖夏凉，有整洁宽敞的市容，有东亚最佳的浴场，最宜于家居。唯一的缺憾是缺少文化背景，情调稍嫌枯寂。故每逢周末，辄聚饮于酒楼，得放浪形骸之乐。”杨振声和闻一多、梁实秋、黄际遇、赵太侔、方令孺、刘本钊、陈季超（一说邓仲纯）等同事们在闲暇时间呼朋聚饮，三日一小聚，五日一大宴，猜拳行令，妙语如珠。三十斤一坛的花雕酒，一夕便饮尽。有时还结伙远征，近到济南，远去南京、北京，狂言要“酒压胶济一带，拳打南北二京”。“在一起宴饮作乐，酒酣耳热，一时忘形，乃比附前贤，戏以八仙自况。”酒场上他们酣畅淋漓，各不示弱，学术上也是八仙过海，各显神通。那种毫无拘囿的坦诚豁达，纵情快意的潇洒豪放，士林罕见，为人艳羡，可谓国立青岛大学时期文化氛围的点睛之笔，故而“酒中八仙”的故事，口口相传，历久弥新。

当然，这个故事在青年教师和学生中也不乏微词，沈从文发表于1935年的小说《八骏图》，据说就是暗讽“八仙”。后来，随着杨振声校长辞职，闻一多、梁实秋等教授先后离校，“酒中八仙”的故事也逐渐成为绝响。关于“酒中八仙”的具体人员有不同说法，一般认为的“八仙”是杨振声、闻一多、梁实秋、黄际遇、赵太侔、方令孺、刘本钊、邓仲纯。

杨振声（1890～1956），国立青岛大学校长。字今甫，山东蓬莱人，现代著名教育家、作家。1915年考入北京大学国文系。1918年组织新潮社，创办《新潮》杂志。1920年考取官费留学美国哥伦比亚大学、哈佛大学。1924年回国历任武昌大学、北京大学、燕京大学、中山大学中文系教授，清华大学教务长兼文学院院长等。1930年6月任国立青岛大学校长。抗日战争期间任西南联合大学教授兼叙永分校主任。1946年负责北京大学北迁筹备工作，并任北京大学教授。新中国成立后除在北京大学任教外，兼任北京市文联创作部部长。1952年任东北人民大学（吉林大学前身）中文系教授兼中国文学史教研室主任。1956年病逝于北京。

在国立青岛大学时期，他积极推动现代文学课程，大力提携青年作家。开设“小说作法”课程并亲自授课，把新文学课程提到与《楚辞》研究、《诗经》研究同等重要的地位。著名鲁迅研究专家、山东大学教授孙昌熙先生回忆自己在西南联大读书时，感受到杨振声先生的渊博学识和人格魅力：“先生在娓娓而谈中，多幽默风采，使人如坐春风。他也月旦人物，但不露锋，让你自己去思索……”沈从文蜚声文坛也得益于杨振声的提携。

在办学中，他强调基础，注重师资的学术水平，重视教学设备的采集与积累。每年节支若干办公经费，添置图书、仪器和建设实验室，以弥补设备经费之不足。他对山东的地理环境、自然资源、古迹文献等做过认真分析，提出开设海洋生物学、海洋学、气象学的条件和前景，研究考古学、哲学、文学的基础和使命。杨振声还创作了大量文学作品，有中、短篇小说20余部（篇）和散文、杂文、诗歌等50余篇（首）存世。杨振声是一位具有独特风格的现实主义作家，在中国现代文学史上占有一定地位。

闻一多(1899～1946)，文学院院长、中文系主任。本名闻家骅，字友三，生于湖北浠水。1912年考入清华大学留美预备学校。1922年赴美留学，先后在芝加哥美术学院、科罗拉多大学和纽约艺术学院学习。1925年回国后，任北京艺术专科学校教务长，并从事《晨报》副刊《诗镌》编辑工作，后又历任中央大学、武汉大学文学院院长等。1930～1932年任国立青岛大学文学院院长兼中文系主任。1932年回到母校清华大学任中文系教授。抗战全面爆发后，参加国立长沙临时大学（即后来的国立西南联合大学）师生“湘黔滇旅行团”，一路跋山涉水步行3500里，采集民谣、民歌，创作出许多描绘祖国壮丽山河的风景画。到昆明后，继续任西南联大教授，积极投身抗日救亡、争民主、反独裁斗争。1946年7月15日，在云南昆明被国民党特务暗杀。他被认为是集诗人、学者、民主斗士三重人格于一身的历史人物。

闻一多选择来国立青岛大学，完全是缘于和校长杨振声的情谊。在国立青岛大学的第一学年，闻一多开设了“中国文学史”“唐诗”“名作选读”三门课。青岛气候宜人，同仁关系融洽，自然和人文环境都为学术研究提供了得天独厚的条件。好友梁实秋担任图书馆馆长，也为他提供了借阅书籍资料的便利。他的唐诗研究、《诗经》研究，在此逐步走上成熟阶段。

闻一多有两个得意门生，即陈梦家和臧克家，号称“二家”。陈梦家是闻一多在中央大学教书时的学生，爱好写诗，闻一多很喜欢他，后来请他到国立青岛大学任教。在国立青岛大学的国文系里，闻一多最欣赏的学生是臧克家，“他写的诗是相当老练的”。臧克家考国立青岛大学时，数学得了零分，但爱才的闻一多给他的作文评了98分，破格录取。后来，陈梦家不仅成为著名的新月派代表诗人，还是著名的古文字学家、考古学家。臧克家则成为中国现实主义新诗的开山人之一。

闻一多后来成长为民主斗士，还与另一位山东大学校长有关。1943年秋天在西南联大，朱自清从成都探亲带回一本杂志，上面有边区诗人田间、艾青的诗。闻一多对此倍感惊奇和振奋，并在课堂上公开称赞，引起人们的关注。当时被派到云南做统战工作的华岗主动拜访了闻一多，赢得闻一多的信任与敬佩。华岗邀请闻一多参加正在筹备的西南文化研究会。闻一多又介绍吴晗、潘光旦、曾昭抡等西南联大教授参加。“正是由于华岗的影响，随后，闻一多选择了与黑暗势力抗争到底的道路。他们之间的渊源也为山大历史上留下了光彩一页。”①

梁实秋(1903～1987)，外文系主任、图书馆馆长。原名梁治华，字实秋，笔名子佳、秋郎、程淑等，浙江杭县（今杭州）人。出生于北京，中国著名的现当代散文家、学者、文学批评家、翻译家，国内第一个研究莎士比亚的权威学者。1923年赴美留学，取得哈佛大学文学硕士学位。1926年回国后，先后任教于国立东南大学、国立青岛大学，任外文系主任，并担任《益世报》《自由评论》等报刊编辑，抗战后任北平师大教授。1949年到台湾，任台湾师范学院英语系教授、台湾师范大学文学院院长等。1987年11月3日病逝于台北。

梁实秋在国立青岛大学开设的课程有“欧洲文学史”“莎士比亚”“文艺批评”“公共课英语”等。他知识渊博，讲课深入浅出，饱含感情，深受学生喜

---

① 《闻黎明谈闻一多与山东大学》，尹作升等编：《斯文一脉》，济南：山东人民出版社，2014年，第43页。

欢。在国立青岛大学时期，他开始了一生中最为重要的成就——《莎士比亚全集》的翻译。教学之余便埋头默默耕耘。到 1939 年，商务印书馆相继出版《哈姆雷特》《李尔王》《奥赛罗》《威尼斯商人》等八部梁译莎剧，包含四部悲剧、四部喜剧。梁译《莎士比亚全集》直至 1967 年最终完成出版，这是梁实秋对中国文化的最杰出贡献。

梁实秋在图书馆建设方面也颇有建树。他认为："图书馆应该是一个学校的中心。学生要求真正的学问，靠教员指导的地方少，靠图书启迪的地方多。"他主持成立了图书委员会，主持的《图书馆增刊》于 1931 年 5 月 4 日与《国立青岛大学周刊》一起创刊出版。梁实秋十分重视馆藏建设，大量采购中外文图书，包括中文线装古籍。他是莎士比亚研究专家，所以外文书籍也重点采购各种版本的莎士比亚著作，以数量多、版本全而著称，成为馆藏特色。他还多次亲赴上海采购各类科学、文化专著。至 1931 年 4 月，学校图书馆有中文图书三万余册、外文图书八千余册，梁实秋并不满意，认为"这只是一个图书馆的雏形"。

黄际遇（1885～1945），理学院院长、数学系主任。字任初，号畴庵，广东澄海人。早年留学日本东京高等师范学校和美国芝加哥大学。回国后历任武昌师范大学教授、中山大学教授、北京师范大学教务长、河南大学校长兼河南教育厅厅长、国立青岛大学文理学院院长。1945 年日寇投降，他与同事乘木船自粤北返广州，途中不幸坠水身亡，终年 61 岁。

黄际遇学贯中西，兼长文理，国学功底深厚，书法、楹联、棋弈无不精通。他是我国现代数学教育的先驱者，向国内引进西方数学。早在日本留学时就曾翻译《几何学》，此后又译有《续初等代数学》《微积分》《群底下之微分方程式》《近世代数》等。主要论著有《论一》《定积分一定理》《Guderman 函数之研究》等。他还曾在中山大学文学院开"历代骈文"等课程，著有《班书学说》《潮州八声误读表》等文字学专著。他的书法以颜体为本，兼容诸家之长，楷、行、草、隶、篆并工。他还是当时棋坛知名人士，常与象棋高手过招，有手订棋艺评论《畴盦》五十册。青年时代的他喜欢击剑和足球，在日本留学时曾获击剑比赛荣誉奖。其现存 40 多部日记，均用毛笔书写，内容包括数学、文学、历史、书信、对联、诗文、棋谱、音韵、训诂等多种研究心得。

黄际遇是国立青岛大学第一批被聘任的教授。"据台湾版的《山东文献》第六卷第二期记载，黄际遇的到校时间是 1929 年 12 月，月薪 400 元，职务是教授兼文理学院院长、数学系主任，离校时间是1936年10月。”[①] 数学系的成立，标志着山东大学数学学科的诞生，数学成为学校最悠久的系科之一。建系之初，师资匮乏，只有院长兼系主任黄际遇一位教授。黄际遇首先强化师资力量，逐年扩充教师队伍，他爱才惜才，提携后进，善于发现并培养新生苗子。至1935年大体配齐，全系有教授、副教授7人（黄际遇、曾炯、李达、陈传璋、周绍濂、马纯德、孙泽瀛），讲师5人（宋智斋、李先正、杨善基、李蕃、章用），助教1人。这为数学系的后续发展奠定了基础。在课程建设方面，黄际遇坚持“内容力求充实，并注重习题演习”的课程编制原则。建系时，黄际遇一人开出“微积分”“代数解析”“立体几何解析”“数学演习”4门课程，随着教师逐年增加，到1936年已经开出50门课程，其中必修课15门，分组必修课22门，选修课13门。至此，数学系的课程开全并稳定下来。

黄际遇喜欢国立青岛大学人文荟萃的环境，他在“八仙”中是唯一学理科的，很快便融入了这个北方海滨城市，与风采各异的同仁相处无间。梁实秋的描述形神皆备：“友朋欢宴之间，尤其是略有酒意之后，他的豪气大发，谈笑风生。他知道的笑话最多，荤素俱全，在座的人无不绝倒，甚至于喷饭。我们在青岛的朋友，有‘酒中八仙’之称，先生实其中佼佼者。”[②] 国立青岛大学的这段时光，是黄际遇人生中风平浪静的美好日子。他勤于日记，在青岛执教五年，留下了《万年山中日记》《不其山馆日记》。

1945年10月，黄际遇不幸遇难后，社会各界无不痛惜。作家老舍和黄际遇在国立山东大学交往甚密，以泪和墨撰写挽联：“博学鸿才真奇士，高风亮节一完人。”梁实秋撰文叹息道：“先生博学多才，毕生劳瘁，未厄于敌骑肆虐之时，乃殒于结伴还乡之际，噫！”戴季陶、朱家骅等民国要人也敬送了挽联。

赵太侔（1889～1968），文学院教授、教务长。又名赵畸，山东益都（今青州市）人。1914年考入北京大学英语系。1918年毕业后任济南一中教员。1919年考取官费留美，入哥伦比亚大学攻读西洋文学，继入该校研究院专攻西洋戏剧。他和当时留学美国的余上沅、闻一多、梁实秋等交往甚密，共同组织中国京剧在美公演，自任服装道具和舞台布置。1925年从研究院结业回国，历任北

① 杨洪勋：《黄际遇：被遗忘的大学问家》，尹作升等编：《斯文一脉》，济南：山东人民出版社，2014年，第18页。

② 梁实秋：《记黄际遇先生》，《雅舍杂文》，上海：上海人民出版社，1993年，第91页。

京大学讲师、北京艺术专门学校教授和戏剧系主任等。1927 年任武汉国民政府外交部秘书，参加谈判收回九江英国租界。后回到山东，先后任济南第一中学校长、济南实验剧院院长、国立青岛大学筹备委员会委员等。国立青岛大学成立后，被杨振声校长聘为文学院教授、教务长。1932 年杨振声辞职后，接任山东大学校长。1936 年被迫辞职。抗日战争全面爆发后，任国立编译馆编纂、教育部高教司司长等。抗日战争胜利后，再任复校后的山东大学校长。1949 年青岛解放前夕，他拒绝国民党海军司令乘军舰南逃的命令，秘密转入医院病房，迎接青岛的解放。新中国成立后，担任山东大学外文系教授等。20 世纪 50 年代后期，曾致力于汉字改革的研究，著有《汉字改革方案》《汉字新法打字机拟议》等文稿，受到有关部门重视，可惜在“文化大革命”中文稿全部丢失。1968 年 4 月，在极左路线下受迫害致死。

方令孺(1897～1976)，文学院讲师。安徽桐城人，散文作家、女诗人，方苞的后代。1923 年留学美国，在华盛顿州立大学和威斯康星大学读书。1929 年回国后，先后任国立青岛大学讲师、重庆国立剧专教授、重庆北碚国立编译馆编审、上海复旦大学中文系教授等。1949 年后被选为上海市妇联副主席。1958 年至“文化大革命”前，任浙江省文联主席。

在五四运动影响下，方令孺远去美国留学，接受西方教育。她深爱新文学，写诗也写散文，诗作多发表于《新月》杂志，被称为新月派代表性女诗人。国立青岛大学成立后，经清华大学教授邓叔存（即邓以蛰先生，著名美学家）介绍，方令孺来校担任中文系讲师，讲授《昭明文选》和《大学国文》。她在这里结识了校长杨振声、文学院院长兼中文系主任闻一多、外文系主任梁实秋、小说家沈从文、诗人学者陈梦家、散文家吴伯箫等。方令孺曾提议创办一个可以发表诗歌的刊物，陈梦家向徐志摩谈了她的意见，徐志摩很高兴，立即筹办，四处约稿。1931 年 1 月《诗刊》创刊，成为新月派的代表刊物。几年间，她与徐志摩多次通信，交流对中国新诗的看法，后来她把这些信结集出版，名字就叫《信》（文生出版社，1945 年）。另有散文集《家》《方令孺散文选集》（上海文艺出版社，1982 年），译著文集《钟》等。国立青岛大学的两年，奠定了方令孺在诗坛的地位。

刘本钊(1892～1968)，会计主任、秘书长。字康甫，号远哉，祖籍山东蓬莱。生于书香门第，少时秉承家学，稍长入蓬莱新学堂学习，并曾执教家馆。

后考入北京朝阳大学学习法律，1920年前后去朝鲜大学（日办学校）留学。1923年回国后在顾维钧任外交总长的北洋政府外交部做主事，北洋政府被推翻后到清华大学工作。刘本钊与杨振声都是蓬莱人，从小就非常要好。杨振声任清华大学教务长时，推荐刘本钊担任清华大学会计科科长。1930年，杨振声任国立青岛大学校长时，又邀其携夫人子女来到青岛，先后担任会计主任、秘书长等。在1931年5月16日的校务会议上，被推选为训育委员会委员，委员会由赵太侔、黄际遇、刘本钊、谭天凯、梁实秋五人共同组成。1936年国事日艰，他与妻儿回到蓬莱老家行医度日。七七事变后，坚辞不就地方维持会长一职，辗转去了云南昆明西南联大。1939年，大人董琳在蓬莱被日伪迫害致死。抗战胜利后，受赵太侔校长邀请返回学校工作。从1946年8月起担任山东大学秘书主任，随后又被推选为法制委员会、校章制定委员会中的重要成员之一。他出席了历次校务会议，参与各项重要问题的讨论与决定，在复校工作中作出了极为重要的贡献。1949年青岛解放前夕，与丁西林教授一家一起离青赴台。他在台湾受到梅贻琦的邀请，到新竹清华大学工作，直至退休。退休后仍每日广泛读书，笔耕不辍。1968年因病在台湾逝世。

刘本钊一生涉猎极广，书法造诣很高，尤精于金石字画之品评鉴赏。曾用“远哉”“远斋”等笔名写下千余篇文章，在各报刊发表。其中有杂文、历史小品等，他的京剧述评是中国最早的一批京剧评论之一，可惜大多因战争等历史原因散失殆尽，仅在台湾写的一部分保留下来，定名为《台墨残痕》，分为“梨园逸话”和“小品与杂文”等部分。

邓仲纯（1888～1959），校医、外文系日文讲师。安徽怀宁人。怀宁邓家是皖省数一数二的文化家族，这个家族的邓以蛰、邓稼先父子分别是邓仲纯的弟、侄。邓仲纯的父亲邓绳侯是陈独秀的老师，邓氏兄弟与陈独秀从小一起长大，情同手足。大约清光绪宣统年间，邓、陈和苏曼殊一起留学日本，朝夕相处，切磋诗文。邓仲纯学医，也受到陈独秀的革命影响。1916年，蔡元培出任北京大学校长，聘请陈独秀担任文科学长，邓仲纯随之也到北大工作。1930年8月，受杨振声邀请来到青岛，任校医兼外文系日文讲师。邓仲纯侠肝义胆、古道热肠，深厚的家学渊源使他对古典文化有着独特的了解。他医术精湛，精通日文，古诗文功底很深，与诸位学者教授意气相投，过从甚密，教学之余，时常相聚宴饮。国立山东大学时期，邓仲纯又同赵太侔、老舍、赵少侯、洪深、台静农、叶石荪、萧涤非等文学教授形成了新的饮酒圈子，这就是所谓的“后酒中八仙”。

七七事变后，文友酒友星散，邓仲纯先避难安徽，后流落到四川江津（今重庆江津），在黄荆街开办了延年医院，患者慕其名，求医问药者很多。陈独秀从南京狱中被释放后，1938 年 8 月初，邓仲纯终于在重庆寻访到陈独秀，遂接陈一家到江津居住。陈的大病小病都由邓仲纯问诊，全是免费。陈独秀与外界的书信往来都是交延年医院转，使住在城外乡下的陈独秀得以与外界保持联系。邓一直照料陈独秀到去世，并料理了陈的后事。抗战胜利后，赵太侔校长仍聘请邓仲纯为校医。邓仲纯后来任青岛市人民医院院长，1959 年在北京病逝。

二、其他著名学者及其学术贡献

国立青岛大学以其独特的人文优势、地理优势吸引了全国各地的杰出学者，在这里传授知识、启迪智慧，酝酿营造了一片肥沃土壤，不仅是青年学生求学启蒙的胜地，也成为学者们各自事业发展的渊源。很多学者后来的重要成就发端于国立青岛大学时期。这个时期也为山东大学后来的文史见长以及数学、化学、物理等学科优势埋下了种子。每位学者的独特风采，都是这所大学文化生态中一个鲜活生动的侧面。

宋春舫(1892～1938)，图书馆馆长。浙江吴兴人，出生于上海。我国著名的剧作家、戏剧理论家、翻译家和国际著名的戏剧藏书家，中国海洋科学研究事业的奠基人之一。1914 年留学瑞士日内瓦大学，获硕士学位。此后游历法、德、意、美等国，专修政治、法律，但其兴趣所在却是戏剧。他通晓英、法、德、意、西五国语言，能读希腊语和拉丁语。

1928 年起，宋春舫在青岛生活工作，历任青岛观象台研究员、海洋科科长、图书馆主任和代理台长。1929 年兼任国立青岛大学图书馆馆长。宋春舫到职后，积极备置，注重丰富馆藏，并陆续制定了国立青岛大学图书馆暂行组织条例、图书馆贷出规则、阅报室规则及校外人借书暂行规则、借阅指定参考书规则等，为学校图书馆的发展奠定了良好的基础。

宋春舫被时人誉称“世界三大戏剧藏书家之一”。1931 年，宋春舫创建褐木庐图书馆，将平生所收藏的戏剧书籍 4800 余册尽藏其间，成为当时中国乃至亚洲最丰富的戏剧宝藏。“褐木庐”英文名 Cormora，是集法国戏剧家高乃依

(Cormeille)、莫里哀（Moliere)、莱辛（Racime）其名头两个字母缩合而成，以表示他对三位戏剧大师的崇仰。时在国立青岛大学任教的杨振声、闻一多、梁实秋、洪深、章铁民、张友松、孙大雨等，都是“褐木庐”的常客。宋春舫是我国真正介绍欧美戏剧的第一人，先后出版了四本戏剧论集。其中，《宋春舫论剧》(第一集）是五四剧坛上唯一系统介绍世界戏剧思潮流派和探讨中国话剧发展道路的专著。同时，他也从事戏剧创作，以擅作喜剧著称，如剧本《五里雾中》《一幅喜神》《原来是梦》等。他曾在《新青年》上发表大量文章，释介西方名剧和论著，并将西方著名剧作家和演剧流派介绍到中国。同时，撰文呼吁改良中国戏剧，被认为是《新青年》时代戏剧活动的主要人物。

宋春舫还是一位海洋学家。在从事戏剧活动之外，他为创办中国的海洋机构奔走呼吁。1927 年暑假，他和老朋友气象学家蒋丙然提议在青岛观象台设立“海洋科”，得到青岛市政府批准，成为中国海洋科学研究的起点。他们还编辑出版了中国第一个海洋科学期刊——《海洋》（半年刊)。1930 年秋，中国科学社在国立青岛大学开会，他们又倡议建立青岛水族馆及中国海洋研究所，得到了蔡元培、杨杏佛、李石曾诸先生的支持。经过一年多的建设，1932 年 5 月 8 日举行了青岛水族馆开幕典礼，由此拉开了中国现代海洋科学的序幕。蔡元培先生在开幕词中对宋春舫等人努力和执着的精神大加赞许。

黄敬思(1897～1982)，教育学院院长、教育行政系主任。安徽芜湖人，主要研究乡村教育。1918 年毕业于北京高等师范学校英语部。1924 年赴美国斯坦福大学学习，获得学士学位。后入哥伦比亚大学师范学院乡村教育系继续深造，获硕士及哲学博士学位。1927 年回国，先后任北平师范大学、中山大学、中央大学、西北联合大学教授，上海大夏大学高师科主任，上海中学黄渡乡师主任，国立青岛大学教育学院院长兼教育行政系主任，安徽大学文学院院长兼教育系主任。新中国成立后，曾任大夏大学教授、教育系主任、教育学院院长，华东师范大学教育系教授。著有《师范教育》《美国县教学辅导考》等书，编译《学校调查》。

黄敬思一生研究领域广泛，主要侧重于乡村教育、师范教育、教学辅导三个方面，教过教育学、心理学、教育行政、中外教育史、乡村教育、师范教育、教育辅导等科目。他的教育观点见解独到，值得借鉴和推崇。他认为中国人口有百分之八十在乡村，乡村教育不改进，中国教育就得不到普及和提高。只有通过乡村师范的教学辅导，才能得到国家教育的普及和提高，人才开发才有更广泛的途径等。

曾省（1899～1968），生物系主任。又名曾省之，农业昆虫学家，生于浙江瑞安。1917年南京高等师范学校农业专科毕业。1924年获东南大学学士学位。1929年前往法国里昂大学理学院攻读昆虫学、寄生虫学和真菌学。1931年获理学博士。1932年回国，被聘任为国立青岛大学生物系主任兼教授，并开展海洋生物的研究工作。1934年，前往济南筹建农学院，并任院长。1935年秋，出任四川大学农学院院长。1946年担任汉口商品检验局技正，兼湖北省农学院植物病虫害系主任，后来一直任华中大学（华中师范大学前身）生物系教授。

曾省在中国高等教育岗位上耕耘30个春秋，在果树、粮食的害虫天敌研究上做了大量工作，曾获国家技术发明二等奖，为国家培养了大批专业人才。1968年6月10日含冤谢世。1978年得到平反昭雪。

游国恩（1899～1978），文学院教授。字泽承，江西临川人。著名《楚辞》研究专家、文学史家、北京大学一级教授。1926年毕业于北京大学。1929年后，历任武汉大学、国立青岛大学、华中大学、北京大学、西南联合大学中文系讲师、教授。1958年被高等教育部评为一级教授。毕生从事教学和学术研究，著有《楚辞概论》、《读骚论微初集》、《中国文学史》（第一主编）、《游国恩学术论文集》等。

游国恩治学范围极广，遍及经史子集，尤其对《楚辞》用功最多。作为楚辞学研究的基础工程，凝聚其毕生心血的《楚辞注疏长编》，是他在国立青岛大学任教时就开始着手编纂的。该书直到20世纪80年代出版第一、二编，历经半个世纪，倾注了三代学人的心血。他的第一部文学史著作《先秦文学》于1933年在青岛写成，同年由商务印书馆出版。1963年，人民文学出版社以四卷本方式出版的《中国文学史》，由游国恩和王季思、萧涤非、季镇淮、费振刚为主编，游先生为第一主编和编写组召集人，几十年来累计发行200万部以上，是高等院校设立中国文学史课程以来发行量最多、影响最大的一部教材。游国恩毕生对《楚辞》研究的贡献和对中国文学史学科建设的贡献，都起始于国立青岛大学时期。

赵少侯（1899～1978），法文教授。满族，浙江杭州人。1919年毕业于北京大学法文系。历任中法大学教员兼文艺科主任，北京大学法文系讲师，中国公学大学部、劳动大学教授，国立青岛大学教授，河北师范专科学校校长，出版总署编译局编辑，人民文学出版社编辑等。1932 年开始发表作品。译著有法国小说《伪君子》《恨世者》《悭吝人》《羊脂球》《项链》《山大王》《海的沉默》《魔鬼的美》《最后一课》等。

赵少侯是国立青岛大学成立后第一批受聘的教授，时年 35 岁。开设的课程是第二外国语——法文。赵少侯是臧克家的老师，老舍的挚友，梁实秋的同事。臧克家在山东大学八十周年校庆时写的回忆文章中，谈到当年“老舍、洪深、王统照、赵少侯、孙大雨诸位先生，都是我的文艺前辈，后来成为亲密的朋友”。老舍从年轻时就自学英文，后来又向法文和拉丁文进军。到青岛任教后，老舍便近水楼台，向赵少侯学习法语。他们不仅是法语学习上的师生，还是文学创作上的合作者。二人还合作写过一部未竟的长篇书信体小说《天书代存》。梁实秋与赵少侯共事四年，感情笃深，梁实秋在回忆文章中也多次提到赵少侯。赵少侯在青岛时开始发表译作，如《迷眼的沙子》《山大王》《恨世者》等，梁实秋曾为其作品出版提供校阅、担保，这是赵少侯从事翻译工作以来的第一批作品。

汤腾汉(1900～1988)，化学系主任。生于印尼爪哇，华侨。1917 年回国求学，先后就读于南京工专机械系和天津北洋大学。1922 年赴德国柏林大学留学，获化学博士学位。回国后任国立青岛大学化学系教授、系主任、理学院院长。新中国成立后，先后任中国科学院化学专门委员会委员、药理毒理研究所所长，解放军医学科学院副院长。

任职国立青岛大学教授兼化学系主任期间，他负责筹建化学系，主讲普通化学、有机化学、有机分析、药物化学等课程；倡议学校建立化学楼和科学馆，每年出版研究报告文集；倡议在化学系成立药科，把化学教育与药学教育结合起来。在他主持下，傅鹰、胡铁生、王祖荫、王文中、陈之霖等教授和石坦因(德籍)、黎书常、黄冷溪等讲师先后来校任教。他十分重视增置仪器设备和实验用药品试剂，每年都有最新设备和化学纯试剂从国外进口，从而使化学系的设施逐步达到名牌大学规模。他重视培养学生独立研究的能力、联系实际和解决问题的能力，和傅鹰等教授想方设法为师生创造良好的实验场所、实验环境以及图书室、阅览室，课余时间经常去实验室指导学生。他带头在学校“总理纪念周”时作学术报告，深受学生欢迎。他还发起成立山大化学社，每年都出版《山东大学化学试验报告》（化学文集），对外开展有关化学、药物学技术咨询，接受校外委托化验和研究工作。

闻宥（1901～1985），中文系教授。字在宥，号野鹤。江苏娄县（今属上海市松江区）泗泾镇人。民族语言学家，中国少数民族语言研究的开拓者和奠基人之一。1913 年小学毕业后，因家庭困难到上海申报馆工作。同时，先后在中学、私立震旦大学进修。后转入商务印书馆编辑部工作。擅长诗词、书法，为南社社员、前期创造社社员。1929 年起，历任广州国立中山大学文史科副教授、教授，国立青岛大学中文系教授，私立燕京大学中文系副教授，国立山东大学中文系教授，四川大学历史系、中文系教授，中国文化研究所所长等。1955 年调中央民族学院任教授，直到逝世。闻宥是法国远东博古学院通讯院士、联邦德国德意志东方文学会会员、土耳其国际东方研究会会员。

闻宥生平学术论著甚丰，考古文物方面有《古铜鼓图录》《四川汉代画像选集》等著作。对古铜鼓的研究，他是国内首创者，也是字喃、彝文和羌语等民族语文研究的开创者，在字喃、彝文、壮语、羌语、纳西文字、四川汉画像砖、铜鼓、西南民族文化等方面的研究颇有建树。主要著述有《论字喃之组织及其与汉字之关涉》《读爨文丛刻——兼论爨文之起源》《古铜鼓图录》等。

王普（1902～1969），物理系讲师。字贯三，生于山东沂水县南乡（今沂南县）。1924～1928 年在北京大学物理系学习。1935～1938 年在德国柏林大学学习，获科学博士学位。曾先后任国立青岛大学物理系讲师，美国卡内基学院客座研究员，北平辅仁大学教授，国立山东大学物理系教授、系主任、代教务长，美国国家标准局辐射物理研究员，美国杜克大学访问教授，美国通用汽车学院教授，山东大学物理系教授兼中科院物理所研究员。王普一生从事中子物理学和核裂变物理学研究，在近代物理、核子物理、理论物理等研究方面作出重要贡献，是山大物理学科的奠基性人物。

王普一生三入山大，分别是 1930 年、1946 年、1956 年，前后工作二十余年。国立青岛大学建校之初，杨振声校长聘请王普为物理系讲师，负责创建物理系。到校第二年，王普就请来三位教师，其中包括自己大学时最好的同学郭贻诚。郭贻诚后来长期担任山大物理系主任。“他们四位负担了系里的一切工作，除担任全部课堂教学和实验教学外，还要自编讲义，筹建实验室和系图书馆。到 1934 年，物理系四个年级的学生已经齐全，增聘了教师，图书设备也基本齐备，山大物理系才算具备了初步的规模。”①

1939年留学回来后，王普先后任燕京大学、辅仁大学教授兼北平临时大学北大分校物理系主任。1946年初山东大学在青岛复校后，受赵太侔校长邀约第二次来到山大，任物理系主任兼代理教务长。此时，他又把自己在辅仁大学任教时的几名学生王承瑞、冯传海等招募到门下，二人曾先后担任物理系主任，成为学术领军人物。“他积极延聘教授，推动学术讨论，使物理系当时成为山大实力最强、活力最大的一系。”②

1947年，王普应聘任美国国家标准局射线物理研究员以及美国杜克大学教授、凡德比尔特大学教授。1956年8月，他借赴欧洲参加学术会议之机，避开美方阻挠，绕道苏联回国。他谢绝了中国科学院等单位的邀请，第三次来到山东大学，任物理系教授兼中科院物理所研究员。他一面任教原子物理课程，一面组织开展“宇宙线分析”等项研究工作，积极培养青年教师。物理学院博士生导师何瑁教授回忆：“王普先生回国后，开辟了两个研究方向。其中之一是利用核乳胶对高能核相互作用中产生的超裂片现象进行研究。……当时这项研究工作国际上也刚起步不久。”③ 1981年，王普先生创办的山东大学原子和原子核物理专业被批准为我国首批高能物理（粒子物理）专业博士学位授权点。2007年被列为国家重点学科。

“文化大革命”期间，身患严重高血压和心脏病的王普先生仍被隔离审查，1969年1月15日被迫害致死，享年67岁。

傅鹰（1902～1979），化学系教授。字肖鸿，福建闽县（今福州）人，出生于北京。我国胶体与界面化学的主要奠基人，杰出的化学家和化学教育家，中国科学院院士。1919年考入燕京大学化学系。1922年赴美国密歇根大学研究院深造。1928年获得科学博士学位。1929～1931年，曾任东北大学和北京协和医学院教授。1931～1934年，任国立青岛大学、国立山东大学化学系教授。后历任重庆大学教授，厦门大学教授、教务长兼理学院院长。1945年，再度赴美国，任密歇根大学研究员。1950年回国，先后任北京大学、清华大学、北京石油学院教授。1955年当选为中国科学院学部委员。1962年4月，出任北京大学副校

① 《王普先生纪念集》编委会编：《王普先生纪念集》，济南：山东科技出版社，2011年，第373页。
② 《王普先生纪念集》编委会编：《王普先生纪念集》，第373页。
③ 《王普先生纪念集》编委会编：《王普先生纪念集》，第426页。

长。1979年9月7日于北京逝世。傅鹰主要从事胶体与界面化学的研究，是我国胶体与界面化学的主要奠基人，也是中国对国际胶体科学研究和发展作出贡献的第一人。

执教国立青岛大学时，傅鹰给一年级学生讲过无机化学、分析化学，还为三年级学生讲过物理化学课，常常亲临实验室指导学生做课题实验。离开山东大学后，他也一直关注山大化学学科发展，将自己的得意门生分配到山东大学“做工作母机”。1958年建立胶体与界面化学研究室，成为我国胶体与界面化学基础与应用研究的重要基地。他执教化学讲坛整整半个世纪，为国家培养了几代化学人才。

傅鹰先生襟怀坦荡，为人刚正不阿。曾对科学教育工作中某些“左”的政策、反右扩大化、“大跃进”中的错误和知识分子政策中的偏差等提出过尖锐批评，得到国家领导人的肯定和关切。2002年，在傅鹰100周年诞辰纪念大会上，时任国务院副总理李岚清致函北大：“傅鹰先生的事迹感人至深，是我国爱国知识分子的榜样。”

沈从文（1902～1988），文学院讲师。原名沈岳焕，字崇文，苗族，湖南凤凰人，现代著名作家、历史文物学家、京派小说代表人物，被誉为“乡土文学之父”。他的作品《边城》《湘西》等在国内外有重大影响。1987、1988年两度被提名为诺贝尔文学奖评选候选人。

1931年，沈从文在国立青岛大学任讲师，主要讲授小说史、散文写作课程。他讲课方式灵活，语言生动，很受学生欢迎。青岛温和的气候、清爽的空气激发了他旺盛的创作力，《自传》《月下小景》《石子船》《八骏图》等许多作品成于此时。返京后写成的代表作《边城》也是酝酿于青岛时期。

1949年以后，他放弃文学创作，到中国历史博物馆、故宫博物院等单位工作。先后撰写出版了《中国古代服饰研究》《中国丝绸图案》《唐宋铜镜》《龙凤艺术》《战国漆器》等书，特别是巨著《中国古代服饰研究》影响很大，填补了我国文化史的一项空白。

谭书麟（1903～?），乡村教育系主任。又名谭天凯，山东青岛人。1922年毕业于北京高等师范学校研究科，分别于1924、1928年获美国斯坦福大学教育硕士和哲学博士学位。主要研究普通心理学。曾任安徽大学教授，国立青岛大学教授、教育系代主任、乡村教育系主任，齐鲁大学教授、文理学院院长，之江大学教务长等。新中国成立后，历任中国法商学院、震旦女子文理学院教授、院长，华东师范大学心理学教授。发表论著有《论大学教育》《山东问题始末》等。

臧克家(1905～2004)，文学院学生。曾用名臧瑗望，笔名少全、何嘉。出生于山东诸城。1923年考入山东省立第一师范学校学习。1926年秋，考入中央军事政治学校武汉分校。1929年第一次发表新诗《默静在晚林中》。1933年出版了第一本诗集《烙印》，接着又出版了《罪恶的黑手》《自己的写照》《运河》等。1934年毕业于国立山东大学中文系。1938年参加中华全国文艺界抗敌协会。抗日战争胜利后，到上海主编《文讯》月刊和《创造诗丛》，出版了政治讽刺诗集《宝贝儿》《生命的零度》等。

臧克家是国立青岛大学第一届学生，因三句杂感成了闻一多先生的学生。"人生永远追逐着幻光，但谁把幻光看作幻光，谁便沉入了无底的苦海。"闻一多先生因这句杂感给了臧克家国文卷子98分的最高分，使他虽数学零分仍被录取，一时传为佳话。1933年，臧克家准备出版诗集《烙印》，因当时名不见经传，没有书店愿意出版。闻一多便联络王统照等人替他出资印行《烙印》，又在大型杂志上撰文介绍，使臧克家的诗名为人所知。以后臧克家又相继出版了《泥淖集》《泥土的歌》《春风集》《欢呼集》《臧克家诗选》等。闻一多先生遇难后，臧克家于1946年8月撰写《我的先生闻一多》以示悼念。臧克家与闻一多先生这段非凡的师生情，在文坛广为传颂。

1949年以后，臧克家历任人民出版社编审、中国作家协会书记处书记、《诗刊》主编等职。作品曾多次选入语文教材，并被翻译成多种文字，在国内外产生广泛影响。臧克家是中国现实主义新诗的开山人之一，他的文学起步阶段得益于闻一多先生的热情教诲和帮助。

蒋德寿(生卒年不详)，物理系主任。1930年被聘为国立青岛大学物理系主任。1932年国立青岛大学改名为国立山东大学后，文学院和理学院合并为文理学院，蒋德寿辞去物理系主任职务，王恒守被聘为主任。

三、海鸥剧社

山东大学有追求进步文化的光荣传统，这一特点在国立青岛大学时期就已彰显出来。国立青岛大学是一片文化沃土，青年学子在这里开启心智，发育精神，蓬勃成长。1931年九一八事变爆发，民族矛盾空前尖锐。在学校党组织领导下，学生们组织请愿团赴南京请愿，要求抗日。在请愿失败后，党组织又通过各种形式组织唤起民众、宣传抗日的活动。1932 年初，国立青岛大学党支部根据青岛市委的指示和学生两次罢课斗争的经验，组织了公开的新文学研究会，党团员还在进步学生中组织读书会和时事讨论会，并于 4 月根据青岛市委指示，在新文学研究会、时事研究会、读书会等文学团体组织的基础上，成立了第一个左联地方组织，对外称“新文学研究会”，内部称“左联”。成员有王弢、李仲翔、俞启威等六七人，王弢为负责人。左联小组成立后，在中共青岛市委的领导下，通过联系、团结当时在国立青岛大学任教的进步作家如王统照、洪深、沈从文等和旅居青岛的萧军、萧红、艾芜、郁达夫、端木蕻良等，创作抨击白色恐怖的革命文学，成为青岛革命文化的开拓者。

青岛左联小组还在中共青岛市委的领导下，成立了汽笛、海光两个文艺社，依托荒岛书店宣传马克思主义，进行革命文艺创作，有力粉碎了国民党政府在青岛对革命文化运动的“围剿”。1932 年 3 月，国立青岛大学海鸥剧社成立。该剧社由中共党员王弢（王林）、黄敬（俞启威）负责，主要成员有崔嵬、王东升、张福华等戏剧名家和爱好者，戏剧家洪深也参与活动。剧社吸收很多进步学生参加，以编演进步独幕话剧的形式宣传抗日救国，唤起民众觉醒。由于海鸥剧社取得了可在校内公开活动的合法权，5 月 28 日晚便在本校大礼堂举行首次公演，剧目是中国剧联剧作家创作的《工厂夜景》和英国爱尔兰剧作家的世界名剧《月亮上升》。前者是表现上海产业工人被压榨的话剧，对青年思想成长具有教育意义；后者是描写一个外国民族革命者流浪和脱险的故事，对当时民族灾难日益深重的中国人民特别是青年学生很有启发和鼓舞作用。当晚演出时，校内外“观众不下千余人，济济一堂，诚属空前盛举”，“颇得观众之赞美”。①这两出独幕话剧的公开上演，在校内外产生了广泛的积极影响，大大活跃了学校的政治空气，同学们更加关心世界形势和民族命运。当时，上海左翼作家联盟的机关报刊《文艺新闻》用《预报了暴风雨的海鸥》的标题报道了海鸥剧社的演出活动。有评论称：“海鸥剧社的成立与本次公演，是国立山东大学的一个重要历史事件，在现代戏剧史上留下了一笔。”同年秋，俞启威、崔嵬等先后在学校礼堂编写排练了《一致》《暴风雨中的七个女性》等宣传抗日救国的话剧，

① 《海鸥剧社公演盛况》，《国立青岛大学周刊》第 58 期，1932 年 6 月 6 日。

还到青岛大舞台演出。1933 年，崔嵬将著名舞台剧《放下你的鞭子》改编为街头广播剧《饥饿线上》，并亲自导演和演出。剧社主要在市内街头、崂山农村演出，受到市民和农民群众的欢迎。同年夏，因叛徒出卖，俞启威被捕，崔嵬等离境避险，海鸥剧社停止活动。剧社的主要成员，在新中国成立后多成为作家、戏剧家和党的高级干部。

值得一提的是，海鸥剧社首次公演的次日，中国近代著名的民主主义革命家、思想家、国学大师章太炎来国立青岛大学演讲。据 1932 年 5 月 30 日《申报》报道："章太炎到青岛游历：章太炎 29 日晨 7 时半由济抵青，沈鸿烈、葛光庭等均到站欢迎。……午后三时青大请章演讲。（二十九日专电）"另据《章太炎生平主要活动年表》记载："1932 年 65 岁，5 月 29 日离京南返。在济南、青岛讲学，演说抗击日军侵略，指出'人能知耻方能爱国'，'遇难而不抵抗即为无耻'。"这是章太炎自当年 2 月离沪赴京奔走游说鼓动抗日的最后一站。三个月间，他在燕京大学、北京大学等各高校演讲，抨击执政者的昏聩无能，宣传抗日救国思想。他在国立青岛大学的演讲对群情激愤的学生爱国运动，无疑起着推波助澜的作用。

海鸥剧社之所以能够在短时间获得巨大成功，是因为"山东大学本来与现代话剧运动就有不解之缘。早在 1925 年私立青岛大学时期，学校话剧团就曾演出过法国小仲马的名剧《茶花女》"①。曾任国立青岛大学教务长、文学院教授，后来两次出任校长的赵太侔，是中国现代戏剧史上提倡"国剧运动"的主要成员之一。他于 1919 年入哥伦比亚大学攻读西洋文学，后在该校研究院专攻西洋戏剧。1925 年归国，任北京艺术专门学校教授和戏剧系主任，是中国现代戏剧学校的创始人之一，并被北京大学聘请为讲师，讲授戏剧理论课程。20 世纪 20 年代末，还曾任济南实验剧院院长，领导山东的话剧运动，夫人俞珊也是著名的话剧演员。后来成为著名电影演员的崔嵬、陶金、魏鹤龄等人，当时都是剧院的学生。赵太侔倡导话剧超脱人生、纯艺术化，主张保存旧剧，精于舞台设计。他首先用布幕取代了硬片布景，还使用了有色灯光，这在当时皆属先进。曾任国立青岛大学图书馆馆长的宋春舫也是一位戏剧家。他曾遍访德、法、意、美各国，考察舞台艺术。回国后除了教外文，他还教欧美戏剧史和戏剧理论。

① 郭延礼：《山东大学的话剧传统》，《斯文一脉》，济南：山东人民出版社，2014 年，第 240 页。

此外，后来在山东大学任教的洪深（1894～1955）、丁西林（1893～1974）等也都是中国戏剧史上地位显赫的人物。

第四节　中共党组织活动

一、中共国立青岛大学支部秘密成立

国立青岛大学创建时期正是中华民族危机空前严重之时。1931 年九一八事变后，国土沦丧、国民党政府屈辱退让，全国各阶层爱国人士无不痛心疾首、义愤填膺，一场群众性的抗日救亡运动很快在全国兴起。国立青岛大学的青年学生对时局的发展给予高度关注，他们忧心国家民族的命运，强烈要求当局立即出兵对日宣战，收回东北失地。当时任中共青岛市委书记的祖茂林（又名祖晨，化名李春亭），直接指导国立青岛大学学生运动，身边聚集了一批进步青年学生，他认为建立组织的时机已经成熟。“1931 年 9 月 30 日，中共山东大学历史上第一个支部——中共国立青岛大学支部秘密宣告成立，由中文系学生王弢（王林）任支部书记，党员有俞启威（黄敬）等同志。”[①]

根据此次事件参与者之一的李林、王弢在《青岛大学两年三次罢课斗争简述》中回忆：“开学以后不久，九一八事变爆发了，日寇很快地侵占了东北各省。……这时候青大党团支部已经成立起来，曾经秘密散发我党中央号召全国人民自动武装起来组织义勇军抗击日本侵略者的传单。”[②]“中共地下市委书记祖茂林同志指示支部：‘根据大多数同学的爱国反日的要求和觉悟程度，由一般宣传走上实际行动，在实际行动中逐步提高群众的觉悟程度。’并且明确指示：‘要求国民党政府对日绝交，宣战，要求蒋介石立即停止内战，出兵收复东北失地，是群众的迫切要求，也是每一个中国人的权利和义务。……’”[③]

国立青岛大学支部成立后，就着手领导学生的反日爱国运动。经党支部发

---

① 山东大学档案馆编：《山东大学大事记（1901～1990）》，济南：山东大学出版社，1991 年，第 31 页。

② 山东大学校史编写组编：《山东大学校史资料》1983 年第 6 期，内部资料。

③ 山东大学校史编写组编：《山东大学校史资料》1983 年第 6 期，内部资料。

动，国立青岛大学学生于1931年10月1日晚在学校大礼堂成立了自己的运动组织——反日救国会，选出15人组成执行委员会，校长杨振声和几个教员也被选为执委，进步学生俞启威（黄敬）、杨翼心（杨希文）、李仲翔（李林）都是反日救国会的重要成员。反日救国会成立后，即日通电全国，要求国民党政府停止内战，集中实力，一致对外。之后，反日救国会的成员纷纷上街宣传，揭露国民政府的不抵抗政策，号召抵制日货，并募捐支援东北义勇军。他们创办青大校刊，组织进步学生宣传抗日主张，唤醒市民。同学们踊跃捐款，支援、慰劳前线抗日将士；许多同学为了抗日救国每日军训两小时以上，认真听课、打靶，学习军事技术，研究军事理论。校内党员还散发中共中央发表的关于抗击日本帝国主义侵略宣言的传单，动员学生参加义勇军，走上抗日战场。

祖茂林(1901～1933)，又名祖晨，化名李春亭，安徽宣城人。1918年考入安徽省立第五中学。1919年，当五四运动波及第五中学时，在进步校长刘希平和教务主任、安徽早期马克思主义宣传者高语罕等人的影响和支持下，祖茂林同广大爱国师生一起，投入到轰轰烈烈的反帝爱国运动中去。1925年秋，留学日本帝国医科大学，其间加入中国共产党。1926年回国参加国民革命，在上海做宣传工作。1931年初，受中共中央委派到山东工作，6月任中共济南市委秘书长，8月任中共济南市委书记，后被省委派到青岛开展地下工作。1932年5月，中共青岛市委组成，祖茂林担任书记，并直接领导中共国立青岛大学支部。1932年5月底被捕，1933年8月在济南牺牲。

李仲翔(1903～1987)，曾用名李凤集，又名李林。山东省莱阳县（今莱西市）人。1924年曾加入国民党。1931年考入国立青岛大学教育学院乡村教育系。1932年1月加入中国共产党，同年任中共青岛市委委员、中共山东省工委委员兼秘书长。1933年12月，因省工委交通员徐元沛叛变被捕入狱。1937年10月出狱。抗日战争和解放战争时期，先后任八路军山东纵队民运部部长、中共中央山东分局组织部部长、中共中央华东局委员兼组织部部长等职。新中国成立后，任中共中央山东分局常委、工委书记，旅大市委常委、第一副市长兼党组书记，浙江省委常委、监委书记，五届全国政协委员、山东省政协副主席。1987年4月5日病逝。

王弢(1909～1984)，又名王林，1909年出生于河北衡水。1930年考入国立青岛大学外国文学系。1930年参加中国共产主义青年团。1931年加入中国共产党，担任国立青岛大学党支部书记，介绍俞启威入党。1931年九一八事变后，与俞启威等进步学生组织了179人的国立青岛大学学生请愿团，南下赴国民党中央及政府所在地南京请愿，要求抗日。请愿失败后，又通过海鸥剧社以文艺的形式宣传抗日主张，唤醒民众。王弢任海鸥剧社社长，成员有崔嵬、李云鹤（江青）等十几个人。同年5～6月，因领导学运被开除。为躲避追捕逃往上海，在上海二纱厂做扫地工人。同年秋参加中国左翼戏剧家联盟（简称"剧联"）。1933年到南京，在国民党通讯部队做兵运工作，后转西安到西北军做统战工作。1935年12月，王弢与俞启威、姚依林一起参加领导了全国著名的一二·九运动。1936年8月，到东北军学兵队做统战工作，亲身经历西安事变。1937年赴冀中参加抗战，曾任冀中文建会副主任、火线剧社第一任社长、冀中文协主任等职。1949年随部队进入天津，历任天津总工会文教部部长，天津市文联党组副书记、文联副主席，中国作家协会天津分会副主席，河北省文联副主席等职。"文化大革命"中受到冲击、批斗。1984年因病去世。王弢长期从事文教工作，留下了反映革命斗争的大量著述，著有长篇小说《幽僻的陈庄》《腹地》《站起来的人民》《一二·九进行曲》《叱咤风云》等，其中《腹地》在新中国成立初期产生了重大影响，后来受到严厉批判，这是新中国成立后第一部被批判的长篇小说。

李香亭（1909～?），又名李克明，山东高唐人。1924年在东昌第二中学读初中，1926年于济南第一师范学习。1929年入国立青岛大学补习班。1930年夏考入国立青岛大学，在校期间积极参加学生运动，九一八事变后赴南京请愿。1932年10月，经俞启威介绍参加中国共产党。1933年10月，与王路宾、李实谓成立了中共山东大学党支部。1933年任山东工委委员。1934年秋，毕业离开山东大学。新中国成立后，在解放军总政治部宣传部任职。1966年任新疆生产建设兵团直属干校校长、军委总政干部。

李实谓（1909～?），山东清平县（今属聊城市）人。曾在北平艺文中学和大同中学读书。1930年9月，考入国立青岛大学文学院外国文学系读书，在校期间加入中国共产党。1933年10月，与王路宾、李香亭成立了中共山东大学党支部，领导国立山东大学的学生运动。

杨翼心（1910～1991），又名杨希文，山东金乡县人。1923年就读于济南正谊中学、山东省立第一中学。1931年入国立青岛大学教育学院乡村教育系。九一八事变后参加爱国学生抗日救亡运动，被选为请愿团干事。12月1日赴南京请愿，沿途进行抗日宣传。1932年秋入无锡江苏省立教育学院，专攻民众教育和职业教育。1935年毕业后任山东省教育厅社会教育科科员、第二民众教育辅导区主任，中国社会教育社、中国乡村教育社、中国教育学会、中国自然科学社等社会学术团体成员。1937年抗日战争全面爆发后，参加抗日救亡活动。1938年任鲁南（民众）抗日动员委员会（简称“动委会”）宣传部副部长。1939年进入山东抗日民主根据地，任山东省抗敌协会组织部部长，兼山东省动委会宣传部部长、新山东报社社长。1940年7月，任山东省各界人民代表联合大会筹备委员会秘书长。后被选为山东省临时参议会参议员、秘书长，山东省战时工作推行委员会委员、教育组组长，山东省文协副会长。1942年加入中国共产党。1945年抗日战争胜利后，任山东省人民政府委员、教育厅厅长。1949年任山东省政府教育厅厅长、省政府副秘书长、秘书长，山东省各界人民代表大会代表、山东大学副校长、山东省政协常委。1991年因病在济南逝世。

俞启威(1912～1958)，化名黄敬，原籍浙江绍兴，生于北京。1931年考入国立青岛大学物理系。九一八事变日本侵占中国东三省后，国立青岛大学的学生成立了反日救国会，俞启威和同学们一起加入抵制日货、揭露南京政府不抵抗政策的学生运动，上街抗议、宣传，成为一名活跃分子。1932年加入中国共产党。同时，利用国立青岛大学的优势，组织了中共外围组织海鸥剧社，并与全国的左联、剧联建立了联系。海鸥剧社通过公演唤醒民众的觉悟，联络青年学生向中国共产党组织靠拢。

俞启威的革命思想和行动极大地影响了另一个人物李云鹤。李云鹤（江青），山东诸城人，曾在山东省实验话剧院学习，而实验剧院的院长就是时任国立青岛大学教务长而后又担任校长的剧作家赵太侔。赵太侔安排李云鹤到国立青岛大学图书馆工作，并允许她到中国文学系旁听闻一多先生名著选读课。她的思想渐渐趋向进步，不久也加入了海鸥剧社。在海鸥剧社排演的话剧《饥饿线上》中，俞启威和李云鹤与后来的著名演员崔嵬一起分别担任其中的角色。为宣传抗日，海鸥剧社经常到城乡演出。他们还把话剧改编成街头剧，下乡为农民演出。

1934年8月，俞启威被青岛当局逮捕，押解济南。赵太侔校长闻讯赶到济南，力请国民党山东省主任委员李文斋、山东省教育厅厅长何思源出面保释，俞启威被营救出狱。1935年考入北京大学数学系读书，积极参加抗日救亡运动，

12 月，俞启威与姚依林等领导了著名的一二·九运动。在此期间，曾先后任中共北平市委宣传部部长、学委书记、市委书记。解放战争时期，任晋察冀中央分局副书记、华北人民政府企业部部长。新中国成立后，任中共天津市委书记兼市长、第一机械工业部部长、国家技术委员会主任。1958 年 2 月病逝。

二、国立青岛大学的学生运动

（一）南京请愿

1931 年九一八事变后，日本浪人在青岛寻衅烧毁国民党市党部，企图制造第二个九一八事变，趁机侵占整个山东，这在学生中引起巨大反响。国民党青岛市党部宣布任何反日救国活动“不准出校”“不准上街”“不准聚众集会”，学校当局也以“青岛环境特殊，容易引起国际事端”（济南“五三惨案”后，国民党与日本订有卖国密约，青岛不许驻中国正式军队）为由，限制学生的爱国行动。中共青岛市委书记李春亭指示中共国立青岛大学支部：“根据大多数同学爱国反日的要求和觉悟程度，由一般宣传走上实际行动，在实际行动中逐步提高群众的觉悟程度。”在党支部的发动下，国立青岛大学立即掀起了声势浩大的抗日救亡运动。10 月 1 日，进步学生俞启威（黄敬）、杨翼心（杨希文）、李春亭（祖茂林）、李仲翔、王弢（王林）等发起成立了反日救国会。反日救国会成立了执委会，分设组织、宣传、军事、总务等部，会务由执委分组轮流主持，组织学生们上街宣传，抵制日货，唤醒市民，揭露南京政府的不抵抗政策。

10 月，上海 5000 名学生首赴南京请愿，要求停止内战，一致对外，对日宣战，收复失地。消息传来，群情振奋。但是，教育部为防范各地学生赴京请愿，多次下达训令，以“学生均应安心学业”为由，不准“来京请愿”，并饬令“各厅局长及各校校长切实负责制止”[①]。国立青岛大学当局千方百计地想把学生的爱国活动限制在学校范围以内。11 月 30 日，校长杨振声主持召开校务会议。会议决定，学校学生拟去南京请愿人数控制在 30 人以内，届时须由教务处核准。

但是，青年学生的爱国热情逐步高涨，他们不以校内活动为满足，要求向社会扩大影响，纷纷提出效法上海学生赴南京请愿。基于这种情况，党支部依

① 《国立青岛大学布告（字第六十七号）》，《国立青岛大学周刊》第 29 期，1931 年 11 月 16 日。

据市委的指示，发动学生向反日救国会提出赴京请愿，要求国民党政府立即出兵东北收复失地，并且计划把请愿运动扩大到全市全省。“赴京请愿”的口号得到了爱国青年的支持。11月30日，反日救国会在大礼堂举行大会，学生们全部参加，全校近百名教职人员也出席大会。大会一致通过了罢课赴京请愿的决议，大家当场在誓言书上签名。

12月1日，在南下请愿团出发前夕，国立青岛大学东北籍学生赵金堂等13人投笔从戎，走上了抗日救国前线。12月2日早上，赴南京请愿学生推举许星园为文学院中队长、俞启威（黄敬）为理学院中队长、李仲翔（李林）为教育学院中队长，由杨翼心（杨希文）、魏少钊为请愿团领队，带领179名学生赴南京请愿。请愿团整队步行至火车站，一路高呼口号，顺利登上了南下的火车。

请愿团一出发，校方就把消息电告南京政府。国民党当局通知济南、南京和津浦路方面严加戒备。火车到济南车站时天已黄昏，由于济南党组织的发动，济南市的学生、群众到火车站迎接。山东省政府主席韩复榘命令济南市市长闻承烈亲自带领军警在车站指挥，表面上是热情款待，实际上是监视防范。聚集到铁栅门外的群众，一再被军警驱散，有的学生要求出站吃饭，都由军警“监护”。根据中共山东省委指示，济南党组织已发动济南学生准备与青大采取联合行动，一道南下，因无法取得联系而未能有进一步的行动。12月4日早晨，请愿团到达南京，国民党中央党部组织了大批人员在车站“接待”，并派军警严密封锁车站。请愿团整队出站，一路宣传“停止内战，一致对外，团结抗日，收复失地”，游行到国民政府和国民党中央党部门前停下，这时口号喊得更加响亮，并向围观群众发表演说，宣传请愿团的主张。直到太阳偏西，由于请愿团事先没有与平、沪、宁等地学生取得联系，这时只好随着国民党“接待”人员来到中央军校住下。

12月5日，请愿团把学生们分成几个小组，分头到国民政府、外交部、国民党中央党部等处呈送请愿书，陈述意见和要求。沪、宁等地学生和青大学生的先后请愿和游行，迫使蒋介石不得不亲自到中央军校大礼堂接见请愿的学生。最后，蒋介石向学生们作出了“三年之内如不收复失地，当割蒋某之头以谢天下”[①] 的虚假承诺。

---

① 李林、王弢：《青岛大学两年三次罢课斗争简述》，山东大学校史编写组编：《山东大学校史资料》1983年第6期，内部资料。

正当大家思想情绪动荡不定之时，突然接到从青岛寄来的一封匿名信，大意是：青大当局对请愿团不经过学校批准就毅然南下非常不满，请愿团要尽快回校，否则学校将给予严厉处理。12月17日，请愿学生回到学校后，蒋介石致电青岛市市长沈鸿烈，令他“转饬学生，求学救国各尽其责，勿越法规”①。学校贴出一张给领队杨翼心和集合出发时打铃的学生谢冶英各记过一次的布告。

国立青岛大学这次南下请愿活动，由于缺乏斗争经验，没有事先和平、沪、宁等地学生取得联系，采取联合行动。但这次请愿活动汇入了全国范围内轰轰烈烈的抗日洪流，并为掀起更大规模的救亡运动揭开了序幕，在抗日救亡史上留下了光荣一页。

（二）反对学分淘汰制

国立青岛大学学生赴南京请愿运动结束后，学校党支部根据中共青岛市委指示和罢课斗争的经验，先后组织了读书会和时事讨论会，通过阅读进步书刊、讨论时事政治和排演活动，团结积极分子，联系群众，扩大中国共产党的政治影响。

在这种革命空气日益高涨的形势下，校方根据国民党当局的指示再次采取压制青年学生的行动。一是取缔图书馆里极为有限的马列主义英文著作和中文进步书刊，禁止出借，因而引起一些进步学生的愤慨。二是推行学分淘汰制，在《国立青岛大学学则》第四十三条规定：“学生全年学程有三种不及格或必修学程二种不及格者令其退学。”② 学分淘汰制的规定名为“严格”，实为逼着学生埋头读书而无暇关心国家大事。这引起大多数学生的不满和反对。

面对这种形势，中共青岛市委指示国立青岛大学支部引导学生讨论，坚决抵制校方的学分淘汰制。根据以往的斗争经验，青大支部认为：第一，学生虽然对于学分淘汰制不满，但还没有立刻要求罢课的决心，必须逐步提高学生们的觉悟，首先在各系各班酝酿，造成群众基础，壮大力量，在条件成熟后再进行罢课。第二，党团员和进步学生尽可能在各系各班选举学生代表时，使学生党员和积极分子在本系本班争取当选代表，而在全校推选总代表时要推选山东籍的而又能执行群众意见的学生，以防止学校当局的离间破坏。因为山东籍学生占大多数，在学

① 共青团青岛市委编，刘玉兰主编：《青岛共青团史》，北京：中国青年出版社，2013年，第45页。
② 《国立青岛大学学则》，《国立青岛大学周刊》第49期，1932年4月4日。

生中联系较为广泛，容易带动学生形成一致意见。

6月中旬，各系学生选出代表成立了国立青岛大学非常学生自治会。16日，非常学生自治会根据学生们的意见，向校方提出要求：取消学分淘汰制，取消学生住宿费，图书馆学术资料公开等。这些要求均遭到校方拒绝，因而立刻激起学生们的义愤，乃于22日全校学生一致通过罢课的决议，并发表宣言，申明理由，不达目的，誓不复课。

中共青岛市委书记李春亭以青岛时报记者身份，参加了青大支部在中山公园召开的少数积极分子会议。他指示，国立青岛大学学生应把斗争范围扩展到全市、全省，并建议与华北学生联合会和北平大中小学联合会取得联系，要求声援。会后拿到非常学生自治会里去讨论，决定立即派代表到本市、本省活动，并派人专程去北平的大学联络。国立青岛大学很快收到了北平的援电。北平师大全体学生来电表示："在这全国厉行教育法西斯的时候，贵校因人因事等要求而实行罢课，并声明不达目的决不复课。敝校学生对此英勇尖锐的斗争，愿亲切地表示同情与援助。我们应该把局部的胜利和整个的胜利联系起来。"北平大中小学联合会致电说："政治特圮，教育破产，惟学生自起奋斗。特电奉达，望能坚持到底，敝会谨代表北平市十万学生，誓为后盾。"[①] 这些援电声援了国立青岛大学学生的斗争，极大地鼓舞了学生们的斗志。

与此同时，学校为了压制学生的活动，通过校务会议决定，23日照常举行期末考试，后因遭学生坚决抵制遂又宣布提前自23日放暑假，待秋季开学后再行补考，并贴出布告开除9名非常学生自治会常委。

正当罢课斗争进入高潮之时，教育部突然于7月3日奉行政院令将国立青岛大学解散，一切"听候整理"，"现尚留校学生，应限于三日内一律离校，听候甄别"。国民党特务来学校搜查，逮捕进步学生。后甄别委员会以"甄别"为名，除维护原先开除9人决定外，又开除所谓"不及格者"66人。当时在校生230余人，被开除者几乎占三分之一。

国民党教育部解散国立青岛大学的命令，对坚持斗争的青大学生震动很大，学生纷纷离校回家，学校当局也借此机会驱逐学生出校。当此危急时刻，中共青岛市委机关被国民党破坏，市委书记祖茂林被捕（1933年9月在济南被枪杀），国

① 共青团青岛市委编、刘玉兰主编：《青岛共青团史》，第46页。

立青岛大学的罢课斗争失去了领导。俞启威、王弢、张福华等留校坚持斗争，他们编辑罢课专刊，拟与离校的学生联络，继续坚持斗争。当罢课专刊稿件编好后，王弢（中共党支部书记，被开除的9名非常学生自治会常委之一）正要拿到市内找印刷所付印时，国民党便衣特务突然来校搜查，指名逮捕王弢。王弢觉察后，从后窗逃走，俞启威等闻风也离开青大。至此，这次罢课斗争宣告结束。

三、学潮迭起，杨振声辞职

动荡不安的国内外局势波及社会不同领域不同阶层，身处其中的大学自然难以平静。杨振声校长任职短短两年，先后发生过三次学潮。国立青岛大学开办两个月，就因学校勒令用假文凭考取的学生离校，引起第一次学生罢课。之后又发生了南京请愿运动和反对学分淘汰制运动。处于校长位置的他，为维持学校秩序，对于学潮总是先行劝阻，劝阻不成，则校规整饬，以至开除学生。所以，尽管杨振声一向“性情温和，冲默有量”，但也引起学生们的强烈不满与反对。[①] 尤其是九一八事变后，数月时间我国痛失东北三省，三千万同胞呻吟于日寇铁蹄之下，民族危机日益紧迫。对于学生们的爱国运动，杨振声心情复杂、焦虑万分。他既同情学生的爱国热情，又怕惹起祸端，还要维持学校正常秩序，进退两难。无可奈何之中，向教育部提出辞职。辞职电文如下：

南京教育部李部长钧鉴：

本校学生一百七十九人为抗日事，签名赴京请愿，屡经劝导，俱无效果，临行时联名请假，未经准假，即行离校，已于本月二日出发，当经电达。此举揆之部令校章，皆难认许。惟其行动系激于爱国之热忱，加以惩处，则青年爱国锐气，有挫折之虞；不加惩处，则学校风纪不严，无维系之法。振声忝长斯校，处理无方，惟有恳请准予辞职，以重职责而肃纪纲，实为德便。

国立青岛大学校长杨振声叩质印[②]

随后，教育部复电挽留，辞职未准。

1932年4月21日，杨振声校长赴南京请中央拨发积欠经费，在接洽无果之

① 参见梁实秋：《国立青岛大学》，《山东文献》（台湾）1980年第3期。

② 《校长辞职》，《国立青岛大学周刊》第32期，1931年12月7日。

后，认为“中央经费不解决，将来一切计划，无从实现”，异常灰心。于是，他再次致电教育部请求辞职，然后去了北平。教育部于5月9日复电慰留。山东省政府主席韩复榘得悉此事后，曾两次致电中央请速解决该校国款经费问题，教育厅厅长何思源还亲自赴京为学校力争，但终无结果。

杨振声离校时委托教务长赵太侔代行校务，但后来赵太侔因事去了上海，杨振声又电请理学院院长黄际遇暂代。由于学年将终，校务亟待解决，加以各方殷切敦劝，杨振声于6月2日由北平返回学校，“勉暂维持”，并三电教育部坚决要求辞职。6月中旬，国立青岛大学学生为学分淘汰制再次发生学潮。7月3日，学校奉教育部转奉行政院令，对学校进行“整理”。教育部电聘蒋梦麟、丁惟汾、沈鸿烈、王向荣、何思源、赵太侔等为国立青岛大学整理委员会委员，于7月15日在济南举行会议，研究学校的院系设置和发展方向等问题。经校务委员会决议：教育学院停办，该院学生一年级转入本校其他院系，二年级转入南京中央大学教育学院。文学院和理学院合并为文理学院，由黄际遇任院长，原来的各系负责人均继续留任。设立工学院，聘请赵涤之教授任院长，下分土木工程和机械工程两个系，由唐凤阁、周承佑分任主任。在济南设立农学院，下分研究和推广两个部（暂不招生）。学校经过整顿，加强了文、理两科，增设的工、农两院面向山东生产实际，办学方向进一步明确。

在对学生进行“甄别”之后，校长杨振声再呈中央恳切请求辞职，经教育部慰留无效。9月初，国民政府行政院会议决定：将国立青岛大学校名改为国立山东大学，并准杨振声校长辞职，以教务长赵太侔升任。9月30日，南京国民政府正式任命赵太侔为国立山东大学校长。至此，杨振声校长的短暂的国立青岛大学时期结束。

第四章 国立山东大学（上）

1932年，国立青岛大学改称国立山东大学。1937年抗日战争全面爆发，学校内迁四川万县后奉令暂行停办。这是山东大学发展史上的一个重要时期，学校在教学和科研上有许多建树，形成了自己的优良传统和学风。学校声誉颇高，校内名流云集，培养了一批学有专长的有用人才，国立山东大学作为全民族抗战之前十三所国立大学之一由此崭露头角。

第一节 组织系统与师资队伍

1932年4月21日，杨振声校长赴南京请中央拨发积欠经费，在接洽无甚结果之后，三次致电教育部，坚决辞职。6月中旬，国立青岛大学为学分淘汰制发生学潮。7月3日，学校奉教育部转奉行政院令，对学校进行“整理”。教育部电聘蒋梦麟、丁惟汾、沈鸿烈、王向荣、何思源、赵太侔等人为国立青岛大学整理委员会委员，于7月15日在济南举行会议，作出决议多项。9月初，国民政府行政院会议决定：将国立青岛大学校名改为国立山东大学，并准杨振声校长辞职，以教务长赵太侔升任。9月30日，南京国民政府正式任命赵太侔为国立山东大学校长。

赵太侔校长到职后，广聘专家学者来校任教，加以青岛自然环境优美，气候宜人，应聘者大都愿来。赵太侔在原有基础上，“遵循仿效”① 前任校长杨振

① 引自赵太侔为1936年《山大年刊》作的《叙》文。

声治校成规，更加重视广聘专家学者，充实教师阵容，使得国立山东大学成立之初就形成了阵容整齐、水平较高的师资队伍。当时文科不但有闻一多、梁实秋、黄敬思、张煦、洪深等知名教授，理科也有许多著名的专家、学者。例如，物理系主任蒋德寿教授是留学英国的物理学家，任之恭教授是美国哈佛大学博士，刘咸教授是英国皇家学会生物学博士，童第周教授是比利时比京大学动物学博士。

在这期间，学校又陆续增加了一批教师。除前面提到的之外，文科新聘教授丁山、姜淑明、闻宥、舒舍予（老舍）、胡鸣盛、孙大雨、李茂祥、戴丽琳、葛其琬，讲师萧涤非、彭仲铎、罗玉君、水天同、袁振英、王国华、周学普、朱传霖等；理科新聘教授李达、李珩、曾炯、王淦昌、何增禄、蒋炳然、郑衍芬、陈之霖、邵德祥、王宗清、林绍文，讲师刘天予、杨善基、李蕃、蔡方宪、王祖荫、蔡复元、胡铁生、曾呈奎、左景烈等；工学院和农学院新聘教授赵铭新、喻兆琦、张闻骏、肖健、吴柳生、余立基、伊格尔（德籍）、吴耕民，讲师耿承、李良训、林德、叶识等。到 1934 年，全校教师已达 136 人，其中教授 51 人，讲师 47 人，助教 38 人。另外，还有一些兼任教师。这些教师多数学有专长，而且多为中青年，在教学研究中勤奋认真，勇于创新，使学校的学术气氛日益高涨，教学质量不断提高。

国立山东大学的教师职称分为教授、讲师和助教三级。学校规定，本校教授须具有下列资格之一：（一）在学术上有贡献或发明者；（二）曾在国内外大学担任教授二年以上者。国立山东大学成立以来，对于聘请教授一向比较严格审慎，采取宁缺毋滥的原则。学校专门设有聘任委员会，由校长聘请教务长、各学院院长及教授若干人组成，校长为主席。在 1931 年 5 月设立的聘任委员会中，委员有赵太侔、闻一多、黄际遇、梁实秋、杜光埙等。对于拟聘教授、讲师等，均须经聘任委员会审查通过。聘任委员会在审查时，都是经过一一审慎考虑的。所以，各院系历来所聘请的教授多为国内学术界知名之士。教授任教满一年后，续发聘请书，多数一次续聘三年。这种办法不但使教授们的生活和学校的教学工作得到稳定，而且也使教授们能够安下心来从事研究工作。国立山东大学成立以来，历年所聘教授即使到校之初尚未成为国内学术权威，但经过数年的专心研究，也往往成长为出名的专家学者。此外，学校还从校外聘请一定数量的兼任教授、讲师。

教授每周一般授课9～12小时。教授、讲师才有资格为学生上课，助教只能带领学生实习，做实验，批改作业，为教授做助手。

国立山东大学的行政体制是实行校长主持下的教授治校制度。学校设校务会议，由全体教授选出的代表（一般为3人）及校长、教务长、秘书长、各学院院长、各系主任组成，校长为当然主席。学校的一切重大事项都得由校务会议审议，所作的各项决议，校长均得执行；“如有窒碍”，得由校长提交校务会议“复议”。校务会议既是制定学校规章制度的机构，又是全校的最高权力机构。

从表面看来，教授代表在校务会议中占极少数，教务长、秘书长及各学院院长均系校长所聘任，各系主任由各学院院长商承校长所聘任。但是，各学院院长及各系主任均为教授所兼任，教务长、秘书长也都是教授，而且大都兼课。所以，国立山东大学的行政体制，实质是由校长主持下的教授治校制度。

除了校务会议外，学校还建立了一些常设委员会。如聘任、建筑、出版、招生、图书、古物征集等各种专门委员会，其成员均由校长从教授中聘任。这些委员会各自分担校长一部分行政事务工作，并对校长负责，是教授治校的一种形式。

学校为了节约行政费用，提高行政效率，对行政机构一向采取压缩编制的原则，所有行政人员尽量减少。最初两年，行政机构有教务处、总务处和秘书室。教务处下设注册、体育、军事训练三部，附以农事试验场。总务处下设庶务课、会计课及校医室，附以工厂管理处。图书馆单独设立。

1932年经过整理，将图书馆归属教务处；撤销总务处和秘书室；另设秘书处，原总务处所属课室归属秘书处，并增设文牍、出版两课。1933年10月，撤销济南工厂管理处。1934年6月，结束济南农事试验场。（见图4-1）

张道藩、赵太侔、杜光埙、王志超等先后担任过教务长，吴之椿、皮松云（达吾）、张纪瑞、王圻等先后担任过秘书长，刘本钊曾任总务长。

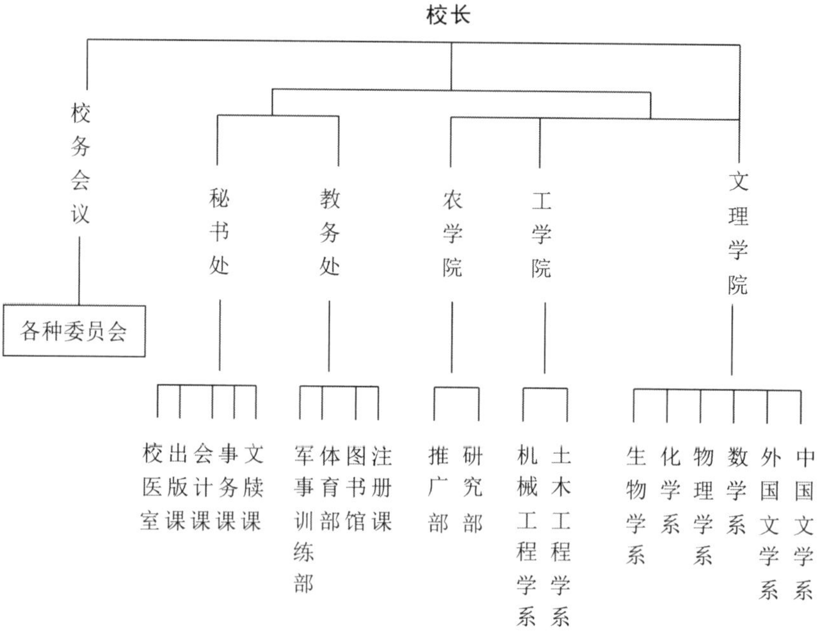

图 4-1　1932 年国立山东大学组织系统

第二节　院系设置独具特色

1932 年夏，教育部接受山东省政府建议，成立了国立青岛大学整理委员会，进一步研究学校的院系设置和发展方向等问题。国立青岛大学整理委员会决定：将教育学院停办，学生大部转入国立中央大学教育学院，少数转入本校中文系；增设工、农两学院。其中，工学院暂设土木工程学系和机械工程学系；农学院设于济南，设研究、推广部，暂不招本科生。研究部从事山东地方主要农产的改良，设研究生若干人，以国内大学农科毕业生充任，在教授指导下从事研究；推广部以向民间传播研究成果为主旨，并附设农业传习所，专收农家子弟，实习改良农作。同时，将文、理两学院合并为文理学院，数学、物理两系合并为数理学系。调整后，学校改称国立山东大学。

经过一年的实践证明，数学、物理虽不分系，也须分组，故下学年起，两系又重新分开。农学院至 1934 年才正式开办，并聘原生物学系主任曾省担任院

长，但因经费缺乏，始终未招本科生。至此，学校的院系设置基本固定下来。（见图 4-2）

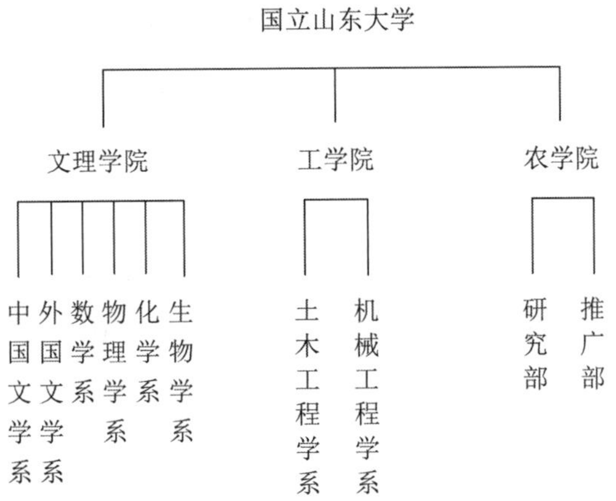

图 4-2　1934 年国立山东大学院系设置

国立山东大学的院系设置有自己的特色，曾经得到蔡元培先生的赞许："山大还有几点特色，是其他各大学少有的……第一，文学院与理学院合并为文理学院——因为文理不能划得界限太清楚了，譬如有许多课目，过去都划在文科里，现在却都归为理科了；如果文理两院合并，自然可以使文科的学生不致忽略了理科的东西，理科的学生也不致忽略了文科的课程。所以，山大合并来办是非常好的。第二，是理工两学院都在一起来办——我们知道工与理的关系是非常密切的，工就是理的应用，理就是工的基础，两个东西是不应分开的。现在山大将两院在一起来办，自然很经济，而且很容易得到好的成绩的。第三，是农学院能按照本省的农业情形加以研究，再想法来改良和发展本省的农业，这也是非常适宜的。"①

一、文理学院

文理学院共有 6 个学系，即中国文学系、外国文学系、数学系、物理学系、化学系、生物学系，均建立于 1930 年。最初文、理两学院是分别设立的。文学院院长是闻一多，理学院院长是黄际遇。1932 年，文、理两学院合并为文理学院，黄际遇（1932～1936）、汤腾汉（1936～1938）先后任院长。

① 《蔡元培先生在国立山东大学成立四周年纪念会上的讲演词》，《国立山东大学周刊》第 85 期，1934 年 9 月24 日。

文、理两院合一，应该说是国立山东大学的一个特点。这不单是基于经济上的考虑，更重要的是着眼于它们之间的密切关系。首任校长杨振声认为，“文、理两学院是没有绝对的界限的”。文理学院是以理为主，而以中文、外文两学系辅助全校中、外文教学。这种做法曾经得到教育部的赞许：“事属新创，用意尚佳。”[①]

文理学院编制课程的原则：“第一，欲巩固各学系根本知识之基础；第二，欲顾及时代环境，最低限度能与各姊妹大学并辔齐驱；第三，就教、学两方面才能，各有充分发展之可能。”[②] 现对各系的基本情况作简要介绍。

（一）中国文学系

这一时期，先后担任过系主任的有闻一多（1930～1933）、张煦（1933～1936）、施畸（1936～1937）、郝昺衡（1937～1938）等教授，其中以张煦任职最长。专任教师先后有教授、副教授 15 人：闻一多、游国恩、张煦、姜忠奎、闻宥、丁山、舒舍予、胡鸣盛、施畸、栾调甫、黄孝纾、郝昺衡、郭本道、颜歆（实甫）、敖士英；讲师 8 人：黄淬伯、方令孺、沈从文、梁启勋、萧涤非、彭啸咸、台静农、吴廷璆；助教 3 人。

在闻一多任系主任期间，中文系所开课程除共同必修课程外，规定必修本系课程 14 门，计 72 学分；另开选修课程 18 门。后来必修本系学分相应增多，至 1935 年，规定必修本系课程 15 门，计 82 学分；同时有选修课程 25 门。至此，该系课程基本稳定，此后变化不大。兹将 1935 年度该系课程列表如下。（见表4-1）

① 引自 1934 年 6 月 5 日教育部给山东大学的《训令》，现存山东省档案馆。

② 《黄院长报告》，《国立青岛大学周刊》第 5 期，1931 年 6 月 11 日。

表 4-1　1935 年度中国文学系中文系课程表

共同必修			必修本系			必修他系*			选修	
课程名称	年级	学分	课程名称	年级	学分	课程名称	年级	学分	年级	学分
国文	一	4	文字学	一	6				三	10～18
一年英文	一	12	名著选读	一	6				四	2～18
自然科学	一	6	中国通史（一）	一	6					
一年第二外国语	一	8	先秦文	二	6					
二年第二外国语	二	8	诗	二	6					
社会科学	二	6	音韵学	二	6					
			中国通史（二）	二	6					
			中国文学史（一）	二	4					
			汉魏六朝文	三	6					
			词	三	4					
			小说	三	4					
			目录学	三	4					
			中国文学史（二）	三	4					
			文学批评	四	2					
			唐宋以降文	四	6					
			戏曲	四	4					
			毕业论文指导	四	2					
小计		44	小计		82				小计	12～36

* 必修外文系两门课程，名称、学分、应修年级未注明。

（二）外国文学系

梁实秋教授最先担任系主任，任期四年，于 1934 年辞职。后由洪深教授继任，两年后，洪深教授辞职他就，系主任换为凌达扬教授。

除了本系课程外，该系尚须为全校开设公共英文及第二外国语——法、德、日三国语言，课程较为繁重，所以聘请教师也较多。据不完全统计，该系曾先后聘请教授 12 人：梁实秋、谭葆慎、赵少侯、郭斌和、陈逵、孙大雨、戴丽琳、李茂祥、洪深、葛其婉、凌达扬、叶鏖；讲师 15 人：李方琛、薛彩风、费鉴照、袁振英、周名洗、郑成坤、王国华、水天同、周学普、饶余威、张国桢、王苏、冰心、钱端义、吕宝东；助教 2 人；先后聘请兼任教授、讲师 19 人。

外国文学系只有英文一个专业，法、德、日三国语言都是作为第二外国语而开设的。兹将该系课程列表如下。（见表 4-2）

表 4-2 1935 年度外国文学系课程表

共同必修			必修本系			必修他系*			选修	
课程名称	年级	学分	课程名称	年级	学分	课程名称	年级	学分	年级	学分
国　文	一	4	古犹太文学	一	3	中国文学史	二	6	二	2
一年英文	一	12	希腊神话	二	3				三	12～20
自然科学	一	6	美散文选读（二年英文）	二	8				四	4～8
一年第二外国语	一	8	英国文学史	二	6					
二年第二外国语	二	8	英诗选读	二	6					
社会科学	二	6	戏剧选读	二	6					
			英国散文选读（三年英文）	三	8					
			小说选读	三	6					
			莎士比亚	三	6					
			西洋文学批评史	四	8					
			欧洲文学史	四	4					
			现代欧美文学	四	6					
			浪漫诗人	四	4					
			毕业论文指导	四	4					
小计		44	小计		78	小计			小计	18～30

* 必修中文系两门课程，另一门课程的名称、学分及应修年级未说明。

（三）数学系

数学系第一任系主任由理学院（后为文理学院）院长黄际遇教授兼任。至 1935 年夏，黄际遇辞兼主任，由教授李达继任。仅一年，李达教授即辞职他就，周绍濂教授继为主任。最初，教师只有院长兼系主任黄际遇一位教授，后逐年加聘，直至 1935 年，教师才大体配齐。全系有教授、副教授 7 人：黄际遇、曾炯、李达、陈传璋、周绍濂、马纯德、孙泽瀛；讲师 5 人：宋智斋、李先正、杨善基、李蕃、章用；助教 1 人。

数学系为了贯彻教育宗旨，培养具有高深学术研究能力的专门人才，一贯坚持宁缺毋滥的原则。严格执行升留级制度，对学生学年不及格课程不采用补考办法，选修课程不给学分；必修课不及格者，一门令其重读，二门令其留级，三门令其退学。因而能够升级者，多属优秀学生。

数学系课程编制原则是：内容力求充实，并注重习题演习。1930 年建系时，由于当时只有一名教授，仅能开出微积分、代数解析、立体解析几何、数学演习 4 门课程。随着教师和年级的增加，开设课程逐年增多，到 1936 年度已能开出 50 门课程：必修课 15 门，分组必选课 22 门，选修课 13 门。至此，课程已全部开齐，并稳定下来。必修本系课程计 82 学分：必修 68 学分；必选 12 学分，即本系除必修课程外，须于分析、代数、几何及应用数学四组选修课程中，每组至少选习 3 学分；论文指导 2 学分。

兹将 1936 年度必修本系课程和分组必选课程列表如下。（见表 4-3、表 4-4）

表 4-3　1936 年度数学系必修课程

课程名称	学分	年级
微积分	10	一
解析几何	4	一
初等方程式论	4	一
微分方程式	6	二
高等代数学	4	二或三
射影几何	4	二或三
无穷级数	4	二或三
复元函数论	6	三
近世代数学	4	二或三或四
微分几何	4	三或四
数学问题讨论（上）	2	三或四
实元函数论	6	三或四
高等几何	4	三或四
数论	4	三或四
数学问题讨论（下）	2	三或四

表 4-4　1936 年度数学系分组必选课程*

分析组		代数组		几何组		应用数学组	
课程名称	学分	课程名称	学分	课程名称	学分	课程名称	学分
定积分	3	行列式与矩阵	3	非欧几何学	3	概算	3
积分方程式	3	方程式论	3	向量分析	3	最小自乘法	2
点集论	3	代数不变量	3	几何通论	3	统计学	3
变分学	3	群论	3	形性论 Topology	3	保险算	3
全函数	2	数的几何	3				
椭圆函数	4						
代数函数论	3						
多元函数论	3						
连续群论	3						

* 每组至少须选习 3 学分。

（四）物理学系

国立青岛大学时期，物理学系为理学院四系之一。1932 年度学校实行改组，将物理、数学两系合并为数理学系，规模受到一定限制。1933 年度两系重又分开。自 1936 年度起，物理学系分为物理学与天文气象学两组。天文气象学一组因学生不易兼顾，于 1937 年度又分天文、气象两组。

在最初建系时，物理学系只有王普一位讲师。1931 年度，教授蒋德寿和讲师郭贻诚到校，由蒋德寿任系主任。一年后，蒋德寿辞职，由教授王恒守继任。1936 年，王恒守教授辞职，系主任换为方光圻教授。最后一位系主任是潘祖武教授。这一时期先后来物理系任教的教授、副教授有 10 人：蒋德寿、王恒守、任之恭、李珩、王淦昌、何增禄、郑衍芬、方光圻、潘祖武、吴敬寰；讲师 3 人：王普、郭贻诚、费尔；助教 11 人。

物理系一年级开设的普通物理及实验课程为理工各系的基本知识，学生必须学好。该系规定：凡本系学生该课成绩不满 70 分者，不得升入二年级。1935 年度起，二年级以上分为物理学及天文气象学两组。物理学组必修课程计 63 学分，首先讲授各种基本课程，力主质重量简，以期打牢基础，平日问题演习及实验报告占成绩的重要部分。最后一年，充分介绍近代物理学上的新学说及新趋向，并注重学生自主阅读。

兹将 1935 年度物理学系必修与选修本系课程列表如下。（见表 4-5、表 4-6）

表 4-5　1935 年度物理学系必修课程

物理学组			天文气象学组		
年级	课程名称	学分	年级	课程名称	学分
一	普通物理	10	一	普通物理	10
	普通物理实验	2		普通物理实验	2
二	力学	8	二	力学	8
	磁电学	8		气象学	6
	原子物理概论	4		普通天文学	8
	磁电学实验	2		普通天文学实习	2
三	光学	8	三	光学	8
	物性学	3		光学实验	1
	热与热力学	4		热与热力学	4
	无线电学	3		天体力学	6
	无线电学实验	1		气象观测法	6
	物性与热学实验	1		气象观测法实习	2
	光学实验	1			
四	近代物理选读	8	四	磁电学	8
	近代物理实验	2		磁电学实验	2
	专题研究	8		天体物理学	4
				天体物理学实习	2
				实用气象学	3
				实用气象学实习	1
				专题研究	8

表 4-6　1935 年度物理系选修课程

物理学组			天文气象学组		
年级	课程名称	学分	年级	课程名称	学分
二 四	应用电学	8			
	实验室技术学	8	三 四	轨道计算法	3
	航空力学	6		日月蚀计算法	2
	量子论大意	3		海洋学大意	3
	无线电工程	3		恒星统计学	2
	气体运动论	3			
	X 光线及放射学	3			
四	弹道学	6			
	理论物理	6			
	电力学	4			
	电振动与真空管及实验	8			
	原子核物理	—			

（五）化学系

这一时期，化学系主任一直是汤腾汉教授，只有 1935 年度在他休假期间才由陈之霖教授代理。第一年只有系主任汤腾汉教授和一位助教，后逐年增聘，至 1933 年度教师队伍才算大体配齐。先后来系任教的专任教授有 6 人：汤腾汉、傅鹰、胡金钢、陈之霖、邵德辉、刘遵宪；副教授、讲师 5 人：许植方、王祖荫、王文中、石坦因、何心洙；助教 12 人。

化学系本系必修课程计 76 学分，各年级所开课程前后变化不大。从 1933 年度起，附设药化学科。兹将 1936 年度化学系必修及选修课程列表如下。（见表 4-7）

表 4-7　1936 年度化学系课程表

必修			选修			药化学科必修课程
课程名称	学分	年级	课程名称	学分	年级	
化学实验（一）	9	一	普通矿物学	3	二	毒物化学
定性分析化学	2	一	吹管分析	2	二、三	药剂学
无机化学	6	一	国防化学	2	二、三	药物学

续表

必修			选修			药化学科
课程名称	学分	年级	课程名称	学分	年级	必修课程
有机化学	6	二	工业化学	6	三、四	生药学
化学实验（二）	9	二	立体化学	2	三、四	医药化学分析
定量分析化学	2	二	油脂化学	2	三、四	细菌学
物理化学	9	三	食物化学	4	三、四	制药学
化学实验（三）	9	三	有机分析	3	三、四	卫生化学
化学讨论	8	三、四	工业化学分析	9	三、四	军药师须知
实验室研究初步	4	三	微量化学分析	4	三、四	药业法律
实验室研究及论文指导	12	四	无机物制造	3	三、四	药物学研究
			高级无机化学	2	三、四	药房或医院实习
			化学史	2	三、四	
			热力学	3	四	
			生理化学	3	四	
			胶质化学	3	四	
			电化学	3	四	
			高级有机化学	2	四	

化学系的设备最初也是承袭原省立山东大学及私立青岛大学的，因而十分简陋欠缺。开始时只有两个实验室和天秤室、硫化氢室各一个。原有蒸馏器每日仅能出十余升的蒸馏水，满足不了实验室的需要，而且每月需煤一吨左右，耗费特大。为了克服困难，节约用费，乃用学校原有茶炉逃出的水蒸气，加装蛇形管及冷却槽等，以代蒸馏器，每日能出百余升蒸馏水，而质地与用蒸馏器制出之水相同。设备条件已大大改观。

化学系很重视培养学生的独立研究能力，鼓励学生多做实验。为此规定：实验室工作时间为上午8时到下午6时（星期日及例假除外），除规定的实验时间外，学生可随时到实验室工作。因此，利用实验室进行学习研究已成为多数学生的习惯，甚至在假期中，也有不少学生到实验室工作。系里还明确规定：四年级学生须依个人志趣做实验室研究工作，由教师指导，结果作为毕业论文付印公布，否则不能毕业；三年级学生必须做课外较简易的实验室研究工作，由教师指导，结果亦发表于本系实验室报告，否则不能做毕业论文的研究；二年级学生成绩优良者，做初步的课外研究，结果亦发表于本系实验室报告。学校通过这种训练，培养学生研究学术的兴趣与独立钻研的能力。

该系实验室报告，每年均汇编成册出版。1933 年 10 月 16 日起，校刊《国立山东大学周刊》上开辟“化学系增刊”，除刊登学术演讲外，还发表该系学生的调查、实习报告，每年亦汇编成册出版。

（六）生物学系

生物学系建立的第一年，只有讲师秦素美一位教师。次年曾省教授到校，担任系主任。1933 年，曾省教授改任海滨生物研究所主任，系主任由刘咸教授继任。1935 年 2 月刘咸教授辞职，系主任一度由教务长杜光埙代理。同年 7 月，林绍文教授继任系主任。

这一时期，先后来生物学系任教的教授、副教授 9 人：曾省、刘咸、喻兆琦、沈嘉瑞、段续川、童第周、王宗清、林绍文、刘发煊；讲师有 6 人：秦素美、沙凤护、左仲伟、汤独新、李鸣冈、曾呈奎；助教 7 人。

生物学系的课程设置中，一些必修的基本课程前后变化不大，所不同的是，有些科目原定必修，后来改为选修，如昆虫学、鱼类学等；有的原为必修，后来取消，如人种学、洪荒学等。为了固定专业范围，便于学生学习，该系课程从三年级起分动物、植物两组，由学生根据个人兴趣任选一组。一、二年级课程，两组完全相同；三、四年级课程，则有同有异。选修课程共有 26 门，任其选习。兹将 1936 年度生物系课程列表如下。（见表 4-8）

表 4-8　1936 年度生物系必修课程

年级	两组共修课程		动物组课程		植物组课程	
	课程名称	学分	课程名称	学分	课程名称	学分
一	大学动物学	4				
	大学植物学	4				
二	无脊椎动物学	5				
	植物形态学	5				
	比较解剖学	6				

续表

年级	两组共修课程		动物组课程		植物组课程	
	课程名称	学分	课程名称	学分	课程名称	学分
三	生物学史	2	动物体素学	5	植物解剖学	5
	动植物技术学*	4	胚胎学	5		
	高等植物分类学*	6	动物生理学	6		
四	细胞学	4	动物学专题研究	6	植物生理学	6
	遗传学	4			植物学专题研究	6
	书报讨论	2				

* 该课植物组三年级开，动物组四年级开。

国立山东大学位于青岛，地处海滨，研究海洋生物有诸多便利。1933 年春曾筹设山大海滨生物研究所于沙子口，派员常驻研究，但因经费不足，成绩不大。1934 年夏，得清华、北大及中华海产生物学会等单位的赞助，联合组织青岛海产生物研究所，分筹经费，各派员生前来参加研究，一时盛况空前。但暑期过后，经费既未落实，又无专人负责，该所遂告停顿。

1936 年 11 月，生物学系海洋生物研究室成立。除采集、调查外，其主要任务是进行研究。学校拨给经常费每年为 2000 元。为了节约费用，研究人员以该系全体教师充任，不另聘人。至学年终了，即得研究论文 20 余篇，分别载于国内各有关杂志，有些研究成果达到了国内甚至国际领先水平。刘仲熙教授著有《动物学史》一书，于 1934 年 4 月在上海商务印书馆出版。

在设备方面，据 1936 年统计，当时该系已建成普通生物学、无脊椎动物学、比较解剖学、生理学、植物学、胚胎学、技术学、海洋生物学等 8 个实验室，海藻学、实验胚胎学、生理及组织学、鱼类学等研究室。另有温室、鱼类饲养室以及标本陈列室等。

二、工学院

国立山东大学工学院建于 1932 年秋，下设土木工程学系和机械工程学系。1935 年工学馆建成。1936 年汪公旭教授到校，代理该院院长。工学院规定：本院共同必修学分为 53 分；各系必修学分不得少于应修学分的三分之二。

（一）土木工程学系

该系主任先后有5位教授担任，即赵涤之（铭新）、唐凤图、余立基、张倬甫、余雅松，任期均一年。建系头一年，专任教师只有系主任赵涤之1人，自1934年起才逐渐增多起来。据统计，这一时期先后聘请的专任教师中，有教授9人：赵涤之、唐凤图、吴柳生、余立基、尚津、张倬甫、王师羲、余雅松、干志超；讲师5人：耿承、赵韵臧、吴潮、丁观海、孟昭礼；助教6人，兼任教授、讲师5人。

为使学生掌握土木工程方面的基本学识，适应当时国内建设技术的需要，该系在课程设置方面：一、二年级充分注重基本课程的质与量两个方面；三、四年级则授以土木工程的专门学术，并力求全面，使学生毕业后能具备任何土木工程职务所需的技能。1935年起，根据国家经济状况，农村及国防的急切需要，增加了水利、路政等方面的课程。例如，定为必修的水利课程就有8门，计24学分。

据1935年统计，当时该系已建起材料实验室、水力实验室及测量仪器室等。兹将1935年该系课程列表如下。（见表4-9）

表4-9　1935年度土木工程学系课程一览表

共同必修			必修本系						必修他系			选修	
课程名称	年级	学分	课程名称	年级	学分	课程名称	年级	学分	课程名称	年级	学分	年级	学分
国文	一	4	工程绘图（一）	一	2	石工学	三	2	应用力学	二	5	四	6
一年英文	一	12	平面测量	二	6	房屋构造	三	2	机件学或热力学	二	3		
微积分B	一	8	工厂实习	二	1	材料实验	三	1	最小二乘法	二	2		
普通物理A	一	10	工程材料	二	2	水文学	三	3	电机工程	三	6		
物理实验	一	2	投影几何	二	2	铁道工学	四	3					
普通化学	一	6	工程地质	二	3	污水工学	四	3					
普通定性分析	一	2	材料力学	二	5	道路设计	四	2					

续表

共同必修			必修本系						必修他系			选修	
微分方程式乙	二	3	水力学	二	3	给水工学	四	3					
社会科学	二	6	高等测量	三	3	高等结构学	四	2					
			铁道曲线及土工	三	3	桥梁设计	四	4					
			灌溉工学	三	3	筑港工学	四	3					
			道路工学	三	3	工程契约及规范	四	2					
			结构工学	三	8	水工设计	四	2					
			钢筋混凝土	三	3	都市计划及工程	四	2					
			河工学	三	3	论文	四	3					
			水力实验	三	1								
小计		53	小计		51	小计		37	小计		16	小计	6
总计			163										

（二）机械工程学系

该系建系头一年，系主任由赵涤之教授兼任。1933 年周承佑教授到校，担任系主任。1936 年周承佑教授辞职后，由汪公旭教授继任系主任。在此期间来系任教的专任教师中，有教授 7 人：周承佑、张闻骏、伊格尔、金韶章、汪公旭、史久荣、杨寿百；讲师 3 人：李良训、叶芳哲、蒋君武；助教 7 人；另有兼任教授、讲师 3 人。

1934 年，建成热力工程实验室及机械实习工厂，包括铁工实习工厂、木工实验厂和翻砂厂。

该系必修课程门数及修习学分在各院系中是最多的。兹将该系 1935 年课程列表如下。（见表 4-10）

表 4-10　1935 年度机械工程学系课程一览表

共同必修			必修本系						必修他系			选修	
课程名称	年级	学分	课程名称	年级	学分	课程名称	年级	学分	课程名称	年级	学分	年级	学分
国文	一	4	锻工实习	一	1	会计学	三	3	工程制图	一	2	四	6
一年英文	一	12	铸工实习	一	1	暑假工厂实习	三		一年级德文	二	8		
微积分 B	一	8	应用力学	二	5	热力工程（二）	四	3	平面测量	二	6		
普通物理 A	一	10	金工初步	二	1	热力工程实验	四	1	投影几何	二	2		
普通物理实验	一	2	机件学	二	3	汽轮机	四	3	材料力学	二	5		
普通化学	一	6	机件制图	二	1	原动力厂设计	四	1	水力学	二	3		
普通定性分析	一	2	机械制图（一）	二	1	工厂设计	四	4	二年级德文	三	8		
微分方程乙	二	3	机械制图（二）	二	1	工业管理	四	3	工程材料	三	3		
社会科学	二	6	木工实习	二	1	成本会计学	四	3					
			热机学	二	2	机车学	四	3					
			热力工程（一）	三	6	机车设计	四	3					
			簿记学	三	3	内燃机	四	3					
			热力工程实验	三	1	暖房及通风	四	2					
			机械设计原理	三	8	冷气工程	四	2					
			机械设计绘图	三	2	电机工程实验	四	1					
			电机工程	三	6	专门报告	四	1					
			金工实习	三	4	论文	四	2					
			应用机构学	三	2								
小计		53	小计		49	小计		38	小计		37	小计	6
总计			183										

三、农学院

1934 年，国立山东大学接收济南的旧农事实验场（原山东公立农业专门学校所留，后改为国立青岛大学的农事实验场，约 200 余亩）、房屋、仪器、农器等项，改为农学院，于 7 月 7 日正式办公，院长为本校生物系教授曾省。后曾省辞职就四川大学农学院院长，由赵太侔校长兼任，又于 1935 年 10 月 19 日起由学校秘书长皮松云兼代。院址在黄台站东，经费每年定为 5 万元。拟与山东省教育厅合作，造就本省需要之农业人才。

学院最初计划设立三系：一是园艺系，已聘定原国立浙江大学园艺系主任吴耕民为教授，张劻新和管超为研究员。二是病虫害系，以济南为中心点，已派陶家驹往鲁西、何均驻高密、林德一驻临清考察棉虫、蚀铃青虫等为害情形，李文海研究烟草杀虫剂等，所得结果甚佳。后又聘叶识为讲师，从事植物病理学研究。该系在黄台附近发现害粟夜盗虫，研究出捕杀方法。曾省院长曾赴潍县一带考察烟草退化现象，后在吴耕民等人的陪同下赴莱阳开讲习会，介绍莱阳梨的病虫害防治。以上两系后改为研究室。三是农艺系，实验场地种植棉花占半数以上，对棉作育种实验特别加以留意。该院在菏泽县试种之脱籽棉，于四面黄水围困之中，每亩收 170 斤棉花，较普通洋棉及本地棉均增收一倍。

农学院设研究、推广两部，于 1934 年 12 月和次年春举办冬季、春季农业训练班，招收学院附近粗识文字农民施以三个月的农业培训。为改进蔬菜品种、增加菜农收益，学院特于 1935 年初在学院附近各村庄设蔬菜推广指导区，给特约农户发美棉种子，告知栽培方法，代为轧花和销售。1935 年 2 月，学院吴润苍教授赴邹平乡村建设研究院演讲如何改进及推广本省重要果树及蔬菜等。3 月，莱阳县政府派乡村师范毕业生到农学院实习三个月。这显示了学院在农业研究、推广和合作方面的成效。

第三节　教授治校，文理融通

国立山东大学非常重视教学工作，把教学放在首位。由于师资力量较强、水平较高，当时的课程大多由教授担任。特别是一些基础课主要由教授担任，如闻一多曾为一年级学生开大一国文课，梁实秋曾为一年级学生开大一英文课。

据当时的一些学生回顾，学校大多数教授工作勤奋，态度诚恳，诲人不倦，教学质量甚好。例如，杨振声、闻一多、洪深、老舍等教授的讲课，内容充实、分析深刻，富有时代气息，生动感人，引起学生的广泛兴趣。汤腾汉、童第周、王宗清等教授的讲课，既有科学先进性，又经过反复实验，有自己的创见，使学生大受启发。学校对学生平日学习和考试的要求虽然都很严格，但学生感到的是教师在激励自己、爱护自己和精心培育自己，从而能做到师生间亲密无疏，思想共鸣。学生既尊敬老师，又能专心致志、刻苦学习，严谨笃实成风。

学校在教学上很重视基础，同时也根据教授的专长广开选修课程。教师们在教学中特别重视基本功的训练。例如，姜忠奎讲授文字学，就要求每个学生都得篆写《说文解字》五百四十部的部首。黄孝纾讲授古典诗文时，讲文章，就要学生摹写文章；讲诗词，就让学生练习作诗、填词。这种教学方法，学生自然学得扎实。

对基本功的训练，不仅受一般教师重视，系负责人也很重视。中文系曾给一年级学生布置课外作业，要学生进行所谓“离经辨志”的句读训练，规定的书是《论语》和《史记》中的人物传记。于是，学生们便购置砚台、颜料，用朱笔点起这两部书来。不少学生用了一年的功夫就把这两部书，包括《集解》《索引》《正义》等三家注释全部点完。学生们在断句过程中自然会遇到不少难以句读的地方，这就需要对文章的词汇、语法以至上下文意反复琢磨、玩味、吟诵、辨析，而且边点边改，自然会吃很多苦头，但也确实长了不少本领。这种基本功的训练，不仅提高了学生们阅读古书的能力，而且培养了他们阅读古书的兴趣。学生们在以后继续阅读一些没有断句的古书时，大都能够朗朗上口，不会感觉太困难。这种培养和提高学生阅读古书能力与兴趣的传统方法，今天仍然值得我们认真继承和发扬。

教师们还特别注意培养学生独立钻研的精神。在这方面，以中文系丁山教授表现得最为突出。他要求学生读古书时不看或尽量少看前人的注释，避免为旧说所囿，让古人牵着鼻子走。教师们还很注意培养学生熟练使用工具书的能力，在学生寝室中，大都备有《说文解字》和《广韵》等工具书，学生们在阅读唐宋以前的古籍时，都能够做到熟练地使用。

课余时间，生物学系师生的一项重要活动是调查、采集与研究、制作标本，尤其注重海产生物的采集与研究。这项活动在1931年最为频繁，师生平时每两周前往海滨采集一次；假期则分组出发，北往龙口、烟台、威海等处，南至台州、厦门一带采集，所得标本甚丰。在1931年夏季，曾省教授率领学生前往山东半岛北部各海口采集，历时两月之久，采得海产生物标本无数。同时，又因崂山植物繁茂，向未经人采集，为对其进行系统研究，在1931年暑期，由讲师沙凤护带领学生多人冒暑前往采取20多天，得草木标本300多种。这项活动不仅丰富了教材内容，而且也增加了学生的感性知识。

为了发扬学术民主，提倡不同学派的争论，活跃学术空气，在学校办学初期，在每星期一“总理纪念周”的集会上，增加学术演讲一项，后又将其正式定为学术演讲时间，由学校、院系负责人及教师们作演讲。同时，还利用青岛的地理条件，邀请一些著名专家、学者来校讲学和作学术报告。蔡元培、秉农山、冯友兰、顾颉刚、罗莘田、倪尚达、经利彬等，都曾到校讲过学或作过学术演讲。据不完全统计，自1931年10月至1937年5月，各次学术演讲全文或摘要在校刊上发表的就有206篇。通过这些活动，师生们开阔了视野，活跃了思想，从而推动了教学科研工作的开展。

为了开辟学术园地，发表师生的科研成果，学校曾于1933年及1934年先后创办了学术刊物《科学丛刊》和《文史丛刊》。但前者只出两期，发表黄际遇的《定积分一定理及一种不定积分之研究》等论文；后者仅出一期，发表胡适的《记北宋本的六祖坛经》、丁山的《辨殷商》、黄际遇的《潮州八声误读表说》等论文。这也显示黄际遇为文理兼通的名师。与此同时，为了切磋学术，练习写作，在学生中组织了各种学术、文艺团体。有的团体还出版刊物，发表文章与作品。其中影响较大、成绩较为显著的是励学社与刁斗文艺社。前者于1934年1月创办综合性杂志《励学》半年刊，前后共出7期，发表有王先进的《墨子的政治思想》、韩连琪的《陶渊明之思想》、王恒守的《关于中国度量衡问题之论断》、童第周的《发生学上三种不同之卵子》、佟元俊的《近年来性染色体研究之进步》等文章，引起国内学术界的重视，以至蜚声海外，连美国华盛顿国会图书馆也曾致函该社，全份订购该刊。[①] 后者亦同时创办文艺刊物《刁斗季刊》，共出2卷6期，在1卷3期有赵少侯的《罗曼·罗兰评传》、周嘉琪的《宋词史话》；在2卷1期有周学普所译列宁的一篇文章——《作为俄国革命之镜的托尔

---

① 参见《励学、刁斗二刊物即将出版——国外图书馆来函订阅》，《国立山东大学周刊》第179期，1937年1月25日。

斯泰》。这些刊物的出版，对促进山东文艺的发展以及在普及科学常识方面起过一定的作用。

这一时期，各系师生都有相应的学术团体，如国文学会、数理学会、数学讨论会、物理读书会、化学社、生物学会、机械学会等。它们一般都是两星期开会一次，并且每次都有学术演讲，即团体成员事先选定研究题目，轮流作学术报告。例如，生物学会1931年开学术演讲会10次；物理学读书会在同一学年上学期开学术讨论会6次。兹将演讲者及题目列表如下。（见表4-12、表4-13）

表4-12　1931年生物学会学术演讲者及题目

时间	题目	演讲者
1931.10.18	青岛之渔业	曾　省*
1931.10.31	中国梨属之分类	沙凤护*
	青岛淡水动物之调查	任树棣
	青岛昆虫之调查	何　均
1931.11.14	中国之吸虫类	秦素美*
	青岛水栖昆虫之调查	任树棣
1931.12.19	青岛之鲨鱼	张奎斗
1932.2.13	水生植物之形态	沙凤护*
	青岛之软体动物	肖庆恒
1932.2.29	海洋原生动物	曾　省*
	青岛之蛙类	任树棣
1932.3.26	吸虫四种	秦素美*
1932.4.16	欢迎张尔玉先生及张仙舟先生	张奎斗
	八带鱼之调查	
1932.4.30	节肢动物桡足类之研究方法	阎有训
1932.5.14	法国教育制度	张尔玉*

注：有*号者系教师，其余为学生。

表 4-13　1931 年物理读书会上学期学术报告

题目	报告人
比热之各种测定法	牛振义
	金有巽
长途电话线中断距离之侦查法	许振鹏
	张恒升
物理测量及准度	杨哲夫
	俞启威
架设长途电线之最经济方法	杨　有
	力敦孝
光之两性观	陈传勤
	李重禄
物理实验室发达史	王寿衡
	陈和均
	路丕泉

注：学术报告人全系学生。

化学社编辑了《科学的青岛》《科学的山东》《山东农工矿业》等书。1937 年 3 月，化学社编辑出版《化学杂志》，有汤腾汉的《近年来无机化学之新进展》、曹金鸿的《碘氢酸在分析化学上之新用途》、郭质良的《化学系概况》等论文和介绍，同时还有调查报告《博山陶业考察报告书》。

1937 年 7 月，工学院出版《山大工程》半年刊，但亦只出一期创刊号，有《青岛市下水道之概况及其研究》《关于航空发动机之研究》等论文。此外，学校出有每年本校《国立山东大学一览》；图书馆出有《全唐诗文作家引得合编》（林斯德著）及《图书馆概况》；各届毕业生出有《二十三年年刊》《二十五年年刊》《二十六年年刊》等。

总之，这一时期，学校在教学和科研方面均取得了较大成绩，形成了自己的优良传统和学风，培养了一大批学有专长的有用人才，在国内外也博得了一定的声誉，为以后的发展打下了比较坚实的基础。

第四节　严格教学质量管理

国立山东大学自1930年至1937年度，八届共招收一年级新生975人。1930年，招生的地点只有青岛、济南两处；1931至1932年度，增加北平一处；以后四年，又增加南京一处。总的说来，考生人数逐年增加，录取比率不断降低。第一年的录取人数占报考人数的42.5%，到了最后一年已降为10.9%。（见表4-14）由此看来，新生质量是在不断提高的。

表 4-14　1930～1936 年投考人数与录取人数比较表

年份	投考人数	录取人数	录取人数占投考人数的百分比
1930	360	153	42.5%
1931	412	180	43.7%
1932	697	99	14.2%
1933	822	185	22.5%
1934	864	176	20.4%
1935	1026	195	19.0%
1936	1786	196	10.9%

1932年，学校奉部令“整理”。同年，文学院停止招生。1936年是这一时期学生人数最多的一年，全校达到411人，其中女生59人。（见表4-15）除正式生外，各系历年均招收一定数量的旁听生。1936年全校共有旁听生51人，也是人数最多的一年。

表 4-15　各院系历年学生人数统计表

<table>
<tr><th colspan="2"></th><th>1930 年</th><th>1931 年</th><th>1932 年</th><th>1933 年</th><th>1934 年</th><th>1935 年</th><th>1936 年</th></tr>
<tr><td colspan="2">总数</td><td>176</td><td>264</td><td>218</td><td>314</td><td>319</td><td>352</td><td>411</td></tr>
<tr><td rowspan="8">文理学院</td><td>合计</td><td>81</td><td>101</td><td>80</td><td>124</td><td>102</td><td>94</td><td>113</td></tr>
<tr><td>中国文学系</td><td>37</td><td>48</td><td>48</td><td>81</td><td>67</td><td>52</td><td>64</td></tr>
<tr><td>外国文学系</td><td>44</td><td>53</td><td>32</td><td>43</td><td>35</td><td>42</td><td>49</td></tr>
<tr><td>合计</td><td>64</td><td>105</td><td>106</td><td>135</td><td>131</td><td>144</td><td>160</td></tr>
<tr><td>数学系</td><td>16</td><td>28</td><td rowspan="2">46</td><td>31</td><td>25</td><td>23</td><td>29</td></tr>
<tr><td>物理学系</td><td>26</td><td>32</td><td>27</td><td>31</td><td>25</td><td>40</td></tr>
<tr><td>化学系</td><td>16</td><td>31</td><td>36</td><td>45</td><td>43</td><td>45</td><td>42</td></tr>
<tr><td>生物学系</td><td>6</td><td>14</td><td>24</td><td>32</td><td>32</td><td>51</td><td>49</td></tr>
<tr><td rowspan="3">教育学院</td><td>合计</td><td>31</td><td>58</td><td>—</td><td>—</td><td>—</td><td>—</td><td>—</td></tr>
<tr><td>教育行政系</td><td>31</td><td>47</td><td>—</td><td>—</td><td>—</td><td>—</td><td>—</td></tr>
<tr><td>乡村教育系</td><td>—</td><td>11</td><td>—</td><td>—</td><td>—</td><td>—</td><td>—</td></tr>
<tr><td rowspan="3">工学院</td><td>合计</td><td>—</td><td>—</td><td>32</td><td>55</td><td>86</td><td>114</td><td>138</td></tr>
<tr><td>土木工程系</td><td>—</td><td>—</td><td>17</td><td>35</td><td>49</td><td>66</td><td>74</td></tr>
<tr><td>机械工程系</td><td>—</td><td>—</td><td>15</td><td>20</td><td>37</td><td>48</td><td>64</td></tr>
</table>

为了加强对学生的管理，学校在办校之初就专门制定了《学则》。《学则》规定：国立山东大学的学制，是实行学年学分制，规定各项课程均按学分计算，每学期每周授课以一小时为一学分，实验及无须课外自习的课程，以两小时至三小时为一学分。各学院学生修业年限为四年，中文、外文两系学生至少须修满 138 学分，文理学院的数、理、化、生四系及工学院的学生均须修满 165 学分。即使已修足规定的学分，但未满四年，也不能提前毕业，可以选习特种学科。此外，还须修满体育 8 学分、军事训练 6 学分、党义 4 学分，这三项学分不包括在规定的总学分之内。学生在毕业之前还须提交一篇论文（可以译书代替）。

学生所修课程分为必修与选修两种。每学期开学后，学生可以依照各学系学程指导书自行选课，在上课两周以内还可改选、加选及退选，但本系必修课程不得退选。学生选课须经系主任批准；改选、加选及退选须经有关教师及所属系主任核准。

《学则》还规定，各学院学生除一年级外，每学期所修课程不得超过 21 学分（体育、军事训练、党义学分除外）；后又补充规定，每学期所修课程不得少于

15 学分。学生可以转院或转系，这是首任校长杨振声一直提倡的。

学生学业成绩分为五等：甲等 90 分以上；乙等 80 分以上；丙等 70 分以上；丁等 60 分以上；戊等不满 60 分。课程成绩为戊等者为不及格，不给学分，如系必修课，须要重修。

国立山东大学对学生学业的管理一向极为严格。《学则》规定："凡一学期中于某学程缺课逾三分之一或旷课满五小时者，不得参与该学程之学期试验，并不得补考；凡一学期中缺课逾所修各学程总时数三分之一或旷课满二十小时者，即令休学一年。"这些规定在实践中成了督促学生勤奋用功的鞭策力量，使之不肯轻易请假或旷课，对于安定教学秩序、树立勤奋好学的优良学风起了积极作用。但是，有的规定未免过于苛刻，其效果适得其反。《学则》第四十三条规定："学生全年学程有三种不及格或必修学程二种不及格者，令其退学。"这项规定曾引起学生的强烈不满与反对，被称为"学分淘汰制"。1932 年 6 月，终于导致全校学生的罢课斗争，学校不得不于 1932 年度对这项规定加以修正。

国立山东大学的考试制度分为临时试验、学期试验和毕业试验三种。临时试验，由任课教师随时举行。学期试验，于期末举行，试验范围包括每学期所修学程的全部内容，并且"各学程除制图、实习、体育、军事术科等，得随班考试外，其余均应在学期会考试场举行"。考前由教务处按照考试科目，将参加各科目考试的学生座次间隔排列，以免学生左顾右盼，影响解答试题时的心情。这种考试方式是相当严格的，而且更有严格的考场纪律，《学期试验试场规则》有 10 条规定，如有违犯，不仅扣考，有的还要记大过一次。"四年级学生最后一学期的学期试验，即为毕业试验；但试验至少须在四种以上，并须有两种以上包含全学年之学程。"毕业试验，亦须在会考试场（大礼堂）举行，并由毕业试验委员会办理。毕业试验委员会由教育部指派校内教授及校外专家学者组成，校长为委员长。第一届毕业考试委员会除本校校长、教务长、秘书长、各院院长、系主任之外，还邀请了严济慈（北平研究院物理研究所主任）、胡先骕（北平静先生物调查所所长）、何思源（山东省教育厅厅长）等参加。第二届毕业生试验委员会委员除校内 8 名教授外，校外有李书华（北平研究院副院长）、刘凌霄（中山大学文学院院长、考试院参事）、曾昭抡（北京大学化学系主任）、郑衍芬（国立浙江大学物理系主任）、邢契莘（青岛市工务局局长）、林济青（山东省政府委员）、何思源（山东省教育厅厅长）等。

毕业试验非常严格，各系应届毕业生均须集中在大礼堂会考，由教务处预先排定座次。监试除由校长及各任课教师按日到场外，各委员还轮流每人每日监试一场。试卷经各任课教师评阅后，由委员复阅。毕业论文由各系分别作初步审查，并经系主任核准后，再提交毕业试验委员会审查，作最后决定。

学校平时对学生学业管理极严，考试时又有严格的规定，使得学生平日无不兢兢业业，刻苦用功。尽管如此，仍有不少人不能毕业，从而造成很高的淘汰率（见表4-16）。

表 4-16 1930～1937 年学生淘汰率

文理学院				
入学生		毕业生		淘汰率
年	人数	年	人数	
1930	92	1934	53	42.5%
1931	116	1935	87	25.0%
1932	33	1936	34*	—
1933	79	1937	48	39.2%
工学院				
入学生		毕业生		淘汰率
年	人数	年	人数	
1932	32	1936	19	40.6%
1933	30	1937	19	36.7%

注：标 * 号的 34 名毕业生中包括上届留级生。

1931 年 5 月，学校为补助成绩优良、家境贫寒的学生，决定设立助学金，并公布了《助学金规则》。规定金额为每学期每名 50 元，凡肄业满一学期，家境贫寒，各科成绩平均为乙等（80 分以上）以上，体育、军事训练及格，品行优良的正式学生，均可申请。但限于经费，学校对助学金的发放控制很严，必须经校务会议通过，每学期助学金名额只有十多人。

为了奖励劳动和补助困难学生，学校开展了勤工助学活动，并于 1935 年 3 月公布了本校的《学生工作给酬办法》，规定学生每日工作一两小时，如浇灌花木、打扫房间等，每月给酬 5 元。通过这种办法，学生既可得到一部分补助，又能受到劳动锻炼，形成刻苦耐劳的学风，是很可取的。

国立山东大学时期，由于师资力量雄厚，水平较高，设备较为完善，所以学生的质量远比私立青岛大学、省立山东大学时期要高。这可从学生数次参加自然科学考试竞赛获奖一事得到证明。中山文化教育馆为鼓励国内青年研究自然科学，特设中山奖金一项，曾于1934、1935年举办两届征文考试竞赛。第一届以生物学为主，有15所大学各选4名学生参加，共录取特等生6名、甲等生8名、乙等生11名、丙等生17名、丁等生1名。山东大学选送的4名生物学系学生全部录取，其中特等生1名（张奎斗），奖金100元；甲等生2名（高哲生、庄孝僡），奖金各60元；乙等生1名（刘萃杰），奖金30元。如将每等成绩合成百分数，则山大成绩应占特等生的17%，甲等生的25%，乙等生的9%。[①] 第二届自然科学考试竞赛以物理学为主，分考试竞赛及征文两部分，征文又分著作、译述两种。规定全国各公、私立大学各选3名物理学系学生参加竞赛；征文部分各选两名，但须是各大学物理学系毕业并在有关学术机关服务者才能参加。山东大学参加考试竞赛的3名学生中，田金棠获得甲等奖金70元，金有巽、章琨各获得乙等奖金40元；征文部分中，许振儒获得著作类甲等奖金140元，王寿衡获得译述类丙等奖金80元。[②] 在此次竞赛中，山大选送5人全部入选。此外，原毕业于山大化学系并留该系做助教的勾福长，曾于1937年3月以《骨胶制造之研究》一文荣获严持约纪念工业化学征文第一名（本届征文仅取2名），得奖金200元。本届奖金主持人还函告学校，表示要将这篇论文在国内著名化学杂志上发表。[③] 同年，化学系助教郭质良（该系毕业）以《山东酒曲之研究（三）》及《中国化学工程》等论著，荣获中华文化教育基金委员会本届特种科学奖金500元。当时申请此项奖金者达200余人，而得奖者仅10余人。[④]

为了指导和帮助毕业生就业，1935年3月，国立山东大学专门成立了职业指导委员会，负责与全国学术工作咨询处联系，调查应届毕业生的职业志愿、学业能力以及各界职业供求状况，为历届毕业生的就业发挥了积极作用。

至于学生毕业后的归宿，举出第二届毕业生职业调查结果，即可略窥其概。

---

① 参见《国立山东大学二十四年度一览》，《国立山东大学周刊》第61期，1934年2月26日。

② 许振儒、王寿衡系山大物理系助教，均毕业于该系。

③ 参见《化学系助教勾福长君荣获严持约纪念工业化学征文本届奖金第一名》，《国立山东大学周刊》第184期，1937年3月22日。

④ 参见《化学系助教郭君质良荣获中华文教基委会本届特种科学奖金五百元》，《国立山东大学周刊》第192期，1937年5月17日。

第二届毕业生有 87 人，出国留学者 3 人，占极少数；到有关企业单位从事本行技术工作者 6 人，也是少数；在大学做助教或在有关单位做研究工作的 14 人，也不多；而绝大部分则是就任中等学校的教职，计有 58 人，占本届毕业生人数的 66.7%。（见表 4-17）

表 4-17　国立山东大学时期历届毕业生人数统计表

		学年度、性别及人数														
		总数			1934 年			1935 年			1936 年			1937 年		
		合计	男	女	合计	男	女	合计	男	女	合计	男	女	合计	男	女
总数		260	237	23	53	47	6	87	82	5	53	47	6	67	61	6
文学院	合计	111	99	12	29	24	5	48	46	2	2	1	1	32	28	4
	中国文学系	72	66	6	18	16	2	30	28	2	—	—	—	24	22	2
	外国文学系	39	33	6	11	8	3	18	18	0	2	1	1	8	6	2
理学院	合计	111	101	10	24	23	1	39	36	3	32	28	4	16	14	2
	数学系	25	24	1	9	9	0	10	10	0	4	3	1	2	2	0
	物理学系	21	21	0	3	3	0	10	10	0	6	6	0	2	2	0
	化学系	37	32	5	8	7	1	10	8	2	14	12	2	5	5	0
	生物学系	28	24	4	4	4	0	9	8	1	8	7	1	7	5	2
工学院	合计	38	37	1	—	—	—	—	—	—	19	18	1	19	19	0
	土木工程系	24	23	1	—	—	—	—	—	—	12	11	1	12	12	0
	机械工程系	14	14	0	—	—	—	—	—	—	7	7	0	7	7	0

国立山东大学时期，学校共招收八届学生，毕业四届。后因抗日战争全面爆发，学校内迁四川而奉命暂行停办，后面四届学生转入国立中央大学或其他大学毕业，有的没有毕业就参加了革命工作。

第五节　撙节开支，勤俭办学

在 1928 年国立青岛大学筹建期间，原定经费预算每年六十万元。拟请南京国民政府和山东省政府各出二十四万元，青岛市政府和胶济铁路局各出六万元。

后改为由省政府每年资助三十六万元，市政府每年资助三万六千元，铁路局每年资助一万二千元，其余不足之数，编制预算，请由南京国民政府在教育经费项下拨给。

在 1929 年国立青岛大学筹备委员会时期，省、市、铁路局均照案拨给，唯独南京国民政府应出的费用迟迟不作肯定答复。为此，时任国立青岛大学筹备委员的蔡元培先生，曾于 8 月 3 日具函致吴稚晖先生，请他代向中央催询，但仍无结果。同时，胶济铁路局协款从 1932 年 7 月起，以缩减预算为由停止拨发。青岛市政府协款于 1933 年 8 月起，以市款支绌为由停止拨发。只有省政府协款在 1932--1934 年因学生班次增多和建设需要，每年还增拨临时费三万元。但是，自 1934 年 7 月起，因省库支绌，将经常协款每月减为二万六千元，至 1936 年 1 月起，因同一原因，又减为一万五千元。至于中央拨款，仅在 1932 年拨给一次经费一万五千元。自 1934 年 7 月起，始按照预算，除省、市、铁路局应协助之款额外，每月拨发经常费八千五百余元。至 1936 年 1 月，省政府每月再减拨协款一万一千元，又移归中央按月补给，而中央的拨款又难以保证。学校由于经费的不足，发展速度也受到影响。

国立山东大学开办六年，每年经费收入不过四十万余元，最多的是 1935 年，也只有五十万元多一点，在当时的同类国立大学中属于少的。因此，筹划经费就成为校长必须解决的首要问题。

基于经费困难的情况，国立青岛大学从一开办就采取了撙节开支的原则。学校注意精打细算，压缩行政费用，除支付教职工的薪金外，尽量多抽出一些钱来用于购买图书和设备。杨振声校长曾说："我们惟有节省经常费来补充设备费，我们经常费能多省一文，即设备上能增加一点，也便是学校的基础上多放一基石"，"故在行政上多花一文，这一文便是虚耗；在基础上多花一文，这一文便是建设"。为了节省开支，他把为校长提供的较好住房让给教职员住，自己出钱另租房子住；不用学校的家具，自己花钱置备；开校务委员会时，由他自己提供茶叶和香烟。在学校购买汽车时，为节省开支只买了一辆旧车，连出差也是自费。

国立山东大学校址系接收原私立青岛大学旧址，经与青岛市政府多次商洽缩减，尚有 410 亩，校舍 12 座，除大礼堂及十至十二校舍为平房外，其余尽属楼房。在济南，原省立山东大学接收的农、工、矿、商、法、医六个专门学校校址先后分拨给山东各机关应用，仅留农专一处给山大，有宅基及桑果苗林等共 365 亩，房舍 620 间。山东大学农事试验场即设于此，后改为农学院。

国立山东大学文理、工两学院八个系全在青岛，原有校舍不敷应用，建筑又无专款，只得预储款项，以为建筑之用。这一时期先后建成的主要建筑物有科学馆（1933 年 3 月）、体育馆、工学馆、水力试验室（1935 年 11 月）、化学馆（1937 年 7 月）等。自 1930 年至 1935 年，建筑用费近四十万元，占同期经费支出的 14.6%。这些室馆的兴建表现了当时学校偏重于发展理工的趋向。化学系、工学院都有自己专用的系馆，数学、物理、生物三系合用科学馆，而中文、外文两系仍在旧楼。这些建筑告成后，基本上解决了教学用房及实验室紧张的问题。

国立山东大学图书馆成立于 1929 年 12 月，当时所藏图书是从前私立青岛大学和原省立山东大学接收过来的，为数极少，而且大半是旧日课本，多不适用。国立青岛大学成立后，大量采购中外文图书，至 1936 年，图书总数已达 87805 册。其中，中文图书 65287 册、外文图书 22518 册、中文杂志 1208 种 54116 册。至 1935 年，图书用费共计 213383.54 元，占同期经费支出的 8%。由于经费不足，国立山东大学在采购图书时更加注重质量。为此，学校专门设立了图书委员会，规定各系所需要的参考书必须由系主任签字负责，然后交图书委员会审查通过，再由图书馆在各系的图书预算项下统一定购。

国立山东大学不仅重视采购已经出版的精良图书，也对本省的先颖硕儒著作抄本努力进行搜求。例如，栖霞牟陌人曾著有《诗切》未刊，由图书馆借来手抄本抄录存馆；又有即墨黄宗昌所著《崂山志》已刊行外，其家尚存有《崂山丛谈》和《崂山艺文志》，皆为原稿手抄本，尚未刊行的，均借来抄录存馆。在外文图书方面，重点采购各种版本的莎士比亚名著，有许多珍本入藏。西洋定期刊物，如英国的 *Contemporary Review*、*Fortnightly*、*Nineteenth Century*，美国的 *Current History*、*Foreign Affairs* 等，均补购了整套杂志，这在其他大学也是不多见的。

学校图书馆系三层楼房，并有顶楼。馆内各室冬暖夏凉，光线充足，设备适宜。除书库、阅览室、杂志室之外，另有善本书室，专藏珍贵书籍。阅览室和杂志室同时可容 160 余人。中文线装古籍一律另装抽匣式蓝布函，用白墨水题签，竖排架上，以便查找。教职员学生多愿到图书馆读书学习，据 1936 年统计，当年至图书馆阅览者达 70000 余人次，借阅图书累计共 40000 余册。

1931 年 5 月 4 日，《图书馆增刊》随校刊《国立青岛大学周刊》出版，四开八版，校刊与增刊各占四版；自第 8 期起改为四版，各占两版。

这一时期，仪器用费较之图书用费还要高些。自 1930 年至 1935 年，仪器用费共计 293272.73 元，占同期经费支出的 10.9%。到 1936 年，已建立起 43 个实验室（包括研究室）。例如，物理系有普通物理、热学、电磁学、无线电学、光学、近代物理等实验室，1937 年又增加天文学、气象学实验室。实验室仪器都是当时从国外定购的，较为先进。化学系关于药物化学实验之设备，生物系关于海洋水产之设备，均较为完备与先进，为国内大学所少有。

第六节　学生抗日救亡运动

国立山东大学期间，曾爆发过几次规模比较大的学生运动。现简述如下。

一、抗日救亡运动

1933 年秋，新生入学，青岛党组织指示国立山东大学党员学生李香亭、王广义（王路宾）和李实谔三人在学校建立了党支部，由李香亭任书记。支部团结一批进步同学组织读书会、剧团、文艺社，学习马列主义书籍，阅读进步书刊，宣传进步思想，在群众中打下了良好的基础。

日本帝国主义侵占中国东北以后，企图进一步并吞华北。蒋介石的国民党政府继续推行屈辱外交，于 1935 年 6 月 5 日与日本签订了《何梅协定》。12 月，蒋介石在日寇的要挟下又令成立变相自治的冀察政务委员会。至此，华北危机达到了顶点。12 月 18 日，国立山东大学广大爱国学生召开全校大会，推选陈延熙、李声簧、王广义、熊德邵、韩福珍等二十一人组成国立山东大学学生抗日救国执行委员会。山大学生抗日救国会成立后，即向全国发出通电，组织发动广大学生走上街头，举行示威游行，开展宣传活动；并逐步向礼贤中学、铁中、女中等校发展，很快就成立了青岛学生抗日救国会。

为了软化瓦解学生的抗日救亡运动，教育部指令全国大中学校选派学生代表，于1936年1月15日到南京听蒋介石训话。学校派出三人前往南京。三名“聆训”学生返校后，即和学生抗日救国抱敌对态度。学生抗日救国会随即召开大会通过决议：开除他们的会籍。校长赵太侔通过校务会议于3月1日发出布告，以“行动逾轨，破坏校纪”为借口，将学生抗日救国会执行委员陈延熙、李声簧、王广义、熊德邵、韩福珍及候补委员周文煜等六人开除学籍，限即日离校。

开除六人的布告一经贴出，群情激愤。国立山东大学学生抗日救国会立即召开全校同学大会，学生们纷纷登台演说，慷慨陈词，大讲爱国有理，抗日无罪，反对学校当局镇压学生的抗日救亡活动，对校方无理开除六位学生提出强烈抗议，要求立即收回成命。会上选出代表，立即同校方交涉。要求再遭拒绝后，大家义愤填膺，遂通过罢课的决议，校方如不收回成命，就坚决斗争到底。国立山东大学学生抗日救国会立即组织了纠察队，推举程恒诗（陈汉）为队长，维持校内秩序，在第四校舍（男生宿舍）严加戒备，对被开除学生加强保卫措施。许多女学生在吴绩、胡家珍、沙霞英的带领下，自动到第四校舍参加警卫。

3月8日，国民党青岛市军政当局在黎明前派出军警五百多人将山大第四校舍团团包围，砸门破窗而入，搜索学生代表和被开除学生。学校随后又贴出布告，以“结合被革学生，鼓动风潮，破坏校纪”为由，又开除学生十三人。他们是：程恒诗、廷荣懋、朱缵斋、沙霞英（女）、武希龄、汪昭武、吴绩（女）、刘一志、刘荣汉、严曙明、顾欲然、党士英、赵如辰。

这时，教育部特派督学孙国封专程来到青岛协助解决山大学潮问题。他多次召集校全体学生及其代表谈话，要求他们复课，但山大学生坚决认为：如不收回开除十九位学生的成命，决不复课。

经过学生们的坚决斗争，加上后来全体教授的一致要求，学校当局不得不于14日贴出布告，收回第二次开除十三名学生的成命，并于同日将在押学生保释送回学校。为使大家的政治热情免遭更大挫伤，学生们决定复课。3月下旬，校长赵太侔提出辞职。经过这场斗争，学生们对国民党反动当局对外妥协、对内镇压的丑恶面目认识得更清楚了。

在这次抗日救亡运动中，学生们表现出了坚强不屈的革命精神和奋斗到底的决心，很多教授也参加到学生们斗争的行列。洪深教授由于不满学校开除进步学生和反动当局镇压爱国运动，在报纸上发表声明后即愤而离开学校。在当时国家民族危亡之际，国立山东大学的师生进一步发扬了爱国的光荣传统，其革命精神令人嘉佩。

二、民先队的抗日运动

1937年春天，在中华民族危亡的严重时刻，国立山东大学一批进步学生集合于青岛海滨公园，成立中华民族解放先锋队（简称“民先队”）山东大学队部，参加这次大会的有李欣、王冠仲、王艺（王良）、吴缙（女）、周仲篪等二十多人，选举吴缙任队长。

民先队山大队部成立后，积极开展抗日救亡活动，在群众中开展抗日宣传，经常有计划地向同学们介绍进步书刊，和他们交换政治观点；并组织救亡歌曲合唱团、世界语学习班，吸引学生们参加。通过这些活动，民先队山大队部广泛联系了群众，扩大了政治影响。

七七事变后，在形势危急的情况下，国立山东大学民先队继续开展多方面的抗日宣传活动，临时组成一个话剧团走上街头，向市民群众宣传演出，专演洪深教授指导的《放下你的鞭子》一剧。说服动员在校学生反对学校内迁，争取他们留在敌后组织游击战。为了准备迎接抗日游击战争，国立山东大学民先队还邀请参加东北抗日联军的邹作华同志来校给学生们讲游击战术。

1937年9月中旬，华北形势更加危急，全面抗战已经开始。中共中央发表了《抗日救国十大纲领》，号召“为动员一切力量争取胜利而斗争”。中共中央华北局还发出了“脱下长衫参加游击队去”的号召。在这种情况下，山大民先队的学生在中共五十一军工委的安排下，参加了抗日游击队。

第七节　抗战时期内迁四川

一、林济青掌校，抗战内迁

20世纪30年代，由于日本帝国主义的疯狂侵略，国民党对内实行法西斯统治，国立山东大学学生不断组织参与反帝爱国运动。赵太侔校长对学生运动甚感不满，唯恐搅乱教学秩序，招惹事端，便采取劝服和压制的手段，因而遭到学生的强烈反对。尤其在一二·九运动时期，赵太侔借校长之位，通过校务会议两次开除进步学生，引起了学生和多数教职工的极大不满。1936 年 3 月 13 日，赵太侔在主持了最后一次校务会议之后离校，推举张怡荪、陈之霖、张逸樵三人为校务委员会常务委员，临时主持校务。6 月 27 日，教育部训令，赵太侔辞职照准，暂由校务委员会常务委员代理校务。

1936 年 7 月 9 日，教育部下令由林济青来校代理校长。林济青系莱阳人，汇文大学学士、美国里海大学矿学硕士，曾任私立青岛大学校长兼教务长、私立齐鲁大学代理校长，时任山东省府委员。林济青掌校后，一些知名教授相继离校，教务长、总务长、各院院长及各系主任也大都易人。这期间，除未走的教师外，又陆续新聘教授、副教授、讲师 30 余人，并添建了化学馆，教学科研工作虽然照常进行，但学校已出现由盛变衰的迹象。

二、仓促备迁，前路多艰

1937 年内迁之前，国立山东大学有教员 80 人、职员 49 人，共 129 人。计有文、理、工“三院九系”，在校生 517 人，另有 10 余名旁听生。该年的暑假正值华北战事紧张，所以在秋季学期开学时，注册的 331 名二年级以上学生中返校者不足 200 人，本校生借读外校、外校生借读本校者有 10～20 人；计划在南京、青岛、济南三地投考的 635 人中录取 80 名左右。[①]

早在 1937 年暑假期间，校方已鉴于战争形势，开始将图书、仪器装箱以做迁移准备。8 月 19 日，农学院职员李韵涛已与物理系助教兼掌管全校仪器的佟震西（士虢）开始在济南火车站卸载由青岛运达的两车仪器和图书，共有 225 箱。但因阴雨天气，进展十分不顺。[②] 9 月 11 日，校方函告教育部说，在青岛时局紧张时，学校已将重要仪器、图书、文卷等装 240 余箱运存济南农学院（黄台站东），以备万一。待日侨撤退、情形和缓，即定于该月 23 号开学，选择其中授课必需的运回，其余的看情形再定。[③] 10 月 5 日，李韵涛奉学校指派联系济南将

① 参见山东省档案馆馆藏档案，档号：J110-01-676-008。
② 参见山东省档案馆馆藏档案，档号：J110-01-677-010。
③ 参见山东省档案馆馆藏档案，档号：J110-01-676-008。

军庙街天主堂主教，想借用洪家楼教堂房舍存储本校的仪器、图书。[①] 10月14日，学校函告中央信托局说，本校投保的图书、仪器等已迁到安全地点：一部分保存在济南洪家楼天主教堂，一部分存在青岛德商美最时洋行仓库。[②]

1937年9月，国立山东大学全体学生恳请教育部速令学校迁并临时大学，而时任山东省政府主席的韩复榘则持反对意见："山大系山东多个专科学校合并的，文物、图书、仪器，均为山东资产，不能外流。"遂有迁移鲁南单县之议。是时，师生均持反对意见，斥为近视，他们决心长期抗战，群情激昂。[③] 1937年10月，全体师生向教育部请示，反对迁校单县。[④] 10月7日，代理校长林济青接到教育部密电："藉悉该校有迁单县意，该地交通不便，势难切实开课，该校仪器设备尚佳，须迅为安全措置。部中考虑，以暂迁西安上课为宜。"[⑤] 10月12日，林济青请示教育部速筹学校迁移办法。同日，他得到教育部的回复："课务可照韩主席意暂停。须即将重要仪器、图书迁往西安。倘因搁延而致损失，责任殊重。"无奈战局危急，国立山东大学不得不在10月下旬停课，原拟迁往陕西的计划也随之搁浅。

1937年11月，因战事波及山东，学校被迫由青岛迁往安庆，后因战事发展，又奉命迁往川东万县。首批内迁的师生从青岛出发，沿胶济铁路、津浦铁路到南京浦口车站，一部分乘坐江南轻便火车西去芜湖，另一部分沿长江水路经汉口到宜昌，部分师生寓宜昌师范学校月余。校方百计求轮，通过卢作孚的民生公司等单位相助，始乘船进三峡，过巫山，千里达万县，暂息万县中学。月余，校址觅定在西山公园之西，有巨型别墅石竹轩。学生住宿其旁的程氏祠堂。师生沿途驻足的主要城市有济南、泰安、徐州、蚌埠、南京、芜湖、安庆、武汉、沙市（今荆州）、宜昌、万县（今万州），实际开学的3个地方则是青岛、安庆和万县。

1938年2月12日，学校已迁到四川万县。校方呈报教育部曰："本校教职

① 参见山东省档案馆馆藏档案，档号：J110-01-676-009。

② 参见山东省档案馆馆藏档案，档号：J110-01-677-011。

③ 参见张晋三：《山东大学南迁见闻记略》，青岛市政协文史资料委员会编：《青岛文史资料》第八辑，1989年。

④ 参见《国立山东大学迁校、复校计划与教育部的往来文书》，二档馆藏国民政府教育部档案，档号：五-5343。

⑤ 《国立山东大学迁校、复校计划与教育部的往来文书》，二档馆藏国民政府教育部档案，档号：五-5343。

员、学生已到万，借定城北石家庄为校址，筹备就绪，定于本月十四日复课。”[①]于是，学校开始了内迁途中的第二次也是最后一次复课。2月24日，教育部派秘书黄龙先（湖南溆浦人）前往万县国立山大临时校址办理接收事宜，同时发布学校结束办法。[②] 3月，又有一批师生抵达万县石竹轩临时上课地点，但不久又遭停课。对此，晚到者曲继皋回忆说：“外搭席棚作临时课堂，第三批书已运到，准备上课，仅上课几天，教育部电令解散。”[③] 于是在3月15日，国立山东大学在万县暂行停办。学生奉令并入本部在重庆西郊四十里沙坪坝松林坡的国立中央大学。3月23日，黄龙先函告教育部：本校学生拟从万县乘坐轮船前往重庆，请求准备临时住所。随后，教育部回复：已与求精中学接洽。[④] 同年6月，教育部下令免除了林济青的代理校长职务。

三、西进南下，命运多舛

学校将图书、仪器、案卷等分四批运出：第一批的257箱运至西安，旋又转运万县（宜昌）。第二批的837箱运至浦口，因南京失陷，全部丢失。第三批的16箱运至汉口，转运万县。第四批两车共191箱，先保存到湖南常德的桃源县，后来大部分由湖南省安化县蓝田镇的国立师范学院借用。[⑤] 日军占领青岛后，将全部校舍作为海军司令部，除占用家具外，其余未能运出的图书、仪器等物，全部被焚毁。

国立山东大学因内迁导致财产损失惨重。学校原有校产较多，1937年内迁前有校舍1411间，价值1809010.40元，可容纳3800人；有图书87805册。[⑥] 待到1940年6月，点交国立中央大学借用者为120箱，原值国币188722元；点交国立中央工业职业学校借用者为54箱，原值国币53881元；点交国立中央图书

① 《国立山东大学迁校、复校计划与教育部的往来文书》，二档馆藏国民政府教育部档案，档号：五-5343。

② 参见《国立山东大学迁校、复校计划与教育部的往来文书》，二档馆藏国民政府教育部档案，档号：五-2226。

③ 曲继皋：《抗战前后的山东大学图书馆》，山东大学校史编写组：《山东大学校史资料》1981年第1期。

④ 参见《国立山东大学迁校、复校计划与教育部的往来文书》，二档馆藏国民政府教育部档案，档号：五-5343。

⑤ 国立山东大学具体的内迁原因和路线、校产及师生流失等情况，可参见胡孝忠和秦丽媛的《困顿与涅槃：抗战时期国立山东大学的内迁与复校》[《山东大学学报》（哲学社会科学版）2021年第4期] 一文。

⑥ 参见山东大学档案馆编：《山东大学大事记（1901～1990）》，第47页。

馆借用者为 76 箱[①]，原值国币 89732 元。交国立师范学院借用者为 186 箱，交国立西北工学院借用者为 23 箱，皆未点查计算原值。由校产保管处保管的校产除文卷 19 箱外，余为现用的家具、器皿及零星机件、书箱等，总值约合国币 2000 余元。[②] 此前运出青岛的共 1301 箱，而点交给上述五家单位的校产保留下来的合计只有 459 箱，损失超过六成。截至 1938 年底，仅内迁的国立 18 所高校的财产损失总计高达 2249 万元，其中国立山东大学财产损失 361 万余元。（见表 4-18）

表 4-18　国立山东大学财产损失统计（截至 1939 年 7 月）

损失物品 存放点	分类	单位（法币元）	备注
青岛	房产	2912580.43	其中，济南、青岛两处不动产计 3152959.73 元，家具、仪器、图书等计 476863.1 元
	家具杂件	72116.08	
存青岛及转南京未经运出	仪器机件杂品	151385.41	
	中西文图书	206218.76	
济南农学院	房产、林场	240379.30	
	家具、图书、仪器、标本	47142.85	
总计		3629822.83	

资料来源：二档馆藏国民政府教育部档案，档号：五-3919（2）。

1938 年 2 月 23 日，国民政府教育部根据行政院 2 月 18 日训令，下令“将国立山东大学暂行停办”。学生大部分转入国立中央大学，个别转入其他大学，在校职工造册送部，另行分配工作，多数被分配到重庆的国立编译馆。图书、仪器、机械分别暂交国立中央图书馆、国立中央大学、国立中央工业职业学校保管使用。3 月 15 日，国立山东大学校产保管处成立。保管处主要职责为：（1）盘查校产；（2）编造校产清册；（3）保管校产；（4）核发学生成绩表件；（5）办理其他与校产有关事项。4 月，国民政府教育部颁发《国立山东大学校产保管办法》，规定国立山东大学停办期间，所有教具系校产，由教育部委派王志

① 以西文书籍为多，中文书约占三分之一，尚有若干善本，合约万数千册，由该馆派员到万县点收的。（《中华图书馆协会会报》1938 年第 1 期，第 19～20 页）生物系参考书奉令借与贵阳医学院应用，又不幸惨遭火灾。1945 年，存中央图书馆的残余西文书 3300 余册、线装书 5000 册交学校驻渝办事处再运回。（《国立山东大学概览》，青岛：国立山东大学出版组，1948 年，第 40 页）

② 参见《教育部派员视察国立交通大学、山东大学及省立河南大学等校的报告、文书》，二档馆藏国民政府教育部档案，档号：五-1983。

超、黄龙先、汪公旭等为山大校产保管委员，王志超为主任委员，并组织保管处负责保管。11月，教育部又令派王圻、张紫雏为山大校产保管委员，并指定黄龙先为主任委员；免去王志超、汪公旭校产保管委员的职务。1940年10～12月，保管处在职人员有10人，分别是主任黄龙先，委员王圻、张紫雏，干事李韵涛、王乃栋、曲继皋、孟礼先（原事务课主任）、汪荫林、王培祜、严汉昇。1944年12月，保管处仅有8人。山大校产保管处曾先后在万县、重庆牛角沱高级陶瓷科职业学校、重庆教育部第二办公处及江津县白沙镇王家院办公。山大校产保管处为山大复校做了物资准备。

1940年6月，教育部派员视察校产保管处，认为国立山东大学校产因抗战内迁，途中遭受损失，但“运抵万县者，为数尚属不少……而便利他校教学实验及研究之功绩，亦未可泯灭”①，对学校内迁校产作了一个公允评价。

① 《教育部派员视察国立交通大学、山东大学及省立河南大学等校的报告、文书》，二档馆藏国民政府教育部档案，档号：五-1983。

第五章　国立山东大学（下）

1945年抗日战争胜利后，国立山东大学于翌年在青岛复校。学校规模较前有了扩大，设文、理、工、农、医五个学院，教师阵容也很整齐。这一时期，山东大学的进步师生在中共党组织的领导下，进行了多次反美反蒋斗争，为青岛的解放作出了应有的贡献。

第一节　艰难复校

国立山东大学因抗日战争全面爆发而停办，又随抗日战争胜利而复校。

1945年8月，抗日战争胜利，全国各行各业百废待兴。从教育界来说，复员教育、振兴中华已是当务之急。9月20日，山大校产保管处主任黄龙先给教育部发代电，以实行抗战胜利复员计划，请教育部准予全数发还山东大学前缴印信、契据、文册。1945年9月27日，山东大学留成都校友汤腾汉、丁山、曾省、闻宥、宋君复、汪志馨等27人自动组成国立山东大学校友会复校促进委员会，通讯处在重庆民权路中央制药厂，以发展教育、不忍母校长期中断之热诚，奔走呼号，并请杨振声、赵太侔等前任校长及党政名流联名致电，共同向国民党政府请求在青岛迅速恢复山东大学建制。国立山东大学校友会复校促进委员会常务委员陈富春、吕少恒、宋默庵三人向教育部递交《为呈请任命校长明令恢复国立山东大学以宏教育事》。10月4日，山东省复员建设协进会电请教育部朱家骅部长迅令国立山东大学复校，并在济南增设师范及农、医、法学院。在有识之士的积极声援下，国民党当局迫于社会舆论的压力，决定恢复国立山东大学。国立山东大学因内迁四川而暂行停办8年之久，终于在1946年春天于青岛原址复校。

1946年1月，国民政府教育部委派赵太侔为国立山东大学代理校长。2月，国民政府行政院正式任命赵太侔为校长，负责复校事宜。国立山东大学的复校工作在赵太侔校长的领导下开始正式进行。复校初期，各项工作任务都很艰巨，要办的事情很多，但赵太侔校长却能在百废待举中抓住延聘师资、收复校舍、设置院系、筹划招生等几项主要工作[①]，使复校任务得以顺利完成。

一、收复校舍

收复校舍是国立山东大学复校过程中的重大难题。学校原有校舍，在青岛沦陷时多为日军占为兵营，抗日战争胜利后又为美军占用。收复校舍工作异常艰巨，极费周折。当时，学校的总务长兼复校委员会主任周钟岐，临时觅定胶州路伪东亚医学院旧址为复校办公处。为了收回青岛的原有校舍，周钟岐总务长不辞艰辛，据理力争。赵太侔校长赴青后，也积极奔走，亲自找美军驻青司令交涉。在交涉过程中，美军以救世主自居，态度蛮横，竟把占住的山大校舍说成是他们从日军手中得来的“兵营”，声言“万难让出”。在多次交涉无结果的情况下，周钟岐总务长急中生智，想法对付美军蛮不讲理的态度。他商请青岛《民言报》编辑（兼美国合众社的驻青访员）用合众社访员的名义发一新闻稿，并在报上登出。内容为：国立山东大学复校万事就绪，专候美军让出校舍即能上课云云。美军迫于公众舆论的压力，又怕受到世界舆论的指责，方将所占用的校舍先行交出欧阳路原日本兴发公司宿舍一处，复校筹备处遂由胶州路迁入办公。后来，胶州路一号房产交还市立医院，将江苏路敌青岛病院改为本校附属医院。后经进一步交涉，又将鱼山路五号、大学路三号、武定路廿九号、德平路四十号和四十二号、绥远路十八号、广饶路四号至九号及广西路等处一并交回学校使用。8月初，校方又与美军会同青岛敌伪产业处理局签订协议书，言明一俟美军撤离，即将大学路原校舍交回。学校收回上述校舍后，确定鱼山路五号为大学本部及文、理、农三学院之用，武定路及德平路作为先修班之用。大学路三号及欧阳路作为教职员工宿舍。当时，这些校舍仅勉敷应用，直至青

① 1946年，记者刘彬在重庆国府路山东大学驻渝办事处完成采访《关心山东大学的复校——赵太侔校长访问记》，赵太侔校长从人事、校舍、院系三方面阐述了复校计划。参见《山东青年》1946年创刊号。

岛解放，美军撤离，原有校舍方全部收回。

二、院系设置与行政组织

在学校组织方面，设校长一人，总理校务。校长之下设秘书主任、教务长、总务长，协助校长分管行政、教学和总务工作。各学院设院长一人，掌理院务。各学系设系主任一人，掌理系务。各研究所主任由有关系主任兼任。行政机构有校长室、教务处、总务处和训导处。教务处在教务长领导下掌理全校教学工作，下分注册、出版两组及图书馆，各置主任一人，组员及馆员若干人。总务处在总务长领导下掌理全校总务事宜，下分文书、庶务、出纳三组，各置主任一人，组员若干人。当时国民党政府为了控制学生，各校都设有训导处。学校训导处在训导长领导下分生活管理组、课外活动组、体育卫生组，各置主任一人，训导员、体育指导员、医师、护士若干人。同时，还设有会计室，办理全校预算、会计事宜。除行政机构外，学校还设有校务会议、行政会议、教务会议、院务会议、系务会议等。其中，校务会议是全校最高权力机构，由校长、教务长、总务长及各院院长、各系主任、教授代表及会计室主任等组成，讨论决定学校的重要决策和规章制度、教师的晋升、学位的授予、学校预决算等事宜。

在人事安排方面，校长室的秘书主任为刘康甫、李希章，教务长杨肇燫，总务长为周钟岐。文学院院长由赵太侔兼任（原聘舒舍予任院长，因赴美未到校）。理学院院长一度空缺，由杨肇燫兼任，1947 年改由丁西林担任。工学院院长为杨肇燫。农学院院长为陈瑞泰。医学院院长为李士伟。在十四个系中，中文系主任为杨向奎，外文系主任为郑成坤，数学系主任为李先正，物理学系主任为王普（后赴美，由郭贻诚兼代），化学系主任为刘遵宪，动物学系主任为童第周，植物学系主任为曾呈奎，地矿学系主任为何作霖，机械工程学系主任为丁履德，电机工程学系主任为樊翕，土木工程学系主任为许继曾，农艺学系主任为王清和，园艺学系主任为盛诚桂，水产学系主任为朱树屏。

各院系负责人都是学有专长、富有经验的专家、学者。

三、筹备招生

内迁四川前，国立山东大学坚持对学生严格要求，注重质量，复校后仍然继承了这一传统。按照教育部多设考区的规定，学校除在青岛招生外，还在北平、南京、上海、西安、成都、重庆、济南七地设立招生办事处。各地高中应届毕业生及失学青年踊跃报考。各考区考生计 5871 人，经初试和复试，共录取本科生 518 人，先修班学生 185 人。

由于坚持对学生的严格要求，复校后招收的学生绝大多数是符合录取标准的，并做到优中选优。

四、艰苦办学

图书和仪器是办学的重要设备。复校时，学校留存在青岛的物资早已荡然无存，内迁四川后借给国立中央大学、国立中央工业职业学校、国立中央图书馆的图书和仪器又因交通阻滞，从重庆回青岛运输困难，至 10 月底始运回青岛大港码头，再转运回学校，总计仪器 60 余箱，图书 90 余箱。60 余箱仪器多已残损，无法使用；90 余箱图书，计有西文书 3398 册，线装书 5166 册，此即学校的教学条件。后经学校请准山东青岛区敌伪产业处理局，接管青岛市德国天主教教会及德国学校书籍 3000 余册，代管中国工程师学会青岛分会接收日本人书籍 5341 册，又有私人赠书约 2000 册，复购中西文图书 8321 册。1946 年 11 月，学校借用前敌伪青岛工商协会化学试验所之图书、仪器、药品多种，以供给化学系之需。至此，图书、仪器方面较前稍有充实。

复员经费是筹备复校过程中最困难的问题。复校时，不仅校舍、实验工厂等需要修建，其余一切设备均需重新添置。因此，名为复校，实则新创，仅修建、设备购置两项费用至少需法币 32.7 亿元（折合 97.3 万美元）方可敷用。教育部原定拨给学校的修建费仅 7 亿元，不仅难以恢复旧观，且无法按时开课。为此，赵太侔校长多次致电教育部，再三陈述困难，才追加复员经费 1.5 亿元。经费寥寥，不敷应用，为了保证复校工作顺利进行，学校财务部门精打细算，一再压缩开支。比如，1947 年学校经常费由 2400 万元缩减为 1590 万元，校本部和五院经费也只有 5567 万元。在这种情况下，学校除积极向教育部申请和谋求社会赞助外，还发动教职工自己动手建立仪器修造厂，自行试制各种急需的仪器，克服了一些困难。这样，学校在经费困难的情况下完成了复校筹备工作。

五、恢复校刊

为了报道学校的工作动态，交流教学科研经验，复校后第一次校务会议的议题之一就是校刊的复刊问题。会上决定山东大学校刊于1946年10月25日正式复刊，由刘康甫、牛星垣、邵式鋆、高哲生、郭宣霖组成编辑委员会，由刘康甫任主席，牛星垣为负责集稿及编辑人。校刊复刊后，报道了学校的工作动态，交流了教学、科研等方面的经验，记载了复校工作情况。

经过半年多的筹备，学校于1946年10月25日举行开学典礼，12月23日正式上课。在开学典礼上，赵太侔校长致辞说明：国立山东大学是因抗战而停办，又因抗战胜利而恢复。在半年多的筹备期间，经同仁的努力，及地方各界的赞助，现在能够开学上课了。回想在长期抗战学校停办期间，真不知何日才能恢复。今天能够复校，实在值得庆幸。国立山东大学自筹备复校到正式开课，先后仅用了半年多的时间，这较之国立青岛大学的筹备用了近两年的时间要快得多。同时，当时抗战刚刚胜利，时局尚不稳定，经济和交通诸条件都远不及当日，其进展可谓迅速。这与广大教职工的努力及地方各界的赞助是分不开的。

赵太侔校长在开学典礼的致辞中还强调：大学的任务一方面是做学术研究，另一方面是造就专门人才。学校应利用青岛的环境条件，发展自己的优势。他强调："一个大学与其所在地方有着密切的联系，大学既受到地方的供养，一方面要协助地方解决各种技术上的问题；同时要供给地方所需要的人才。我们造就的学生，如果不能适应这种需要，那是我们未能尽到责任。"教师招聘和学生招考不应受地域的限制，应突破地域界限，来源愈广，收获愈丰富，愈能陶冶优秀人才。这些观点在当时大学教育中还是颇有见解的，而国立山东大学复校后也正是按照这种要求来教学和培育学生的。

第二节　延聘师资，拓展学科

一、延聘名师，充实学系

一个大学，在其奠基阶段，能否谋得一个较强的师资阵容，是其以后能否振兴的关键。赵太侔校长到校后，立即通过多种渠道延聘专家、学者到校任教，除聘请原在山东大学工作的教师回校任教外，还聘请了一些知名的专家、学者，有的甚至登门聘请。当时先后受聘的学术界著名人士有：朱光潜、舒舍予（老舍）、游国恩、王统照、陆侃如、冯沅君、黄孝纾、丁山、赵纪彬、杨向奎、萧涤非、丁西林、杨肇燫、童第周、曾呈奎、王普、郭贻诚、王恒守、李先正、刘遵宪、朱树屏、严效复、杨宗翰、郑成坤、李士伟、沈福彭、王仲荦等。除朱光潜、游国恩因客观原因未能应聘，舒舍予应聘后因赴美未能到校外，余均于1946至1947年先后到校，分别担任各系教授，有的兼任院系负责人，使山东大学复校后有了较强的师资阵容。这不但保证了复校后的教学质量，而且为学校日后的发展和提高奠定了坚实的基础。

全面抗战爆发前，国立山东大学只有文、理、工三个学院八个学系。复校时，赵太侔曾想设六个学院二十六个系，后从当时的实际需要出发，将学校扩充为文、理、工、农、医五个学院十四个学系。各院系的设置情况为：文学院，分设中国文学系和外国文学系（后又增设历史学系）。理学院，分设数学系、物理学系、化学系、动物学系、植物学系、地质矿物学系。工学院，分设土木工程学系、机械工程学系、电机工程学系。农学院，分设农艺学系、园艺学系、水产学系。医学院，不分系。另外，还附设一个大学先修班和高级护士学校。

二、重视科学研究

内迁四川之前，国立山东大学非常注重开展科研、学术活动。复校之初，学校仍把学术研究摆在首要地位。校刊“复校纪念专号”即重点登载了一些院系负责人对本单位学术研究的计划和展望。例如《物理系研究计划》、《化学系之过去及将来》（勾福长）、《动物学系、植物学系及海洋研究所概况》、《地质矿物学系概况及展望》（何作霖）、《农学院农艺系的现状及其展望》（陈瑞泰）、《工学院计划大要及筹备经过》（樊翕）、《医学院建设计划及前途瞻望》（李士伟）、《本校过去体育实施之检讨及将来之展望》（宋君复）、《课外活动组的任务与希望》（徐中玉）及《复活了的山大图书馆》（孙昌熙）等。在《物理系研究计划》中，该系负责人提出了本系研究工作的三项内容，即（1）原子能研究：发射粒子之产生，铀矿之探查提炼与分析。（2）宇宙光线研究：地面实验和高空实验。（3）无线电研究。以上三项研究中，前两项在当时均属尖端科学，特别是原子能研究，乃属核子物理学之最新课题。故该系拟从这两项研究着手，同时筹设仪器工厂，自制仪器，以充实实验室设备，为研究工作服务。

复校初期，学校开展了一些学术活动。例如，为增进学生课外进修，灌输近代科学知识起见，学校曾邀请美国康奈尔大学生物系博士、时任农林部水产试验所所长林绍文（全民族抗战前为本校生物系教授、系主任）到校作了“漫谈科学”的学术报告。请本校物理系教授、著名戏剧作家丁燮林（丁西林）作了“原子能与原子弹”的专题讲演。不久，又举行了“五四”科学座谈会，丁西林、李先正、杨肇燫等教授在会上分别作了“苏联的科学”“英国的科学”“中国科学发展的途径”等学术报告。这些报告不仅开阔了同学们的眼界，而且启迪广大同学树立了献身科学事业的雄心壮志。为了增进学生英语演说竞赛技能，学校还不时举行英语演讲会。除学校范围的学术活动外，各院系亦根据本单位特点开展了学术活动。中文系几乎隔周就有一次学术报告。物理系也举办了物理讨论会，每两周举行一次演讲。另外，园艺系在试验中国史前水杉发芽育苗方面也取得了很大成绩，对山东省园艺事业的发展作出了贡献。

第三节　重视教学和体育

一、加强教学管理

国立山东大学复校后，学制与课程基本上沿用全民族抗战前学校的一套做法，把“研究高深学术，养成专门人才，陶融健全品格”作为教育目标。根据这一原则，学校要求学生对人文科学、自然科学和应用科学三方面都具有广泛而综合的了解，既掌握渊博的科学知识，又有实际的驾驭能力。

学校规定，各学院学生修业年限为四年，其中工学院五年、医学院六年（新中国成立后工学院缩短为四年，医学院缩短为五年）。学生学业管理是学分制，每学期每周授课以一小时为一学分，实验及无须课外自习的课程以二至三小时为一学分。各学院学生除第一年级外，每学期所修科目以不超过二十一学分为原则。考试分为临时试验、学期试验、前期试验、毕业试验四种。学生成绩分为甲（80 分以上）、乙（70 分以上）、丙（60 分以上）、丁（60 分以下）四等。凡某科目成绩列丁等者为不及格，不给学分。如为系必修课则须重修。修业期满和试验及格者，依学位条例授予学士学位。

在教学过程中，各系教师不仅注意教给学生一般的基本知识、基本原理，而且更加注重理论联系实际，培养学生的学习与创造能力。例如，中国文学系的冯沅君教授在教学中不仅鼓励学生多读书，而且极耐心地传授阅读的方法，如泛读、精读、圈点评注、质疑探索等。她非常重视培养学生艺术分析的能力。通过对与文学并列的姐妹艺术的鉴赏，熏陶内在的艺术气质。比如多听一些音乐，多看些戏曲、绘画，势必有助于理解文学作品的气魄和情韵。冯沅君先生的这些经验不仅在当时具有指导意义，就是以现在来说，也具有很强的借鉴意义。

为了提高教学效果，各系都非常重视发挥教授在教学中的作用，总是把业务好的老教授推上教学第一线。不仅基础课、专业课的教学由教授担任，而且一些重要的选修课也大多是由有经验的教授承担，中文系的陆侃如、冯沅君、赵纪彬、丁山、杨向奎、萧涤非、黄孝纾教授，物理系的丁西林、王恒守、郭贻诚、王书庄教授等均承担过基础课、专业课及重要的选修课的教学任务。

在教学方法方面，各系也纷纷进行探索，注重联系本系学生实际，形成具有本系特色的、灵活多样的教学方法，很受学生欢迎。例如，物理系教师在教学中非常注重培养学生的创新能力，教学方法多采用启发式、讨论式，而非注入式。

二、重视体育锻炼

重视体育是国立山东大学的优良传统之一。复校后，学校仍然把体育作为一项重要工作。学校规定，学生每周必修体育课两小时，每日至少要有一点钟的课外活动。体育课内容以球类、田径、国术、游泳等为主，并制定了各年级标准测验项目，按期考试，以及格为准。学生须达到十六种不同运动项目的标准才能毕业。学校于每学年之始，还照例举办全校学生健康检查一次，其有疾病或缺陷者，则分别予以治疗、矫正，以作全校体育实施之参考。

为了培养同学们的运动兴趣，学校每年春、秋两季都举办体育运动会。每次运动会都由校长亲任会长和总裁判，副会长和裁判员则分别由各院系负责人担任。在运动会上，各种项目的竞赛既能培养学生们的竞技精神，亦有利于形成一种顽强拼搏的风气。同时，运动会亦是师生之间、领导与群众之间建立亲密友好关系的机会。这种关系的建立，可以在学校中形成一种奋发图强、催人向上的氛围。

国立山东大学于1946年2月复校至1951年3月与华东大学合校，前后五年时间共招生五次，有毕业生一届。其系别、人数列表如下。（见表5-1）

表5-1　1946～1951年山东大学系别及学生人数统计

	中国文学系	外国文学系	地质矿物学系	数学系	物理学系	化学系	水产学系	动物学系	植物学系	土木工程学系	机械工程学系	电机工程学系	农艺学系	园艺学系	医学系	先修班	合计	累计
1946年	59	61	13	14	35	35	52	11	2	42	40	44	37	21	54	192	712	712
1947年	39	36	9	4	13	17	31	2	6	17	30	19	18	14	42	—	297	1006
1948年	25	13	11	16	14	13	17	7	2	10	23	16	11	5	22	—	205	1215
1949年	9	35	5	1	25	41	20	—	—	13	42	23	20	4	47	101	401	1615
1950年	21	25	4	4	6	21	40	1	1	28	30	16	9	13	—	74	219	—

第四节　进步社团革命活动

一、进步社团林立，革命活动高涨

国立山东大学复校后，按照当时教育部的指令，设立了训导处。训导处的“实施原则”虽明文规定：“本校训育人员尽力避免表示政治的色彩，不为任何党派谋特别的便利。”但其实质却是国民党在学校设立的情报监视机构，训导长刘次箫是国民党的中统特务专员（新中国成立后被镇压）。他把持的训导处的目的在于控制师生思想，破坏爱国学生运动，这在后来的学生运动中暴露得最为明显。这一时期，一些爱国进步社团如雨后春笋般在山大校园内陆续出现。

各院系的社团有中文系的长风社、莽原社，外文系的奔流社，工学院的大冶炉壁报社、拓荒社，农学院的野草社，医学院的医海社等。跨院系的社团有大众音乐团、“一、一、一”音乐团、方生剧社和党的外围组织学习社等，共二十多个。学生中的这些社团组织名义上与自治会、同学会、系会等团体一样，均在训导处的领导之下，但实际上却有许多与党的组织保持联系。他们除组织同学们开展一些“合法”活动外，还经常组织同学读进步书刊。当时，不少社团办有读书会，积极向大家推荐《大众哲学》《西行漫记》《铁流》《钢铁是怎样炼成的》《青年近卫军》等进步作品。

在各进步社团中，联系群众最广泛、在校内外影响最深远的要算大众音乐团和方生剧社。它们是当时传播革命思想、广泛团结青年学生的富有战斗性的组织。参加大众音乐团的成员不仅有山大的同学，还有许多校外的中学生，先后共约六百人。他们经常在山大工学院的大教室内练唱，所唱歌曲中大型的有冼星海的《黄河大合唱》《生产大合唱》和马思聪的《祖国大合唱》等，短小的有《抗日战争歌曲联唱》《到敌人后方去》《插秧谣》《团结就是力量》等。1949年初，为了庆祝收回曾被美军侵占的山大校舍，大众音乐团在大学路的小礼堂举办了轰动全市的大团圆晚会，连续演出六个晚上，场场座无虚席。大众音乐团举行的这些活动，不仅在启迪同学们的心灵和陶冶情操方面发挥了重要作用，而且使同学们借此充分抒发了自己热爱祖国的真挚情感。

复校后，国立山东大学各进步社团不仅能以青年学生喜闻乐见的活动形式，潜移默化地影响和激励着广大同学，而且在关键时刻敢于斗争，敢于胜利。特别在“反饥饿、反内战、反迫害”的斗争中，他们配合全国学生运动，与国民党反动派展开了不屈不挠的斗争，打击了敌人，锻炼了自己。许多社团还积极参加了青岛解放前夕的护校活动，在保护学校的完整和安全方面作出了重要贡献。正因为这样，青岛解放前夕的山东大学，被人们誉为青岛的“解放区”。

二、学潮风涌，反对内战

自1946年2月复校至1949年6月2日青岛解放，三年多的时间里，国立山东大学全校进步学生在中国共产党青岛党组织的领导下，配合全国革命形势，进行了多次反美反蒋斗争，在解放战争的第二条战线上作出了应有的贡献。其中，规模较大的斗争有三次反美怒潮，“六二”反饥饿、反内战运动，反“特刑庭”斗争，反南迁护校斗争等。在这些斗争中，同学们表现出坚定的政治方向，发扬了光荣的革命传统。

（一）三次反美怒潮

1946年12月底，驻在北平的美军侮辱北大女生的“沈崇事件”激起了全国人民反美运动的新高潮。继承五四运动光荣传统的北平学生，首先举行抗议美军暴行的游行示威。国立山东大学进步学生在中共党组织的领导下，立即罢课声援，并于1947年1月4日召开了抗议美军暴行大会。会上，进步学生与反动势力展开了面对面的斗争。中文系学生石勃瑜率先登台发表了慷慨激昂的演说，紧接着，进步学生争先恐后地上台发言，纷纷揭发了驻青美军的种种暴行及强占山大校舍的罪行。大会通过了罢课游行示威的决议，并发表了《告全市同胞书》和《告全国同胞书》，声援北平学生的正义斗争。这是山大复校后的第一次反美怒潮。1947年3月，国立山东大学成立了党员参加的第一届学生自治会，推选在学生中威信高的中文系学生石勃瑜为自治会理事长。至此，国立山东大学的学生运动便纳入了青岛党组织领导的正确轨道。

1947年3月30日，青岛市发生的人力车夫苏明诚因索车资被美国水兵刺死的惨案，激起了全市人民的愤怒。大家纷纷要求惩凶、抚恤被害家属和撤退驻华美军。但青岛市反动当局不仅无动于衷，反以出卖祖国主权的《处理在华美军人员刑事条例》为借口，推脱不管。青岛党组织负责山大工作的赵劭坚同志闻讯后，立即组织进步学生联名建议学生自治会对此事件表示抗议。学生自治会根据党的指示，一面派代表对苏明诚家属进行慰问，一面召集学生集会，通电全国各大学要求声援，并通电南京蒋介石政府和美国大使馆，严正提出美军撤出中国领土、严惩凶手、抚恤死者家属和赔偿受害者一切损失等要求。很快，学校“民主墙”上贴满了洋溢着正义感的大字报，爱国呼声此伏彼起。这是山大进步学生复校后掀起的第二次反美高潮。这次斗争表明了山大进步学生的爱国立场，揭穿了美国所谓“民主”“自由”“友谊”的虚伪性。

1948 年，围绕收回校舍问题，国立山东大学又掀起了第三次反美高潮。慑于革命学生的强大声势，加以校方在交谈中的坚定态度，美军不得不有所收敛，将占用山大校舍的期限改为 1950 年归还。但仅仅过了半年，美军就在人民解放军节节胜利的威力震慑下狼狈逃窜，国立山东大学的校舍终于收回到人民手中。

（二）“六二”反饥饿、反内战运动

1947 年，解放战争由战略防御阶段转入了战略进攻阶段。伴随着解放战争的节节胜利，蒋家王朝陷入了军事危机和经济危机的双重困境。1947 年 5 月 4 日，上海青年率先举起了“反饥饿、反内战”的大旗。紧接着，山大教师为提高待遇而举行的罢教与学生们为增加教育费和伙食费举行的罢课，掀开了国立山东大学“反饥饿、反内战”斗争的序幕。不久，京沪苏杭十六个专科以上学校为举行“反饥饿、反内战”游行示威而惨遭镇压的消息传来，促使山大更多埋头读书的学生猛醒，积极投入斗争，从而使山东大学汇成一股“反饥饿、反内战”的斗争洪流。

6 月 2 日，国立山东大学师生举行声势浩大的“反饥饿、反内战”的游行，却遭到了青岛市警备司令部和警察局的镇压。特务们还闯进学校，把“民主墙”上的大字报大撕一气，又冲进学生宿舍，将留校学生骗至饭厅横加辱骂，并勒令解散第二届学生自治会。骇人听闻的“六二惨案”立即传遍了全市。反动当局在社会舆论的压力下，在 6 月 11 日无条件地释放了石勃瑜等四位学生。学生自治会立即召开欢迎大会，欢呼斗争的胜利，并以“六二惨案”善后委员会的名义发表了《告全国同胞书》，控诉了国民党反动派的滔天罪行。延安的中国共

产党中央机关报《解放日报》和山东的《大众日报》均以重要版面刊登了这条消息。解放区的山东大学也集会谴责了国民党反动派的罪行，并通电声援这次斗争。

山大学生"反饥饿、反内战"的"六二"运动是全国人民在党的领导下，争取和平民主斗争的组成部分。这次斗争深深地教育了广大同学，使大家认清了美帝国主义及国民党反动派的反动本质，促使那些"读书救国"而不问政治的学生抛弃了知识分子超阶级的中间立场，懂得了要生存就要斗争的道理。运动也锻炼了一大批进步青年，提高了他们的政治觉悟，他们或先或后地奔向了解放区，壮大了革命力量。

（三）反"特刑庭"斗争

1948年，解放战争即将取得全国胜利，国民党反动派在做垂死挣扎的时候，仍不忘镇压、迫害爱国学生运动。他们先后在各大城市成立法西斯性质的"特种刑事法庭"，大肆逮捕爱国学生运动的负责人。青岛国民党当局在1948年暑假之前就成立了这种刑事法庭，并于暑假期间对国立山东大学的进步学生进行了大逮捕。学生自治会当即通过了无限期罢课的决议，并通电全国抗议"特刑庭"无理逮捕学生。主持正义的教授们也行动起来，对"特刑庭"逮捕学生的罪行表示强烈的抗议，并罢课声援学生们的斗争。与此同时，学生自治会积极组织慰问团，给被捕的学生送去大批慰问品和信件，并组织广大学生采取各种措施迫使学校出面交涉，营救被捕的学生。最后，慑于社会舆论的强大压力，国民党当局不得不将无辜被捕的学生陆续释放。这次反"特刑庭"斗争使广大学生感到胜利的喜悦，更认识到团结的力量，提高了思想觉悟，也锻炼了斗争艺术，从而把山大的爱国运动又推向了一个新高潮。

（四）反南迁护校斗争

1949年初，解放军向聚集在青岛、即墨一带的国民党反动派发起了围攻战。在解放军大军压境的情况下，青岛一小撮国民党顽固派妄图按照蒋介石"保存力量，力避就歼"的反动指示逃亡台湾，并在逃跑前企图对青岛市的工厂企业及市政府设施、学校机关等进行破坏和抢劫。这时，国立山东大学以刘次箫为首的特务分子密切配合青岛反动当局，一方面盗卖学校财产，集结存款准备南逃；另一方面策划着把整个学校南迁到台湾的阴谋。敌人很清楚，如果立即提出把整个学校南迁，一定会遭到全体师生的反对。为了掩人耳目，敌人采取了各个击破的方法。他们先选中了学生籍贯大部分在南方的水产系，并指示反动学生在校内大造学校南迁到上海复旦大学的舆论，以煽动、欺骗部分对共产党不了解的学生跟着他们逃跑。

中共党组织及时戳穿了敌人的阴谋，使广大学生认识到，敌人放风学校南迁上海不过是缓兵之计，南迁台湾才是敌人的目的。如果水产系南迁，紧接着就是整个学校的南迁，这就意味着整个国立山东大学的毁灭。最后，水产系大部分师生坚决留校，系里的图书、仪器等也大部分保存下来，少数被国民党反动派蒙蔽的学生和教师乘船赴沪，但很快被复旦大学的革命师生挡了回来。青岛解放后，南迁的师生大部分返回了学校。在反南迁斗争的同时，山大各进步社团还响应党的号召，积极开展了护校活动。这有力地保护了学校的完整和安全，为山东大学以后的发展做了切实的保证。

综上所述，抗日战争胜利后复校的国立山东大学，在国民党发动内战的社会背景中办学，广大师生在动荡的年代中度过一段艰难的时光。这一时期的校史上，爱国学生运动无疑要占应有的地位。同时，在复校之后，由于广大师生经历了八年乱离，人心思治，盼望祖国强盛，加之学校领导人办学的努力和教师授课的认真，学校在教学方面也做出了较好的成绩。尽管这段时期处在动荡不定的环境中，但是国立山东大学笃实、严谨的良好学风仍得以继承和发扬，学生们在学业上受到了培养和熏陶，增长了才干，成为新中国有用的建设人才。

第三编

鼎新革故　扬优势学科美誉

（1949~1958）

3

1949年10月，中华人民共和国成立，全国上下百废待兴，朝气蓬勃，高校也进入全新的发展时期。1951年3月，国立山东大学与华东大学合并，成立新的山东大学，设五院十八系。1952年，全国高校院系大调整，山东大学原有工、农、医及政治、艺术院系先后调至省内外其他高校，自设中文、外文、历史、数学、物理、化学、生物、海洋、水产九个系和一个医学院，发展为以文、理为主的综合性大学。20世纪50年代，学校师资力量雄厚，是全国学术争鸣的重要阵地，以马列主义为引领，形成“文史见长，加强理科，发展生物，开拓海洋”的办学特色。由此造就了一大批社会主义建设优秀人才，铸就了山大历史上的又一次辉煌。

第六章　新中国成立初期的山东大学

新中国成立初期，在经历了与华东大学合校、华岗校长开设“政治大课”对全校师生员工进行马列主义教育、院系调整和学习苏联实施教改等一系列改造之后，山东大学呈现出与此前截然不同的崭新面貌。

第一节　山东大学与华东大学合校

一、山东大学实行军管整顿

1949 年 6 月 2 日，青岛解放。青岛市军管会随即成立由王哲、罗竹风、高剑秋组成的军管小组，进校接管。军管小组下设中共总支和青年团委，罗竹风和张惠分任书记。军管小组经过调查研究，结合学校实际，于 8 月下旬开始从组织、思想、教学三个方面对学校展开了初步整顿工作。

首先，组织整顿。1949 年 8 月，校长赵太侔去职，为了加强对学校领导，成立由军管会、教师、学生三方代表组成的校务委员会，丁西林任主任，杨肇嫌、赵纪彬任副主任，罗竹风任秘书长，教师代表为魏一斋、童第周、刘椽、王统照、陆侃如、曾呈奎、郭宣霖，潘作新、杨向奎、郭贻诚、许继曾、李善勤、陈瑞泰、侯家泽、王应素，学生代表为王方、魏金陵。校委会代行校长职务。取消训导处，其下属体育卫生组分为两个组，高剑秋和郭宣霖分任组长，直属校委会领导。增设人事组和秘书组，直属校委会。各院系基层行政领导维持现状，系主任分别为：中文系王统照，历史系杨向奎，外文系梁希彦，数学系李先正，物理系郭贻诚，化学系刘椽，动物系童第周，植物系曾呈奎，地矿系何作霖，水产系沈汉祥，土木系许继曾，机械系陈基建，电机系樊翕，农艺系李文庵，园艺系李良庆，医学院院长为魏一斋。教学组织和行政机构人选，均维持原定不变。

1949 年秋，学校组建青年团，青岛市团委将其作为试点，派人参加总结经验。经过本人申请，群众评议，组织批准，吸收 100 多名先进青年入团，各院、系随之建立起团支部。冬季，党总支开始发展党员，中共青岛市委组织部派梁玉山、崔子厚等前来协助。在教师中先后发展杨向奎、张学铭、尹敬执、陈家咏、王承瑞、冯传海、常春欣等入党，在干部中发展张育瑾、刘敏等入党，在学生中发展王昶、仝治国、苏砚田、陈福伍、杨颐康、傅言礼、吕慧鹃、王方等入党，文理科还建立了党支部。与此同时，在中共青岛市委统战部的帮助下，建立以郭贻诚、何作霖、许继曾为负责人的民盟支部。至此，山东大学逐渐建立与健全了党团组织和民主党派组织，加强了党政领导。

其次，思想整顿。军管小组为使全校师生认清形势，了解中共方针政策，安排各方面的人士向全校师生作时事政策报告。6 月 2 日，王哲作首场报告，内容包括接管山大方针、中共知识分子政策和国内外形势。8 日，罗竹风作时事报告。7 月，学校组织夏令学园，青岛解放军司令员贾若瑜、市长马保三、团市委书记鲁钊、军代表罗竹风、教授赵纪彬等分别为全校教职员工及部分留校学生作报告，讲授内容为时事政策、历史唯物论等。总的来看，军管会接管山大初期的思想整顿的核心内容是宣讲党的政策、方针和国内外形势，目的在于消除师生疑虑，提高政治觉悟。

再次，教学整顿。第一，稳定秩序，按原定的教学计划，恢复教学工作。第二，取消国民党“党义”课程，改开马列主义毛泽东思想的新课程。第三，把一些必修课改为选修课。例如，大一国文，除文学院外，一律改为选修；大一外文，除外文学院外，一律改为选修。第四，恢复招生。1949 年 9 月录取新生 375 人，此外还录取先修班 90 人，接收转校生 10 人。第五，各院系注意面向社会，调整教学方案，理论与实际相联系，教学与科研相结合。

最后，新设系所。1950 年春，在文学院增设历史语文研究所，杨向奎任主任；外文系增设俄语二年制专修科；农学院增设植物病虫害系，王清和任主任。

经过治理整顿，山东大学很快走出了“变乱期”，教学科研工作逐步恢复正常。1949年青岛解放时，全校学生1132人，教师220人，职工489人。到1950年秋季，学生增至1451人，教师增至261人，职工则减少为468人。1950年初，校委会主任丁西林调任中央文化部任副部长，华岗继任校委会主任。不久，华岗因病辞职，由杨肇燫接任。后来杨肇燫调到北京工作，由罗竹风继任。当时，各院院长为：文学院赵纪彬；理学院暂缺；工学院丁履德；农学院李善勤，后为陈瑞泰；医学院初为魏一斋，后为徐佐夏。各系主任仍为原来人选。原教务长和总务长也都离校，分别由罗竹风、高剑秋接任，其他行政机构科室负责人基本上未做变动。

二、以培养革命干部为办学宗旨的解放区新型大学

抗日战争胜利后，山东省抗日民主政府在临沂创设山东大学，是为临沂山东大学。解放战争后期，在临沂山东大学和华中建设大学的基础上，创建了华东大学。华东大学后由济南迁至青岛，1951年与国立山东大学合并，临沂山东大学、华中建设大学和华东大学都是山东大学历史的组成部分。

（一）临沂山东大学的创建与发展

临沂山东大学是在革命战争的炮火中诞生的，其创办和发展过程大致分为三个阶段：以政治思想教育为主的预科阶段；设立本科，逐步转入业务教学工作的阶段；在长途转移中坚持教学工作的阶段。

第一阶段：1945年9月至1946年3月，以政治思想教育为主的预科阶段。1945年8月15日抗日战争胜利，9月11日临沂城解放。22日，新成立的山东省政府委员会在莒南县大店镇举行第一次会议。会议决定："一、设立山东大学，李澄之任校长，田珮之为副校长，仲焕章为教育长；二、设立山东大学管理委员会，聘黎玉、李澄之、田佩之、杨希文、陈沂、孙陶林、薛暮桥、仲焕章、张凌青、刘导生、白备五、张立吾为委员。"[①] 接着又调来一批教师和干部充实办学，学校选址在临沂东关美国北长老会创办的经文中学，临沂山东大学宣告成立。临沂山东大学成立时，中共组织尚未在临沂公开，秘书长仲星帆兼任学校党组织书记，在校长领导下主持学校的教学和行政工作。行政机构在秘

① 辛玮等主编：《山东解放区大事记》，济南：山东人民出版社，1982年，第231～232页。

书长下设秘书股、总务股、会计股，教务部门设教务科、辅导科、图书馆，学校还附设中学一所。全校干部不足百人，机构简单，人员精干，但工作却井井有条，效率很高。

临沂山东大学成立后，建校与招生同步进行。在校长和学校管理委员会领导下，自己动手，白手起家，全校师生创榛辟莽。经过艰苦努力，一幢幢破旧的房屋被修缮一新，一排排校舍在荒园上建立起来。学校筹备就绪后，立即开启招生工作，于10月初分别在《大众日报》和《大众报》上刊登招生简章。预备招收预科班学生300人，报考条件为高中毕业或肄业及同等学力的青年，年龄为18～30岁，待遇实行供给制。学校最初决定设立政治、财经、教育、工矿、医学、农林、交通、文学八系，但是限于条件，招收新生之后，分系办学的设想没能实现，遂将所招668（一说688人）名学生编为六个预科队，进行为期半年至一年的学习，留待时机成熟后，再行转入本科学习。此外，学校还代办了速成性质的会计、合作社、邮电、文化等四种干部训练班，经过3个月至半年的学习，分配到各地各业务部门工作。

这一时期，学校的教学以政治思想教育为主，做到积极转变学生思想，树立为人民服务的理念，同时也开展业务教学，提高科学文化水平，培养学以致用的人才。预科开设社会发展史、中国革命史、论联合政府、论人生观等课程，专业课限于文史方面的知识。在教学中以中国革命和中国共产党、中国革命的前途、世界观改造等为主要内容，先由教师作启发报告，再由学生阅读文件，开展讨论，然后进行学习总结。教师在讲课中注意理论联系实际，结合国内外形势和学生思想状况，有的放矢。在课堂讨论中让学生充分发挥主动性，展开争论，辩明真理。

第二阶段：1946年3～8月，设立本科，逐步转入业务教学工作阶段。1946年初，国共关系有所缓和，为了适应革命和建设需要，提高学生科学文化水平，山东省决定扩大山东大学的办学规模，提高办学层次。为此，山东省政府商请苏皖边区政府支援临沂山东大学师资，经华中局决定，将设在苏北解放区淮阴县的华中建设大学部分师生并入临沂山东大学。华中建设大学于1944年11月21日在江苏盱眙成立。[①] 1946年初，华中局宣传部部长兼校长彭康率领华中建

① 参见校史编委会编：《华中建设大学校史》，上海：上海市新闻出版局，1992年，第10页。

大教师、干部和学生 400 余人北上。3 月，到达鲁南，并入临沂山东大学。

华中建大北上师生并入后，临沂山东大学师资壮大，水平提高。北上教师中有哲学家李仲融、经济学家何封、文学家王淑明、数学家孙克定、史学家刘力行、画家胡考、曲作家章枚等教授以及朱达章、方向明等干部。鉴于师资阵容已经较为齐整，学校初步具备向新型正规化大学发展的有利条件。学校对行政组织和教学组织进行调整，把行政机构的总务、会计、秘书三个股均改为科，仍由秘书长领导；教务部门的教务科、辅导科、图书馆改由教育长领导。教学组织成立政治、经济、教育、文艺四个本科系，另设数学、历史两个教学组，此外还设有预科部、专科部和附属中学。当时的预科部有 10 个班，学生 1088 人，分别编入政治系（124 人）、经济系（175 人）、教育系（104 人）、文艺系（323 人），剩余 362 人编为 4 个预科。另将会计、合作社、邮电、文化训练班合并为专科部，将 322 名学生分为 4 个班。到 1946 年 6 月，学校图书增至 2 万余册，新建宿舍次第竣工，学生共计 1410 人，其中本科学生有 726 人，预科学生有 362 人，专科学生有 322 人。

本科各系组建后，学校立即拟订教学计划和教学大纲，“在预科中解决同学们为谁服务的问题，在本科中解决的是怎样服务”①，即预科着重思想改造，本科着重政策教育、业务教育与知识教育。因此除开设辩证唯物主义、数学、中国历史等共同必修课外，本科各系都以专业理论教学为重点，增设基础理论课程。

1946 年 3～6 月，国共内战尚未爆发，局势相对稳定，临沂山东大学进入短暂的发展时期，也可以说该阶段是临沂山东大学最为辉煌的时期。这一阶段的学校建制如图 6-1 所示。

第三阶段：1946 年 8 月至 1947 年底，在长途转移中坚持教学工作的阶段。1946 年 6 月，国共内战全面爆发。7 月 4 日，国民党飞机轰炸临沂南关和城东沂河大桥一带，平民伤亡颇多。为确保安全，中共中央华东局和山东省政府决定将师生疏散于临沂城南、城东农村。8 月，学校沿临（沂）青（岛）公路转移到莒南县汀水镇，继续进行教学工作。其间，又增加一批从北平、天津、上海等地转来的学生，历史学家尚钺、剧作家宋之的先后来校。

① 《山东大学千余师生举行本科开学盛典》，《大众日报》1946 年 5 月 6 日。

秘书长{总务科、会计科、秘书科}

教育长{教务科、辅导科、图书馆}

本科部{
政治系（宋日昌、何封为正副主任，设行政科、司法科）
经济系（薛暮桥、陈智方为正副主任，设农林、合作、会计各科）
教育系（杨希文、王淑明为正副主任，设教育行政、文史、数理各科）
文艺系（李仲融、陆万美为正副主任，设文学、艺术、英语、新闻各科）}

专科部（周抗为部主任，分会计、合作社、邮电、文化四班）

预科部（方向明为部主任，分四班）

附属中学（张立吾任校长）

图 6-1　1946 年 3～6 月临沂山东大学学校建制

1946 年 10 月，根据战局的发展，学校由汀水镇沿临青公路再行北上，转移到日照县坪上。本科各系仍按教学计划要求，在加强基础课的同时，以专业教学为主，力争学生尽快掌握本专业的理论和技能。同时，将预科教学计划进行了调整，把半年的学习时间分为三个阶段：第一阶段为 3 个月，以政治理论教育为主；第二阶段为 1 个月，以社会调查为主；第三阶段为 2 个月，以思想教育为主。结业后，除少数学生进入本科各系学习外，大部分被分配到地方或参加支援前线的工作。同时，结束专科部会计、合作社、邮电、文化四个训练班的学习，学员回原地区或原单位工作，不再续办。鉴于当时前线和后方急需有文化水平和工作经验的干部，学校陆续抽调政治觉悟较高的本科学生 252 人、预科学生 76 人参加支援前线工作。至此，全校尚有本科学生 474 人，预科学生 286 人。

1947 年初，国民党重点进攻山东解放区，鲁中南处于大战前沿。学校不得已将预科、本科学生提前结业来支援战争，并决定向胶东转移，途中续招新生，实行坪上制订的以提高在职干部为主要目标的教学计划。4 月，学校到达海阳徽村，因华中建设大学已于磐石店招生，且青岛国民党正纠集兵力，于是学校再向渤海区转移。4 月底，沿莱（阳）潍（县）公路西行，经平度、昌邑、广饶等县，由博兴县道旭镇渡过黄河。6 月 5 日，到达渤海地区阳信县钦风镇。学校稍事休整安排后，立即进行招生工作，共招收小学教师和青年学生300余人。其后，为了保证解放区为数不多的高级知识分子的安全，学校让教授及其家属和少数老弱干部乘船渡海去大连暂避，学生提前结业分配支前工作。1947年底，中共中央华东局决定停办临沂山东大学。留校干部在教育长姚耐的领导下组成土改工作队，驻地参加土改运动。

临沂山东大学创办伊始，即坚持中国共产党从实际出发、实事求是的优良传统，实行理论联系实际的教学方针。虽然当时的办学条件艰苦，师生实行供给制，吃粗粮，睡地铺，衣物不全，用具奇缺，但大家精神高昂，意志坚强，充满了革命乐观主义精神。尤其值得称道的是，临沂山东大学把“发挥自由思想，贯彻民主精神，发扬学术文化的自由研究”[①] 作为重要办学方针，力求百家争鸣，营造民主的学习气氛。临沂山东大学虽然存在了短短两年多的时间，但却为国家培养了近2000名革命干部，有力支援了解放战争。因此，临沂山东大学与其他解放区的华中建设大学、华北大学、北方大学一道被誉为“新民主主义之花”。

（二）华东大学

华东大学是一所革命大学，1948年建校于潍坊，同年秋天迁入济南，其后经历整顿和发展。1951年与国立山东大学合并，是山东大学历史的重要组成部分。

1. 潍坊建校

1948年4月，中国人民解放军华东部队攻克鲁中重镇潍县县城。为了迎接全国革命胜利，适应开辟华东新解放区工作的需要，中共中央华东局决定在潍坊建立华东大学，招收中学以上的青年学生，为革命发展培养干部。

学校从5月中旬开始筹备。中共中央华东局任命韦悫为校长，张勃川为副校长，刘雪苇为教务主任，俞仲武为秘书长，并陆续调派叶锦田、沈一力、梁云清、李庚、张一夫、董一博等20多名中层干部到校工作。与此同时，学校还通知渤海地区的原临沂山东大学留守人员到华东大学报到，通知分散在山东各解放区和去大连的临沂山东大学和华中建筑大学教师李仲融、何封、车载、王

① 《山东大学千余师生举行本科开学盛典》，《大众日报》1946年5月6日。

淑明、赵平生、朱维基、胡考、陶官云、袁似瑶等人，迅速赶到潍县华东大学任教。学校选址在城东美国北长老会传教士狄乐播夫妇1883年创建的乐道院，乐道院包括教堂、学校和医院三部分，占地200余亩，东、北两面为虞河环绕，院内树木茂密，环境清静，楼房建筑保存完好，非常适合办学。

筹备工作就绪后，6月初学校在《大众日报》刊登招生广告，确定先设置大学预科部和临时研究班。预科部招收高中肄业生和初中毕业学生，学习期限暂定为一年；临时研究班招收高中毕业生和大学肄业学生，学习期限为2～3年。一律实行供给制。7月中旬，经过语文、数学、史地、政治常识测验，第一批共录取学生500余人。学员来自四面八方，以山东解放区青年学生为主，也有少数来自国统区的进步青年。入校后根据学生的文化程度，高中毕业生和大学肄业生分别编为政治经济、文学艺术、教育三个临时研究班，高中以下程度者编为两个预科部，分为六个学习班，班内再分为若干学习小组。

两个预科部学员有400多人。第一部下分为三个学习班，住在乐道院内；第二部也下分为三个学习班，暂住坊子。每班配备助理或干事一至二人，负责学习、生活等方面的具体工作。研究班学员很少，总计不过50人。政治经济研究班何封任主任，文学艺术研究班李仲融任主任，教育研究班王淑明任主任。三个研究班组成班委会，蒋捷夫任秘书，负责教学计划和政治思想等方面的工作。三个研究班均住在潍县乐道院内。

华东大学初建时，直接由中共中央华东局领导。党的组织设总支委员会，叶锦田任总支书记，张一夫、李庚、李仲融、赵平生任总支委员。在行政管理方面，校长领导下设秘书、教务两处，由秘书长和教务主任具体领导。秘书处下设秘书、总务两个科，秘书科负责行政管理、会议组织、上下联系、文书处理等工作；总务科负责物资供应、医疗卫生、交通运输、招待、警卫等工作。教务处下设教务、注册两个科和图书馆，教务科负责招生、行政、安排教学计划以及检查等工作；注册科负责人事调配和学生的学籍管理等工作。

为了准备开学上课，学校很快拟定了教学计划，把中国近代史列为主要课程之一，由教务长刘雪苇组织教师何封、车载、刘力行、陶官云等编写教学大纲和教材。何封等人编写的《中国近代史讲授提纲（初稿）》分为上、下两册，上册是旧民主主义革命部分，下册是新民主主义革命部分，后曾铅印出版，成为解放区大中学校的历史教材。

9 月 4 日，学校举行开学典礼。在开学典礼上，张勃川副校长作了关于华东大学方针、任务和培养目标的报告，刘雪苇教务长讲授了学习内容和学习方法。当时的教学以“部”为单位上大课，由主讲教师系统地讲解，学生经过准备和思考开展讨论，然后进行总结。学校正式上课以后，逐步建立健全了各种制度。学生通过民主选举产生各级学生会组织，管理自己的学习和生活。

2. 进入济南后的整顿与发展

1948 年 9 月 24 日，济南解放。中共中央华东局指示华东大学迅速派人前往济南，研究在济招生和学校迁济事宜。9 月 28 日，张勃川副校长率领马雨亭等 10 多个中层干部前往济南，经与济南军管会研究和协商，将原国民党第四兵站总监部房舍（经四纬六路）划拨给华东大学作为办事机关驻地。学校随即拟订招收高中以上青年学生、学习期限暂定 2 年、结业后统一分配的招生广告，并在商埠和城内设立报名处。为了解决学校迁济的房舍问题，军管会又陆续划拨济南临时中学（金牛山）、中正中学（经七路纬八路）、建国中学（经三路纬三路）、成城中学（今八一礼堂附近）等校舍，并商借齐鲁大学一部分房舍。10 月上旬，潍坊部分教师和干部先后到济，分别负责招生、添置家具和修整校舍等工作。10 月下旬，招生工作基本完成，仅在济南就招生 1600 多人，几处校舍也整修一新。为了尽快开学上课，统一进行教学工作，潍坊师生于 11 月下旬全部迁来济南。

华东大学进入济南后又有新的发展，教学组织也随之调整和加强。除潍坊迁来的预科一、二两部外，新设预科三、四部，丁山、蒋梯云分别任部主任。预科第三、四部的学生均在济南招考入校，人数较多，有的班有 100 人左右。上述四个预科部分别住在齐鲁大学和济南建国、中正、成城几所中学。在潍坊的政治经济、文学艺术、教育三个临时研究班，到济后分别增加一部分高中毕业或大学肄业的学员，改为社会科学、文学、教育三个学院。文学院由韦悫校长兼院长（韦悫校长南下后由黄源教授代院长），社会科学院由张勃川副校长兼任院长，教育学院由田佩之任院长。文学院住在齐鲁大学，社会科学院和教育学院住在经七路纬八路原中正中学内。此外，还设立华东大学研究部，办公人员住在南新街齐鲁大学教职员工宿舍。同时，学校还招收社会上闲散的知识分子 300 余人，在原建国中学设立讲习班，由车载、方建任正副主任，下分三个班。另外，受济南军管会文教部委托，在原济南临时中学设立中学师资训练班，对中学和师范教师270余人进行短期培训。此外，还在正谊中学设立华东大学附属中学。

至此，华东大学教学组织安排就绪，于1949年开始，各院、部先后按照新的教学计划开展教学工作。

华东大学的教学计划的主要目的是对学生进行马列主义、毛泽东思想教育，提高政治觉悟，坚定革命立场，树立为人民服务的观点。以马列主义基本理论、新民主主义论、社会发展史、中国近代史、时事政策为共同必修课程，业务课根据不同专业开设政治经济学、辩证唯物论、联共党史、中国文学史、教育概论、文艺政策等课程。

华东大学教师全部到济后，学校又新聘了刘国芳、张心田、廉立之、许衍梁、万九河、王俊岑、赵毅生、严薇青、汪伯岩、金诗伯、翟麟阁、韩连琪、侯春岭等教师，师资队伍得以加强。1948年济南解放时，吴富恒教授作为济南市军管会成员来济，接收国民党山东省教育学院，经军管会文教部商定，山东省教育学院并入华东大学，改为下属教育学院，吴富恒随之转到华东大学文学院任教。这时，华东大学具有较高水平的教师增至50多人，基本上可以胜任政治理论课和专业课的教学工作。

华东大学迁到济南后，改由中共中央山东分局直接领导，设立党组和总支委员会，张勃川任党组书记，总支成员仍是5人，叶锦田生病期间由张一夫代理总支书记。校部机关最初在经四纬六路，不久迁至齐鲁大学考文楼。行政领导一律实行民主集中制，设立由正副校长、教务长、秘书长、总支书记、各部主任和有关教授组成的校务委员会，校长任主席，每月举行一次例会，商定学校的大政方针，是学校最高决策机关。

当时，除少数教师和职工实行工资制外，全校干部、教师、学生一律实行供给制，学校领导和教授吃小灶，其他人员吃大锅饭，所有人每年两单一棉服装，鞋子两双，生活较为艰苦。

3. 抽调师生南下参加新区工作

1949年初，解放军取得淮海、平津两大战役的胜利，正待乘胜渡江，直捣南京，急需大批干部随军南下，开辟新区工作。为此，经中共中央华东局和中共中央山东分局研究决定，由华东大学抽调部分干部和动员全体学员组成南下工作队，随军渡江到新区开展工作。学校接到指示后，立即开展相关工作。经过审慎研究，批准第一批共1500人组成南下工作队，由教师赵平生、朱维基、袁似瑶和干部张一夫、方建平、魏史定等30多人分任南下工作队的各级领导。这批学员经过长途跋涉，随同解放大军渡过长江，被分配在安徽、江苏、浙江、上海等省市新解放区工作。

首批南下工作队离校后，学校又从留校的学员中选调60多人成立南下文艺工作队，由教务长刘雪苇和冯韧率领，到南方接受新的任务。同时，秘书长俞仲武、文学院代院长黄源和干部、学员40多人也调去新区工作。此外，因工作需要，又先后抽调学员200多人，分配到有关军政部门工作。至此，华东大学虽创办仅半年，就为革命输送了2000多名干部，对促进全国解放和新区的开辟与建设都发挥了一定的作用。

4. 招收解放区新生，接收国统区老生

在组织南下工作队的同时，学校还派出董一博、陆军等到刚刚解放的徐州招收初高中学生500多人，3月上旬入校。后来，又从江苏、浙江国统区过来一批学生，除编入文学院、教育学院学习外，多数编入社会科学院学习。由于人数较多，社会科学院分设一部和二部（简称社一部、社二部），社一部主任为丁山，社二部主任为马雨亭，下面再分为六个班。4月，又从南京、上海等地过来一批青年学生，经考试后录取300余人，续设社三部，由蒋梯云任主任，下设五个班。6月，又接收迁去江南的原河南大学、安徽大学等返鲁学生200多人，于是续设社四部，由蒋捷夫、朱波分任正副主任，下设四个班。至此，社会科学院共分四部十五班，全校在校学生达2000人。

根据统计，1949年4月在校学员来自全国13个不同省市，包括国民党统治区十几所大学的一、二年级学生，文化水平虽然比以前稍高，但是思想状况却颇为复杂。针对这一情况，学校研究决定：教学计划仍以政治思想教育为主，以改造思想、转变立场、树立为人民服务的观点为教学目的。首先，加强马列主义基本理论、社会发展史、中国近代史、新民主主义论等几门政治课的教学工作，使学生从理论上了解了社会发展的规律，明确了中国社会的性质，认清了中国革命的前途，懂得只有社会主义才能救中国的真理。其次，设置时事政策讲座。根据学生思想上的问题，由学校领导或邀请省市党政领导每两周作一次时事报告，提高政治认识，解除思想顾虑。再次，狠抓学习秩序，建立上课、讨论、自学、小结、早操、点名、值日、请假等制度，加强组织纪律。最后，通过五四青年节举行公开建团（新民主主义青年团）活动，在群众中公开团组织，并公开吸收280多名进步快、表现好的学员入团，壮大了团组织队伍。以上几方面的工作，加强了学员的组织纪律性，建立了良好的学校秩序，形成了浓厚的学习氛围，激发了青年人自我改造的决心。至此，学校的各项工作都走上了正轨。

5. 逐步向新型正规化大学过渡

1949年5月，韦悫校长调任上海市副市长，上级决定由中共中央山东分局宣传部彭康部长兼任校长。为了加强华东大学的领导力量，中共中央山东分局任命李宇超为副校长，余修为教务长，刘宿贤为秘书长。校部行政机构也做了相应的调整和增加。在教务长的领导下，增设教务处，原有的教务科、注册科、图书馆等机构和人选不变，增设教学辅导科，取消青年科，增设人事科、财务科。学校党的组织由总支改为党委，李宇超、刘宿贤分任党委正副书记，下属六个党支部，有党员170余人。同时，成立了华东大学青年团委员会，由学校党委直接领导，陈捷任书记。全校团员已发展到700余人，占学生总人数的一半左右。

与此同时，为了逐步向新型正规化大学过渡，学校进一步加强教学组织，把教学工作摆在重要位置。首先，建立由何封、车载、陶官云、刘力行分任组长的教研小组。每门课程由教研小组共同研究教学目的和要求、讲授内容、讲授时间和次数等，制订具体的教学计划。其次，由余修教务长任组长，制订时事政策讲座的大体计划，每两周一次。除学校领导和地方党政负责同志作报告外，余修教务长是主讲。最后，学校创办校刊《学习》，每周一期（四版），介绍学习情况，交流学习经验，推动了学习的深入开展。

中华人民共和国成立后，山东省文教、宣传、新闻等部门干部力量薄弱，亟须充实。为此，中共山东省委决定，从华东大学再抽调一批政治觉悟和文化水平较高的学生，分配给党、政、军各个部门，以解决干部不足问题。学校按照省委指示，结合考虑向新型正规化大学过渡的问题，决定将教育学院划归山东省教育厅领导（后成立山东师范学院）；附属中学交由济南市教育局领导（后改为实验中学）；文学院、研究部、讲习班、师训班的学员即行结业，由省、市安排任中学教师或其他方面的工作；从社会科学院四个部选调学生400余人，除留校30多人任干部外，其余一部分分配到军事院校，一部分分配到本省文教、卫生、宣传、出版等单位。

至此，学校只剩下社会科学院四个部，学生600余人。为结束短期训练班的教学，逐步向正规化大学迈进，学校决定先设立政治、俄文两个长期班，学习期限暂定两年，培养宣教干部和俄文翻译人才。在校的2000多名学生经过本人申请，测验合格，编入两个长期班。其余300多人仍继续进行短期的政治教育。

1950年5月，华东大学根据全国高等教育会议精神，结合自身条件，决定以培养中等学校政治、国文、史地师资和文艺宣传干部以及俄文翻译人才为目的，向新型正规化大学发展。于是取消社会科学院四个部，设立政治、文学、史地、艺术、俄文五个系，学习期限均暂定两年。原有学生除少数文化水平过低另行分配工作外，其余学生分别转入上述五个系学习。在此期间，山东省老解放区的六个文工团共300余人奉命并入华东大学，艺术系随之扩大，下分音乐、美术、戏剧三个组。这时，全校学生约1000人，教师80余人，干部240人。其中，教师以艺术系最多，约30人，其他系均在10人左右。

这一时期，学校师资得到加强，所开课程也更加丰富和专业化。当时，五个系的系主任分别是政治系李仲融，文学系吴富恒，史地系车载，俄文系何封，艺术系臧云远（初由于寄愚兼任）。此外，学校还陆续聘请一批教师，其中有高兰、曾以鲁、张君川、俞成辉、曼者克夫妇（捷克籍犹太人）等教授。各系根据培养目标和师资条件拟订教学计划和课程纲要，规定马列主义、新民主主义论、时事研究、教育概论、自然科学概论、国文、俄文、体育八门课程为各系共同的必修课（与本系业务课重复者不修），另开设专业课。

在此期间，学校的行政机构也有所变动。设立校长办公室、领导秘书科和人事科，取消干部科。教务处下分教务、注册、研究三科和校刊编辑室及图书馆。设立总务处（行政事务处），下分总务、财务、生产三科和医务室。至此，学校朝着向新型正规化大学过渡又迈出了一大步。

从1948年5月筹办，到1951年3月与国立山东大学合校，华东大学虽然办学不到三年时间，但成就斐然。首先，华东大学克服种种困难，输送了4000多位党、政、军各方面的干部，有力地支援了革命和建设。其次，造就了其他方面的人才。仅以学者为例，山东大学首批聘任7位文科终身教授，其中就有3位来自华东大学（周来祥、袁世硕、庞朴）。再次，华东大学力求理论与实践相结合、学用相长的教学理念，是一笔宝贵的遗产。最后，华东大学艰苦朴素、勤俭办学的优良作风，当下仍然不失其价值。

三、山大、华大顺利合校

山东大学与华东大学合校有两大背景。一是华东大学面临逐步向正规化大学过渡的任务，华东大学是以培养干部为主要任务的革命大学，仅设立文科系，没有理科，师资设备不足，单靠自身力量难以过渡到正规化大学。二是华东大学在济南没有自己的校舍，军管会所拨房舍，因各中学恢复上课，只得陆续归还。为解决住房问题，华东大学曾租借齐鲁大学3座主楼、21套住宅及一半学生宿舍，暂时缓解了房了问题。但是到1949年7至11月，部分南迁杭州、福州的齐鲁大学师生返回济南，校舍不够居住，学校只好关闭病房一处作宿舍，并在外租房42间。即便如此，许多学生仍然只能住在地下室、病房或其他地方。到1950年，齐鲁大学学生总数达1000人，挤在20%的校舍里，于是不停地向华大索要房舍，为此两校屡生摩擦。更重要的是，齐鲁大学是教会大学，师生思想观念与华东大学截然不同。华东大学与齐鲁大学同处一个校园，毕竟不是长久之计，为了避免产生更为严重的问题，1950年6月，华东大学搬出齐鲁大学后，确定并扩大校址已成为重要问题之一。7月3日，校委会决定派张勃川校长赴华东教育部解决房舍问题，中共中央华东局支持华东大学暂时搬迁至南京，将来再与苏州的华东人民革命大学合并。8月，中共中央华东局正式决定华大搬迁至南京，中共中央山东分局表示完全赞同。但是，中共中央华东局和中共中央山东分局随后认为搬迁南京困难更多，难以实现，决定将华东大学迁往青岛，与山东大学合并。

1950年9月27日，华东军政委员会致电政务院并转中央教育部，请示山东大学与华东大学合校问题。电文称："兹因山东大学领导人选久悬未决，华东大学因限于人力物力办理亦有困难，为求集中力量办好山东大学起见，经详加考虑后，决定将华大与山大合并办理，而保留山大校名，已电令山东省府考虑校长人选，并令鲁教育厅负责即行会同该两校当局进行合并事宜，请准予备案。"中央教育部接此电文后，迅即研究并给出意见。高教司副司长张宗麟于10月4日呈报："根据唐守愚[①]、张勃川两位同志来信，山大与华大合并是饶漱石[②]同志

① 唐守愚是当时华东军政委员会教育部副部长。

② 饶漱石时任中共中央华东局书记、华东军政委员会主任。

坚决主张的，而且已有准备，因此我部应予批准。如何？请示。”钱俊瑞副部长（兼高教司司长）10月8日批示：“可予同意，但须经过充分酝酿准备，校长人选须恰当。”10月24日，高教司拟出复电文稿，经张宗麟审阅后，由韦悫副部长签发，以中央教育部名义给华东军政委员会复电。电文指出：“山东大学与华东大学合并事，我部同意。惟须经充分酝酿与准备，校长人选亦须恰当。并请转饬将筹备情况报告我部。”①

华东军政委员会接到教育部的复电后，立即研究两校合并事宜，并转知山东省人民政府指示华东大学和山东大学迅即筹划办理。11月15日，山东省人民政府给华东大学、山东大学同时发电：“接华东军政委员会……电示，经中央教育部批准，华东大学迁青岛与山东大学合并办理，仍用山东大学名称。并决定以彭康、陆侃如、张勃川、童第周、余修、罗竹风、刘椽、刘宿贤为迁并办理委员会委员，并以彭康为主任委员，陆侃如、张勃川为副主任委员，负责办理迁并事宜，希即日进行工作为要。”② 华东大学接到指示后，1000多名师生于12月8日迁往青岛，暂住黄台路十号和太平角，一面进行教学，一面商洽合校事宜。12月18日，举行了迁并委员会第一次会议。委员们就两校合并后取长补短、集中力量办好社会主义大学交换了意见，并对两校历史不同、现状不同、如何稳步积极地合校进行了认真的讨论，还对合校中的思想问题、组织问题作了初步研究，确立了“事理兼顾，舍异求同”的原则。会后，两校委员分别向本校传达会议精神，重点解决对合校重大意义的认识问题，以保证工作胜利完成。12月20日，举行迁并委员会第二次会议，除解决上次会议的遗留问题外，对组织机构、人事安排、华大学生并入有关系科等问题进行详尽的讨论。12月22日，举行迁并委员会第三次会议，对合校后的院系设置、组织机构、人员安排、学生待遇、合并时间五个方面工作做出了安排。具体如下：

（一）院系合并问题

1. 山大的理、工、农、医四院仍旧。

2. 山大文史系的文组与华大文学系并为中国文学系，其史组与华大历史系并为历史系。

---

① 《山东大学百年史》编委会编：《山东大学百年史（1901～2001）》，济南：山东大学出版社，2007年，第184～185页。

② 山东大学档案馆藏：《华大山大迁并重要来往文件》，卷宗号：WSXB-51-1-9。

3. 山大的外国文学系及俄文专修科与华大俄语系，并为外国文学系。

4. 合并后的中国文学系、外国语文系与华大原有的艺术系成为文艺学院。

5. 合并后的历史系与华大原有的政治系，成为社会科学院。

6. 以上文艺学院及社会科学院，加上山大原有的理、工、农、医四院，共为六个学院。

（二）组织机构合并问题

1. 合并后的山大为校长制。设校长办公室，下设秘书科与人事科。

2. 教务长下设教务处、图书馆、体育室及教学研究委员会与仪器委员会。教务处分注册科、教导科、出版科及校刊编辑室。图书馆分馆务科与编纂科。

3. 秘书长下设总务处及生产管理委员会。总务处下设庶务科、会计科、校产管理科、供给科、生产科与卫生科。

4. 山大原有学术审议委员会及华大原有的编译委员会，两校合并后归校长直接领导。

（三）合并后工作人员问题

1. 两校现有工作人员，不因合并而变动。但工作岗位及名义可有变易。

2. 教职员工按原薪金原供给制标准。华大一部分薪金制教职员工的工资，按青岛物价折算。

（四）学生待遇问题

为照顾华大历史条件，目前尚不能立即将供给制转成助学金制，只可逐渐走向同一制度。

（五）合并时间问题

一切准备工作，争取寒假中完全做好。新学期开学时便在组织机构上，完全合成为一个整体的学校。[①]

以上合并方案经迁并委员会第四次会议通过后，呈报华东军政委员会和教育部批示。经过教育部、中央宣传部慎重研究，1951 年 2 月 27 日教育部下文，决定由华岗担任华东大学、山东大学合并后的新山东大学校长。3 月 6 日，张宗

① 山东大学档案馆编：《山东大学大事记（1901～1990）》，第 81～82 页。

麟副司长专程来鲁，代表教育部处理两校合并事宜。13日，迁并委员会邀请张宗麟和华岗参加最后一次会议，会上张宗麟代表教育部提出了修订和补充后的方案。

（一）撤销华东大学建制，国立山东大学去掉“国立”二字。合校后称山东大学，设文、理、工、农、医五个学院和政治、艺术两个直属系。

（二）原华东大学中文、历史、俄语三系，并入山大文学院各系，学生按原来的年级上课，俟暑假考试后再定升级或留级。

（三）校长华岗遵照中央教育部电令先行到职工作。

（四）副校长童第周、陆侃如，教务长何作霖、副教务长余修和罗竹风，秘书长刘椽、副秘书长刘宿贤，文学院院长吴富恒，理学院院长郭贻诚，工学院院长丁履德，农学院院长陈瑞泰，医学院院长徐佐夏、副院长潘作新，均即日到职。

（五）遵照中央指示，张勃川调京工作。

（六）行政机构力求简单合理，避免因人设事，取消教务、秘书两处的处长一级，其他行政机构和教学组织的人选，由新任的领导研究决定，由校长呈报。

（七）迁并委员会与两校原有的校务委员会均于3月14日宣布结束，自15日开始由新的领导接任工作。

（八）两校教职工待遇急需个别调整者，由校长拟出具体方案，呈报华东教育部核准。原华大学生的供给制待遇暂维原状，逐渐调整到与原山大学生同样。①

经过讨论，会上大家一致拥护新的合校方案，表示坚决贯彻执行。华岗校长对教育部在合校工作上的组织领导和迁并委员会的艰巨工作表示感谢，并表示决定取两校之长把山东大学办成新型的社会主义大学。彭康主任委员以“合校胜利，皆大欢喜”八个字概括了这一阶段的工作成绩。

1951年3月19日，合校后的山大师生员工有2500人，齐聚六二操场（山大校内广场，因1949年6月2日青岛解放而得名），热烈庆祝合校成功。山东省和青岛市党、政、军各方面负责人也前来祝贺。华岗校长在会上作了《合校方

① 山东大学档案馆藏：《华大山大迁并重要来往文件》，卷宗号：WSXB-51-1-9。

案和山大前途》的报告，他指出，合校“是两个性质不同的教育队伍的胜利会师，是中国高等教育史上的创举”；两校应“各取所长，补己之短，互相学习，共求进步”；合校方案的总精神是“事理兼顾、舍异求同”；所谓“事理兼顾”，“就是一方面必须具体照顾两校的历史条件和现实情况，同时又必须尽一切可能做到合情合理。在个别问题上遇到事理两方面不能同时兼顾的时候，我们就采取一些必要的过渡办法，最后总要做到事理兼顾”；所谓“舍异求同”，“就是必须清楚认识两校的各种不同情况，找到这种不同情况的历史根源和现实基础……双方都在要求实现《中国人民政治协商会议共同纲领》的文教政策和高教会议所通过的决议和规程，也就是双方都要求向着新型的正规的人民大学去发展”。[①] 对于山东大学的前途，他指出，合校是万里长征的第一步，今后的任务更艰巨、更光荣，要求大家兢兢业业，发愤图强，努力建设新的山东大学。

合校后，根据党的章程成立了由华岗任书记，余修、罗竹风、刘宿贤、崔戎、武杰任委员的山大党组，作为学校的领导和决策机构，以刘宿贤为书记，崔戎、武杰为副书记的山大党委属于机关党委，负责处理党内日常工作，进一步加强了党的领导。山大和华大合校后，新山大共设文、理、工、农、医五个学院，连同政治、艺术两个直属系，共 18 个系，学生有 2366 人，教师有 486 人，职工有 524 人，成为当时全国为数不多的学科门类齐全的综合性大学。

第二节　华岗同志的办学理念

1949 年秋，长期在白区工作的革命家华岗开始介入山东大学有关事务。1950 年 4 月，学校师生代表选举华岗担任校务委员会主任。1951 年 3 月，国立山东大学和华东大学合校后，华岗出任新山东大学校长。1955 年 8 月，华岗离开山大。在担任校长的短短数年时间里，华岗尊重学者，重视教学，力推科研；创办《文史哲》，引领学术潮流；整合学科资源，培育山大特色，被誉为“懂政策、有能力、会办学的好校长”。

---

① 华岗：《合校方案与山大前途》，《新山大》第 2 期，1951 年 4 月 1 日。

一、除旧布新，政治领航

教育属于上层建筑，当国家的性质发生变化后，新政权必然会对其进行变革，教育也应当为新政权服务。1949年9月29日公布的《中国人民政治协商会议共同纲领》对新中国教育的性质、任务、方法等方面都做出了规定。为了贯彻《中国人民政治协商会议共同纲领》文教政策，华岗制定各种规章制度，成立教学管理机构，尤其是建立和健全党政班子，加强政治引领。与此同时，华岗还在全国高校中率先开展马列主义教育，不仅组织有关教授给学生讲授“社会发展史”“新民主主义论”等课程，而且与军代表罗竹风一道，为全校师生开设政治大课，讲授《中国人民政治协商会议共同纲领》、“社会发展史”和“辩证唯物论”。同时，他因应时局，做时事政策报告，及时传达党和政府的政策。

由于落实了党对学校的全面领导，加之又开展了形式多样、内容丰富的政治思想教育，全校师生员工加深了对党和政府路线、方针和政策的了解，教职员工基本完成了政治思想和政治立场的转变，从思想到行动实现了对党和政府的认同。全校教职员工通过组织整顿和政治学习，接受并认同了马列主义、毛泽东思想，不仅自觉地将社会发展史和辩证唯物论的思想与方法贯彻到教学和科研之中，而且在马列主义、毛泽东思想理论指导下开辟了视野广阔的学术研究新领域。组织整顿和思想政治教育还特别强调必须理论联系实际，即联系自己的思想、教学和科研，联系学校的各项具体工作，联系新中国经济社会建设的需要，一切工作都要围绕上述三个层面展开，从而统一了山大师生的思想，顺利实现了向新民主主义大学的转轨。

二、大学应当为社会服务

华岗校长对教育有深刻的见解。他认为，“一种生产制度，产生一种教育，这种教育又推动生产的发展，为生产服务。它因社会的需要而产生，首先要为社会生产服务”。他还认为，“不是教育决定经济，而是教育受经济基础所决定，但教育产生后，便必须为经济服务。假如在新民主主义的社会，教育要去为封建主义服务，就要被历史所淘汰”。[①] 但是，新中国成立初期，山大教师具有根

① 华岗：《学习〈实践论〉和改进教学工作》，《文史哲》1951年第2期。

深蒂固的唯心史观和守旧习气，深受封建阶级和资产阶级教育中理论与实际脱节的影响，大多抱有不问政治的纯技术观点、超阶级观点、自由主义、知识分子优越感、追逐个人名利、重视脑力劳动而轻视体力劳动等思想。1952年初，华岗在全校报告上集中罗列并批评了教学中理论脱离实际的种种现象："有许多教师的讲义，还是从欧美资产阶级故纸堆中抽象地搬来的，和今天中国的现实根本脱节。例如，医学院里有些教病理学的教授，可以把非洲、澳洲等处特有的病症说得很详细，而对于中国社会所常见的病症，反而说得很简单；又如讲授植物病虫害的先生，可以把美国各地植物病虫害说得头头是道，而对于中国农村里面所普遍存在的病虫害情况，则非常隔膜；再如教文艺学的先生，对于哈姆雷特和奥勃洛莫夫等，可以如数家珍，而对于中国现代人民文艺，反而异常生疏。有不少教育工作者，都认为学校规模越大越好，院系分得越多越好，修业年限越长越好，每班学生则越少越好，把资产阶级学校那一套旧型正规当作神圣不可侵犯。如一个学院一定要分若干系，本科一定要四年毕业，医学院必须六年七年毕业，专修科一定要三年毕业，以为不这样就不像个大学。在办学方针上，很多都不是从当前国家建设需要出发，而是凭少数人的空想来定方针，甚至完全从资产阶级的学校旧规程出发。……这种脱离实际的资产阶级教育思想，如果不加以清算和改革，我们的大学教育就不能担负起培养大量高级和中级建设人才为国家建设服务的根本任务。"① 在华岗校长提出的"必须联系实际、大学必须为国家经济建设服务"理念的号召下，文史教师研究课题逐渐摆脱了既往沉迷考据的窠臼，开始关注理论问题、社会热点问题，关心国家发展；数学系教师将运筹学、控制论应用于工农业生产；物理系教师关注青岛电力、仪表、机械、冶金工业的发展；化学系帮助青岛橡胶业、印染业解决生产难题；生物系积极进行陆地和海洋资源调查；水产系教师积极服务于水产的捕捞和加工；医学院重视青岛地方病研究。由此可见，理论联系实际、教育为社会服务在山东大学从理论变成了现实。

三、严订规制，民主治校

早在20世纪30年代，山东大学就十分重视规章制度建设，华岗校长不仅继

① 华岗：《清算教育工作者中的资产阶级思想》，《文史哲》1952年第2期。

承了这一优良传统，而且将其发扬光大，依靠制度民主治校。

1950 年 6 月第一次全国高等教育会议制定了《高等学校暂行规程》，规定了新中国高等学校的性质、任务、组成等内容。学校以此为指南，于合校后，在华岗主持下就制定了一系列规章制度：1951 年 4 月 21 日，公布《山东大学行政工作条例》；5 月 23 日，校委会讨论通过《山东大学组织系统表》《学术审议委员会组织草案》；6 月 8 日，学术审议委员会讨论通过《学术审议委员会组织条例》；6 月 15 日，校委会通过《转院转系学生暂行条例》；8 月 7 日，校委会讨论通过《山东大学学则》和《教员进修暂行办法》；11 月 9 日，校常务委员会通过《人事工作暂行条例》；等等。[①] 正是由于一系列规章制度可作依靠，合校的山大各项工作才能有条不紊，秩序井然。

规章制度之完备虽是管理好大学的必要条件之一，但是任何管理都需要人来操作，管理过程中人与人之间关系的建立、地位的确定、理念的认同则更是重要因素，因此民主治校就成为良好制度得以顺利实现的核心要素。1950 年 4 月 23 日，山大新校务委员会正式成立，由 27 人组成，并设置由 11 人组成的常委会，华岗虽为主任委员，但是学校一切重大决策都由常委会决定。1951 年山大与华大合校以后，实行校长负责制。在华岗的主持下，建立由他任书记的山大党组，作为学校的领导和决策机构。同时，又建立由 36 人组成的校务委员会和 15 人的常委会。可见，学校不仅保留了校务委员会，而且委员和常务委员人数均有增加，使其更加具有代表性，从而延续了 20 世纪 30 年代“教授治校、民主治校”的优良传统。

制度建设固然重要，但关键还是看其在实践中能否贯彻执行。山东大学与华东大学合校后的各学院院长不仅是学有专长的教授，而且还有着丰富的教学和治校经验，华岗给予他们充分的权力，使其在各自岗位上发挥最大的作用。尤其是对童第周和陆侃如两位副校长，华岗校长不但尊重他们的学识，而且非常尊重他们的职权，凡是有关学校的重大事项都和他们共同商量，一起做决定，然后再分工执行。

四、教学是一切工作的中心

大学作为教育机构，所要完成的核心任务自然在于培养合格的知识人才，

---

① 山东大学档案馆编：《山东大学大事记（1901～1990）》，第 83～88 页。

因此，必须把教学作为全盘工作的中心环节。华岗担任山大校长期间常说的一句话就是学校要“以教学为中心”[①]。

首先，要高度重视教学工作。“以教学为中心”是华岗一贯的思想。1951年5月21日学校成立教学研究委员会，童第周任主任委员，负责领导并推进教研工作，改进教学方法，研究课程改革等。华岗不仅在思想上高度重视教学、在制度上规范教学，而且经常深入课堂听课，了解教学情况，以便发现问题并及时整改。20世纪50年代，社会上各种政治运动接连不断，学校也是如此，如果处理不当就会影响教学。华岗虽然极力通过各种方式在山大进行思想改造，但他从未让政治运动冲断教学，而是让其为教学服务。对此，他指出：“一方面要贯彻运动，同时又不能太多，影响同学们的学习，因为保证上课的正常进行，是教育工作者的主要责任。”[②]

其次，科研要服务于教学。为达到科研以教学为中心的目的，在华岗校长主持下，凡是有关科研的政策，都强调以教学为中心。例如，1951年4月2日和6日召开的合校后的第一次校委会会议上，确定了学术研究的三个基本原则，其中之一就是“学术研究工作应围绕教学去进行，帮助和加强教学”[③]。在科研服务教学思想的主导下，20世纪50年代山大文理两科的科研成果都与教学有着密切关系，从而为专业化教学提供了坚实的支撑，有利于培养国家急需的建设人才。

最后，行政、后勤应为教学服务。大学不仅有一套行政机构，还有相当数量的行政人员为维持教学工作正常运行而工作。教学如果没有行政的配合，则将难以发挥作用，甚至其中心环节亦将无法体现。同样，行政如果离开教学，则将失去设置的目的和存在的意义。华岗校长多次阐述行政机关应以教学为中心的道理，不仅指出行政机关要为教学服务，甚至认为学生团体也应该服务于“一切以教学为中心”的要求。20世纪50年代，在华岗校长领导下，山大的行政工作逐步明确和树立了为教学服务的指导思想，从而增强了工作的目的性、计划性，保证了教学的顺利进行。与此同时，华岗还指出后勤必须全心服务于教学，必须勤俭办学。

---

① 余修：《深切怀念华岗同志》，《文史哲》1981年第4期。

② 《华岗在课前和全体教师谈话》，《新山大》第48期，1952年5月21日。

③ 《校委会举行第一次会议讨论通过六项重要议案》，《新山大》第4期，1951年4月11日。

五、办学应办出特色

自 1952 年全国高等院校院系调整后，全国高等学校中的综合性大学与专门学院有了明确的分工，各个综合性大学的专业设置也大致确定。但是，各个综合性大学应以哪些专业为重点，尚未明确。为此，1953 年 5 月，高等教育部向全国发出通知，要求各综合性大学详加研究，汇报自己的重点发展方向。

其实，作为一个有魄力、有见识、有责任心的大学校长，在院系调整结束、山大已经基本定型的情况下，华岗就不失时机地提出了如何办出具有山大自己特色的问题。1952 年 11 月 24 日，华岗与童第周、陆侃如两位副校长共同商讨了学校的发展重点和如何形成山大的特色问题，对学校的重点和未来的蓝图作了粗线条描绘。

高等教育部《关于各综合大学研究发展重点与方向的指示》下达后，由于对学校发展目标、建设特色早有准备，所以仅经过校长、教务长、总务长和系主任两次专门研究，在华岗校长和童第周、陆侃如两位副校长原来商定意见的基础上做了一些补充。学校很快拟定了《关于我校重点发展方向及贯彻综合性大学会议决议的报告》，并于 6 月底呈报高等教育部。

山大理科上报了五个重点发展方向：第一，海洋系物理海洋专业，以海洋资源调查分析为发展方向；第二，物理系以理论物理、光谱分析为重点；第三，生物系以海洋生物为重点发展专业；第四，数学系以特殊函数为重点发展方向；第五，化学系以物理化学专业、电化学专门化为发展重点。文科上报了两个重点发展方向：第一，历史系以历史专业为发展重点，以中国近代史专门化为重点发展方向；第二，中国文学系以中国文学专业为发展重点，以文学史为发展方向。① 这样，华岗的个人思路与国家政策紧密结合，山东大学形成了“文史见长，加强理科，发展生物，开拓海洋”的办学特色。

六、大学的关键是靠一批著名教授

从蔡元培和梅贻琦的事迹中可知，近代中国诸多大学校长都十分强调师资

① 参见《关于我校理、文两科发展重点与方向》，《关于我校重点发展方向及贯彻综合性大学会议决议的报告》，山东大学档案馆馆藏档案，卷宗号：WSXB1953-1-014。

的重要性。华岗也同样重视，他多次提出，“著名的大学关键是靠有一批学识深厚的著名教授”。因此，他千方百计地延揽人才到学校任教。据统计，1953 年历史系的 15 位教授、副教授中，有 9 位是在华岗任校长期间新来的，包括郑鹤声、张维华、黄云眉、许思园、陈同燮、吴大琨、赵俪生等著名教授，占全系高级职称教师的 60%。在中文系的 11 位教授、副教授中，有 5 位是新来的，其中包括高亨、高兰、殷孟伦、关德栋等名师，占全系高级职称教师的 45%。这些名家教授云集山大，除了全国性的并迁调整因素外，华岗校长的真诚邀请也是非常重要的原因。华岗校长曾派专人专车前往东北礼请赵俪生教授来学校任教，三次邀请美学家吕荧来学校工作，说明他求贤若渴。

华岗不仅积极延揽人才，而且真心爱护人才。首先，做到生活上关心。例如，他把鱼山路 26 号山大最好的第一宿舍作为教授住所。其次，做到政治上理解。20 世纪 50 年代初期，山大教授大多数在国民政府主办的大学或者教会大学里任教，他们的思想与马克思主义主流意识形态有一定的差距。在对教师进行政治思想教育的同时，华岗认为知识分子是“旧中国留给我们的财富”，提醒大家在办学上要信赖他们，使他们深受感动，心甘情愿为山大尽心尽力地工作。最后，在政治运动中保护学者。新中国成立后的除旧布新之际，政治运动接连不断。每当一场政治运动来临时，总有一些知识分子无辜地受到冲击。华岗一则千方百计地把政治运动限制在思想领域，二则对受到冲击的教师尽量给予保护，极力反对“武器的批判”。可以说，华岗是 20 世纪 50 年代山大知识分子的保护伞，离开了他这棵大树遮风挡雨，必然会有更多的教师受到更大的冲击。

七、提倡学术争鸣

早在学生时代，华岗就具有批判精神，不拘泥陈说，这是他学术生涯中一贯坚持的立场。出任山东大学校长之后，华岗依旧主张学术争鸣，繁荣学术。

例如，中国古史分期问题是 20 世纪 30 年代以来学术界讨论的热点，各种主张纷然杂呈，马克思主义史学家范文澜等持西周封建说，郭沫若持战国说，华岗也持西周说。他知道山大历史系教授观点不一样，于是就鼓励他们发表意见，但是“当时有些教授不大明确学术和政治问题的界限，不敢同持西周封建论的人争鸣，总想听听他（华岗）的意见”[①]。华岗多次鼓励童书业教授消除顾虑，发表自己的看法。在华岗的鼓励下，1951年7月，童书业在《文史哲》1952年第2期上发表了《中国封建制的开端及其特征》一文，主张战国封建说。随后，《文史哲》刊登了大量有关古史分期的文章，山大历史系和中文系的学者们纷纷表达了自己的观点。杨向奎、高亨主张西周封建说，童书业、吴大琨主张战国封建说，韩连琪主张两汉封建说，王仲荦、赵俪生主张魏晋封建说，张维华主张整个战国秦汉时期处于奴隶制向封建制过渡的阶段。这样，以上述诸教授为核心，山大古史分期研究者们各抒己见，相互切磋，形成充满热烈、平等的气氛，从而使山大关于该问题的研究在全国也占有非常重要的地位。[②]

又如，1951年，《文史哲》创刊号发表了郑鹤声的《天王洪秀全状貌考》一文。据郑鹤声回忆，南京举行太平天国一百周年纪念会，要挂洪秀全的像，因为洪秀全没有留下照片，而太平天国革命失败后天京的档案、文物都遭到破坏，后来流传的关于洪秀全的状貌，意见众多，莫衷一是。所以他写这篇文章，就是要分析和考证洪秀全的状貌，使会议开得更加严谨。但是文章发表后，有人在报上公开批判指责，说他搞烦琐考证。据郑鹤声回忆说，他自己看了“心中很不服气，但又有顾虑，不敢加以申辩。正是华岗校长支持我、鼓励我，叫我不要有顾虑，只要做了对革命有益的工作，就应该肯定。那种不加分析，随意给别人扣帽子、打棍子的做派，是不符合马列主义和党的政策的。这样就使我放下了思想包袱，大胆地进行学术研究”[③]。

再如，《文史哲》支持李希凡与蓝翎的《水浒传》研究和《红楼梦》研究，支持赵俪生教授与山西大学校长赵宗复讨论经济基础与上层建筑关系等，都是华岗倡导并支持学术争鸣的事例。类似的事例还有很多，不胜枚举。

八、为国家培养合格的建设人才

大学的核心目标是培养人才，华岗校长多次提出“大学教育的核心就是培养目标问题”，也就是如何为国家培养合格的建设人才。1951年11月18日，在

① 葛懋春：《回忆早期〈文史哲〉杂志社社长华岗同志》，《文史哲》1981年第4期。

② 参见胡新生：《山东大学与中国古史分期问题的讨论》，孙长俊主编：《山大逸事》，沈阳：辽海出版社，1999年。

③ 郑鹤声：《我对华岗校长的回忆》，《山东大学报》1980年1月10日。

山大秋季田径运动会开幕式上，他号召“全体同学要向德智体美四育兼备的人才来发展”[①]。1954 年上学期，他对学生提出了“热爱专业，培养独立思考能力，全面贯彻三好”[②] 的目标要求。在 1954 年 9 月的开学典礼上，他希望把山大学子培养成具有一定马克思列宁主义修养、具有比较广博的基础科学知识、具有独立的工作能力、身体健康的建设社会主义社会的骨干。[③] 在 1955 年 5 月校委会举行第二十三次会议上，他指出：教师应该从政治、业务、健康等方面去关心学生，对学生进行全面教育，使之德智体美正常发展。[④] 由此可见，华岗希望山大培养的学生是德、智、体、美全面发展的合格的建设人才。

首先，育人应以德育为先。不同历史时期的道德有不同的内涵，而且道德涵括人们常言的公德和私德。20 世纪 50 年代，全体国民所应遵守的公德，是《共同纲领》规定的“爱祖国、爱人民、爱劳动、爱科学、爱护公共财物”，作为新中国的大学生自然更应该是新公德的遵守者和实践者。在担任校长期间，华岗就是以这个新公德来要求学生的。

其次，育才重在能力养成。新中国成立初期百废待兴，国家正处于大规模建设时期，不仅需要大量的专门人才，而且尤其需要能够独当一面的建设者。为满足国家需求，华岗特别强调学生独立思考和工作能力的培养。

最后，人才自应身康体健。新中国成立前，由于生活水平低、医疗卫生条件差，新中国成立初期大学生体质也较差。华岗非常重视学生的健康和体育锻炼，他说只有“锻炼成强健的体魄，将来才能更好地为人民服务”[⑤]。为此，学校成立机构、制定政策，使体育锻炼持久稳定地开展，学生身体因之得以强健。

---

① 体育室：《继续发扬秋季田径运动会检阅大会精神》，《新山大》第 30 期，1951 年 12 月 21 日。

② 教务处：《加强学生学习指导工作的计划》，《新山大》第 129 期，1954 年 4 月 17 日。1953 年，毛泽东在《青年团的工作要照顾青年的特点》一文中提出，青年要“身体好、学习好、工作好”，是为“三好”的来历。

③ 参见王佛生、戈兆华：《本校隆重举行开学典礼——华校长报告学年重点》，《新山大》第 144 期，1954 年 9 月 11 日。

④ 参见《校委会举行第二十三次会议》，《新山大》第 178 期，1955 年 5 月 21 日。

⑤ 华岗：《学习〈实践论〉和改进教学工作——一九五一年六月二日在山东大学政治讲座上的报告》，《文史哲》1951 年第 2 期。

第三节 马列主义思想教育

《中国人民政治协商会议共同纲领》规定："中华人民共和国的文化教育为新民主主义的，即民族的、科学的、大众的文化教育。人民政府的文化教育工作，应以提高人民文化水平，培养国家建设人才，肃清封建的、买办的、法西斯主义的思想，发展为人民服务的思想为主要任务"；"提倡爱祖国、爱人民、爱劳动、爱科学、爱护公共财物为中华人民共和国全体国民的公德"；"中华人民共和国的教育方法为理论与实际一致。人民政府应有计划有步骤地改革旧的教育制度、教育内容和教学法"；等等。所以，新中国成立后，山东大学和其他大学一样，面临从旧教育体系向新教育体系转轨的问题，即如何全面贯彻落实《共同纲领》中提出的新民主主义教育方针，努力把山大建设为社会主义新型大学。"建设社会主义新山大"的途径是多方面的，但核心是用马克思主义科学理论武装广大师生。为此，学校有计划、有步骤地对全校师生进行马列主义、毛泽东思想教育。

从1949年6月青岛解放到9月新学期开学，由军管会主导开展了以形势政策为主要内容的政治学习。9月开学后，刘导生、孙思白、黄绍湘、郭宣霖等分别为各学院讲授新民主主义论。10月初，青岛市公安局局长葛申讲授人民民主专政。10月中旬，罗竹风作学习《共同纲领》动员报告。11月，学校实行上政治大课的学习制度。由罗竹风主讲新民主主义论，并聘请在青岛疗养院的华岗讲授社会发展史和《共同纲领》。12月29日，校委会发布《关于政治大课的决定》，把政治大课列为全校必修。

1950年1月，校委会把政治大课列为全校必修课并计算成绩。同月，在校委会领导下成立了政治大课学习委员会，由接管干部、教师、学生组成。政治大课学习委员会设主席、副主席，下设教务、秘书两科，科下设股，负责研究、组织、布置、检查总结全校大课学习。全校学员划分为5个院，院设院委会主席1人，从教师中聘请，院下分班，每班以每系约100人为原则，人数过少者则两系为一班。每班由政治大课学习委员会从教师中聘请辅导员1人，由学生选举干事2人，辅导员及学习干事领导各班小组进行学习，并加强班的领导。学习基本单位是小组，由7～15人组成，每组选正、副小组长各一人，具体负责本组学习。学习时间的支配、讨论提纲的发布、学习制度的拟定及检查由政治大课学习委员会负责，日常行政事务工作由学生会学习部负责处理。教职员亦依照行政系统划分为小组。在政治大课学习委员会的组织下，华岗校长和罗竹风教务长先后为全校师生开设了《共同纲领》、社会发展史、新民主主义论等课程。其中，华岗关于《共同纲领》的报告，一方面是对全校此前学习情况的总结，另一方面是全校政治大课的开端，影响深远。

1950年1月7日，华岗校长在学校大众礼堂以《怎样用理论与实践结合的方法学习〈共同纲领〉》为题，给全校师生上了第一堂政治大课。在报告中，他提出了以《共同纲领》为指导的五项办学方针："把旧山大改造成为新民主主义的新山大，实施民族的、科学的、大众的文化教育"；"贯彻理论与实际相统一的教学方法，采取师生互助与教学相长的态度，开展新民主主义的学习运动，树立为人民服务的新人生观"；"发扬民主与巩固团结，开展批评与自我批评，适当进行思想斗争，坚决肃清封建的、买办的、法西斯主义的思想意识，以马列主义及其中国化的毛泽东思想来武装自己"；"提倡爱祖国、爱人民、爱劳动、爱科学、爱护公共财物的新公德"；"鼓励全校师生努力研究与创作……奖励科学的发现和发明，奖励优秀的科学著作及文学艺术作品，以服务于新青岛与新中国的建设事业。"① 他在报告中还明确了政治思想教育的原则，即必须贯彻理论与实践结合的精神，理论学习要联系自己的思想和工作，联系当前山大的实际；必须开展批评和自我批评，决不能让新旧思想"和平共居"。

报告之前，军代表在学习馆召开一次各系积极分子会议，华岗校长听取了各方汇报，摸清了学校内现存的思想问题，为作正式报告做了准备。1月7日，华岗校长的报告虽然是以阐发《共同纲领》的精神为主，但是同时也结合了全校师生思想情况，所以"讲得充实生动，而不流于泛泛，对某些错误思想有分析与批评，甚至有很严峻[厉]的批评，以致有的人感到震动"②。一位老教授听后，感慨道："如沐春风，如饮甘霖。"

第一次大课之后，截至1月底，华岗又以《共同纲领》为题讲了两次，同样

① 华岗：《怎样用理论与实践结合的方法来学习〈共同纲领〉》，《山大生活》1950年1月11日。
② 孙思白：《怀念你，华岗校长》，《山东大学报》1988年5月31日。

在全校引起很大的震动。4～7月，华岗又为全校师生先后七次讲授社会发展史，其目的“在于使全校师生树立历史唯物观点，掌握社会发展规律，提高马克思列宁主义的认识，针对着知识分子优越感、自由主义、纯技术观点、超阶级观点（如主张‘科学独立’）、中间路线思想与狭隘民族主义思想等而予以批判”。随后，罗竹风讲授新民主主义论，其间还穿插有华岗校长所作的时事报告。

1951年4～7月，学校对教职员的政治学习主要是通过“抗美援朝爱国主义的思想教育”来进行的。主要学习内容分为四个单元，分别是“反对美国重新武装日本”及“坚决镇压反革命”；学习世界和平理事会重要宣言和决议，订立爱国公约，以及准备五一节示威大游行；学习《实践论》，开展对电影《武训传》批判的讨论；开展捐献飞机大炮及参加军事干校活动。其中，在第一单元的学习中，副教务长余修作了《反对美国重新武装日本》的报告，邀请市公安局作了《坚决镇压反革命分子》的报告，参观公安展览会，观看《上饶集中营》，参加青岛市各界人民代表镇压反革命大会。在第二单元的学习中，华岗校长作了《关于政治学习中的几个疑问和解答》的报告，内容为对学习政治的认识、抗美援朝和反对美国武装日本、镇压反革命、响应和平理事会号召以及订立爱国公约等。全校教职员以院系或工会组织系统为单位，分别举行了18场不同规模的控诉会和座谈会，开展了全校签名投票运动。90%的教职员签名投票，反对美国重新武装日本，要求五大国缔结和平公约。

1951年7～9月，在全校教职员工中开展暑期党史学习。在7月18日的学习党史动员大会上，华岗校长作报告，指出要纠正单纯研究历史史料的偏向，要联系自己，检查思想、作风，开展“忠诚坦白、进步团结”运动。[①] 通过党史学习，“有的把过去的历史进行了批判认识，有的检查了雇佣观点与作客思想，也有的批判了过去友敌不分、是非不明，同仁间互不服气，互相排斥，因而产生不团结的错误，也有的检查了自高自大、个人主义、敷衍疲沓等不良思想作风”[②]。

1951年8月22日，周恩来总理在为全国18个专业会议代表和中央人民政府各部负责人所作的题为《目前形势和任务》的报告中，提出知识分子“要为

① 参见华岗：《论学习中国共产党党史的意义和方法》，《文史哲》1951年第3期。

② 《山东大学两年来思想政治教学工作总结》（1949年7月至1951年9月），《文史哲》1951年第5期。

新中国服务，为人民服务，思想改造是不可避免的”[1]。9 月 29 日，周恩来总理应邀在京津高校教师学习委员会作《关于知识分子的改造问题的报告》，讲述知识分子的立场、态度、为谁服务、思想问题、知识问题、民主问题、批评与自我批评等七个方面的内容。10 月 23 日，毛泽东主席在全国政协一届三次会议上提出抗美援朝、增产节约、思想改造的三大号召，并指出：“思想改造，首先是各种知识分子的思想改造，是我国在各个方面彻底实现民主改革和逐步推行工业化的重要条件之一。”[2] 同日，《人民日报》发表题为《认真展开高等学校教师中的思想改造学习运动》的短评，高度评价知识分子思想改造运动。11 月 30 日，中共中央发出《关于在学校中进行思想改造和组织清理工作的指示》，要求在大、中、小学教职员和高中以上的学生中普遍开展政治学习运动。以此为契机，全国高校开展起了知识分子思想改造运动。

1951 年秋至 1952 年秋，山大和全国其他高校一道，开展了知识分子思想改造运动，结合镇压反革命、抗美援朝、“三反”“五反”、院系调整、教学改革、政治大课等来完成。在思想改造过程中虽然也有一些偏差，但总体上是和风细雨的，教职员和学生深受教育与洗礼，无论是对马列主义的认知水平还是对党和政府的认同都得到空前的提高，有力地促进了学校的教学和研究。

1953 年初，学校恢复了因院系调整而暂停的教职员工上政治大课的学习制度，重新组织学习委员会，华岗校长、童第周和陆侃如副校长分别任正、副主任，各系主任为委员。校学委会决定，在全校教师和干部中（学生也实际参加）进行为期一年的辩证唯物论学习，由华岗校长担任主讲，每两周报告一次，分组讨论一次。华岗校长讲授的辩证唯物论共分为 11 个专题，自 1953 年 4 月至 1954 年 9 月，总共作了 35 场报告，每次均在 3 小时以上。报告的内容经整理后刊登在校刊《新山大》和《文史哲》杂志上，有些专题还被《青岛日报》和上海《文汇报》转载，最后由华东人民出版社以《辩证唯物论大纲》为书名出版。听过报告后，广大师生联系思想改造、教学改革、科学研究、怎样办好学校等问题进行了分组讨论。[3] 如果说华岗关于《共同纲领》和社会发展史大课的影响

① 金冲及主编：《周恩来传（1949～1976）》上册，北京：中央文献出版社，1998 年，第 230 页。

② 中共中央文献研究室编：《建国以来毛泽东文稿》第 2 册，北京：中央文献出版社，1988 年，第482～483 页。

③ 参见《山东大学百年史》编委会编：《山东大学百年史（1901～2001）》，第 196～197 页。

主要还在山大和青岛的话，那么辩证唯物论大课则已经走向全国，极而言之，在很多山大师生心中，政治大课主要是指辩证唯物论。

从1953年4月至1954年9月，差不多每个周六下午就有一场华岗主讲的辩证唯物论或全国形势的政治大课。华岗政治大课的最大特点在于理论联系实际，不教条，深受师生欢迎。华岗政治大课的听众除了山大师生外，还有青岛市的机关干部、北海舰队官兵、中学教师以及工商业者。因为听众太多，场地有限，以至于有些单位自行发放听讲券，以限制听课人数。大课通常在“六二”广场举行，每逢大课，人们纷纷来到广场，抢个靠前的座位，以便听得更清楚一点，台阶上、树荫下、草坪中，处处坐满拿着笔记本边听边记的人们，形成了校园里一道独特的风景。大课开讲前和休息间隙，革命歌声此伏彼起，激情焕发，催人奋进，气氛热烈。

这一阶段华岗的“政治大课”至少有两个方面的积极作用。首先，师生加深了对国家政策的了解，增强了对党和政府的认同，解除了一些人思想上的疑虑。其次，教职员的思想得到改造和提升。例如，生物系黄浙副教授检讨说，过去认为“哲学与科学无关，搞自然科学的可以不学哲学，对哲学望而生畏”的观点是错误的。医学院金泽忠教授体会到“研究科学应该认识现象，理解本质，掌握本质和形态之间相互关系，理解本质在形态发展中的主导作用，才能发现问题、分析问题和解决问题”。数学系莫叶教授认为，自己“教学与师资培养工作，如有成绩的话，应首先归功于辩证唯物法的学习”。海洋系唐世凤教授认为，“以辩证唯物论来研究海洋学，才能认识海洋的真实性，才能纠正对海洋看法的片面性与局限性”；“海洋科学只有与辩证唯物论相结合才能使之发展成长”。[①] 童第周指出，应以唯物辩证法的范畴与方法来武装思想，进行科学研究。[②] 此外，冯沅君、郭贻诚、赵俪生、张维华、潘作新、刘遵宪等著名教授纷纷发表文章，畅谈学习心得和收获，一年中仅《新山大》登载的这类文章就达40余篇。

1955年5月29日至6月5日，山东大学召开第一次党代会，校长兼党委书记华岗作工作报告，大会提出必须切实贯彻全面发展的教育方针。1956年3月31日至4月1日，召开第二次党代会，大会提出必须加强党对学校各项工作的领导，实现用12年时间赶超世界先进科学水平的任务。

---

① 参见山东大学学习委员会编：《山东大学教职员“辩证唯物论”学习总结》，《文史哲》1955年第2期。

② 参见童第周：《生物科学与哲学》，北京：中国社会科学出版社，1980年，第6页。

第四节　院系调整后的学科设置

一、院系调整的历史背景

新中国成立后，中国高等教育至少存在以下问题亟待解决：一是包括教会大学在内的私立大学没有纳入国家完全控制范围之内，必须进行改造。二是大学地域分配不均衡，集中在北京、上海、天津、江苏、广东等沿海省市，中西部尤其是西部大学太少。三是人才培养失衡。例如，1951 年全国招生情况是工科 17689 人，农科 3049 人，林科 764 人，医药 7199 人，师范 6836 人，文科 3972 人，理科 1977 人，财经 7726 人，政法 888 人，体育 150 人，艺术 1439 人。[①] 工科和师范专业的招生数量远远不能适应大规模的经济建设和国家发展教育的需求。四是大学在培养目标和教学方法上均与现实不合拍。

为了改变这种局面，新中国成立初期就对某些院校或个别系科开始了调整和迁并工作。在全面学习苏联的经验中，1952 年夏季，教育部制订了“以培养工业建设人才和师资为重点，发展专门学院，整顿和加强综合大学的方针，以华北、东北、华东为重点，进行全国高等院校的院系调整工作”的计划，经政务院批准，于 8 月初通知各大行政区教育部贯彻执行。

1952 年 8 月中旬，华东军政委员会教育部设立院系调整委员会，召开本区大专院校校长会议，决定将复旦大学、南京大学、山东大学改为综合性大学，建立多学科性质的高等工业学校，新设化工、水利、林业等高等学院，撤销金陵大学、齐鲁大学、圣约翰大学、沪江大学、震旦大学建制，其系科并入有关院校。华岗校长参加了这次会议，返校后于 8 月 19 日召开校务委员会常委会议，传达了会议精神，研究制定了本校的调整方案和计划，确定工、农、医三院和政治、艺术两系调出，独立建院。同时，在学校学委会基础上成立学校院系调整委员会，华岗任主任委员，李芸生、童第周、陆侃如、吴富恒任副主任委员，崔戎等 20 人为委员，领导全校院

① 参见中国教育年鉴编辑部：《中国教育年鉴（1949～1981）》，北京：中国大百科全书出版社，1984 年，第 969 页。

系调整工作。同时，在工、农两院分别成立院系调整分会，政治、艺术两系成立小组，具体领导本单位的调整工作。

二、山大院系调整状况

1952年8月23日，山大召开校务委员会第十一次扩大会议，华岗校长全面传达了华东地区院系调整会议精神和本校调整方案。经讨论，大家一致表示坚决拥护。农学院副院长陈瑞泰说："全国高等农业学校的设置和分布是极不合理的，如不调整就无法满足国家建设的需要；从目前山东两个农学院和一个农业专修科的情况来看，存在着人力浪费和设备不集中的状况；调整以后，这种状况就消灭了，山东的高等农业教育将会得到健全发展。"工学院院长丁履德也说："这次院系调整，使山东地区两个工业学院有明确的分工，培养人才的方向和规格更会适应社会主义建设的需要，这是一个很重要的教育改革措施。"① 会上还通过了院系调整委员会（组）人选名单，并成立了秘书、宣传、总务、联络、物资清点等组织，由专人负责，尽快做好各项准备工作。

8月26日，召开全校大会，华岗校长作关于院系调整的报告。至此，院系调整工作的思想发动和组织准备已成熟。9月初开始行动，月底全面结束。院系调整情况如下：

（一）政治系迁至济南，组建成山东省政治学校，现为中共山东省委党校。

（二）艺术系的戏剧组迁至上海，与上海戏剧专科学校合并，组建成中央戏剧学院华东分院，现为上海戏剧学院。

（三）艺术系的音乐、美术两组迁至无锡，与上海美术专科学校、苏州美术专科学校合并，组建成华东艺术专科学校，现为南京艺术学院。

（四）工学院的土木工程系与原山东工学院的土木、纺织两系合并，成立青岛工学院。后来迁至武汉与有关院校的系科合并，后为武汉测绘科技大学。

（五）工学院的机械、电机两系迁至济南，与原山东工学院合并，现为山东大学千佛山校区（即原山东工业大学）。

（六）农学院的水产系留校，农艺、园艺和植物病虫害三系迁至济南，

① 《山东大学百年史》编委会编：《山东大学百年史（1901～2001）》，第192页。

与原山东农学院合并，现为山东农业大学。

（七）理学院的地质矿产系、采矿工程系迁至长春，与有关院校的系科合并，组建成长春地质学院（后并入吉林大学）。

（八）厦门大学海洋系理论组部分教师并入山大，组建新的海洋系。

（九）医学院因受校舍的限制，暂缓调整。1956年青岛工学院迁去武汉后，使用该院校舍组建成青岛医学院。

（十）1954年高等教育部①拟改变现有高等学校的布局，报请国务院批准，将沿海某些高等学校内迁和增加新的专业，其中有上海交通大学、上海第一医学院、山东大学等。

当时决定把山东大学迁往河南郑州。后来教育部经过审慎研究，决定把山东大学迁往郑州改为由山大派人去郑州筹建一所新的大学，并给予师资支援。在决定把学校迁往郑州时，学校即派总务长刘椽、总务处主任秘书董树德、总务科科长于健、基建办公室技术员刘岩等26人前往郑州筹建。经过两年的努力，1956年夏主要建筑完工，秋季招生上课。学校从文、理各系选调一部分教师支援，这就是今天的郑州大学。

经过一个多月的院系调整，学校分出的工、农二院和地矿、政治、艺术三系，以及后来在青岛独立的医学院和海洋、水产两系，分布在山东、吉林、湖北、江苏、河南、上海六个省市，发展为山东工业大学、山东农业大学、中共山东省委党校、长春地质学院、上海戏剧学院、南京艺术学院、武汉测绘科技大学、郑州大学、青岛医学院、中国海洋大学十所高等学校，为促进新中国高等教育的繁荣作出了贡献。

三、院系调整后的学校组织机构

在院系调整期间，学校人事也有所变动。教务长何作霖调往中央地质部工作，副教务长余修调任山东师范学院院长，副教务长罗竹风调去上海市政府任职，副总务长刘宿贤调任青岛工学院副院长。何、余、罗离职后，由文学院院长吴富恒任教务长，文学院院长由杨向奎教授接任，校长办公室主任崔戎、理学院院长郭贻诚接任副教务长，叶锦田继任校长办公室主任。

① 1952年11月教育部增设的下属机构。

院系调整后，学校除暂时保留医学院外，取消院一级的建制，设中文、外文、历史、数学、物理、化学、生物、海洋、水产九个系。其中，生物系由原动物、植物两系合并组成，陈机任系主任；新设海洋系，赫崇本任系主任；中文系主任吕荧调京工作，萧涤非继任系主任；其他各系人选不变。行政机构按照中央教育部的规定，在校长领导下设政治辅导处，由武杰任主任，管理师生员工的社会活动，协助教务处指导马列主义理论课教学工作。此外，还调整、健全了工会和学生会组织。1952 年秋，根据上级指示，筹建了工农速成中学，副校长陆侃如兼任校长，调教务处副主任秘书赵凌任专职副校长。当时闻名全国的“郝建秀工作法”的发明者郝建秀，就是山大工农速成中学的第一届学员。

这样，由中央教育部直接领导的、以文理为主的综合性大学——山东大学至此定型。

第五节　学习苏联实施教学改革

1953 年 1 月，高等教育部部长马叙伦在《人民教育》上发表文章，提出高等学校要认真学习苏联先进经验，改进教学内容和教学方法，提高教学质量。9 月10～23 日，高教部在北京召开综合大学会议，指出当前的首要任务是学习苏联经验，进行教学改革工作，不断提高教学质量，以适应经济建设的迫切要求。为响应高等教育部号召，山东大学提出了“专业教学，培养师资，整顿纪律，提高质量”的教改工作重点，在专业设置、课程安排、教研组建立、教材建设、教学大纲制定、教学方法、师资培养、考试制度、论文写作等方面进行了一系列改革。

一、实行专业教学

1953 年，学校根据师资力量和设备条件，决定设置十个专业：中文系设汉语言文学专业，历史系设历史学专业，外文系设俄语专业，数学系设数学专业，物理系设物理学专业，化学系设物理化学专业，生物系设动物学专业和植物学专业，水产系设水产专业，海洋系设物理海洋专业。

专业教学是苏联高等教育的产物，在中国起源于院系调整，以“专才”培养代替“通才”培养，以适应国家建设需要。为了实行专业教学，各系课程都作了调整，尽量使所开课程符合当时的需要，并增加课程实习和生产实习的学时，增强学生的实际操作能力，基本上每个系都是既开基础课又开专业课，这相比于20世纪30年代和教改以前是一个很大的变化。例如，中文系的基础课和专业课有文艺学引论、中国文学史、写作实习、现实文学、人民口头创作、古典文学、世界文学、苏联文学、语言学引论、中国语言学、诗词研究、《诗经》研究、杜甫研究、鲁迅研究等14门。历史系的基础课和专业课有中国历史文选、中国史、亚洲史、世界史、中国近代史、世界近代史、中国文学史、中国思想史、考古学通论、中国地理、世界地理、自然地理、中国经济史、中国农民战争史等14门。数学系的基础课和专业课有数学分析、解析几何、高等数学、普通物理、微分方程、微分几何、复变函数论、理论力学、特殊函数、专题讨论等10门。生物系的动物专业和植物专业共同的基础课有生物学史、生物学引论、物理学、生物化学、地质学、组织学、达尔文主义、遗传学等8门，其中动物专业的专业课有动物学、动物基础学、动物生殖学、人体解剖学、动物饲养学等5门，植物专业的专业课有植物学、植物生理学、微生物学、农业与土壤学、植物栽培学等5门。海洋系的基础课和专业课有高等数学、普通物理、分析化学、海洋通论、自然地理、力学和流体力学、普通气象学、潮汐学、波浪学、海洋动力学、海洋化学、海洋工程学、天气学、海洋沉积学、海洋船艺以及海道预测等16门。

二、建立教学科研组织

为了便于教学和科研，苏联高等学校普遍设立了教学研究室。根据苏联经验，山大各系陆续建立起教研室（组）或教学小组。具体情况如下：

1.1953年下半年，学校成立了由崔戎兼主任，吴大琨、赵俪生、蒋捷夫任副主任的马列主义教研室，担任全校政治理论课的教学工作。为了加强马列主义理论课的教学，马列主义教研室下分中国现代革命史、马列主义基础、辩证唯物论和政治经济学四个教学小组，朱作云、蒋捷夫、赵俪生、吴大琨分任组长。

2. 公共必修课俄语教学小组，金诗伯任组长。

3. 体育教学小组，王俊朋任组长。

4. 中文系：现代文学教研组，孙昌熙、刘泮溪任组长；中国文学史教研组，冯沅君、萧涤非任组长；中国语言教学小组，殷焕先任组长。

5. 外文系：基本俄语教研组，方未艾任组长；英语教学小组，黄嘉德任组长。

6. 历史系：中国通史教研组，王仲荦、卢振华任组长；中国近代史教研组，郑鹤声、孙思白任组长；世界史教学小组，陈同燮任组长。

7. 数学系：高等数学教研组，刘智白、刘冠任组长；高等分析数学教学小组，莫叶任组长；代数教学小组，周怀生任组长；几何教学小组，谢力同任组长。

8. 物理系：普通物理教研组，刘鸿宾、王应素任组长；力学教学小组，周北屏任组长；实验教学小组，杨有楙任组长。

9. 化学系：有机化学教研组，刘椽、杜作栋任组长；无机化学教研组，尹敬执任组长；理论化学教学小组，刘遵宪任组长；分析化学教学小组，叶长龄任组长；化学工艺教学小组，武际元任组长。

10. 生物系：无脊椎动物教研组，曲漱蕙任组长；普通植物教研组，陈机任组长；脊椎动物教学小组，黄浙任组长；微生物教学小组，王祖农任组长；达尔文主义教学小组，方宗熙任组长。

11. 水产系：水产通论教研组，沈汉祥任组长；水产动物教学小组，邹源琳任组长；水产加工教学小组，闵菊初、刘纶任组长；渔捞渔具教学小组，黄文澧任组长；航海船艺教学小组，胡文溶任组长。

12. 海洋系：海洋学教研组，唐世凤、景振华任组长；海洋气象教学小组，王彬华任组长；海洋动力教学小组，文圣常任组长。

与此同时，学校还要求系主任必须亲自主掌一个教学小组，每半月召开一次教师、课代表联席会议，及时听取教师和学生的意见和建议。随着教改的深入，教研组织不断增加。刚开始，全校总计建立了14个教研组，26个教学小组。各专业大部分基础课程都建立了教研组，80%的教师参加了教研组或教学小组，86%的课程由教研组或教学小组承担。[①] 到1953年第一学期，教学小组

① 参见《山东大学教学组织情况山东大学投递高教部关于成立的教学科研组织及各组主任》，山东大学档案馆馆藏档案，卷宗号：WSXB1955-1-015。

发展到41个，加上14个教研组，全校共有教学组织55个，涵盖166门课程，占开设课程91%，全校99%的教师都参加了教学组织进行教学①，并且几乎所有教学组织都制订了工作计划，一般也都能按照计划进行了工作。教研组在保证专业教学，提高教学质量，培养师资等各项工作中，开展讨论，集思广益，发挥集体力量和组织作用，有力地推动了教学改革。

三、结合教学改革教材

采用苏联教材，吸收苏联科学成果，制订教学计划和改写教学大纲，重新编写教材，是20世纪50年代教学改革的一个重要内容。

1952年，华岗提出山大的教材改革应该按照“边教边改，边改边教”的方针进行，教务处在1953年教学工作计划中明确提出下列要求：

首先，国内已有译本苏联专业教材的课，如高等数学、数学分析、普通物理、普通化学、分析化学、普通植物学等，根据高等教育部修订的教学大纲，采用苏联教材，在实践中掌握其精神，积累经验，准备编写讲义。

其次，已根据苏联教材写成讲义的，主要继续深入研究苏联教材，结合中国实际情况加以修改。自定大纲写成讲义的，继续修改和补充。

再次，有苏联教材但无译本者，可在教学之内制订计划，组织力量，将苏联原本译成中文，以边译边研究的办法，结合采用进行讲授。

最后，有苏联教材与大纲者，根据已修改的大纲编写或修改讲稿，或采用适当课本。②

1953年第一学期，全校理科六系开设的63门课程中，全部采用苏联教材的有数学分析、高等代数、普通物理、无机化学、分析化学、天气学、理论气象等7种。基本按照苏联教材自编讲义的有高等数学、微分几何、植物学、植物生理学等11种；部分参考苏联教材的有理论力学、近代物理、普通化学、定量化学、化学工艺、生物学引论等20种。以上全部采用或者部分采用苏联教材的课程共计38种，占理科开设总课程的61%。在尚未采用苏联教材的课程中，有16种系水产系课程，这些课程当时国内都还没有苏联教材。文科除中国历史、中

① 《一九五三年度第一学期教学工作总结》，《新山大》第115期，1953年3月20日。

② 《教务处采用苏联教材情况与教师工作量情况》，山东大学馆藏档案馆馆藏档案，卷宗号：JXZH021954-032。

国文学史课程必须采用中国教材以外，基本英文已全部采用苏联教材，语言学引论、语言学、语法修辞、俄语语法、古代东方史、中世世界史、世界近世史、世界地理、自然地理9门课程都是参照了苏联教材，自编讲义和讲稿。①

四、其他方面的改革

专业教学、建立教研组织、教材改革主要是针对教师而言的。此外，学校还针对学生实行课代表制度、口试制度，重视学年论文、毕业论文、毕业设计制度。

课代表制度就是在班级遴选一位同学，由其将学生对教学的意见，及时反馈给任课教师，以督促教师改进教学。教师有关作业布置、课程安排事宜往往也通过课代表传达。总之，课代表是沟通老师和学生的桥梁。

口试是苏联高等教育的重要创新之一。从理论上讲，对学生而言，口试既可以真实地检查学习成果，又可以发现教材内容及教学方法方面的问题；对于教师而言，通过口试可以更正确、全面、具体地了解学生的知识水平、学习程度与学习方法上存在的问题，积累经验，以便更有效地指导学生学习。1952～1953学年度的第二学期期末考试，外语、历史、数学、生物四系选择了个别课程，进行口试制度的试验。1953～1954学年度，全校各专业各班级普遍采用口试。1953～1954年第二学期，在全校各专业班级中，共有49门课程（60余门次）采用了口试制度。尽管师生对口试的态度不一，但毕竟也是可贵的尝试。

学年论文和毕业论文既是提高学生科研水平的一种手段，也是检验学生学习成绩的一种方法。实际上，早在20世纪三四十年代，山大就实行了毕业论文制度，新中国成立后一度中断，在教学改革中学校重新重视毕业论文制度。学年论文一般是要求三年级学生开始撰写，题目范围较小，字数较少，重在归纳整理和分析，不特别要求创见。毕业论文则要用整个学期来写，题目范围较大，字数也较多，重在分析问题的深度和广度，以期有新的观点。一般而言，文科和理科学生撰写毕业论文，而实践性质较强的学科实行毕业设计制度。②

① 参见《教务处采用苏联教材情况与教师工作量情况》，山东大学馆藏档案馆馆藏档案，卷宗号：JXZH021954－032。

② 参见《积极推行学年论文和毕业论文》，《新山大》第151期，1954年10月30日。

第七章　形成文史见长办学特色

20 世纪 50 年代前期的山东大学师资力量雄厚，名师汇集五院十八系，群星灿烂。在华岗校长的支持下，学校部分教授创办《文史哲》杂志，开风气之先，引领学术。从 1949 年青岛解放到 1958 年西迁济南，经过十年的发展，学校不仅形成了“文史见长，加强理科，发展生物，开拓海洋”的学科特色，而且树立了“重视理论，联系实际，艰苦奋斗，勇于创新”的优良校风。

第一节　师资队伍群星璀璨

一、各学科名师汇集

1919 年 9 月 20 日，蔡元培在《北大第二十二年开学式演说词》中说：“大学并不是贩卖毕业文凭的机关，也不是灌输固定知识的机关，而是研究学理的机关。”大学的学生“是在教员指导之下自动地研究学问的”，为达到该目的，学校“延聘教员，不但是求有学问的，还要求于学问上很有研究的兴趣，并能引起学生的研究兴趣的”。[①] 1931 年，梅贻琦就任清华大学校长时说：“办大学，应有两种目的。一是研究学术，二是造就人材”；要达到这两个目的，“必须有两个必备的条件，其一是设备，其二是教授”；“一个大学之所以为大学，全在

① 蔡元培：《北大第二十二年开学式演说词》，高平叔编：《蔡元培全集》第三卷，北京：中华书局，1984 年，第 343 页。

于有没有好教授”；“所谓大学者，非谓有大楼之谓也，有大师之谓也”。[①] 出任合校后新山大校长的华岗，同样深谙师资对一所大学的重要性，他在不同场合多次强调，“著名的大学关键是靠有一批学识深厚的著名教授”。

提高师资质量，一在充分调动现有教师的积极性并激发其潜能，一在延聘外来名家。调动教师积极性的途径很多，但肯定教师教学科研成绩，评定职称是重要手段之一。为此，20 世纪 50 年代初期山东大学适时评定职称，将学有专长的教师晋升为教授。例如，1951 年 6 月 4 日，校常务委员会决定将殷焕先、张学铭、王祖农、李传隆、傅宝瑞晋升为教授；7 月 4 日，杨枫先晋升为教授。1952 年 2 月 8 日，校常务委员会决定，将刘智白、曾友梅、蒋士和、关德栋晋升为教授。在全国刚刚解放的时候，评定职称不仅是对教师的肯定、鼓励和督促，事实上还具有稳定人心、政权认同等更为广泛的含义。梅贻琦在就职演说中提出：好教授“决不是一朝一夕所可罗致的”，“只有随时随地留意延揽”。20 世纪 50 年代山大也是这么做的。例如，仅 1950 年秋季，学校就新聘了一批名家。文学院新聘吕荧、许思园，外文系新聘乔裕昌、方未艾。理学院物理系新聘王普、高仕功，化学系新聘刘遵宪、徐国宪、阎长泰，医学院新聘徐佐夏、金泽忠，水产系新聘兼任教授大槻洋士朗（日本籍）。

正是由于学校重视师资建设，院系调整后，山东大学的师资队伍阵容强大，力量齐整，可谓群星灿烂。1953 年初学校各系师资阵容见表 7-1。

表 7-1　1953 年初学校各系教师阵容

	系别										
	中文	历史	外文	数学	物理	化学	生物	水产	海洋	合计	百分比
教授	9	12	5	4	4	3	8	3	2	40	17%
副教授	2	3	1	3	2	2	3	2	2	20	9%
讲师	5	4	3	4	8	5	8	4	2	43	20%
教员*	2	2	0	0	0	0	0	0	0	4	2%
助教	16	14	12	16	18	18	16	12	12	134	52%
合计	34	35	21	27	32	28	35	21	18	241	100%

*指由于种种原因，暂未定职称的教师，这类教师水平往往较高，甚至不次于一般教授。

从表 7-1 可以看出，山大教授、副教授、讲师、教员、助教分别占 17%、

① 梅贻琦：《就职演说》，《国立清华大学校刊》第 341 号，1931 年 12 月 4 日。

9%、20%、2%、52%。1953年高校教师评级后，山大有一级教授3人（不包括医学院），二级教授5人，三级教授21人，四、五级教授31人。

中文系教授陆侃如、冯沅君夫妇早年留学法国，同获巴黎大学文学博士学位，回国后在高等学校长期从事教学与研究。他们二人在文学界久负盛名，学术论著甚丰，合撰的《中国文学史简编》被选为高校中文系教材，还被译成英、俄、捷等多种文字在海外流布。高亨教授研究中国古代文史近40年，是国内先秦哲学和文学领域为数不多的专家之一，对古籍诠释具有独到见解，所著《老子正诂》不囿于旧说，独辟蹊径，受到毛泽东的称赞。萧涤非教授治汉乐府和唐诗甚具功力，所撰《杜甫研究》既有学术价值，又有较高的思想性。黄孝纾教授专长唐宋文学和古代字画鉴别，教学严谨成风，一丝不苟。殷孟伦教授擅长中国古典文学、古代汉语、训诂学、文字学，著有《汉魏六朝百三家集题注解》《尔雅简说》《先秦散文选读》。殷焕先教授对现代汉语语言学和音韵学均有较高的造诣，其《汉字三论》《反切释义》在学术界颇有影响。高兰教授的新诗创作和朗诵诗富有浓厚的时代气息，脍炙人口。关德栋教授专攻满文、满族文献和中国民间文学，并对敦煌学很有研究，所著《曲艺论集》《敦煌变文》均引起中外学者的关注。中年教师孙昌熙、刘泮溪等，在鲁迅研究方面作出了杰出贡献。教员蒋维崧、周迟明、琦书畊、刘本炎关于汉语和修辞的研究，皆具独到的见解。

历史系教师队伍齐整全面。从远古到先秦两汉，从魏晋南北朝到隋唐五代，从宋元明清直至近代，每一历史阶段都有深入探索、成绩卓著的专家。系主任杨向奎教授专治先秦两汉史兼治世界史，所撰论著被认为有开拓创新精神，在史学界占有相当的地位。丁山教授肄业于北京大学研究院国学门，涉猎广泛，探索深入，对古代官制史、法制史、学制史和甲骨文都有专门研究，著有《从甲骨文看殷代社会》等，对中国古代史的研究堪称博大而精深。童书业教授自学成才，曾被史学大师顾颉刚聘为私人研究助理，20世纪30年代协助顾颉刚编写《春秋史讲义》，首倡古史"分化演变说"，为中外史学界所注目。他对中国手工业商业史、绘画史、历史地理也有精湛研究，先后发表《中国山水画南北分宗说辨伪》《中国历代疆域沿革考略》等论著，订正了传统的伪说和讹传。新中国成立后，他积极参加学术争鸣，先后完成了《先秦七子研究》《春秋左传考证》两部力作，这是他运用马克思主义理论，突破旧式考据的藩篱，取得的可贵科研成果。王仲荦教授早年师从章太炎，对中国古典文学和古代史造诣深厚，并专长魏晋南北朝隋唐史研究，学术论著甚多，其《魏晋南北朝史》一书资料丰富，内容充实，被史学界公认为水平一流的断代史。郑鹤声教授是古籍版本目录学、东西洋交通史、近代史的专家，曾任国史馆主任编辑，著述宏富，如《中国史学史》《中国近世史》《中国近三百年大事记》《司马迁年谱》《班固年谱》等，都具有资料丰富、内容翔实的特点。他的《中国史部目录学》是历史学者探讨中国历史源流的蓝本，《郑和》《郑和遗事汇编》《郑和下西洋资料汇编》等编著获得中外学者的好评。张维华教授毕业于燕京大学研究院，历任北平研究所所长、齐鲁大学文学院院长等职，学识渊博，专长战国秦汉史、土地制度史、中西洋交通史研究，采用溯源、辑补、比析、考证等方法，写成《明代海外贸易简论》《明史欧洲四国传注释》等专著。黄云眉教授对明史、唐代散文都有精深研究，著有《明史考证》《史学杂稿续存》《古今伪书考补正》等，订正了一些错误和讹传。赵俪生教授对中国封建社会史、土地制度史、农民战争史、古典文学有精湛的研究，出版《史学新探》《中国农民战争史论文集》《山东历史上的农民起义》等著作，观点新颖，内容充实。吴大琨教授专治中国经济史，谙熟马克思主义经济学，1952年到校任教以来，对历史系经济史教学和研究做了开拓性的工作。陈同燮教授擅长世界史和中国通史的教学研究。莫东寅教授专攻中国经济史，袁寿椿教授对自然地理、世界地理都有一定的研究水平。华岗校长是著名的中国近代史专家，写有《一九二五至一九二七中国大革命史》《中华民族解放运动史》《太平天国革命战争史》《五四运动史》《中国历史的翻案》《社会发展史》等著作，在学界影响巨大。此外，还有在中国通史、中国近代史、中国思想史、中国哲学史、中国革命史等方面教学和科研能力较强的副教授卢振华、韩连琪、孙思白、徐绪典和教员华山。

外文系主任吴富恒教授是哈佛大学硕士，对中国文学、美国文学造诣都很深，治学严谨，经验丰富。赵太侔教授曾在美国哥伦比亚大学研究院攻读西洋戏剧，对西洋文学和戏剧有专门研究，翻译能力亦很强。黄嘉德教授毕业于美国哥伦比亚大学研究院，曾任上海《西风》主编，著有《萧伯纳传》《生活的艺术》等，英国文学研究卓然有成。梁希彦教授精通英国文学，在教学和翻译工作中都有良好的成绩。乔裕昌教授英语基础扎实，教学颇有水平。谢震亚教授专长俄文和俄语，笔译口译皆属上乘。方未艾副教授对俄国文学素有研究，曾翻译托尔斯泰的著作。其他尚有副教授张健、曾宪溥，讲师金诗伯、陆凡、徐维垣、王荣兴等。

数学系李先正教授对数学理论有深入探索，专长三角级数，曾在英国伦敦数学学会杂志发表《三角级数的一个注记》，被美国《数学评论》转载，在数学界较有声誉。莫叶教授是美国华盛顿大学研究院哲学博士，对复变函数研究甚有功力，著有《复变函数论》。刘智白教授对高等数学、周怀生教授对代数、胡昭全教授对实变函数、张学铭教授对微分方程、谢力同副教授对运筹学都各有研究。

物理系师资力量也很强大。系主任郭贻诚教授获加利福尼亚理工学院研究院理学博士学位，专长理论力学、电磁学等研究，撰有《微磁（化）理论》《铁磁学》等论著。束星北教授留学英国和美国，获博士学位，在理论物理和相对论方面有深入研究，学术著作深受物理学界重视。王普教授毕业于德国柏林大学研究院，获理学博士学位，曾在美国参加核分裂（原子弹）初期研究工作，出版有《核物理学入门》《铀镭与国防》等，是当时我国少有的核物理学专家之一。张亮教授对量子力学的研究、周北屏教授对无线电物理的研究也都颇具水平。此外，杨有椕、刘鸿宾、余寿绵、王承瑞、王应素、冯传海、陈成琳、陈继述、熊正威等副教授和讲师在理论物理、理论力学、高能物理的教学和研究方面也是各有专长。

总务长兼化学系主任刘椽教授官费留学美国，获伊利诺伊大学有机化学硕士学位，20 世纪 30 年代初期回国，曾任厦门大学系主任、理学院院长等职，从事教学工作二十余年，为培养人才作出了贡献，著名化学家卢嘉锡、蔡启瑞皆出其门下。刘遵宪教授是留学美国的化学博士，专长理论化学和工业化学，著有《理论化学教材》《原子核化学》等。徐国宪教授留学日本，在电化学教学与研究方面取得了一定成就。其他教师如副教授阎长泰、尹敬执，讲师杜作栋、邓从豪、陈鸿宅、柳正辉、叶长龄、武际元等，对分析化学、有机硅化学、量子化学和化学工艺等学科也有一定的研究。

生物系教师的数量和质量在高等学校中不仅名列前茅，而且颇具特色。副校长童第周教授是比利时布鲁塞尔大学科学博士，在动物胚胎学研究方面多有创见，20 世纪 40 年代以《鱼类胚胎学》论文发表在英国皇家学会的杂志上而闻名中外，接受美国伍兹霍尔研究所的聘请出国讲学，兼任耶鲁大学研究员，是我国屈指可数的生物学家之一。曾呈奎教授留学美国，获博士学位，对海洋藻类学有深入研究，20世纪50年代初期，在青岛近海人工繁殖海带获得成功。陈机教授毕业于法国里昂大学，获法国国家自然科学博士学位，专长植物解剖学，著有《植物学》《植物解剖学》《中国烟草栽培》《被子植物胚胎学》等。曲漱蕙教授长期研究胚胎学、组织学，积累了丰富的资料与经验，所著《组织学》有较好的科学性和实用价值。王祖农教授是巴黎大学理学博士，回国后在开拓我国基础薄弱的微生物学教学和研究方面作出了贡献。方宗熙教授对达尔文的进化论和遗传学探讨深入，在教学和研究工作中取得了一定的成绩，论著亦有水平。郑柏林副教授对海藻学有长期的研究，著有《华北区海藻索引》，对海洋开发颇有价值。此外，还有专长动物学和植物学的王敏、钟兴正教授，副教授叶毓芬、黄浙、高哲生、李冠国、李嘉咏，讲师陈惠民、周才武、陈倬、周光裕、方同光、尹光德、李桂舫等，师资阵容可谓强大。

水产系主任沈汉祥教授曾留学日本，不但在水产养殖和加工方面有理论修养，而且具有实践经验。薛廷耀教授专长水产捕捞和加工，在教学和研究中都取得了较好的成绩。邹源琳教授在水产动物分类、性态、洄游、繁殖等方面知识渊博，是擅长水产捕捞和养殖的学者。黄文沣副教授对渔捞、渔具有丰富的教学经验。闵菊初副教授精于水产加工，在水产品的生产、加工和储藏方面具有丰富的实践经验。胡文溶副教授曾任海军副舰长，对航海、船艺学的理论和实践都比较谙熟。

海洋系主任赫崇本教授曾留学美国，对海洋物理、海洋气象有深入研究。唐世凤教授专长海流和潮汐学。文圣常教授专长海洋动力和波浪学。牛振义教授专长气象学。王彬华副教授专长海洋气象学的研究。由于是新建立的系科，与其他系科相比，海洋系师资略显薄弱。

二、重视培养青年教师

20世纪50年代初期，山大除汇集了一大批著名学者外，还储备了一大批优秀青年教师，他们后来成为各领域的翘楚。例如，中文系的周来祥和袁世硕、历史系的葛懋春和路遥等均在此列，而他们之所以成为国内著名学者，与学校的精心培养是分不开的。

新中国成立初期，随着招生规模扩大和开设课程增加，仅仅依靠老教师已不能满足教学和科研，于是培养青年教师（主要是助教）成为山东大学的一项重大决策。华岗十分关心培养师资工作，他指出："培养助教工作应以完成教学任务为前提，借口培养，拒绝工作是错误的，根据系的具体条件确定培养的途径：教师力量比较充实的系，可采取系统提高的途径，使助教在课前掌握系统的业务知识；教师力量比较薄弱的系，采取速成途径，助教应先开课，在工作中提高，采取的途径虽不同，最后的结果是一样的。教授和讲师对助教的帮助，在培养师资上，是有很大的作用的。各系应确定培养对象，指定导师，使培养助教工作作为制度执行。导师在一定的时期内，对所负责的培养对象，应进行考察，对努力不够的，应进行重点帮助，学期末，导师应作培养助教的总结，向系和教学组织报告培养经过和成绩。"[①]

在华岗校长的号召下，各系在培养青年教师方面可谓不遗余力。[②] 例如，中文系在青年教师培养方面经验丰富，认为培养助教必须做到六条："教师们大家一条心，同心同德，全心全意工作"；"如果不是工作上有特别的需要，在培养方向上，当重视助教原有的学习基础"；"必须加强工作的计划性"；"培养助教对老教师们的科学研究是有帮助的，这不是个只出不进的'舍本买卖'"；"必须注意新老教师的团结"；"老教师在各方面起模范作用"。[③] 1953 年第 105 期的《新山大》以《中文系文学史教研组本学期助教培养计划》为题，从培养助教的总计划、本学期的培养计划两个方面，用 2500 多字的篇幅，详细报道了对助教袁世硕的培养方案、计划、目标。袁世硕 1953 年毕业于山东大学中文系，后来成为国内著名学者，曾担任国家古籍整理出版规划小组成员、全国高校古籍整理研究工作委员会委员、山东省古典文学学会会长，出版《孔尚任年谱》《蒲松龄事迹著述新考》《文学史学的明清小说研究》等著作。袁世硕教授取得成就的原因是多方面的，但是他青年时期这一段"被培养"的经历，无疑起了重要的作用。历史系助教徐鸿修后来成先秦史著名学者，这与他曾担任童书业教授的助教，深受童先生教导与影响也有极大的关系。类似的情况各系都有。

① 《校委会举行扩大会议》，《新山大》第 62 期，1952 年 10 月 11 日。

② 参见《各系、教学组织订出师资培养计划》，《新山大》第 107 期，1953 年 10 月 31 日。

③ 中国文学史教研组：《对于培养助教的体会》，《山东大学 1954 年师资培养计划与教学工作资料》，山东大学档案馆馆藏档案，卷宗号：JX-ZH-021954-031。

第二节　创办《文史哲》引领学术

新中国成立初期，学校成立权威学术机构，发挥其在学术引导和评定等方面的作用；举办校庆科学讨论会，推动全校兴起科研热潮；创办《文史哲》和《山东大学学报》，为师生提供展示成果的舞台。由于学校创造了良好的科研条件和环境，山东大学的各个学科尤其是文科的中文、历史和理科的生物、数学在全国占有相当重要的地位，取得了丰硕的成果。

一、建机构为科研护航

尽管新中国成立初期事务繁乱，但学校还是把科研放在重要地位。例如，1949 年 10 月，地矿系在莱芜发现两个铁矿，1950 年 4 月在莱阳发现恐龙化石。1951 年 3 月与华大合校后，学校走上了正轨。合校后的第三天，即 3 月 18 日，校务委员会就讨论了如何开展科研工作的问题并做出决定：

（一）每年校庆活动期间举行科学讨论会，检阅一年来的科研成果。

（二）重新组建校学术委员会，童第周副校长任主任委员，陆侃如副校长和何作霖教务长任副主任委员。规划全校的科学研究工作，筹办出版文、理、工、农、医各学科综合性的学术刊物《山东大学学报》。

（三）各系必须制定科学研究计划，包括选题、内容、负责人、完成时间等，以迎接每年的校庆科学讨论会。

为加强学术研究，提高学术水平和教学效果，学校成立了学术审议委员会。5 月 23 日，校常务委员会讨论通过《学术审议委员会组织草案》。6 月 8 日，成立了学术审议委员会，讨论通过了《学术审议委员会组织条例》，学术审议委员会由教务长、副教务长、各院院长以及历史语文研究所、海洋研究所所长组成，设主席 1 人、副主席 2 人，由正、副教务长分任。委员会的任务如下：（1）审议教员升等所提出之论著及其他有关学术研究之报告；（2）审议师生申请奖励之有关学术的创造、发明、发现、著作、调查报告等；（3）审议各院、系提出奖励有特殊价值之毕业论文；（4）审议各院、系、所以教学为主的学术编译计划及准备发刊之学术丛书；（5）协助学报之编审工作。

1953年全国综合大学会议以后，学校立即组织贯彻落实会议精神，围绕“培养科学研究工作和教学的专门人才”的任务和目标，把科学研究列为学校工作的重点。1953年12月25日，校长办公会议决定成立山东大学科学研究委员会，主任委员为童第周，副主任委员有郭贻诚、杨向奎、徐佐夏，委员有方宗熙、吴大琨、李先正、沈汉祥、冯沅君、梁希彦、赫崇本、刘遵宪、穆瑞五。科学研究委员会制订工作计划，加强对全校科研工作的组织和领导，使科研工作有计划、有组织地进行。

近代以来的科学史表明，一所大学的学术发展离不开由专家组成的学术机构的护航。首先，专家可以根据环境、人才、资金等各种因素，判断何种研究是自身的长处，更容易获得成功，同时也可以判定成功以后成果会在社会上产生何种影响，从而又进一步促进了学校科研的发展。其次，学术研究需要有效、客观、公平的激励机制。在高校，职称评定是激励和检验教师最重要的手段之一，所以评判者不仅需要真正具备学术水准，而且必须有学术良心和学术道德，由德高望重的教授膺任此职自然最为合适。总之，学术委员会、学术审议委员会、科学研究委员会等机构的设立，为山大学术提供了可靠的制度保障，指明了发展的方向，从而有力地促进了学校科研繁荣。

二、校庆科学讨论会

1951年3月18日，校委会决定每年校庆活动期间举行科学讨论会，组织工作大体步骤是：前一年底，各系报送包括论文题目、作者、内容简介、讨论范围的校庆科学讨论会计划，教务处（后由科研处）研究批准后与各系协商，拟定包括主持人、报告人、时间、地点、参加人员等项目的讨论会程序，经校学术委员会讨论、校长审核后，印发校内各单位及校外有关部门。讨论会依据论文的性质、水平和实用价值等，分为大、中、小三种类型。大型讨论会吸收或邀请校外有关人员参加，由学校负责人主持；中型讨论会由学科相近的几个系参与，由教务长或系主任主持；小型讨论会则为本系人员参加，由系主任或教研室主任主持。讨论时间约为一个月，自3月15日开始，至4月中旬结束。讨论会上的论文经过修改、补充后，由《文史哲》《山东大学学报》或校外刊物发表，有时还出版校庆论文专集。

校庆科学讨论会自 1952 年开始，组织工作一年比一年好，论文质量一年比一年高，数量也一年比一年多。每届校庆科学讨论会上，不仅普通教师、学校领导纷纷撰写论文，学生也初生牛犊不怕虎，踊跃参加，有的甚至还写出了具有一定学术水准的论文。据统计，1952 年校庆科学讨论会期间，全校师生提交论文 62 篇，1953 年有 94 篇，1954 年有 120 余篇，1955 年有 150 余篇。1955 年，学校 79%的教授制订了科研计划，科学研讨会上有 28 人提交了 25 篇论文；71%的副教授制订了科研计划，13 人提交了 9 篇论文；60%的讲师制订了科研计划，30 人提交了论文；50%的助教在老教师的指导下初步开始了科研工作或研究的准备工作，48 人提交了论文。① 每次科学讨论会期间，学校还安排学术报告。例如，1953 年陆侃如作《论古典作家宇宙观和创作方法的矛盾》的学术报告；1954 年华岗作《综合大学如何开展科学研究工作》的报告，童第周作《关于胚胎学发展学说的探讨》的报告。正是由于校庆科学讨论会的推动，全校形成了浓郁的学术研究风气，从而在新中国成立初期就结出累累硕果。

科研尤其是自然科学研究成就之取得，需要一定的周期，新中国成立初期各种政治运动不断，科研条件又相对薄弱，即便如此，山大不仅取得了一定的成绩，而且也为未来的成就奠定了基础。例如，中文系开创的鲁迅研究和《红楼梦》讨论受到学术界的重视，中国文学史教研组教师还接受出版社的委托，编写《中国文学简史》《宋元戏曲史注》《李白》《白居易》等著作。历史系对中国古史分期、土地制度史、农民战争史等问题的研究，在史学界产生了较大的影响。这一时期中文、历史两系教师还出版了大量著作，发表了大量论文，为学校赢得了“文史见长”的学术口碑。同时，这一时期的山大数学、物理、水产、生物、海洋等学科也都取得了长足发展。尤其值得一提的是，新中国成立后，国际上用中国人姓名命名的科研成果共有 11 项，与山东大学密切相关的共有两项，即“童鱼”和“夏道行函数与夏不等式”。“童鱼”虽然是童第周在 20 世纪 70 年代才实验成功的，但其基础是在山大奠定的。夏道行对解析函数的研究成果，被称为“夏道行函数”，其泛函分析研究成果被称为“夏不等式”，而夏道行是 1950 年从山东大学数学系毕业的校友。②

---

① 参见《一年来贯彻统一教学计划获初步成绩》，《新山大》第 207 期，1955 年 10 月 1 日。

② 参见《山东大学百年史》编委会编：《山东大学百年史（1901～2001）》，第 223 页。

三、创办《文史哲》和《山东大学学报》

山东大学1951年创办的《文史哲》，被誉为“文科学报之王”。《文史哲》和《山东大学学报》不仅为山大乃至全国学者提供了成果发表的园地，而且也为学校带来了巨大的声誉。

为使教师有固定的发表学术成果的园地，活跃学术空气，开展学术争鸣，更好地开展研究，1951年4月，在校长华岗支持下，中文、历史两系和历史语文研究所的部分教师，创办了综合性学术刊物《文史哲》，华岗担任社长，陆侃如和吴富恒为副社长，杨向奎任主编。《文史哲》最初为同人刊物，没有专职编辑人员，编辑工作由文史两系和研究所几位教师兼任，特别是杨向奎、童书业、王仲荦、赵俪生、吴大琨、殷焕先、卢振华、孙思白、孙昌熙、刘泮溪等编委，他们在《文史哲》创办过程中做了大量工作。他们不仅要写稿、审稿、校对，还要负责包装、发行，却没有任何报酬。《文史哲》创刊时，虽然学校曾从科研经费中给予些许资助，但是数量很少，办刊经费主要依靠同人自掏腰包。杂志社规定，山大教师发表文章，一律不给稿费，校外稿子给少量稿酬，最初1000字3万元（旧币），即新币3元。创刊之初，因要支付印刷费、稿费、邮寄费，再加上销路没有打开，所以处于亏损状态。到1952年，杂志社难以为继，山东省委统战部和青岛市委拨款2000万元（合新币2000元），使杂志社得以渡过难关。到1956年，杂志社已经有上万元的盈余，这在当时相当可观。

1951年，《文史哲》第1期《编者的话》指出：“我们的宗旨是刊登新文史哲方面的学习和研究文字，通过这写作的实践，来提高我们的理论水平，并借以推进文史哲三方面的学习和研究。”《编者的话》由华岗起草，他指出《文史哲》的使命，一是倡导争鸣，繁荣学术；二是助力山大向“社会主义新型大学”转变。这个思路符合时代的节拍，正确引领了学术发展的方向。

《文史哲》创刊后，华岗校长带头撰写文章。据统计，从1951年5月创刊到1955年7月，《文史哲》总共出版了35期，华岗校长共发表了35篇（内含两篇分上、下篇，若分开则为37篇）文章，是在《文史哲》上发文最多的作者，领域涉及政治理论、哲学、鲁迅研究等，内容十分广泛。其他山大教师也纷纷撰稿。其中，陆侃如、冯沅君关于中国文学史的连载文章，吴富恒关于文艺理论和文学评论的专论，高亨关于先秦哲学和先秦文学的研究，萧涤非关于杜甫的研究，杨向奎、童书业、王仲荦、赵俪生、张维华、郑鹤声、陈同燮、卢振华、孙思白、华山等关于历史和思想史方面的论文，黄云眉、黄孝纾等关于中国古典文学方面的评论，殷孟伦、殷焕先、蒋维崧等关于语言文字方面的研究，孙昌熙、刘泮溪等翻译和介绍的外国文艺理论方面的优秀论著，都深受广大读者的欢迎。当时，不仅有山大教师在《文史哲》经常发表文章，国内著名学者王亚南、顾颉刚、周谷城、罗尔纲、黄药眠、陈子展、齐思和、杨宽、日知等先生也纷纷为《文史哲》撰稿。《文史哲》特别重视奖掖后学，有些后来成为著名学者的年轻作者的第一篇文章往往就发在《文史哲》上。例如，葛懋春的《从昌潍土改工作中看封建剥削》（1951 年第 3 期）、李希凡的《典型人物的创造》（1951 年第 3 期）、李泽厚的《论康有为的“大同书”》（1955 年第 2 期）。这些都是他们的处女作，《文史哲》是他们在学术上留下的第一个脚印。

《文史哲》特别重视开展学术讨论，鼓励学术争鸣。《文史哲》创办不久，就对中国古史分期问题、农民战争问题、亚细亚生产方式问题、土地制度问题、资本主义萌芽问题、《红楼梦》研究问题和鲁迅研究等，在全国范围内开展了一系列讨论。据粗略统计，第 1～35 期，《文史哲》共发表了 17 篇关于中国古史分期的文章，在全国关于古史分期的热烈讨论中，山大以其发起讨论较早、学者阵容强大、学术观点异彩纷呈并具有代表性，居于众多高校和科研机构前列。《文史哲》在创刊 10 年内共发表古史分期方面的论文 50 多篇，在全国学术刊物中居于首位。1982 年上海人民出版社出版的总结性论著《中国古代史分期问题讨论五十年（1929～1979）》，在述及新中国成立以来的讨论情况时，几乎在每一小节和每一具体问题上都会提到山大教授的名字。农民战争史是当时史学界的又一个热点。据粗略统计，在 35 期以前，《文史哲》共发表了 14 篇关于中国农民战争史的文章，其中赵俪生发表 8 篇，高昭一发表 2 篇，陈湛若、卢南乔、郦禄遒、华山、李燕光各发表一篇。正是这些文章，使山大农民战争史研究在全国也占有重要地位。童书业在《文史哲》上发表了 3 篇有关“亚细亚生产方式”的论文，与著名学者日知共同探讨。吴大琨、王仲荦发表了关于土地制度和资本主义萌芽问题的论文。农民战争史、中国古史分期、土地制度问题、民族问题、资本主义萌芽问题是 20 世纪 50 年代史坛的“五朵金花”，山大教师不仅利用《文史哲》积极参与讨论，而且从某个角度说，关于农民战争史、中国古史分期、土地制度问题的讨论还是由山大学者发起的。

1954年第9期的《文史哲》发表了山大1953年中文系毕业生李希凡、蓝翎《关于〈红楼梦简论〉及其他》一文。文章批评了《红楼梦》研究中的某些"唯心主义烦琐考证"倾向，引起了国内文学界和国外"红学"研究者的重视，并受到了毛泽东主席的重视与肯定。1954年10月16日，毛泽东写了《关于〈红楼梦〉研究问题的信》，这封信发表后，引发了一场长时间的全国性的《红楼梦》大讨论。《文史哲》也以此为契机，及时开展《红楼梦》研究，从1955年第1期到第7期，共发表了20余篇有关文章，在山大掀起了《红楼梦》研究热潮。借助《红楼梦》研究，山大和《文史哲》扩大了在全国的影响力。

1951年3月18日，校务委员会议决筹办《山东大学学报》。4月2日和6日，校务委员会在关于加强山大学术研究案中再次强调筹办《山东大学学报》。4月19日，校长办公会议成立学报编辑委员会，由童第周、何作霖、吴富恒、郭贻诚、丁履德、陈瑞泰、徐佐夏、杨向奎、赫崇本9人组成，童第周任主编。1951年8月中旬，《山东大学学报》第1期出版。这是新中国成立后高等学校最早的一份学报。《山东大学学报》开始为文理综合版，每年出版两期。1953年2月，华岗和武杰以山东大学党委书记、副书记的名义向中共青岛市委宣传部呈文请示，决定将《山东大学学报》改为自然科学版和文史哲版两种，自然科学版为年刊，文史哲版为双月刊。4月，中共中央山东分局宣传部复函山东大学党组表示同意，至此《山东大学学报》基本定型。1955年11月23日，中共中央办公厅秘书室函告山东大学："你校出版的《山东大学学报》，我们准备给毛主席订阅两份。但是其中的一至三期北京的书店没有发行；这三期如果你校出版，还有存余，可否售给我们两份。盼复。"接到函件后，学校迅速寄去第1～4期《山东大学学报》合订本两册和第5期两册。

20世纪50年代，《文史哲》和《山东大学学报》在山大乃至在全国都产生了重要的影响，大致来说主要表现在两个方面。首先，开风气之先。20世纪50年代初期，全国文科学术刊物很少，主要有1949年9月在北京创刊的《新建设》和1951年创刊的《文史哲》与《山东大学学报》等。1951年，时任上海市市长的陈毅评价说："大学就是要通过教学与科研，为国家培养合格而又对路的有用人才。而学报正是检验这一成就的标尺。山大创办《文史哲》是开风气之先，已引起全国各大学的重视。"陈毅还建议各个大学仿照山大的做法，以山大为师，都创办一个各有特色的校刊，作为提高教学和研究的学术园地。[①] 正是在《文史哲》的带动下，1955 年以后北京大学等其他高等院校纷纷创办了文科学报。其次，促进了山大学术的繁荣，提高了山大在国内外的知名度。著名学者杨向奎曾说："刊物是培养学术的泥土，没有刊物，研究成果就得不到学术界的讨论和评价，就无法进行检验，就容易枯萎下去。有了刊物，才有学术的繁荣。"[②] 事实也如此，正是由于有《文史哲》这个园地，山大才得以在中国古史分期、鲁迅研究等领域引领学术，在农民战争史、土地制度史、资本主义萌芽、《红楼梦》研究等领域深入和广泛地回应全国学术界的研究，同时这些领域的研究又使山大将文史哲研究力量展现在国人面前。

第三节　铸就鲜明的办学风格

1949 年青岛解放，中共接管了山东大学，虽然仅仅经过数年的锻造，就已经形成自己鲜明的特点，奠定了此后学校发展的底色。就校风而言，可以概括为"重视理论，联系实际，艰苦奋斗，勇于创新"；就学科而言，即"文史见长，加强理科，发展生物，开拓海洋"。

一、锻造优良校风

"重视理论"有两层含义，一指重视理论学习和教育，二是指在正确理论指引下，把服务国家战略作为学校首要任务。自 1949 年青岛解放以来，山大就开展了对时事政策、《共同纲领》、社会发展史、新民主主义论、《实践论》、"工会法"等的学习。1949 年，决定在全校开设政治大课，1950 年把政治大课列为全校必修课并计算成绩。1951 年 4～7 月，通过抗美援朝进行爱国主义思想教育。1951 年 7～9 月，在全校教职员工中开展暑期党史学习。1951 年秋至 1952 年秋，全校开展思想改造运动。1952 年虽因院系调整，全校理论学习有所削弱，但是

① 参见罗竹风：《华校长永远活在我们心中》，刘培平主编：《战士·学者·校长》，济南：山东大学出版社，2003 年，第 97 页。

② 《山东大学百年史》编委会编：《山东大学百年史》（1901～2001），第 215 页。

1953年秋至1954年，全校掀起了辩证唯物论学习的热潮。正是通过理论学习，全校师生的政治觉悟得以提高，才能在政治上坚持党的领导，坚持社会主义道路，服膺马列主义。也正是因为有了正确的理论指导，全校才能够积极开展抗美援朝、“三反”“五反”、反对美国武装日本、镇压反革命、响应和平理事会号召及订立爱国公约等运动，把服务国家战略始终放在首位。从此，服务国家战略成为山东大学矢志不渝的理念。

“联系实际”是指无论是教学还是研究，理论都要与实际相联系。这是20世纪50年代山东大学大力倡导的学风。这一学风使学校的教学工作和科研工作大为改观。经过一系列政治和理论学习，广大师生逐步树立起关心国家命运、为社会主义建设事业服务的思想，学校也因而在教学和研究中增加了面向实际的新课题，充实了新内容。中文系开创的鲁迅研究和《红楼梦》讨论，提出了不少新颖的观点，受到学术界重视。历史系对中国古史分期、土地制度、农民战争等问题开展争鸣，在史学界产生较大影响。外文系采取措施改进俄国口译和笔译教学工作，解决了学习苏联所需要的翻译人才问题。数学系结合经济建设中的实际问题，加强函数论、控制论、运筹学的教学和研究工作，做到为工农业生产服务。物理系对青岛电力、仪表、机械、冶金工业的发展都给以热心的关注。化学系在山东特别是青岛的橡胶业、印染业生产中做了大量有关工作。生物系同青岛各中学的生物教师共同合作，使中学的生物教学做到了理论联系实际，并具有地方色彩。同时，师生还一起动手对山东动植物资源、青岛海洋资源进行系统调查和分析，以利于开发和利用。水产系利用靠海的有利条件，以海洋鱼类捕捞和加工为重点，在理论和实践的结合上向海洋寻求财富。医学院把山东和青岛的地方病列为攻关课题，充实教学和科研内容。此外，学校创办了国内第一个海洋系，探索海洋，认识海洋，开发海洋，把尚处于空白状态的海洋科学建立起来，并使之为经济建设服务。1956年7月，晁哲甫担任校长后，继续贯彻理论联系实际的方针。例如，1957年实施的结合工农业生产实际的研究项目就达42项，包括武际元的《铁的电去锈》，郑柏林的《中国北部海藻》，孙月浦的《沿海气象与盐业生产的关系》，黄文沣的《黄海东海渔场及底层鱼产资源》，王彬华的《东南亚台风分析》，薛廷耀的《水产品防腐》，闵菊初的《鱼类鲜度及盐渗透度的关系》等。

“艰苦奋斗”就是依据现有财力、物力、人力，勤俭办学。山东大学历史虽然悠久，但经费一直不足。新中国成立前，虽然号称国立大学，但经费实际上大半仍需地方筹集。当时的山东是穷省，加以连年兵祸，更是财源涸竭。为了把学校办下去，学校不得不撙节开支，厉行节约。抗战期间，学校内迁四川后奉命停办，图书仪器损失很大。1945 年抗战胜利后，学校复校，经费少，设备缺，学校得不到应有的发展。新中国成立后的情况虽大有好转，但国家处在困难时期，所拨经费亦难满足需要。院系调整后，全校仅有仪器不全的实验室 10 个，各类图书不足 14 万册，每年经费为 180 万元。在经费和设备困难的状况下，为解决教学和科研急需，学校精打细算，压缩不必要的行政开支，把有限的经费用在添置教学设备和开展科学研究上。到 1957 年，全校图书数量增长近一倍，达 26 万册，教学仪器新增 700 余件。这些成绩的取得，均是发扬勤俭节约、艰苦奋斗学风的结果。

“勇于创新”是指学校在教学、科研、行政等方面敢为人先，敢于探索，创新求新。新中国成立后，山大面临及时向新民主主义大学、社会主义大学转轨的问题。为此，学校在全国综合性大学中率先开设马列主义课程，进行思想教育，提高师生政治觉悟和理论水平；为了实现高效管理，学校详订各种规章制度，实行民主治校；为了开展科学研究，山大创办了《文史哲》，不仅为学者提供发表学术成果的园地，而且提倡学术争鸣；为了推动学术研究，学校举办校庆科学讨论会，激励师生创新研究……正是学校的勇于创新，才使各项工作生机勃勃，声誉蒸蒸日上，创造了历史上的第二次辉煌。

二、确定重点学科

1952 年院系调整后，山大成为一所文、理性质的综合性大学。当时，全国综合性大学几乎是一个模式，系、专业设置也都差不多，学校的特色被淡化了，这就使得大学不得不考虑各自的发展重点问题。

1952 年 11 月 24 日，华岗请来童第周、陆侃如两位副校长，与他们共同商讨学校的发展重点和如何形成山大的特色的重大问题，对学校的重点和将来的蓝图作了粗线条的描绘。华岗提出要把山大办成有自己重点和个性的学校，即形成自己的特色。童第周、陆侃如副校长也主张建立自己的特色学科，扬长避短，发挥优势。关于文科，他们一致认为中文、历史两系师资阵容齐整，水平较高，教学和科研都已打开局面，并取得了重大成绩，可以作为学校的重点发展学科。关于理科，一是山大生物系的师资力量较强，青岛又地处黄海之滨，有研究和开发海洋生物的地利之便，而且动物胚胎学的教学与研究在国内为数不多，山大起步早，并已取得一定的成绩，所以，他们认为生物系应作为重点学科加以发展；二是山大海洋系虽然刚刚建立，师资力量和教学设备都有待充实，但是有数学、物理、化学三系的人力支援，又有青岛海洋生物研究所和气象台的密切配合，发展前景极为广阔，也应该成为学校发展的重点。这样，经过华岗、童第周、陆侃如三位领导商讨，山大办学特色大体显露出来。

1953年5月，高等教育部要求高等学校以国家建设的需要、现有师资力量与设备条件、取得当地研究部门的密切配合这三个方面为依据，研究并确定本校的重点学科和发展方向，整理书面材料于6月底报部。据此，经校长、教务长、总务长和系主任两次专门研究，在原来校领导商定意见的基础上做了具体补充，很快拟定了《关于我校重点发展方向及贯彻综合性大学会议决议的报告》，于6月底呈报高等教育部。最终确定：汉语言文学、历史、海洋生物、动物胚胎、植物、物理海洋六个专业为学校重点发展学科；物理、化学两个专业的师资力量和设备条件都较好，又承担理科各系的基础课程，对教学质量的提高关系重大，也被确定为重点学科，力求得到发展。

当时上报意见如下：

（一）汉语言文学专业有教授陆侃如、冯沅君、高亨、萧涤非、殷孟伦、殷焕先、黄孝纾、高兰、关德栋9人，有副教授和讲师（包括教员）赵省之、孙昌熙、刘泮溪、蒋维崧、周迟明、琦书畊、刘本炎、潘颖舒8人，向以师资阵容齐整、水平较高而著称。在教学中都能认真培养学生的自学能力、研究能力和创新能力；在科研中，特别在中国文学史、汉乐府和唐诗、鲁迅研究等学术领域蜚有声誉，为文学界所承认，并且还有向近代文学发展的潜力。

（二）历史专业有教授杨向奎、童书业、张维华、黄云眉、郑鹤声、王仲荦、赵俪生、吴大琨、陈同燮、许思园、莫东寅11人，有副教授和讲师（包括教员）孙思白、卢振华、徐绪典、韩连琪、赵殿诰、朱作云6人，师资力量甚强，从古代的先秦、两汉、魏晋南北朝、隋唐五代、宋元明清到近现代史都有专人研究，又各有所长。在教学中向以理论充实、观点新颖的内容培养出质量较好的学生著称；在研究中则以中国古史分期、土地制度、农民战争等专题的成果，为史学界所重视。此外，还有一部分教师对中国近代史造诣颇深，有建立近代史专业的条件。

（三）海洋生物专业有教授曾呈奎、王敏，副教授高哲生、李冠国、郑柏林，讲师王筱庆、张彦衡等7人，不仅能承担全部教学任务，并且对于海洋的藻类和无脊椎动物进行了大量的调查分类工作，初步掌握了海洋生物聚生地和繁殖的规律，为开发海洋资源、造福人民提供了根据，因而是很有发展前途的一个新的专业。

（四）动物（胚胎学）专业有教授童第周、方宗熙、曲漱蕙，副教授李嘉咏、叶毓芬、黄浙，讲师周才武、尹光德等9人，师资水平高，进取心较强。在教学中能注意理论基础知识的传授和启发学生独立思考的能力，在实验中能精心指导和培养学生细致准确的作风，在研究中能不囿旧说、敢辟蹊径、大胆创新，是生物学界公认的进展较快的专业。

（五）植物专业有教授陈机、王祖农，讲师陈惠民、周光裕、白玉谦、陈倬等，他们在植物生理、植物分类、植物解剖和微生物学等方面各有专长，教学水平亦较高。为了查清山东半岛的植物资源，以资国家开发利用，故作为重点学科加以发展。

（六）物理海洋专业有教授赫崇本、唐世凤、文圣常，副教授王彬华，讲师景振华等，师资力量与教学设备急待充实。由于开拓海洋、利用海洋的资源为社会主义建设服务，不但具有重大的科学意义，而且也具有实际的经济价值，故作为重点学科以便于大力发展。

此外，物理专业有教授郭贻诚、束星北、张亮、周北屏，副教授杨有楙、刘鸿宾，讲师余寿绵、王承瑞、王应素、陈继述、冯传海、陈成琳、熊正威，共13人。由于承任理科各系的基础课，力量虽强但分散，只能在高能物理、电磁学方面求得发展。化学专业有教授刘椽、刘遵宪，副教授阎长泰、尹敬执，讲师邓从豪、杜作栋、陈鸿宅、武际元、叶长龄、柳正辉共11人，也因承任理科各系的基础课力量分散，只能在结晶学、有机硅和电化学方面求得发展。

新中国成立初期的山东大学在学术水平较高的几位校长的领导下，不失时机地建立起重点学科，明确办学的前进方向，使学校有了鲜明的个性和特色，这就是“文史见长，加强理科，发展生物，开拓海洋”。

第四节　朝气蓬勃的校园文化

一、为建设祖国而努力学习

1949年10月1日，中华人民共和国宣告成立，同时也宣告了大规模建设时代的到来。然而，新中国是在一穷二白的基础上建立起来的，旧中国不仅经济基础薄弱，而且各方面人才也极为匮乏。新时代呼唤建设国家的人才，山大的年轻学子积极响应国家的号召，回应时代的召唤，为了早日实现国家富强的目标，争做国家建设的合格人才，在"为建设祖国而努力学习"这一激动人心的口号的鼓舞下，刻苦向上，锐意进取。当时，整个山大校园呈现出人人争学习、个个比成绩的感人景象。1953年，中文系毕业生任思绍的回忆向后人展示了这样一道风景：

> 每当上课铃声响过，山大校园就沉浸在静谧的氛围里，静谧得如同连一丝风儿也没有的沉睡的海洋。而当下课之后，另一幅画面又展开了，从各个教室里涌出来的人群，经过一阵轻松的短暂时间的骚动，然后逐渐散开，或独个儿，或三三两两地分别选择他们自修或复习的地方。顿时，图书馆、宿舍、菩提树荫或绿色草坪，都热情地接待着它们的新朋旧友，于是，另一种形式的课堂学习又开始了。入夜，华灯初上时，全校又陷入一片沉静，山大人正伏案向科学进军。当时，同学们都很善于掌握自学时间，不肯让一分一秒被"浪费"夺走，因为他们深深懂得：浪费时间就是犯罪。就这样，他们贪婪地吮吸着教师们传授给的知识，又从图书馆里、社会上、生活中勤奋地猎取和采撷着新知识。①

1954年入学的楼友勤、陈柏中回忆说：

> 入夜，图书馆灯火通明，座无虚席，校园一片宁静。数千青年学子埋

① 任思绍：《春城无处不飞花》，张乐岭等主编：《峥嵘岁月》，济南：山东大学出版社，1991年，第62～63页。

头书本，像蚕食桑叶，虽然大家正当花前月下的年龄，山大又有这么幽美的环境。特别是春天，叶子还没有绿，贴梗海棠已绽出火红的花，接着丁香、十姊妹、樱花、槐花次第开放，空气里充满沁人的芳香，夏季绿树荫浓，秋日金蝶纷飞，玉树琼枝，粉妆玉琢的银色世界是冬的校园，堪称良辰美景的四季，双双对对情侣的倩影，只在节假日或课余饭后的休息时间才能见到，上课和自修时间决无游荡的闲人。浓厚的学习空气，良好的校风校纪是一种巨大的力量，宝贵的传统，也是五十年代前期母校人才辈出的重要原因。[①]

如果说上文的回忆还属于“宏大叙事”的话，那么，中文系学生颜新留下的文字则是山大学子勤奋苦读的写照：

检查过去，我虽然在学习上抓得较紧，从不浪费一分钟。当钟声一响，我就挟着书本跑到教室或阅览室去了，若没课的时候，甚至于连中午休息时间也进行学习。有时候我疲乏得不能支持的时候，我就走到窗子前，叫凉风吹吹再继续看下去。我为什么这样坚持学习呢？我常这样想：毕业的时间一天天接近了，也就是说，为祖国服务的时候快要到来了，可是将来我凭着什么走上工作岗位去为人民服务呢！我是学中文的，世界上的文学名著，我看过多少本？有好多东西我还不知道啊！……当我想到这里的时候，我的心立刻跳动起来，我很想一口把所有的知识都吞到肚子里去。因此，使我在看书上贪快，往往不顾及阅读一本书后的效果。可是这样的学习方法在效果上如何呢？今天检查起来，成绩是不够好的，对于看过的书时间一长，书中的人物、主要情节也都忘记了。也就是因为没有学习计划，从图书馆借来两本书，常常发生不知先看哪本好。为决定先看哪本书，都是先看过“序”之后再决定，因此在这方面不知浪费了多少时间。

现在我的学习，因为有了计划，学习重点找出来了，对于每门功课的目的要求也明确了，到时间看什么书都早已计划好，不再忙忙乱乱。精力集中，学的东西在自己脑子里的印象更深刻了。同时，也有了适当的休息时间，学习效率不断提高。它使我感觉像航行在雾海里的一只小木船找到

① 楼友勤、陈柏中：《山大的魅力》，张乐岭等主编：《峥嵘岁月》，第84页。

了正确的方向一样；在这个目标下，前进一步自己也感觉出来了。①

像颜新一样制订学习计划、刻苦学习的学子在山大比比皆是。历史系学生田纪寅等人的自述可以说是对颜新个人留照最好的说明。田纪寅谈到自己如何对待学习中遇到困难的问题时说："我时常这样想：不克服困难，哪能学到东西呢？只有克服困难，才有胜利，我们党不是在困难中斗争起来的吗？任何困难在革命者面前，在共产党员面前都是可以克服的。我学习中克服种困难就是：发挥头脑，钻研思考，学习上大公无私，不仅能自己钻研功课，而且能热心地、主动地和别人相互研究、相互学习。"艺术系学生张亮不仅通过勤奋努力使自己成绩大幅度提高，而且还把自己所在的一个互助小组整个地都带动了起来，因此被评为学习模范。物理系学生戴祖海"由于对时间的计划性强，虽然担任了繁忙的工作，但始终无拉课的现象，终日保持高涨的学习与工作情绪"；他"不论问题的大小深浅，都虚心地提出来与同学讨论，不轻松放过一个问题"；同时，由于生活有规律，"保证了他学习与工作的积极性和持久性"。②

二、意气风发的精神面貌

20 世纪 50 年代，是一个充满理想的年代，是一个激情澎湃的年代。人们满怀改造现实世界的强烈愿望，对未来充满信心。整个社会大环境影响了山大校园，同时，大学是年轻人集中的地方，从而使得山大呈现出意气风发的精神面貌。1954 年进入山大数学系的白孝温回忆道：

好像总有一股无形的力把我们凝聚起来，使人向上，催人奋发，努力求学而不辍。那时，大家都能自觉地安排好自己的生活，处理好各种关系。我们听党的话，向英雄人物学习，似乎都有一个信念：人的一生不能庸庸碌碌，应有所追求，为了祖国的富强，在事业上应干出点名堂，不管干什

① 颜新：《执行学习计划提高了我的学习效率》，《新山大》第 68 期，1952 年 11 月 22 日。又，20 世纪 50 年代校报《新山大》上刊登了大量有关如何制订学习计划以及制订学习计划后如何取得成效的文章。参见中文系学习股：《我们是怎样掌握同学订学习计划的》，《新山大》第 67 期，1952 年 11 月 15 日；周秉一：《积极争取学习热潮的早日到来，全校同学普遍酝酿制定学习计划》，《新山大》第 67 期，1952 年 11 月 15 日；韩贻仁：《我要把学习计划订得更切实可行》，《新山大》第 121 期，1954 年 2 月 20 日；教务处：《关于加强学生学习指导工作计划》，《新山大》第 129 期，1954 年 4 月 17 日；等等。

② 《团委会各支部模范团员事迹及团委评选名单》，山东大学档案馆馆藏档案，卷宗号：WSTW1951-018。

么工作，都有上进、好强、不甘落后、不甘无为的精神。[①]

20世纪50年代初期政治运动不断，山大师生亲历了镇压反革命、取缔反动会道门、戒鸦片、贯彻婚姻法、抗美援朝、“三反”“五反”、土地改革等运动。虽然还在求学期间，但是山大学子也努力将自己与社会紧密地联系在一起，投身社会活动，积极参与抗美援朝就是典型事例。

朝鲜战争爆发后，1950年11月10日全校抗美援朝反美侵略动员大会上，344名大学生签名要求赴朝参战。进入12月，学校出现爱国参军高潮。在动员参军大会上，有的同学当场咬破了食指，用鲜血写下了参军申请书，仅仅从12月12～14日报名参军者就达600余人。在“欢送参军同学去军干校报名入伍的那一天，锣鼓震天，鞭炮齐鸣，由四人叠成的‘人马’，驮着一个个胸前佩戴大红花的志愿军新战士，欢呼着，簇拥着缓缓前进。山大师生的欢送队伍堵塞了道路，十里长街，一片沸腾的人海”[②]。1951年2月，山大医学院附属医院和附设高级护士学校的医护人员前后组成三批医疗队（300多人），奔赴抗美援朝前线，参加抢救伤病员。[③]

那些没有走上战场的大学生也积极通过其他方式贡献自己的力量。艺术系的学生利用自己的专长组织美术供应社对外服务，夜以继日地为各单位作画，赚下了3000多万元（旧币），捐献飞机大炮。地矿系四年级学生陈书田在抗美援朝捐献运动中，从由分家得来的1300万元（旧币）遗产中拿出1000万元作为捐款[④]；许多学生把勤工俭学所得稿酬和稿费全部捐献出来……

20世纪50年代的山大校园呈现出意气风发、蒸蒸日上的精神面貌，这不仅指山大学子关心国家大事，而且也表现在他们严于律己、宽以待人的日常生活之中。同学之间的感情很好，有矛盾就通过“交换意见”来解决。每个班在星期六下午的“生活检讨会”上是不留情面的，互相批评起来非常尖锐，但是事后大家关系会更好。学子们思想很单纯，私心杂念不多，同学间互相关心，互相照顾，每个班级，每个院系，甚至整个山大，简直就像一个大家庭。

勤俭节约是为人持家的基本要求，也是中华民族的传统美德之一。20世纪

① 白孝温：《八关山下琐忆》，张乐岭等主编：《峥嵘岁月》，第87～88页。

② 任思绍：《春城无处不飞花》，张乐岭等主编：《峥嵘岁月》，第60～61页。

③ 参见山东大学档案馆编：《山东大学大事记（1901～1990）》，第79、80、83页。

④ 参见《团委会各支部模范团员事迹及团委评选名单》，山东大学档案馆馆藏档案，卷宗号：WSTW1951-018。

50年代，全社会都以艰苦朴素为荣、铺张浪费为耻。山大学生中虽然也有浪费粮食的不良现象，但因思想工作做得及时，所以这类事情很少出现。据宋为民回忆，有一次他们班“一位同学丢了半个馒头被高年级同学发现，批评了他，他很不服气，认为是自己花钱买的，吃不完丢了何妨？辅导员耐心地开导他，使他心悦诚服地认识到爱护粮食是公民的基本道德，是感情问题。并写出公开检查，愿意让广播站广播，以此教育大家”[①]。

古人对人格修养的要求之一是“君子慎独”和“言而有信”，往往一件小事就能反映一个人是否能够“慎独”“守信”，并进而反映一个人的思想境界。据1951年考入医学院的王贤才回忆：校园里有一个营业性质的“大众餐厅”，餐厅进门处是无人售饭处，桌上放着稀饭、馒头，还有简易小菜，标有价钱，供人自取。取走饭菜，把钱放在桌上；需要找零的，也是自己在桌上取。有趣的是还有欠账的，桌上常常留有“××院××系×年级学生×××欠洋××元，改日奉还”的欠条，餐厅营业员随手放在一边，并不担心会有人赖账。[②]

三、丰富多彩的文体活动

20世纪50年代山大学子不仅是“风声雨声读书声，声声入耳；国事家事天下事，事事关心”，而且在日常生活中也是“团结紧张，严肃活泼”。大学生精力充沛，压抑不住的青春热情通过各种渠道迸发出来，文体活动就是最主要的途径之一。20世纪50年代，山大文体活动异彩纷呈、丰富多样，是“朝气蓬勃的校园”中不可或缺的重要组成部分。

当时，山大课外活动提倡“小型、经常、多样”，从这个意义上讲，部分大学生的文娱活动是“小型”乃至“个体”的行为。每当课后业余，学生们就根据自己的爱好参与各种文体活动：他们或者沿海滨大道散步谈心，或者到海滨浴场搏风击浪，或者到汇泉公园享受海风的沐浴和浪花的洗礼，或者到市内看一场电影，或者到水族馆里看一看海洋动物，或者乘上市郊公共汽车到风景奇丽的崂山去远游，或者到僻远的海边去饱赏山色海光……或者哪里也不去，只是静静地待在校园里，放松紧张的学习心情。总之，个体的课外活动虽然千差

① 宋为民：《山大培育了我》，张乐岭等主编：《峥嵘岁月》，第329页。又，《新山大》上也刊登有类似的事例。

② 参见王贤才：《山大旧事》，《山东大学报》2002年4月24日。

万别，但有一点是共同的，那就是他们的生活可谓是“既紧张，又愉快；既沉静，又热情；既严肃，又活泼；谦恭诚朴，团结向上”[①]。

虽然一个人对个体经历的记忆难以忘怀，但是对某些集体活动的印象可能更加深刻，尤其是20世纪50年代又是集体主义至上的时期，无论是当时山大学子留下的文字，还是后来的回忆，都对那时的集体文娱活动印象极为深刻。每当周末、节假日，或者其他重大活动，学生会、各院系、各社团往往要组织晚会庆祝。下文是1953年五四晚会的盛况：

春天展开了“红五月”。在二号的晚上，全体山大人团聚在绿茸茸的广场上，迎接着青春的节日——“五四”。

八支明亮的火把，从远处，从黑暗里跳跃出来，燃着了场中央的营火。熊熊的火焰在腾升，它不但照亮了每个年轻人的脸，也把每个人浑身的血液沸腾。“歌唱我们亲爱的祖国，从今走向繁荣富强……”歌声把大家都唤进场中，围绕着营火狂舞起来。脚不停地跳着，心也不停地跳着：“发出更大的光和热来吧！”

…………

为了祖国，我们要顽强地学习，要顽强地锻炼身体，但我们也要有活泼愉快的生活。看吧，女同学的“土豆舞”在火光前面展开了，那是对劳动的歌颂，对青春的赞美。在那美妙的音乐的旋律中，全场感到生活是多么的幸福和可爱呵！

是的，我们的生活是幸福的。你看，文艺节目中的猜灯谜开始了，它里面有一个小纸条写着：“生长在毛泽东时代，打一苏联小说名。”有许多同学都笑着把谜底争着交了上去。他们都猜对了，是呵，是《幸福》，一点都不差。

晚会最后一个节目是电影，上映了大家熟知的《普通一兵》。当马特索洛夫的形象展现在大家的面前时，全场在屏息着，静得甚至于能够听到每个人的心在胸膛内跃动的声音。“中国青年不但要学习苏联建设经验、科学技术和先进生产经验，更重要的还要学习苏联青年的高尚品质。”是呀，在散会后回到寝室的道上，每个人的脑际在涌现着柯察金、马特索洛夫、奥

① 任思绍：《春城无处不飞花》，张乐岭等主编：《峥嵘岁月》，第64页。

列格、卓娅和舒拉的形象："把全部生命都为祖国和人民的利益而燃烧，这才是全心全意为人民服务……"①

再来看一看一次非正式的集会——1954年中秋节鲁迅公园山大部分师生集会的情景：

记得我们进入山大的那年，入学没几天就到了中秋节。新同学多来自华东六省。当时担任中文系主任的高兰先生极能体察初离家乡独在异乡的年轻学子的心，晚饭后他把我们这些新生还有部分高年级同学带到海滨鲁迅公园，观海赏月。我们散坐在礁石上唱歌，聊天，看海，赏月。此时海天一碧，皓月当空，有同学提议请高先生即兴朗诵。伴着阵阵涛声，高先生朗诵了《我们的生活，好！好！好！》，热情澎湃的优美诗句在银辉碧波间荡漾，诗句音调激越高亢，节奏热烈明快，歌颂新生活的激情如奔腾的溪流荡入我们青春的心田。沧海月明，师生情洽，我们沉浸在一种诗意的幸福之中。②

文娱活动离不开社团的支撑。20世纪50年代前期，山大社团林立。例如，"国乐队"在1955年逐渐壮大，学校给配备了龙头胡、广东琴、琵琶、打琴等大批新乐器，人数也大为增加。中文系的诗社从1954年3月开始活动，经常是刊印"习作"（油印）和进行诗歌理论学习。为学习诗歌写作，诗社还专门组织四次讨论会，学习艾青的诗，同时还请系主任高兰和关德栋教授，作关于诗的理论报告和向民歌学习的报告。外语系的学生根据各自的爱好，组织俄文歌咏组、舞蹈组、朗诵诗、乐器组、游艺组、曲艺组（包括京剧、越剧、相声）等各种小型社团。③ 这些社团在校学生会的调度下，经常组织各种类型和规模的晚会。

所学专业不同，学生的性格亦有所差异。一般而言，中文、艺术、外语系的学生更加奔放，他们的文娱活动往往更加活泼，有声有色。下面看一看中文系的文娱活动：

每到星期三课外活动时间，中文系的诗歌朗诵队的同学们便进行活动了。每人捧着一份油印的诗篇在朗诵，有时独诵，有时合诵，每读完一遍，

① 木耳：《青春的火焰在腾升——记本校迎接五四晚会》，《新山大》第88期，1953年5月9日。
② 楼友勤、陈柏中：《山大的魅力》，张乐岭等主编：《峥嵘岁月》，第81～82页。
③ 参见《大力开展群众性的文化活动》，《新山大》第173期，1955年4月16日。

大家相互提出改进的意见：哪里应该高，哪里应该低；哪里音调应该趋于和谐，哪里感情应该激昂起来。

诗歌朗诵小组共有二十多位同学，特别使大家注目的是有诗人高兰主任的具体指导。他指导同学们如何去欣赏诗、理解诗、扩大诗的意境、丰富诗的感情。

中文系的京剧组和话剧组也都早已成立起来了，一些具有演唱才能或爱好戏剧的同学们，也自愿地加入这个组织。他们也是首先得到了老师的具体帮助，因为老师们对于剧组具有一定的研究和经验，所以同学们感兴趣，收获也不小。①

中文系还采取“走出去”和“请进来”两种方式，积极提高学生的艺术表演水平和欣赏水平。在1954年这一年之内，中文系曾邀请山东省吕剧团、青岛市金光剧团、海军文工团到山大举行示范演出，并组织学生到市内剧院观摩京剧、越剧演出，尤其是参加各个剧种的观摩会和座谈会。放假期间，系里总是尽量争取全部学生都参加，并且指定某些学生特别注意哪几个节目，学习哪一部分的演出技巧。同时，中文系还与青岛市广播站合作，在校内举行两次地方戏和曲艺录音欣赏晚会。②

20世纪50年代，山大学子除了铆足劲头刻苦学习外，锻炼身体也蔚然成风，体育运动开展得红红火火。清晨，早操的铃声还没有响起，操场上早就热闹起来了。学生们三三两两，有的在单杠、双杠上翻腾，有的在欢快地跳绳，有的在练习长跑。傍晚，在晚霞的辉映下，在嘹亮的革命歌曲声中，篮球场上龙腾虎跃，足球场上争先恐后。在“身体是国家宝贵的财富”和“锻炼好身体报效祖国”口号的鼓舞下，山大学子既能充分发挥自律风格，积极参加日常锻炼，又能在体育运动会上一展自己的风采。

除了每周必修的体育课外，学校强制性的锻炼就是早操制度了。华岗出任校长之后，就让体育室制定了早操制度，规定在校生必须出席早操。由于学校督促有力，实行早操制度后，80%以上的住校生都能自觉参加。③ 随着国家强调

① 梯青：《让我们的文娱生活更加丰富多彩——记中文系同学的文娱活动》，《新山大》第136期，1954年6月5日。

② 参见高兰：《中文系同学的文娱活动》，《新山大》第173期，1955年4月16日。

③ 参见体育室：《蓬勃发展体育健康教育》，《新山大》第20期，1951年10月11日。

加强学生体质锻炼，以及山大群众性体育运动的开展，早操制度一直较好地得到贯彻和实行。

为了使体育锻炼长盛不衰，1952年，学校大力提倡组织体育锻炼小组，认为锻炼小组是使体育运动群众化、经常化和有计划、有领导地开展的有力保证，是贯彻锻炼的关键。因为体育锻炼制度的推行和其他群众工作一样，必须进行周密的组织，不然就不能巩固，锻炼就会流于形式。由于小组内成员的互相鼓励、督促、检查、帮助，尤其是锻炼小组长认真负责地执行计划，不但巩固了组织，更提高了体育技术水平。事实证明，哪个锻炼小组的组织健全严密，哪个小组的体育活动就能蓬勃开展；相反，没有计划的小组，锻炼起来，就散漫无力。在山大众多体育锻炼小组中，卓娅、赵一曼、奥列格、黄继光锻炼小组最负盛名。①

除了学校推行的强制性锻炼和学生自愿锻炼外，学校还经常组织各种球类轮赛和体操比赛，每年还举行春秋季运动会以及其他形式的比赛，借以推动群众性体育运动。例如，1951年山东大学秋季田径运动会，报名人数为1100余人，实际参加比赛的800余人，教职员工200余人，达到得分标准的有300余人，17项比赛创造了学校的新纪录，体育水平比春季运动会有所提高。又如，1952年7月17日、18日，在青岛市第三届游泳比赛大会上，山大共获5个冠军（男、女团体总分第一，男子100米自由式接力，300米混合接力，女子300米混合接力等均荣获第一）。② 通过1953年春季山大与青岛工学院合办的运动会的一段速写，可以管窥山大体育运动的盛况，以及山大学子团结友爱、奋发向上的体育精神：

> 在朝阳四射的光芒中，一队队祖国未来的年青建设者们，朝气勃勃地出现在人们的面前。健壮的臂膀伴随着扩音器里送出来的轻快的音乐旋律摆动着，嘹亮的歌声像海涛般地翻腾。这时候，又有谁能抑制住自己内心的激动呢？话虽没有说出口来，可是谁也没有忘记毛主席慈母般亲切的号召——健康第一。就是在今天，这些毛主席的好学生们，要向祖国、向毛主席汇报，汇报自己体育锻炼的成绩。
>
> 一千七百余人的广播体操，展开了大会序幕。接着，许多穿着红、绿、

① 参见傅宝瑞：《在冬季锻炼中应注意的几个问题》，《新山大》第114期，1953年12月19日。

② 参见山东大学档案馆编：《山东大学大事记（1901～1990）》，第90页。

蓝、白各色服装的男女运动员们，精神抖擞地活跃起来。与其说他们是“技术表演”，倒不如说是“友谊竞赛”更合适些。在各个场地上，运动员之间不断利用短暂的时间，倾谈着各自的锻炼经验，竞赛着，鼓舞着，是那样的友好、团结。那边，男子跳高比赛，杆子快升到一米六高，运动员们越来越紧张，不只是担心着自己跳不过去，也担心着自己的对手跳不过去。纺织专修科潘树仁同学，目不转睛地注视着对手，当一个同学跳过去之后，竹竿颤动着，他的心也颤动着，面孔也是那样紧张。可喜的是，竹竿没有落地，对手过去了。这时，他一面欢跃，一面和对手研究跳术。文学院一位运动员在赛跑中途突然摔倒了，情况是多么急迫呵！他爬起来之后应该马上赶上去，但适巧前边又有一位同学摔倒，他就停止了跑步，把这位同学扶起之后再跑。在拔河比赛，在其他表演中，互敬互让的动人事例看不完。在这里，我们只听见快乐的笑声和欢呼声，为运动员担心的声音，看不到丝毫的气馁、沮丧或者忌妒的表情……[1]

① 田广渠：《向祖国汇报体育锻炼的成果——本校及青岛工学院联合体育大会会场速写》，《新山大》第89期，1953年5月16日。

第四编
砥砺前行　守坚韧崇实品格
（1958~1976）

4

1958年10月，山东大学奉命由青岛迁往济南，海洋、水产、地矿三系留在青岛。学校先后恢复外文系、政治系，新设原子能系和电子系，在办学方向上注意扬长避短，继续发挥文史见长的优势，大力加强理科建设，开拓自然科学领域中的新学科。1966年至1970年停止招生，1970年山东大学被一分为三，1974年经周恩来总理批示，恢复原有建制。虽历经艰辛，但学校一直坚守初心，教学与科研等工作仍取得一定成果，为后续发展积蓄了力量。

第八章　迁校济南接续发展

1958年秋，山东大学奉命迁至济南。学校秩序稳定下来之后，在成仿吾校长领导下，积极进行教学组织建设，逐步确立以教学为主的原则，开展科学研究，致力于提高师资质量，加强政治思想教育，合理安排生产劳动，培养优良的学风和校风。在办学方向上注意扬长避短，继续发挥文史见长优势的同时，大力加强理科，开拓自然科学领域的新学科。理科除努力办好数学、物理、化学、生物四系外，增设电子学系，突出晶体材料和微生物两个重点。社会科学领域重新建立政治系，培养初步掌握马列主义、毛泽东思想基本原理，在工作中能解决实际问题的人才。总的来看，1958～1966年，山东大学虽然历经坎坷，但是仍然在曲折的道路上继续前进。

第一节　艰辛搬迁，择址建校

一、响应国家号召迁校

1958年4月，中共中央发布《关于高等学校和中等技术学校下放问题的意见》。意见提出："为了切实加强党对高等学校和中等技术学校的领导，为了使这些学校培养出来的人才更加适合各地社会主义建设发展的需要，除少数综合大学、某些专业学校和某些中等技术学校，仍由教育部或者中央有关部门直接领导外，其他的高等学校和中等技术学校都可以下放，归省、市、自治区领导。"① 对统一招生和毕业生分配制度也进行了改革，由各地区自行招生和直接分配。

---

① 中央教育科学研究所：《中华人民共和国教育大事记（1949～1982）》，北京：教育科学出版社，1984年，第221页。

教育部根据党中央批示的精神，会同有关部门研究，确定将原由中央领导的全国299所高等院校下放187所归地方领导。山东下放的高等院校有山东大学和山东工学院两所（山东其他高校原为地方领导）。7月，教育部电告中共山东省委、省人委、省教育厅和学校："高等学校下放名单中央已同意，不日即可下达。我部下放给你省的学校计有山东大学和山东工学院两校，请教育厅即代我部办理交接事项及手续，请省委及省人委决定，希争取七月底前交接完毕。"7月28日，教育部下达《关于下放交接高等学校的通知》，除重申电报内容外，对经费、基建、物资设备等问题，指明按中央财政部规定，由地方划拨。遵照上述指示，学校党委副书记张滨黄、高云昌于7月30日去济南，与副省长兼文教部长余修、教育厅副厅长宁汉戈研究下放领导和交接手续等问题。8月上旬和中旬，总务长王显周、基建办公室主任贺治明、财务科科长赵子安先后赶到济南，分别与有关部门商定物资供应、基本建设、经费拨款等事项。从9月1日开始，学校在体制上改由山东省教育厅（后为高教局）直接领导。

在此期间，经上级批准，党委副书记张滨黄兼任副校长，张琳任副教务长。党委常委由成仿吾、张滨黄、杨希文、叶锦田、高云昌、房金堂、吴富恒、张琳、王显周、蒋捷夫、贺治明、高登仁12人组成，成仿吾任书记，张滨黄、叶锦田、高云昌、房金堂任副书记。校务委员会由成仿吾、张滨黄、杨希文、吴富恒、张琳、王显周、梁希彦、房金堂、姜炳坤、白瑞云、章茂桐、刘泮溪、蒋维崧、冯沅君、萧涤非、高亨、张健、陆凡、黄嘉德、金诗伯、蒋捷夫、孙思白、韩连琪、黄云眉、童书业、王仲荦、郑鹤声、李先正、张学铭、莫叶、谢联棻、叶锦田、余寿绵、郭贻诚、王普、王承瑞、阎长泰、邓从豪、尹敬执、徐国宪、王祖农、黄浙、周才武、沈汉祥、薛廷耀、邹源琳、赫崇本、唐世风、贺光、丘捷、傅宝瑞51人组成，成仿吾任主任委员，张滨黄、杨希文任副主任委员。学校其他党的组织和行政机构及人选，均暂维持现状。当时全校共有学生2864人（其中越南留学生14人），教职工755人。

1958年秋，中共山东省委研究了山东省高等院校的布局和发展，决定山东农学院迁至泰安，以利于直接为农业生产服务；山东大学入驻济南，以利于更好地扩建和发展。9月16日，省委电令学校负责人前往济南，研究迁校事宜，因成仿吾校长到校不久，由党委副书记张滨黄于18日去济。张滨黄到济后，教育厅负责人传达了省委关于山东大学迁校济南的决定，并研究了其他方面的有关问题，察看了准备入住的山东农学院校舍。农学院在济南市东郊洪家楼，院内有9栋大楼，3处宿舍区，校舍面积约6万平方米，农场300多亩。21日张滨黄返校后，分别向党委常委和校委会作了汇报。会上除了对迁校问题一致同意外，并按上级指示精神，决定中文、历史、数学、物理、化学、生物六系迁济，海洋、水产和正在筹建的地质三系留青。23日，学校召开全校师生员工大会，张滨黄传达上级关于迁校的决定和学校研究的意见。上级提出学校迁济有四大优点：（1）山东大学是有较好基础的高等学校，设有文学、历史、数学、物理、化学、生物等研究所，迁到济南有条件发展；（2）山东大学迁到济南可以和其他高等学校相互学习，交流经验，取长补短，共同提高；（3）全国高等学校多数在省会，迁济后便于省委和省人委领导；（4）山东农学院已决定迁去农村，山东大学迁济入住该院校舍，然后再大力扩建，逐步成为规模具备的综合性大学。接着成仿吾校长讲话，表示拥护上级迁校决定，要求全校人员加强组织纪律性，发扬大干苦干精神，团结互助，在统一指挥、统一安排下，完成艰巨的迁校任务。团委书记高登仁和学生会主席林国材也代表各自组织在会上发言，表示服从指挥，严守纪律，不畏辛苦，爱护公物，以实际行动完成迁校任务。

会后成立迁校指挥部，王显周、孙衍成分任正、副指挥，下设运输、生产、房舍管理三个组。9月28日，中文、历史两系学生600人先去济南。10月3日，迁济人员和物资分批行动。学校当时运输车辆甚少，在青岛将物资运至车站，到济南黄台站将物资运回学校，均为4里多路程，全部是肩扛人抬。由于组织周密，指挥得当，参加运输的同学干劲足，工作细致，总计258个车皮的物资，基本上未发生挤压、损坏和丢失现象。10月24日，最后一批人员和物资到济南，搬迁任务胜利完成。

二、选址与建校

学校迁济后入住的山东农学院校舍，据勘探地下铁矿丰富，有开采价值，而且学校近期发展规划已初步确定学生达到6000人，校舍短缺十分严重，因此必须另选校址建校。省委和省人委对学校选择校址极为重视，积极给予支持和帮助。学校也以建校乃百年大计，慎重从事。1958年底，上级指示山东大学的新校址，可征用南郊四里山（后改名“英雄山”）以西土地，但经过实地调查，发现该地严重缺水，因而作罢。1959年1月，又决定使用西郊飞机场西邻土地，因飞机起降频繁，声响剧烈，亦感不合适。2月，省委和济南市委商定，拨给北郊无影山下一片土地，再经学校实地察看，认为该处紧靠黄河，地势低洼，且风沙极大，对将来的安全和精密仪器的保养都极为不利，仍觉不当。3月底，经省委正式研究决定，由书记处书记邓辰西面告："原山东农业展览馆缓建，该馆在东郊利农庄已征购1080亩土地，全部拨归山东大学作兴建新校舍使用。"该处距洪家楼校舍极近，土地已办完征购手续，且地势平坦，和市区接连，水电供应条件好，较为理想。在新校址的选定中，上级全面考虑，把济南市区周围可供使用的土地，提供学校选择酌定，最后根据高等学校的特点和发展前途，停建农展馆，使山东大学有了适宜的校址，对学校的建设确是极为重视。学校领导在校址选择中，权衡利弊，审慎不苟，同样极为认真负责。

校址确定后，学校便成立了基本建设委员会，由杨希文副校长任主任委员，各系主任和有关处、室负责人任委员；下设基建办公室，贺治明任主任。基本建设委员会随即商定校舍建设的初步设想，规划总体布局和建设顺序。根据现有校舍和学校进一步发展计划，学校决定建设新校舍总面积为30万平方米，总投资3000万元。建设的顺序是先文科后理科，生活与教学用房一齐上，力争5年左右基本建成。校舍的布局从南到北分为3个区，南部是教职工宿舍区，先建15栋家属宿舍楼，解决500套教工住宅，建成后围以院墙，自成一体。中部为教学区，教学楼、图书馆、实验室、办公室均建于此，是学校的主体部分。北部是学生生活区，安排学生宿舍、食堂、生活服务设施、体育场、工厂等建筑。中区和北区结合，形成一个层次分明的校园。校门朝南，与教职员工宿舍大门相对，教学区和生活区有计划分开，各安其所，保持了教学区宁静的学习环境。

基本建设委员会根据校舍建设总体规划，立即筹划兴建工作。山东省高教局批给当年基建经费400万元，由济南市建筑公司承担建筑任务。4月初，山东省建筑设计院接受设计委托，5月完成学生宿舍、食堂、教工宿舍的设计及施工图纸。6月，经山东省建委审批后，3栋学生宿舍、7栋教工宿舍以及食堂同时破土动工。9月，文史教学楼也相继开工，当年安排的建筑面积近40000平方米。到1960年夏，规划安排的学生宿舍、教工宿舍和食堂陆续建成并交付使用。1960年秋季，中文系、历史系、政治系新生在新建校舍入学上课，部分教职员工也迁至新建宿舍居住，用房紧张的状况得到缓解。从此，原来农学院的校舍称为老校（现洪家楼校区），新建的校舍称为新校（现中心校区）。

从1959年开始，共产风、浮夸风和冒进风造成国民经济比例失调，加上自然灾害和其他种种原因，出现三年严重经济困难。学校基建经费不仅缩减为110万元，而且建筑材料也缺乏，施工力量不足，校舍建设工程处于半停顿状态。5

月，国务院文教办公室张际春副主任来山东检查教育工作，向省委领导提出建议，学校基建工作才有所恢复，但也只能对文史教学楼未完工程继续施工，其他基建项目限于财力、人力、物力上的困难，仍无法全面解决。年底仅建成教职员工宿舍楼3栋和文科学生生产劳动基地的金工厂厂房，较之原来计划，校舍建设进度大大迟缓。

1961年，山东大学复归教育部领导，是全国64所教育部直属重点大学之一。党中央为了战胜暂时的经济困难，执行国民经济“调整、巩固、充实、提高”的方针，全党大办农业，以粮为纲，缩短基本建设战线，压缩基本建设投资。由于经费紧张，学校当年基本建设经费下降至62万元，只能维持已开工的项目，无力安排新的建设工程，校舍建设速度再次受影响。这一年秋季文史教学楼建成，中文、历史、政治、数学4个系全部迁入，各系的教学用房面积增加。文科从青岛运来的图书陆续上架使用，理科必需的实验室也有所扩充。但限于国家财政经济的暂时困难，对基本建设不能大量投资，5年建成校舍的计划难以实现。

在三年严重经济困难时期，由于党中央采取了一系列措施，1963年国民经济出现了新的局面。11月，全国人大二届四次会议指出：“我国国民经济在克服连续三年的困难之后，已经开始全面好转。”① 国家暂停的基建项目有的开始上马，学校的基建经费也有所增加。根据当时的需要与可能，确定兴建化学教学楼，报教育部批准后委托西安工业设计院设计图纸。1964年初，在设计图纸经山东省建委核准后，化学楼于4月正式动工。化学楼建筑面积为8200平方米，总投资90万元，1965年夏按计划竣工，化学系随即迁入。该楼设计标准较高，质量较好，造价多于一般建筑。至此，学校迟滞不前的校舍建设出现了新的转机。孰料好景不长，1966年“文化大革命”开始了，校舍建设又回到时建时停的状态。

学校迁济后，从1959年开始兴建校舍，到1966年，共建成文史、化学两栋教学楼，学生宿舍楼6栋及3个食堂，教职员工宿舍13栋及部分辅助用房，总面积5万余平方米，总投资500余万元。后来上级考虑实际情况，确定原住校舍不作放弃打算。全校9个系分住两地，校部机关和外文、物理、电子、生物4个系仍住老校；政治、中文、历史、数学、化学5个系迁住新校。学校分散在两地，造成工作中诸多不便。

① 中央教育科学研究所：《中华人民共和国教育大事记（1949～1982）》，第323页。

第二节　成仿吾同志的治校思想

1958年8月，成仿吾奉命调任山东大学校长兼党委书记，1974年8月到中央党校工作，前后十六年，是山大校史上任职时间最长的校长。前八年，主持学校全面工作，呕心沥血，一心一意把学校建成“先进的社会主义大学”，被誉为“管理综合性大学的真正内行”；[①] 后八年，“文化大革命”中虽然靠边站，挨批斗，但是对党的事业仍然充满信心，表现了无产阶级教育家的革命本色。

一、加强党对学校工作的全面领导

成仿吾是革命经历极为丰富的无产阶级革命家和教育家，深知只有实现党对教育的全面领导，才能保证正确的办学方向，培养合格的建设人才。1959年2月，成仿吾在《教育必须为无产阶级的政治服务》一文中论述了教育和政治的关系问题，指出：“教育总是决定于社会的政治和经济，然后又反过来为社会的政治和经济服务。”[②] 同年3月，在《毛泽东教育思想简述》中，他说：“一定的教育是为一定的政治和经济服务的，因而就必然发生领导权的问题。”五四以前中国教育属于旧民主主义性质，由资产阶级思想统治；五四之后，应当而且“只能由无产阶级的教育思想，也就是共产主义思想去领导，任何别的阶级的思想都是不能领导的”。但是五四以前无产阶级的组织程度不高，没有自己的政党，事实上不可能对当时的文化教育起领导作用。五四之后反帝反封建革命已经由无产阶级领导，因此“人民大众的、反帝反封建的教育，新民主主义的教育，也就只能由无产阶级来领导”。“无产阶级的领导，共产主义思想的领导，是由无产阶级的先锋队共产党来实现的。共产党以马克思列宁主义为指导思想，既领导整个中国革命，也必须领导中国的教育，把它作为武器，形成‘革命总战线中的一条必要和重要的战线’。在社会主义革命时期，社会主义教育更是如此。”[③]

① 参见宋荐戈：《成仿吾在山东大学的建树》，《教育史研究》1996年第3期。

② 成仿吾：《教育必须为无产阶级的政治服务》，《新论语》1959年第3期。

③ 成仿吾：《毛泽东教育教育思想简述》，《新论语》1960年第4期。

1958年9月，中共中央、国务院在《关于教育工作的指示》中明确强调“教育工作必须由党来领导”。1959年6月，成仿吾在山东大学第三次党员代表大会上作了题为《党委要加强学校工作的领导》的报告。报告指出，经过几年的努力，“进一步确立了党的领导，贯彻执行了教育方针，加强了政治思想教育”，但是也存在党的领导工作不足的现象：“党内思想还不那么完全统一，有些工作不是那么上轨道”；“思想工作做的不够深入”；“一方面党内的民主不够，……另一方面集中也不够”；“党群关系还有些问题”；“工作制度方面不健全”；等等。并且针对存在的问题提出了具体的解决办法，指出：“党委要加强学校工作的领导”；“要进一步学会领导教学，好好研究业务”；“应研究教学工作，掌握教学工作的规律”；等等。深信只要按照中央和省委的指示进行工作，全党一致努力，就一定能办好学校，在不长的时间内一定能把“学校建设成为先进的社会主义的大学”。[①]

1962年1月22～24日，山东大学召开第四次党代会，大会提出：全党同志动员起来为国家培养质量更高的社会主义建设者和人才而努力奋斗。1963年1月10～12日，山东大学召开第五次党代会，提出为国家培养又红又专的社会主义建设所需要的人才而奋斗。1964年1月29～31日，山东大学召开第六次党代会，大会提出：为全面提高教育质量、培养有社会主义觉悟的劳动者而奋斗。1965年7月19～21日，山东大学第七次党代会召开，大会提出高举毛泽东思想伟大旗帜，为进一步实现高校革命化而奋斗。

成仿吾执掌山大期间，不仅一贯坚持党对学校各项工作全面领导的原则，而且还切实地将其贯彻到各项具体工作之中。正因为如此，尽管1966年之前国内形势复杂多变，但是学校始终不移地贯彻党的教育方针，及时纠正了偏差，保证了正确的办学方向。

二、全面贯彻党的教育方针

1957年，毛泽东在《关于正确处理人民内部矛盾的问题》中说：“我们的教育方针，应该使受教育者在德育、智育、体育几方面都得到发展，成为有社会主义觉悟的有文化的劳动者。”据此，中共中央和国务院1958年9月发布《关于

① 参见中央教育科学研究所编：《成仿吾教育文选》，北京：教育科学出版社，1984年，第117～121页。

教育工作的指示》，指出："党的教育工作方针，是教育为无产阶级的政治服务，教育与生产劳动相结合。"

此时学校刚刚搬迁到济南，正值大炼钢铁，教学受到严重影响。11 月初，全国很多高校停课搞"教育革命"，山大人心浮动，秩序混乱。11 月 16 日，成仿吾在全校大会上作了题为《全面贯彻党的教育方针》的报告，指出："高等学校以培养德、智、体全面发展的人才，提高国家的科学文化水平为己任，从长远观点上看，教学工作是学校的中心，必须做到以教学为主，学生也要以学习为主，否则将贻误未来。"针对有人提出党的教育方针是培养"劳动者"，成仿吾指出："'劳动者'还有个有社会主义觉悟、有文化的前提，丢掉这个前提，高等教育的工作也就失去了内容。"他表示，"要培养出合格的社会主义建设人才，并不是单靠搞政治运动可以达到的"，只有全面"贯彻党的教育方针"，才能把学生"培养成共产主义战士"。① 成仿吾的报告有力地回击了有关错误言论，由于他坚持原则，山东大学在大炼钢铁的紧张劳动中，仍然给学生开设政治理论课和部分业务课，一半劳动，一半学习。② 事实上，1958 年 9 月，成仿吾撰写了《教育必须同生产劳动相结合》，对教育同劳动的关系有深刻的阐述，正是由于有正确的认识，他才能使教学和劳动科学结合，充分发挥教劳结合的育人功能和建设功能，积累了以教学为主的教学、科研、生产三结合的宝贵经验。

1958 年之后，成仿吾多次强调要全面贯彻德智体全面发展的教育方针。1962 年 10 月，他为《山东大学校歌》作词，其中写道："共产党和人民给了我们一切，教我们发展德智体，又红又专。"1964 年 5 月 10 日，他在山东省中学和师范学校校长学习班上作了《有关教育方针的几个问题》的报告，指出："培养德、智、体全面发展的、有社会主义觉悟的、有文化的劳动者的教育方针是先进的方针，是社会主义制度下的教育方针。"③ 同年 10 月，在全校大会上他强调德、智、体是一个整体，不可偏废。1965 年 8 月，在政治理论课教师会上他又强调学生一定要德、智、体全面发展。

三、高度重视教学工作

成仿吾一向认为"学校要坚持教学第一"，"学习是学生的主要任务"，他重

① 成仿吾：《关于党的教育方针》，《新论语》1958 年第 5 期。

② 参见宋荐戈等：《成仿吾教育实践与教育思想》，长沙：湖南教育出版社，1997 年，第 102 页。

③ 张傲卉等：《成仿吾年谱》，长春：东北师范大学出版社，1994 年，第 153 页。

视教学表现在很多方面，尤其具有特色的是重视教研室作用和注重改进教学方法。

1937年出任陕北公学校长后，成仿吾就把青年教师和老教师组织在研究室里，认为这样可以以老带新，边学边教，在工作中培养。1950年担任中国人民大学副校长时，他认为新中国成立前教师根据个人的理解和兴趣讲授某一课程对学生是不负责任的，因为这样无法保证教学内容的思想性和科学性，新中国的高等教育应该有建立在集体而不是个人基础之上的教学组织，这就是教研室。在他的建议下，中国人民大学各系共建立40多个教研室。来到山东大学后，他仍然十分重视教研室工作。1959年5月，成仿吾主持山东大学校委会第40次会议，指出："教研室是教学的基本组织，是教学、科研、师资培养的基本力量。教研室的工作对提高教学质量起重要作用。教研室要有明确的目的、具体的计划、必要的制度。要加强教研室的建设，选拔水平高、有经验的教师担任教研室主任。"① 1962年9月1日，成仿吾以《努力做好教研室工作》为题，在全校教研室主任会上讲话，要求教研室主任全面地、经常地、主动地抓好工作，做出新成绩，并期待涌现出更多的先进教研室。

教学是一门艺术，方法是否得当直接影响教学效果。1959年4月，在全校教学法讨论会上，成仿吾作《必须重视教学方法的研究》的报告。他指出，教学内容虽然起决定作用，但是教学方法则决定成败。他认为教的方法也是学的方法，通过教学应当使学生得到知识又学到方法。他还对认真备课、重点讲授、指导自学、加强辅导、创造良好的学习环境等环节提出具体要求，后经整理写成《山东大学教学工作若干规定》，作为全校教学工作的依据。1960年1月，在全校教学经验交流会上，他要求教师互相学习，取长补短，并在教学大纲、教材以及各个教学环节都要做到完善和提高，总结出一套完整的教学工作经验。1963年9月，他在全校教学研究会上作《教学中要贯彻少而精的原则》的报告，指出要贯彻"少而精"的原则，提出执行中央"减轻学生负担"基本要求与学校"因材施教"相结合的教学方法。

为了提高教学方法，在成仿吾领导下，学校先后出台《教学工作二十条》《系主任工作条例》《教研室主任工作条例》等多个文件，召开一年一度的经验

① 张傲卉等：《成仿吾年谱》，第140～141页。

交流会，改进工作方法。此外，他还要求各系必须制订好教学计划，选派高水平、经验丰富的教师担任课堂教学工作。他自己则深入各系教学第一线，检查性听课，及时解决教学中存在的问题。

四、重视师资培养

师资水平直接决定教学质量。成仿吾特别重视师资培养，建设高水平教师队伍。针对新中国教育现状，他指出："中国教育既先进，另一方面也落后，这是个矛盾。"解决这个矛盾的方法就是"培养新教师，提高现有教师"，并提醒说这个问题"不只是提高教师个人水平，而应作为教育上一个根本问题来看"。①

在成仿吾看来，师资培养包括品德和业务两个方面。他认为教师只有掌握了辩证唯物主义与历史唯物主义，才能不断提高理论修养和社会主义觉悟，从而真正能站到时代的前头，仅仅有文化知识是不够的。教师只有具备坚定的革命信仰、高尚的道德品质、又红又专，才能化育学生。所以，他说"不能只专不红，或只红不专"；人民教师"不是教书匠，只是专，教教课，不能称为人民教师，只能是教书匠"；"真正教师不是教书匠，要向真正人民教师方面努力，不要忘记又红又专的要求"。②

关于师资业务能力培养与提升，成仿吾首先强调教师自身应有主动性和积极性，指出教师业务提高的关键是教师本人，外因只是条件，内因才是根据，因此要求教师从严律己。其次强调学校应有详细周到的计划与安排。1960 年 1 月，校务委员会第 45 次会议提出把师资培养和提高工作质量列入计划，建立制度，定期检查。1963 年 4 月，系主任研究师资培养工作会议要求做到"五定"，即定方向、定专业、定计划、定措施、定时间，以提高培养质量。最后提倡通过教学、科研、进修和社会实践等多种活动与多种途径，提高教师业务能力。他既重视教学对科研的作用，也重视科研对教学的反作用，认为教学和科研相辅相成，互相促进。此外，他还强调外语对业务提升的重要性，并认为即使研究中国文史的教师也要学习外文，以便在比较研究中提高业务水平。

由于成仿吾提倡并重视培养师资，1961～1966 年学校教师队伍得到一定程度的充实，水平得到提高，某些具有特点的学科，如中文系古典文学、历史系

① 中央教育科学研究所编：《成仿教育文选》，第 177 页。

② 中央教育科学研究所编：《成仿教育文选》，第 178～179 页。

中国古代史、数学系控制论、物理系磁学、化学系有机硅、生物系微生物、晶体所晶体材料等都后继有人，为日后的发展打下了基础。

五、办出山大自己的特色

1958 年山东大学从青岛迁往济南，医学院以及海洋、水产、地质三系留在青岛。学校在青岛的一些优势不复存在，但是也出现了新的有利条件。于是，成仿吾从实际出发，决心把山东大学办成有自己特色、自己方向、自己风格的大学。据校长办公室秘书科科长张君侠回忆，成仿吾时常讲道："综合大学代表着国家科学文化发展的水平，山东人口多于英法，土地接近日本，只此一所综合大学，因而必须明确自己的方向，发扬自己的特点，形成自己的风格，才能高于英法，好于日本。"[①]

为了形成自己的特色，在成仿吾的领导下，文科一方面继续发扬青岛时期"文史见长"的传统，恢复校庆科学讨论会，复刊《文史哲》，推进中国文学史、中国古代史研究；另一方面恢复外文系，创设政治系，向社会科学领域拓展，形成了新的特色。理科新设电子、原子核物理、微生物 3 个专业，新开计算数学、运筹学、电子计算机原理、中级物理及反应堆理论、加速器物理基础、电子物理及电真空、微波理论、微生物及其应用等课程，从而使学校在数学、磁学、晶体材料、微生物等方面均有较大发展，尤其是在哥德巴赫猜想、晶体培养等方面取得突破性成就，形成了学校新的优势和特色。

六、德智体全面培养学生

培养德智体全面发展的人才，是党和政府既定的教育政策，也是成仿吾校长治校思想的重要组成部分。

所谓"德"，除了一般意义上的"道德"，成仿吾特别注重对学生的政治思想教育。他认为"教育从来就是有意识有目的的活动"，在阶级社会中，教育反映的是统治阶级的意志；而在社会主义建设时期，教育必须培养"既有政治觉悟、又有文化知识"，即"既有政治、又有业务，又红又专的""有社会主义觉

① 张君侠：《成仿吾与山大》，张乐岭等主编：《峥嵘岁月》，第 337 页。

悟的有文化的劳动者”[①]。为了让学生树立正确的世界观和人生观，保证学校的教育工作循着正确的道路前进，培养德智体全面发展的人才，学校领导分别兼任四门政治课的教研室主任，成仿吾亲自担任科学社会主义教研室主任。为了培养学生正确的人生观和价值观，1958～1964 年，成仿吾还结合自己的亲身经历，对学生进行革命传统教育，作《延安作风》《延安的革命精神》《延安的学习生活》《红军长征》等报告十余次，借以坚定学生正确的政治方向，培养其远大的理想和共产主义道德。

所谓“智”，是指专业能力。成仿吾一是强调学习是学生的本分。1959 年 4 月，在全校学生代表大会上，他作《学生的主要任务是学习》的报告，提出学生要以学习为中心，必须努力学好业务，掌握现代科学文化知识，成为建设社会主义的合格人才。他说：“我们应该明确学习是学生的主要任务。要学习好，就得刻苦钻研，学习、学习、再学习。”[②] 在报告中他还批评了学生“不愿意学习”“否定教师的作用”等错误观念。二是强调学生应当具备独立思考与创新能力。1963 年 4 月，在向全校学生所作《改进学习方法》的报告中，他强调学习应有科学的方法，要肯于钻研，善于思考，敢于创新。三是强调学生应有一定的科研能力，认为大学生“科学研究一定要搞，一年级也可以搞一点，要成立科研小组好好开展这方面的工作”[③]，认为只有这样才能发展学生独立工作的熟练技巧和在实践中应用所学知识的技能。为了促使学生全面发展，成仿吾报告中向学生提出了十条要求：（1）学习的目的明确，为祖国、为人民、为革命而学。（2）刻苦钻研，独立思考。（3）学习方法先进，有计划地预习、复习，听课积极思维，独立地做好习题、作业和实验，按时完成，能多做一些；有计划地阅读课外读物，参加一些有关的学术活动；深入理解，不死记硬背；三个基本较牢固；踏踏实实，不断改进学习方法。（4）不怕考试，不考虑分数。（5）能灵活运用，学会用马克思列宁主义的观点分析问题和解决问题。（6）善于把学习和实践密切联系起来。（7）虚心向别人请教，从不自满。（8）劳逸结合。（9）又红又专。（10）德智体全面发展。[④]

---

① 中央教育科学研究所编：《成仿吾教育文选》，第 216、227 页。
② 中央教育科学研究所编：《成仿吾教育文选》，第 106 页。
③ 中央教育科学研究所编：《成仿吾教育文选》，第 107 页。
④ 中央教育科学研究所编：《成仿吾教育文选》，第 241～242 页。

成仿吾校长的治校思想，除了以上内容外，还有很多方面。例如，正确执行党的知识分子政策。由于反右斗争扩大化，在他还没有来山大时，全校204名师生被划为右派分子，著名的中国古典文学史专家、山东大学副校长陆侃如也在其中。成仿吾到校后果断地纠正学校党员干部中对待知识分子问题上宁左勿右的做法和“左”的思想倾向，正确贯彻党的知识分子政策，大胆重用有真才实学的教师担任学校和系的领导职务。例如，提请任命冯沅君为副校长、萧涤非为副教务长，发挥他们在教学工作中的主导作用。

又如，工作亲力亲为。成仿吾不是只坐在办公室发布指示、听取汇报的校长，他经常深入教研室、实验室、阅览室、课堂实地考察，掌握第一手材料。他对教学科研的进展和提高、工作和生活的改善、学生学习的情绪和效果、校园卫生面貌以及工作秩序等，都了如指掌，能随时举出具体例证说服别人。如某一科研项目因设备不足，进度迟缓；某位教师备课马虎，讲课质量低；某位教师上课抽烟，课堂纪律不好；某楼学生宿舍衣物乱放，卫生状况不好；某阅览室灯光太暗；等等。他都非常清楚，从而能及时纠正。

再如，十分关心学生生活。早在陕北公学时，因关心学生，他就获得了“妈妈校长”的美誉。在山大期间，依旧把学生的学习和生活挂在心头。他经常深入学生中间，了解学生的学习情绪和学习效果，到教室和阅览室查看灯光；经常到学生宿舍和食堂，摸摸学生的床铺厚不厚，尝尝饭菜香不香。真的是如慈母一般，关心学生的学习和生活。

第三节　健全机构，加强管理

一、建立精干机构

1963年，学校党委副书记刘岐云调任新职，孙汉卿任党委副书记。1965年，在“突击政治”浪潮中，党委增设政治部，党委副书记孙汉卿兼任主任，以加强思想政治工作和政治理论课教学。经过学习和贯彻“高校六十条”，学校推行党委领导下以校长为首的校务委员会负责体制，党政分工日益明确。党委负责党的方针政策、党的建设、重大人事问题以及全校思想政治工作；校长负责业务领导，充分发挥行政组织职能作用。1965 年学校党委机构和行政机构如图 8-1、图 8-2 所示。

图 8-1 学校党委机构

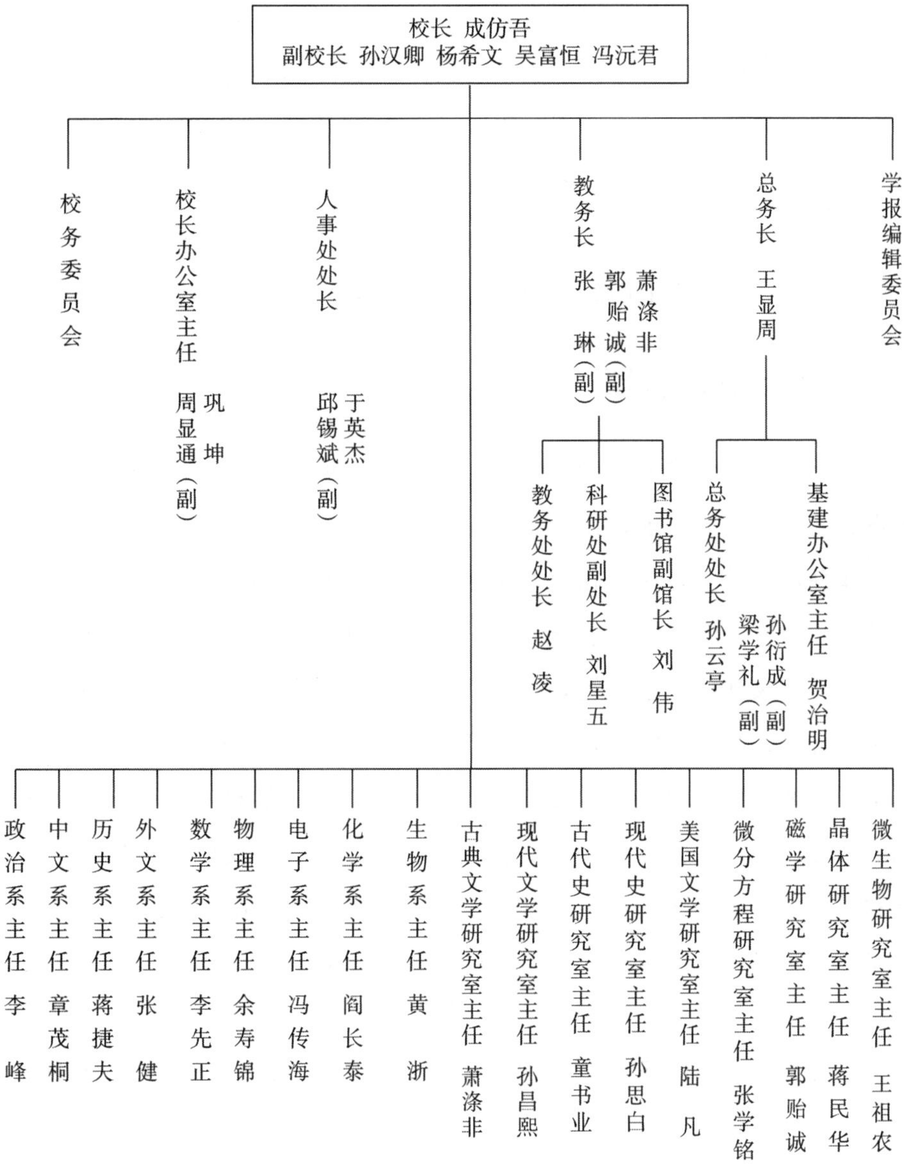

图 8-2　学校行政机构

1965年，全校在校学生（包括研究生）总数达4266人，教职工1340人（教师586人，教辅152人，干部308人，工人293人）。教学设备大量增加，各种仪器近3000件，价值2000万元，图书120万册。尽管学校发展很快，但是行政机构仍然保持精干、简政、守职、实效的特点。例如，校长办公室只有主任、秘书、公文收发、档案员、打字员，共5人，负责组织会议、公文处理、来信来访、计划总结、文件拟稿、上传下达等工作，既管理事务又参与政务。

国民经济失调的三年严重经济困难时期，在学校的建设和发展中，总务处工作任务之重、困难之大难以想象。例如，学校常年经费仅300万元，除必不可少的工资、修缮等费用外，所余无几，但他们却能妥善安排，挖掘潜力，精打细算，撙节开支，不断添置必要的设备，改善教学科研条件。房产科管理全校近10万平方米房舍和10万多件家具，分配、调整、保管、维修等千头万绪，烦琐复杂，但该科上上下下只有王殿孝（科长）等4人，工作却能应付自如，井井有条。

二、实行有序管理

1958年底，成仿吾校长根据工作中存在的问题，提出“有秩序、上轨道、抓重点、收实效”的要求，作为学校一个时期的工作指针，大大稳定了生活秩序、工作秩序和教学秩序。在此基础上，学校坚持贯彻以教学为主的原则，加强政治思想教育，合理安排生产劳动，把工作纳入正轨。从1959年初开始，经过校长办公会议和校委会讨论，提出每学期的方针任务，确定工作重点，制订全面工作计划。学期中间则对计划的执行情况，进行全面检查或重点检查。学期结束，还要总结经验教训，发扬优点，克服缺点。这种有计划、有检查、有总结的工作制度，一直延续到“文化大革命”前。为了使学校各方面工作不断提高和前进，学校还陆续制定了《山东大学规程》《山东大学学则》，以及关于教学工作、科研工作、研究生工作、师资培养工作、系的工作、教研室工作等的条例，使所有工作有规可循、有章可依。这些规章制度，对稳定学校秩序、防止工作偏离正轨、保证工作重点、提高工作质量，都起到了良好的作用。

第四节　调整系科，改革教学

一、调整部分系科

学校迁到济南后，根据国家和自身发展需要，从1959年开始，调整了部分系科和学制。学校原来设有外文系，但1956年学生并入上海外语学院后，停办英语专业，撤销外文系。1959 年夏季，学校以综合大学应当设立外文系、学校具备师资条件等理由，经请示上级同意，恢复外文系，秋季开始招生。为了提高培养人才质量，根据形势要求，经过审慎研究并报请上级批准，1959 年人学新生的学制为 5 年（原有二、三、四年级学生的学制仍为 4 年）。同年冬，留在青岛的海洋、水产、地质三系，从学校正式分出，独立建成山东海洋学院。

1960 年春，根据学校发展前途和培养马列主义理论人才的要求，请示上级同意重新设立政治系，从中文、历史两系选拔一批学生进入该系各年级学习，学制为 4 年。秋季，根据社会主义建设的需要和科学事业的发展，将物理系的原子核和电子两个专业分出，组建原子能系（对外称物理二系，后学生并入复旦大学，该系撤销）和电子系。经过调整，学校由迁济南时的 6 个系 10 个专业，发展为 10 个系 14 个专业，学生达 3640 人，教师 368 人（其中教授 29 人，副教授 20 人，教员 12 人，讲师 54 人，助教 253 人），职工 425 人。

从 1953 年起，中文、历史两个专业开始招收研究生，迁到济南后，又增加数学、物理、动物、植物、微生物 5 个专业招收研究生，至 1963 年，共计 8 个专业招收研究生，在校研究生达 114 人。

与此同时，学校业余教育也有了较大的发展。1960 年，设立中文、历史、数学 3 个专业业余大学，招生 258 人；设立中文、历史、物理、数学、化学、生物 6 个专业函授班，招生 2365 人。此外，还招收函授研究生 550 人，均于秋季正式上课。至此，在校业余生和函授生达到 4000 人，为发展业余高等教育作出了贡献。

二、完善教学组织

1958 年 10 月，学校刚刚迁到济南，忙于整理搬迁物资，参加公益劳动，开展勤工俭学活动等，教学工作被忽视。11 月 4 日，校长、书记办公会议研究确定了学校工作的重点：在抓好生活、稳定秩序的前提下，在合理安排生产劳动的基础上，积极准备，尽快开学上课，做到以教学为主。11 月 16 日，成仿吾校长向全校人员作《全面贯彻党的教育方针》的报告。报告除阐明党的教育方针的内容、目的和要求外，还指出高等学校应以培养德、智、体全面发展的人才，提高国家的科学文化水平为己任。成仿吾校长的报告，在当时“左”的思想泛滥、教学工作受到冲击的情况下起到了端正方向的作用。会后各系对教学工作做了具体安排，12 月初正式上课。

由于1957年反右斗争扩大化，有些系和教研室负责人空缺。1958年12月，学校对迁来济南的6个系的党政领导和教研室主任进行了调整和充实，具体如下：

中文系主任　章茂桐　副主任　刘泮溪、蒋维崧

总支书记　梁学礼　副书记　吕欣

古典文学教研室主任　萧涤非

文艺理论教研室主任　孙昌熙

现代文学教研室主任　刘泮溪

语言教研室主任　贺绍兰

历史系主任　蒋捷夫　副主任　孙思白、韩连琪

总支书记　徐竟成　副书记　徐经泽

中国近代史教研室主任　孙思白

中国现代史教研室主任　朱作云

中国通史教研室主任　韩连琪

亚洲史教研室主任　卢振华

世界史教研室主任　徐经泽

数学系主任　李先正　副主任　张学铭

总支书记　刘星五　副书记　徐圭鑫

微分方程教研室主任　张学铭

几何代数教研室主任　谢联棻

函数论教研室主任　莫叶

物理系主任　叶锦田　副主任　余寿绵

总支书记　张鼎周　副书记　王琏

理论物理教研室主任　余寿绵

普通物理教研室主任　王承瑞

固体物理教研室主任　郭贻诚

原子物理教研室主任　王普

电子学教研室主任　杨有楙

光学教研室主任　赵成美

化学系主任　阎长泰　副主任　邓从豪

总支书记　赵觉　副书记　蔡国楷

有机化学教研室主任　阎长泰

无机化学教研室主任　尹敬执

分析化学教研室主任　叶长龄

物理化学教研室主任　徐国宪

生物系主任　王祖农　副主任　李嘉咏

总支书记　何畏　副书记　邓宏庆

动物学教研室主任　黄浙

植物学教研室主任　郑柏林

海洋动物教研室主任　周才武

组织胚胎学教研室主任　李嘉咏

遗传学教研室主任　方宗熙

系是代表学校领导和规划全面工作的教学组织，教研室是教学、科研和师资培养的基本单位，加强这两级组织建设，为贯彻以教学为中心、提高教学质量的办学思想创造了有利条件，提供了制度保障。

教学组织充实后，各系根据学科发展和自身条件，增设新的专业，制订新的教学计划，开设新的课程。1959 年初，学校召开教学计划汇报会议，交流经验。当时迁来济南的 6 个系，设有汉语言文学、历史、数学、物理、电子、原子核物理、化学、动物、植物、微生物 10 个专业，其中电子、原子核物理、微生物是新设的 3 个专业，各专业共开出 41 门新课程。文科有马列主义名著选读、毛泽东文艺思想、马列主义语言学、中国近代史、中国近现代国际关系史、亚非民族解放运动史等；理科有计算数学、运筹学、电子计算机原理、中级物理及反应堆理论、原子核物理、加速器的物理基础、电子物理及电真空、微波理论、微生物及应用等。

三、着力师资培养

山大迁到济南初期，学校师资状况是教授少，讲师不多，助教数量大，呈宝塔形。为改变现状，1960 年 1 月校务委员会第 45 次会议专题讨论师资培养和提高质量问题。会议决定从是年开始，各系把师资培养工作列入计划，分析情况，全面安排，专人管理，定期检查，并做到与教学、科研相结合，期许三年初见成绩，五年大见成绩，十年培养一支水平较高、学科齐全的师资队伍。

师资培养工作在校长领导下，由教务长直接管理，教务处指定专人负责具体工作。教师根据各自情况，分别制订为期 2 年（教授）、5 年（讲师）、10 年（助教）的提高计划。计划要求包括三方面内容，即提高马列主义、毛泽东思想水平，提高外文水平，提高业务水平。计划还要求实现“五定”：定方向、定专业、定要求、定措施、定时间。系和教研室在教师个人计划的基础上，制定全面的师资培养提升规划，做到目标明确，措施稳妥。对于计划的贯彻执行，要定期进行检查，规定教研室每月一次，系每季度一次，学校每学期一次；遇有情况变化需要修改计划时，应经系批准后报学校备查。

师资培养重点是中青年教师，特别是青年教师，学校根据其自身特点与实际需求，采取不同的培养方式方法。首先，对于基础较好、肯于上进、一时又无教学任务的青年教师，采取送出进修的办法，通过 2～3 年专业学习，达到胜任业务工作的目标。这类教师两年中共派出 21 人。其次，对于准备开课的青年教师，在教研室的安排和指导下，参加本专业的教学和科研工作，严格要求，使其在实践中得到提高，尽快担负起教学任务。这是主要的培养师资方式，数年间 100 多位青年教师走上这条道路。再次，根据工作需要，安排一部分青年教师给老教师当助手，在老教师指导下从事教学和科研工作，把老教师的业务专长学到手，做到后继有人。这类教师先后安排 38 人。最后，对某些骨干教师采取措施，重点培养，指定专人辅导，给予更多的关心和帮助，要求从严，检查从勤，使其得到较好的发展。这类教师最初选定 88 人，后调整计划，减为 60 人。由此可见，学校在师资的培养和提高工作中，经过周密细致的研究，采取切合实际的方式方法，取得了良好的效果。

四、加强教材建设

教学工作走上轨道后，学校又采取了一系列具体措施，如组织水平高、有经验的教师上教学第一线，加强教材建设，改进教学方法等，以进一步提高教学质量。到 1961 年秋，全校共有教授、副教授和讲师 144 人，其中有 128 人担任课堂教学工作。1962 年，全校共开出 339 门课程，其中 290 门由讲师以上的教师担任。冯沅君、殷孟伦、黄云眉、童书业、王仲荦、莫叶、张学铭、郭贻诚、徐国宪、王祖农、陈机、曲漱蕙等教授都坚持在教学第一线。为了保证教学质量，做到教学内容的科学性和系统性，学校通过选、编、借等种种办法，解决教材缺乏问题。据统计，339门课程选用教育部统编教材者68门，自编教材147门，借用兄弟院校教材者124门。在成仿吾校长倡议下，经过教研室酝酿和准备，学校曾举行两次大型教学法讨论会。会议对制定教学大纲、编选教材、认真备课、重点讲授、指导自学、加强辅导、严格要求、考试考查等各个教学环节开展了讨论，交流了经验。会后教务处把这些意见综合整理定名为《山东大学教学工作若干规定》，供教师在教学中参考，成为学校一个时期的教学指南。

五、改进教学方法

1962年夏，教育部召开理科教学工作会议，成仿吾校长参加会议。会议除总结理科教学工作经验外，还指出在理科教学中应当妥善安排教学计划，实事求是地掌握教学要求，认真贯彻“少而精”的精神。[①] 这是教育部为减轻学生负担过重、保证培养人才质量的一次重要会议。根据此次会议精神，学校校委会第68次会议决定采取以下措施：（1）调整教学内容。在不影响学科体系的前提下，删减重复和次要章节，使之更加精练，更加突出，层次分明，但要注意各门课程之间的联系。（2）调整教学时间。文科每周上课不超过22学时，学生每周学习时间不超过48学时，做到学少、学精、学好。（3）改进教学方法。备课、讲授、答疑、辅导、实验、考试等，都应有科学的、先进的方法，提高效果。（4）加强自学指导。对学生的作业既要严格要求，又要分量适当，实验、习题、写作等要有明确的标准。（5）抓两头，带中间。对优秀生发扬其独创精神，使之更好地发展；对学习差的学生加强辅导，使之达到基本要求。之后，教务处结合学校实际，制定了《关于贯彻理科教学工作会议的实施方案》。各系和教研室在执行中坚持从实际出发，对教学内容削枝强干，精益求精，做到少而充实、深透，少而不减思想性、科学性和系统性。同时，对学生加强辅导，精心指导，训练其掌握学习重点和独立思考的学习方法，努力打好基础，练好基本功，认真把基础理论、基本知识和基本技能学好。通过这些积极措施，教师在教学中进一步发挥了主导作用，学生在学习中进一步增强了主动性。教与学紧密结合，既使学生的课业负担有所减轻，又使教学质量有了不同程度的提高。

---

① 参见中央教育科学研究所：《中华人民共和国教育大事记（1949～1982）》，第311页。

第五节　科学研究新发展

一、扬长避短形成新的学科特色

新中国成立初期山东大学的办学特色是“文史见长，加强理科，发展生物，开拓海洋”。学校迁到济南后，生物系教师一部分留在青岛，力量分散，海洋、水产两系全部留在青岛。针对这一情况，学校根据科学的发展，联系自身实际，认为必须扬长避短，发挥优势，确定新方向，形成自己的新特色。

1960年，在制定学校五年发展规划过程中，第一，考虑到中文、历史两系的老教师大都年过半百，亟须加强后备力量，故在师资培养中采取了给老教师配备助手的办法，让年轻教师学习他们的专长，提高中青年教师的业务水平，继续保持“文史见长”的优势。第二，考虑到数学系的微分方程、运筹学、解析数论，师资力量较强，基础较好，工作扎实，对促进科学发展和提高生产都有重要意义，而且在为生产建设的服务中取得了较好成绩，特别是解析数论的研究工作有所突破，成绩显著，在国际上引起重视。因此，必须大力发挥数学系这一优势，以求在教学和科研中取得更大的成绩。需要特别指出的是，1960年12月毛泽东主席在参观山东省高校教育革命展览时，特意听取山大讲解员讲解运筹学。第三，考虑到物理系磁学师资力量和设备条件已初具规模并进行了大量的工作，而且该学科对于发展电力很有实用价值，故作为重点学科在开拓中前进。第四，考虑到化学系的晶体材料是一个新兴学科，能为工业建设和国防建设提供必不可少的晶体器材。当时国内对这一学科进行系统研究者甚少，基本上处于空白状态，尽管学校在这方面尚处于初创阶段，教师多为青年，设备也较简陋，但已预见其广阔发展前途，故学校认为应采取坚决措施，充实力量，增加设备，勤奋开拓，坚持前进。第五，考虑到微生物学是生物科学的一个分支，与工农业生产关系极为密切，20世纪50年代开始兴起，颇有先声夺人之势。学校生物系师资力量较强，基础较好，对开拓这一学科具有潜力，应作为重点发展，以便在生物科学中建立新的优势。此外，经过多方面的努力，

1960 年重建了政治系，目的是培养政治理论课教师和宣教干部。

至此，学校根据形势的要求和自身的条件，确定了自己的重点学科，培育了新的优势，形成了新的特色。这就是在文史见长的优势中，向社会科学领域开拓；在理科的扬长避短中，突出数学、磁学、晶体、微生物等重点学科，使之各有攻取，齐头并进。

二、人文和自然科学研究新成就

为了恢复科学研究在学校工作中应有地位，1959 年初学校决定恢复中断四年的校庆科学讨论会。其后在教务长领导下，设立科研办公室（后改为科研处），抽调专职干部负责科研工作的统一规划和督促检查。系和教研室根据要求，制订计划，组织力量，选定课题，落实措施，把科研摆到和教学同等重要的位置上。

1. 重启校庆科学讨论会

1959 年 3 月 19 日，第四次校庆科学讨论会隆重开幕，全校提交大会论文（报告）152 篇。成仿吾校长在讨论会上作了《毛泽东教育思想简述》的报告，大家一致认为这是一篇阐述毛泽东教育思想和党的教育方针的力作，后来发表在中共山东省委刊物《新论语》第 4 期上。中文系的《艺术生产和物质生产发展的不平衡规律》、数学系的《极限环的稳定性》等论文，具有较高的学术价值。数学系的《线性规划在运输中的应用》和《山东大学一号模拟电子计算机的研制》、化学系的《放射性同位素的应用》和《特殊晶体的培养》、生物系的《细菌肥料的制造》等科技报告，引起全校师生广泛关注。这次校庆科学讨论会开得非常成功，此后学校坚持每年举办一次，至“文化大革命”前共举办 8 次。

校庆科学讨论会结束后，在初步总结实践经验的基础上，学校确定科学研究的计划要做到五定：定方向，定课题，定人员，定措施，定时间。在方向上要实现三个结合：结合教学，结合社会主义建设，结合科学的发展。在选题上要有两个照顾：照顾国家需要，照顾个人专长。这样从方针到方法，都做了较为明确细致的规定，使科学研究工作能够得以持续开展。

2. 科研项目大幅增加

这一时期，学校科研项目年均 200 项左右。例如，1960 年学校科研计划共 208 项，其中基础理论 70 项，为工农业生产服务 116 项，编写教材 12 项。1961

年，学校根据高等学校科研方针和任务，提出缩短战线，提高质量，增加基础理论的比重，开创新的学科要求。经过认真研究，结合需要与可能，学校提高了基础理论研究比重，加强了微分方程、计算机、磁学、晶体、微生物等理论和应用科学研究，形成有自己学科特色的研究计划。1962 年初，国家科委在广州召开全国科学技术工作会议，学校依据会议精神，制定科研工作十年发展规划。规划中除突出学科特色外，承担了国家重点项目 33 项（其中 7 个与其他部门协作）、省重点项目 16 项。至此，学校科研工作被纳入了国家的计划，成为提高国家科学文化水平的一支重要力量。

3. 制订科研计划蔚然成风

科学研究走上正轨后，参加科研的教师更多了，力量也较之前雄厚。到 1962 年底，80％的教师投入科研，其中教授、副教授占 98％，讲师占 76％，助教占 61％。学生 1244 人成立 89 个科研小组，在老师指导下开展科学研究工作。在科学研究工作中，学校对于不同类型的教师，提出了不同的要求。教授和副教授应担任基础理论和创新学科研究，做到有所开拓，发扬专长；中青年教师应确定方向，选定课题，刻苦钻研，提高水平，做出成绩。为了在研究工作中发挥某些学科的特色，以利于早出成果和多出成果，学校根据自身条件，集中力量建立了一批研究室。到 1963 年，共有中国古典文学、美国文学、中国古代史、微分方程（也称控制论）、磁学、晶体、微生物 7 个研究室，后又增加中国现代文学、中国现代史两个研究室，总共 9 个研究室。

随着科学研究工作不断推进，学术活动也开展起来。系和教研室均制订计划，建立制度，定期举行有准备、有内容的学术讨论会，并把它当成推动科研、提高教学和培养师资的有效形式。1962 年 1 月，学校举办了“辛亥革命五十周年”和“鲁迅诞辰八十周年”两个学术报告会，参加人员极为广泛，受到文教、宣传部门好评，在校内外产生较大影响。据统计，1962 年共举行中小型学术讨论会 370 余次。1965 年，学校举行了全校性的“五四”科学报告会，提交会议的既有教师的学术论文，也有学生的科学报告。通过学术活动，贯彻了“百花齐放、百家争鸣”的方针，学术思想更为活跃，学术空气更加浓郁，形成了认真读书、勤奋探索的良好风气。在此期间，学校还注意与兄弟校院及科研部门加强联系，相互学习，先后聘请苏步青、傅鹰、谈家桢、高尚荫、何定杰、王希成、徐耕耦、张青莲、商承祚等 30 多位知名学者来校讲学。同时，张学铭、王祖农等20多位教授也应邀去有关院校或科研部门讲学，做到开展校际学术交流，提高教学和科研水平。

4. 复刊《文史哲》

为了恢复文科科学研究园地，经过种种努力，1961年已停刊两年的《文史哲》杂志复刊。复刊后的《文史哲》由月刊改为双月刊，至1966年“文化大革命”前再停刊，总计出版28期。这28期中发表的关于“文学遗产的继承”“文心雕龙的研究”“孔子的研究”“中国古代商业手工业的研究”“中国古代哲学家和哲学思想”等专论，都是具有开拓性且又不乏创见的研究。六年间，《文史哲》的作者不但有吕振羽、陆侃如、冯沅君、吴富恒、高亨、萧涤非、杨向奎、王仲荦、童书业、黄嘉德、车载、田仲济、严薇青、孙思白、孙昌熙、刘泮溪等知名人士，也有韩长经、袁世硕、庞朴、牟世金、董治安等大量中青年教师，28期334篇文章中，中青年教师的文章有226篇，占68%，说明《文史哲》复刊后仍然保持重视学术创新、扶持青年人的传统。

5. 潘承洞“哥德巴赫猜想”研究取得突破性成果

20世纪60年代前半期，山东大学数学学科发展迅速。张学铭教授的《常微分方程在控制力学中之发展》、谢联棻（谢力同）副教授的《从组合拓扑观点探讨图上作业法——n维复形上的极值问题》等成果，既在理论上有所探索，也很有实用价值，引起数学界广泛兴趣，受到国外学者的好评。

尤其是潘承洞的“哥德巴赫猜想”研究取得突破性成就。当时还是讲师的潘承洞在《数学学报》1962年第1期上发表《表偶数为素数及殆素数之和》，在《山东大学学报》1963年第4期上发表《算术级数中之最小素数》等论文，取得突破性进展，大大推进了“哥德巴赫猜想”研究，成为与王元、陈景润齐名的数论专家。

与此同时，物理系、化学系、晶体所的老教师郭贻诚、王祖农、邓从豪、杜作栋等教授发表多篇重要学术论文，青年教师郭大钧、谢去病、雷啸霖、蒋民华等人的研究成果尤其引人瞩目。1964年，化学系研制的活性白土达到国际上最好的联邦德国水平。晶体所研究室培养的10公斤酒石酸钠钾大晶体，被国家授予科学研究奖。

从1958年到1966年，山东大学在科学研究方面可谓成绩显著，硕果累累。这一时期共出版学术专著19部，完成国家重点科研项目37个，发表科学论文

400余篇，推出新技术或新产品70余项，解决工农业生产上的关键问题近500个。有的专著在学术界得到较高的评价，有的论文为国外科学刊物转载，有的新技术新产品已在生产中推广应用。凡此种种，均说明“文化大革命”前学校的科研又掀起了一个新的高潮。

第六节 培养德智体全面发展人才

培养德、智、体全面发展的人才，是1957年毛泽东在《关于正确处理人民内部的矛盾问题》讲话中提出的教育方针，成仿吾校长称之为最先进的教育方针。为了贯彻这一方针，学校采取了一系列措施，并取得了良好的成绩。

一、加强德育教育

德育是政治标准，在教育方针中处于首要地位。其内容主要是提高学生的社会主义觉悟，培养学生的共产主义道德，做到拥护共产党的领导，坚持社会主义道路。为了实现这一目的，学校结合实际加强了以下几个方面的工作。

1. 加强政治理论教育，努力提高教学质量

为了加强政治理论教育，1960年秋学校对政治课的教学组织进行调整，由学校领导兼任各教研室主任，安排如下：中共党史教研室刘岐云、科学社会主义教研室成仿吾、辩证唯物论和历史唯物论教研室吴富恒、政治经济学教研室张琳。这四门政治课分别在高、低年级学生中开设，定为必修课，列入教学计划。由于校领导重视，任课教师认真做好备课、讲课、辅导、答疑、课堂考查等各个教学环节工作，并注意联系实际、结合学生思想问题，做到深入浅出，生动活泼，因而提高了学生学习的积极性，教学效果较好。有的学生已经能够运用马列主义基本原理认识问题、分析问题，提高了专业能力；有的学生还能运用初步掌握的马列主义理论、观点、方法解决专业学习中的问题，使之相互促进。

2. 加强时事政策教育，引导学生正确认识形势

20世纪60年代初期，中苏两党在国际共产主义运动问题上发生争论，超级

大国争夺世界霸权，国内工作又有某些失误，造成暂时的经济困难。在这种情况下，结合实际加强时事和党的方针政策教育，更有重大的现实意义。校党委不失时机地抓住这项工作，每学期根据国际国内的重大问题和党的有关方针政策，由学校领导（或邀请校外党政领导人）向全校人员作专题报告，用马列主义观点和方法分析形势，阐明党的方针政策，使广大师生在错综复杂的形势下认清方向，明确前途，坚持党的领导，坚持社会主义道路。据不完全统计，1959 年初至“文化大革命”前，学校共进行 44 次形势任务和党的方针政策专题报告，平均每年 6 次、每学期 3 次以上，其中成仿吾校长的报告就达 26 次之多。通过这些专题报告，学校及时解决了师生最关心、最敏感的问题，澄清了某些混乱思想，端正了某些错误态度，提高了对形势和党的方针政策的认识水平。

3. 加强共产主义品德教育，培育新的精神风貌

高等学校的青年学生，思想发展最为活跃、道德观念最需充实。加强共产主义品德教育，不但是客观上的迫切要求，而且成为社会主义大学的伟大使命。学校党委充分认识到这项工作的重大意义，成仿吾校长不辞辛劳地亲自抓品德教育，亲自检查效果。据现有记录统计，从学校迁来济南到“文化大革命”前，仅成仿吾校长一人就分别对入学新生、毕业学生、全校人员作《大学生的学习和生活》《服从国家分配》《共产主义理想和道德》《延安作风》《延安的革命精神》《延安的学生生活》《红军长征》等报告 19 次。这些报告紧密结合学生的思想，结合形势，具体生动，深刻感人。例如，他以艰苦卓绝的革命斗争、先烈英勇献身精神的种种事例说明胜利来之不易，要求大家牢记过去，珍惜现在，向往未来。在毛泽东主席发出“向雷锋同志学习”的号召后，学校领导积极响应，组织学生以多种形式进行学习。学习有关雷锋的文章、事迹、日记等；各系注意培养雷锋式的先进人物、先进集体，树立标兵、榜样；召开座谈会、讨论会，让大家在思想、工作和学习中以雷锋为榜样，引导大家时时刻刻向雷锋学习。在短短的时间内，就取得了显著的成效，以“钉子精神”积极学习、钻研业务的氛围更加浓厚，团结互助、助人为乐的风气更趋普遍，艰苦朴素的优良作风得到发扬。

4. 加强日常的思想政治工作，保持振作向上的精神状态

对学生的思想政治教育，除通过以上各种方式外，学校党委还把它列入日常的议事日程，及时采取措施，防止各类错误思潮发生和发展。各系党组织和

团组织更是把做好这项工作当成自己的主要职责，明确制度，经常深入到学生中间，促膝谈心，了解情况，把不健康的思想消灭在萌芽状态。同时，结合实际，举办不同类型的座谈会，交流思想，开展批评和自我批评，弘扬正气，抵制邪气，提高认识水平，提高政治觉悟。从1962年开始，学校还进一步加强辅导员制度，按班级设立政治辅导员，和学生同吃同住，交朋友，谈思想，及时了解并合理解决学生存在的问题，把思想工作做得更深入、更具体、更有实效。同时，加强对公共政治课的领导，把政治课作为学生学习毛泽东著作的主要阵地。此外，还利用广播站、黑板报、壁报等一切可以利用的形式，做到读、想、写、谈、用相互结合，相互促进。通过学习毛泽东著作，绝大部分学生能够深入其中，领会精神，暴露思想，解决问题，加强了思想改造。为了保持大家振作向上的精神状态，1962年成仿吾校长还创作了山东大学校歌，由著名作曲家郑律成谱曲，嘹亮的歌声在课余响彻校园。

总之，高等学校是科学文化发展的重要阵地，又是各种错误思潮容易打入的场所。正是由于马克思主义、毛泽东思想牢固占领了这块阵地，不断清除资产阶级思想，所以学校才培养出大批德、智、体全面发展，为社会主义建设事业献身的合格人才。

二、重视学生业务学习

山东大学在教学中一向严格要求，注重质量。迁来济南后，学校立即大力排除各种干扰，开始上课，并认真改进教学方法，积极进行教材建设，不断提高教学质量。成仿吾校长亲自抓教学工作，特别重视学生的学习，认为发挥学生在学习中的主观能动性，是学好的重要因素。为此，他经常深入教室、实验室、阅览室等场所，了解情况，解决存在的问题。1959年4月，他在全校学生代表大会上作了《学生的主要任务是学习》的报告，提出学生在提高社会主义觉悟的基础上必须努力学好业务，掌握现代科学文化知识，成为建设社会主义的合格人才。1959年7月，他向师生作《关于教育革命和学风》的报告，要求在教育革命中，培育理论联系实际、独创精神、批评与自我批评、刻苦钻研的学风。1963年4月，他又作了《改进学习方法》的报告，鼓励学生要树立远大理想，有为祖国为人民而学习的抱负，肯于钻研，善于思考，敢于创新。这些报告既紧密联系实际，又具有较强的针对性，对于端正学生的学习态度、改进学习方法、提高学习质量都有重大意义。

总之，山东大学迁来济南后，在政治运动接连不断的形势下，仍坚持以教学为主，重视学生智育的发展，大力提高培养人才的质量，并取得了优良的成绩。

三、重视体育锻炼

山东大学向来重视体育工作，不断提高学生的健康水平。体育课列入教学计划，定为必修课，体育课不合格不能毕业。学校规定每年春季举行体育运动会，以培养学生的坚强意志，激励学生的进取精神，检阅体育工作的成绩，还在每学期期中举办各种球类系际比赛，推动体育运动的开展。因此，在每届山东省大学生体育运动会上，学校代表队均名列前茅；在每届全国大学生体育运动会上，均取得了较好成绩。学校还规定学生每天的早操、课间操、课外活动，由班级负责组织，形成制度，保持常态，使学生每天参加体育锻炼的时间不少于一小时。学校保健部门定期为学生查体，及时防治各种疾病，还建立学生健康档案，以增强学生体魄，确保学生健康。成仿吾校长对体育教学非常重视，经常亲自检查各种体育课教学和活动情况，对全校的体育运动会和学生的早操、课间操、课外活动等都极为关心。由于领导的提倡和重视，参加体育运动的师生普遍增加，热情更高。

20 世纪 50 年代末 60 年代初，在贯彻党的教育方针开展教育革命过程中，由于“左”的思潮干扰，加上矫枉过正的某些情绪，出现了只要德育、忽视智育和体育的偏废现象。学校以极大的努力，采取有效措施，在克服“左”倾干扰的进程中，使学生在德育、智育、体育几个方面都得到发展，培养出一批合乎国家要求的人才。据统计，1959～1966 年山东大学共毕业学生 7202 人（包括研究生和外国留学生）。对于山东大学毕业学生，用人单位的评论是：作风朴实，服从分配，基础较好，胜任业务，并有创见。这说明山东大学毕业的学生德、智、体三方面全面发展，能够胜任伟大的社会主义建设使命。

第九章　“文化大革命”中的曲折历程

1966年，正当我国克服了国民经济的严重困难，完成经济调整任务，开始执行发展国民经济第三个五年计划的时候，“文化大革命”发生。“文化大革命”使党、国家、人民遭受严重的挫折和损失，教育战线属于“重灾区”，受到的冲击和破坏比其他任何领域都更为严重。经过院系调整和迁校走上正途的山东大学，在“文化大革命”中遭到前所未有的重创。运动一开始，学校的各级党组织和行政机构及正常的教学秩序就遭到破坏，尤其是被一分为三，元气大伤。

1976年10月，党中央粉碎“四人帮”，结束了“文化大革命”，社会秩序得以恢复，党和国家的工作开始重新走上健康发展的轨道。经过拨乱反正，学校教学、科研和其他各项工作逐步恢复正常。

第一节　学校正常工作受到严重影响

1966年初，学校除进行正常的教学科研等项工作外，还开展了《海瑞罢官》问题及“政治与业务的关系”大讨论。1月8日，文科的部分教师参加了中共山东省委召开的《海瑞罢官》问题讨论会。3月29日，山东大学和省内有关高等院校及社科界等单位联合举行了关于“清官”“好官”“让步政策”“道德继承”“历史剧”等问题的学术讨论会。会议一直到4月9日才结束，是《海瑞罢官》问题讨论会的继续。对《海瑞罢官》问题的讨论和批判，在1965年11月之前，基本上还是仅限于文学艺术和哲学社会科学领域的学术讨论和批评。1965年11月10日，上海《文汇报》发表姚文元署名文章《评新编历史剧〈海瑞罢官〉》

之后，文化领域的大批判开始升级，火药味越来越浓。

1966 年 4 月 30 日，学校决定立即开展“文化大革命”运动。中共山东省委为加强对山东大学运动的领导，于 1966 年 6 月 5 日向学校派出工作组。

6 月 13 日，中共中央、国务院发出通知，彻底改革教育制度，决定改革高等学校招生考试办法，并决定将 1966 年高等学校招收新生工作推迟半年进行。

1966 年 8 月 8 日，中央人民广播电台广播《中国共产党中央委员会关于无产阶级文化大革命的决定》（即“十六条”），学校的“文化大革命”运动进一步扩大，教学、科研等各项正常工作陷入停顿。

“文化大革命”的发生，有着复杂的国际国内的社会历史原因。新中国成立后，很长一段时间一直面临严峻的外部环境。帝国主义长期敌视、封锁新中国，把“和平演变”的希望寄托在中国的第三代、第四代身上。运动初期，学校党委和广大干部群众并没有意识到“文化大革命”的真正实质和错误。学校党委按照中央和上级的指示认真发动和领导，广大干部群众积极参加，也是出于对“文化大革命”缺乏科学认识，没有充分的思想准备。

1966 年，山东大学共有政治、中文、历史、外文、数学、物理、化学、电子、生物 9 个系，教职工 1386 人（其中教授 26 人、副教授 27 人），学生 3307 人（其中全日制 3152 人，半工半读 155 人），研究生 33 人，函授生 1500 人。仪器设备 8800 件，图书 100 余万册，实验室 64 个。老校区（今洪家楼校区）校舍 47000 平方米，新校区（今中心校区）校舍 66000 平方米。年内国家下达的生产任务包括半导体寿命测量仪 50 台，数字式频率计 60 台，硅平面高压开关二极管 5 万支，氯化钠棱镜 32 块，溴化钾棱镜 28 块，ADP 晶片 2000 片，KNT 晶体 0.5 吨。实际上只完成 ADP 晶片和部分数字式频率计任务，其他任务均未完成。其产值原计划是 80.9 万元，实际完成 22.95 万元，只完成原计划的 28.37%。

在全国夺权形势的影响下，学校的红卫兵组织也开始夺权，于 1967 年 4 月 19 日成立了“鲁迅大学革命委员会”，并将山东大学更名为鲁迅大学。随后，4 月 21 日政治系成立革命委员会，4 月 22 日历史系、化学系、外文系成立革命委员会，6 月 10 日电子系成立革命委员会，6 月 27 日生物系成立革命委员会，7 月 6 日物理系、数学系成立革命委员会，7 月 19 日中文系成立革命委员会，校部各机关也相继成立了革命委员会。

由于派性斗争和大批师生离校，学校的工作已无法进行。此时，应该在

1966年夏季毕业的学生，因“文化大革命”一直拖延到1967年10月才根据上级安排进行毕业分配。但因学校人员较少，学校不得不于10月10日发出《关于在外人员返校的紧急通知》，要求1966年毕业生必须在1967年10月31日前无条件地全部返校参加分配工作。

10月19日，中共中央、国务院、中央军委、中央文革小组发出了《关于大、中、小学复课闹革命的通知》后，学校一方面继续进行“文化大革命”运动，另一方面组织学生复课。

根据中共中央、国务院对大、中学校师生进行军训的通知精神，中共山东省委1967年11月27日向学校派驻军训团。军训团在校工作到1968年8月9日才撤离学校返回营房。1968年8月25日，中共中央发出《关于派工人宣传队进驻学校的通知》，9月5日山东工人毛泽东思想宣传队（后又有解放军参加，改为工人、解放军毛泽东思想宣传队，简称“工、军宣队”）进驻学校，以加强学校的领导工作。解放军和工人的进校，对稳定学校局势、维护学校秩序和促进群众组织的联合起了积极的作用，但也带来了一些消极的后果。

第二节　山东大学被一分为三

1970年6月24日，中共山东省革命委员会核心领导小组批转《山东省高等学校布局和专业调整方案》。方案提出，山东大学理科（数学、物理、化学、无线电电子学）改建为山东科学技术大学，以任务带学科，负责培养国防工业科技人员，开展国防科技和基本理论研究工作，由山东省国防工业办公室管理，校址设在济南市原山东大学校区，在平阴县建立农业生产和战备疏散基地。山东农学院将山东大学生物系并入，校址设在泰安山东农学院；山东大学文科和曲阜师范学院合并，组建新的山东大学，校址设在曲阜市原曲阜师范学院。

根据中共山东省革命委员会核心领导小组的要求，学校于1970年7月开始部署安排分校搬迁工作。从9月7日举办分校搬迁学习班开始，到9月24日最后一批人员和物资分别搬往曲阜、泰安为止，历时17天，搬迁工作基本结束。共搬运物资总计7508立方米（其中文科四系和机关合计为5114立方米，生物系

2394 立方米），以上物资不含图书馆文科所用图书。去曲阜的教职工 322 人，去泰安的教职工 104 人。因为搬迁，学校除耗费了大量的人力物力外，物资设备也受到一定程度的损坏，师资也有一定的流失。本次分校搬迁，给学校各方面造成巨大损失。

就在学校准备分校搬迁的时候，1970 年 7 月 22 日校工、军宣队临时党委和校革命委员会核心领导小组通知："我校校名现已恢复山东大学名称，新公章自即日起启用，原山东鲁迅大学各种印章一律作废。"至此，山东大学更名为山东鲁迅大学的历史结束。

1970 年 7 月，1964 年和 1965 年入学的最后两届学生同时毕业离校。因自 1966 年至 1970 年学校未再招收新生，所以学校暂时出现了没有学生的空档。1970 年 10 月 12 日，在济南原山东大学校址召开山东科学技术大学成立大会。山东科学技术大学下设自控（数学系改名）、物理、化学、光学（从物理系分出刚成立）、电子五个系（当时改称大队）。同年 10 月，山东大学文科和曲阜师范学院重新组建的山东大学，也在原曲阜师范学院校址成立，下设政史、中文、外文、数学、物理、化学六个系（当时改称大队）。与此同时，山东大学生物系也正式并入山东农学院。

根据中共中央的部署，从 1971 年春季开始，重新组建的各学校开始了"文化大革命"中的第一次招生工作。本次招生是在中共中央批转《北京大学、清华大学关于招生（试点）的请示报告》并进行试点后进行的，采取的是废除考试制度，实行"群众推荐、领导批准、学校复审相结合的办法"（招收的学生称为"工农兵学员"），并确定学生在学校里的主要任务不再是学习文化知识，而是进行各种阶级斗争和从事各种生产劳动。上大学的工农兵学员还被赋予"上大学、管大学、用毛泽东思想改造大学"（简称"上、管、改"）的使命。新生入学后，学校积极组织教学工作，教师除搞好教学工作外，还和学生一起走出学校，将教学、科学研究和生产劳动相结合，到鲁西南平原、泰莱山区、沂蒙山区、鲁北平原等地举行野营拉练。

第三节　山东大学建制恢复

从山东大学被拆散起，广大师生员工就有不同的看法和意见，他们利用各种形式不断向上级反映情况和陈述理由，强烈要求重新恢复拆散前的山东大学。

1973年12月11日，中共山东省委在济南召开有山东大学、山东科学技术大学、山东农学院二个院校党的领导干部和部分党员教师、学生代表参加的“山东大学等校分校合校迁校工作会议”，传达和研究贯彻中央关于山东大学问题的精神，部署恢复山东大学的工作。会上，王众音代表中共山东省委讲话时表示：中央领导同志对山东大学问题很重视，周恩来总理作了批示。

1974年2月4日，中共山东省革命委员会下达《关于恢复原山东大学、曲阜师范学院的通知》：“接国务院科教组通知：经中央批准，同意中共山东省委意见，恢复原山东大学和曲阜师范学院。同时撤销山东科技大学，其教职工全部并入山大。山东大学、曲阜师范学院恢复以后，仍面向本省、由省领导，其经费和基建投资请省里统一安排。”

根据中央和省委、省革委会的通知和部署，原山东大学迁至曲阜和泰安的政治、中文、历史、外文、生物5个系全部回到济南，加上原山东大学留在济南改建为山东科学技术大学的数学（改为自控）、物理、电子、化学、光学5个系，共计10个系，恢复为山东大学。在恢复山东大学的同时，撤销山东科学技术大学。1974年2月4日，中共山东省委组织部电话通知：“经研究确定恢复山东大学后，现山东科技大学和山东大学（原山大部分）的党委常委合并办公。”3月7日，在济南召开恢复山东大学大会，省市有关部门及驻济院校代表到会祝贺。

山东大学恢复后，马上着手充实师资队伍和加强基本建设等工作，给学校的工作创造了一个好的开端，也给广大师生员工以很大鼓舞，教学、科研、后勤等各项工作都取得了一些进展。但此时仍处在“文化大革命”中，学校的工作仍受到各种政治运动的干扰。除继续开展“批林批孔”等运动外，还掀起了学习朝阳农学院教育革命经验的热潮，这对学校工作又造成很大的冲击。

1975年1月，在毛泽东、周恩来的支持下，邓小平全面主持中央和国务院的日常工作，坚定地提出要进行整顿的指导思想，指出全国各个方面都要整顿。核心是党的整顿，关键是领导班子。经过整顿要建立一个强有力的、“敢”字当头的领导班子，提出科学技术是生产力，要求一定要搞好科学技术工作。在教育方面，新恢复的教育部强调要抓教学秩序和教学质量，要尊重知识分子和充分发挥他们的作用。通过全面整顿，形势明显好转，全国大部分地区社会秩序趋于稳定。山东大学的工作很快焕发生机，教学科研等各项工作有了显著改善。可惜的是，整顿工作开展不久，9 月又开始了评《水浒》的运动。1975 年底 1976 年初又开展了批判“教育界的奇谈怪论”和反击“右倾翻案风”。中央主导的全面整顿工作被迫中断，广大师生员工的积极性受到很大打击，原本已经出现的积极向好的全面整顿再次遭到挫折。

1976 年 1 月 8 日，周恩来总理逝世，“四人帮”发出种种禁令，竭力阻挠和污蔑群众性的悼念活动，激起了全国广大干部和群众的极大愤怒。山东大学师生自 3 月下旬起，举行悼念周恩来总理的活动。

1976 年 9 月 9 日，毛泽东主席逝世，全校师生员工极其悲痛。他们用各种方式举行悼念活动。1976 年 10 月，华国锋、叶剑英等代表中共中央政治局，执行党和人民的意志，粉碎“四人帮”，结束了“文化大革命”，社会秩序得以恢复，党和国家的工作重新走上正轨。历经磨难的山东大学也进入了拨乱反正、恢复整顿的新的历史阶段。

“文化大革命”是在探求中国自己的社会主义道路的历程中遭到的严重挫折，使党、国家和人民遭受严重损失。党和人民在“文化大革命”中同“左”倾错误等各种错误思潮的斗争也一直没有停止。山东大学广大党员、干部和群众同全党、全国人民一样，在“文化大革命”中也与“左”倾错误等进行了不同形式的斗争，从而在一定程度上减轻了学校受到的破坏。“文化大革命”初期被卷入运动的广大师生员工，除了极少数极端分子以外，他们经过不同的曲折道路提高觉悟之后，对“文化大革命”的态度由怀疑、观望转为抵制、反对，许多人因此也遭到不同程度的打击。

“文化大革命”期间山东大学因打砸抢造成的财物损失是无法用金钱来计算的，如生物系的教学标本、样品、挂图、绘画、教学实验仪器和工具等几乎全部被焚烧、打碎、损破和偷盗，其他教学科研仪器设备、图书资料、家具、纸张和印刷材料等都遭到破坏和丢失。更为严重的是档案资料遭到的破坏，如两箱化轻方面的绝密技术档案被抢后丢入水井内而毁废，其他丢失的机密档案已无法统计和追回，损失无法估量。

“从新中国成立到‘文化大革命’结束，是我们党领导人民艰辛探索社会主义革命和建设道路的历史时期。虽然经历了严重曲折，仍取得了独创性理论成果和巨大成就。”[①] 山东大学广大师生员工在“文化大革命”的环境下，仍然克服一切困难和冒着风险，力所能及地开展教学、科研、生产和后勤服务等各项工作，并取得了一定的成果。

教学方面，对“文化大革命”前入学的3300余名学生，尽量创造一切条件为他们补课，以弥补其学业上的损失，这为他们以后从事工作打下了较好的业务基础。另外，学校在被拆散搬迁及复校等几经折腾那样艰难的条件下，自1971年到1976年，先后招收了5000余名学生。尽管这些学生入学时文化水平参差不齐，但学校的老师却认真编写教材和备课，努力搞好课堂传授，还和学生下厂下乡，同吃同住同劳动，有的老师还和学生结成“对子”，进行“一帮一”教学。学生也刻苦学习和认真钻研，较好地完成了学业。总之，无论是“文化大革命”前入学的学生，还是“文化大革命”中招收的学生，经过老师和学生的共同努力，在政治、思想和业务知识等方面都取得了一定成绩，成为国家建设者，填补了国家人才缺口。

由于广大教职工的努力，自然科学研究和生产方面取得了一些突破，获得一些科研成果。理科方面，ADP晶片、磷酸二氘钾（DKDP）晶体生长、0.1微伏数字电压表、硫化铅光敏电阻、大偶数理论研究、地下水计算、船体数学放样、高能离子注入机、高强度抗撕裂有机硅橡胶、轻油加压水蒸气转化制氢催化剂、用微生物分解磷矿粉、气象统计预报、纤维蛋白饲料、钻井用泥浆处理剂及配方、稠油降黏、超高性能干电池复合隔膜、数字指重表、火车轴温测试仪、五公分锗平面隧道二极管、三公分微带环行器、压电送受话器配料、JL-4计算机、DJL-1计算机、低频滤波器、环境保护防止污染分析方法、湿法炼铜浸出液的综合利用、肿瘤免疫、电光Q开关和高重复脉冲激光器、射流技术、快速调节器等科研项目均取得了较好的成果，为我国的农业、工业、国防、环保、医疗等作出了较大的贡献。学校部分科研成果达到了国内先进水平和接近世界

① 本书编写组：《中国共产党简史》，北京：人民出版社，2021年，第215页。

先进水平，如大偶数理论研究、船体数学放样、高能离子注入机、高强度抗撕裂有机硅橡胶、0.1 微伏数字电压表、磷酸二氘钾、硫化铅光敏电阻等；五公分锗平面隧道二极管是我国第一颗人造地球通信卫星上的需用元件，是列入国家重点项目“331 工程”的一个关键元件。

社会科学研究方面，有国家级合作项目《汉语大词典》的编写、鲁迅著作《故事新编》的注释、《文史哲》的复刊、尹家城遗址的发掘等重要成果。

后勤方面，广大干部职工克服资金和物资奇缺等困难，为学校建设了部分教学、科研、生产和生活服务设施，并克服一切困难、挖掘一切潜力，努力做好教学、科研和生产、生活等各方面的服务，特别是在学校停课、停产，几近关门的情况下，后勤部门的职工仍坚守岗位，努力做好工作。

管理方面，广大干部职工认真做好本职工作，克服个人精神上种种压力和工作上的种种困难，努力维护学校的秩序，保护学校的财产，协调各方面的关系，尽力履行自己的职责。

以上种种，都从一个侧面反映出具有高度责任感和光荣革命传统的山东大学师生员工坚守本心和崇高的爱国爱校意识，使不屈不挠的山大精神在动乱中得以存续。

第五编

改革创新　拓开放发展格局

（1977~2000）

1976年10月“文化大革命”结束，1977年全国恢复高考制度，1978年12月党的十一届三中全会召开，中国进入改革开放新时期，迎来尊重知识、尊重人才的春天。山东大学抓住时代机遇，进入拨乱反正、改革创新、恢复发展和提高的新时期，学校落实邓小平提出的“教育要面向现代化，面向世界，面向未来”方针，坚持开放办学，健全学科体系，人才培养成果突出，科学研究成就显著，科技能力不断增强，学校走上快速发展的轨道，1998年被列入全国“211工程”，为21世纪学校实现内涵式发展夯实了基础。

第十章　改革开放初期的山东大学

1976年10月粉碎“四人帮”之后，高等教育领域也开始拨乱反正，提出了尊重知识和尊重人才的问题。1978年3月和4月，在全国科学大会和全国教育工作会议上，邓小平代表党中央阐述了“科学技术是第一生产力”的观点。特别是党的十一届三中全会以后，高等教育正确的办学方针逐步恢复与确立。自此，山东大学沐浴改革开放的春风，进入了拨乱反正和恢复发展的历史时期。

第一节　健全学校党政领导机构

“文化大革命”结束后，根据党中央重新确立的组织路线，校级领导班子进行了多次调整和充实。

1978年8月，山东大学复归国务院教育部直接领导。党中央、国务院对山东大学领导班子建设非常重视，1979年12月26日，经党中央批准，孙汉卿任山东大学党委书记，吴富恒任山东大学校长、党委副书记，云光任山东大学党委副书记、副校长，戈平任山东大学党委副书记，徐迅、邓从豪、王祖农任山东大学副校长，程世忠任山东大学党委副书记，房金堂、魏伊明任山东大学顾问。经中共山东省委批准，由孙汉卿、吴富恒、云光、戈平、程世忠、徐迅、章茂桐、张侠组成校党委常务委员会。1980年1月30日，经中共山东省文化教育委员会党组同意，程世忠兼任中共山东大学纪律检查委员会书记，章茂桐任中共山东大学纪律检查委员会副书记。

1984年6月19日，邓从豪任山东大学校长，戈平任山东大学党委副书记

（主持党委工作），乔幼梅任山东大学党委副书记，潘承洞、杨孔章任山东大学副校长（任期四年），陈之安任山东大学副校长，陈力行任山东大学副校长（任期四年），吴富恒任山东大学顾问。7 月 4 日，中共山东省委宣传部受教育部委托，宣布了新的领导班子及学校仍执行党委领导下校长负责制的规定。7 月 14 日，教育部党组同意，学校党委常务委员会由戈平、乔幼梅、邓从豪、王启新组成，王启新兼任中共山东大学纪律检查委员会书记。8 月，教育部党组调复旦大学徐豫龙来学校任党委副书记（列乔幼梅之前）。学校领导班子上任后，即对全校中层干部进行摸底排队和考察了解，对部、处、室、系、所进行机构改革，调整了中层领导干部。

1986 年 1 月 11 日，中共山东大学第九次代表大会召开，选举产生第九届党务委员会纪律检查委员会。1 月 14 日，召开九届党委会一次全委会，选举邓从豪、刘清前、乔幼梅、宋焕新、陈之安、张乐岭、张军从、徐广生、徐豫龙等 9 位同志为党委常委，徐豫龙任党委书记，乔幼梅、刘清前任党委副书记；同日，召开纪律检查委员会第一次全委会，选举刘清前为纪律检查委员会书记。

1985 年 2 月 2 日，为使学校重大决议更加科学化，学校成立山东大学校务委员会，邓从豪任主任，徐豫龙、潘承洞任副主任，吴富恒任顾问，委员有王祖农、王仲荦、王清杨、冯传海、乔幼梅、乔伟、刘玉柱、陈之安、陈鹏万、陈继述、余寿绵、汪嘉业、吴关生、金诗伯、张健、周才武、周光裕、郭贻诚、梅良模、臧乐源。1986 年 5 月 12 日，增补戈平为校务委员会副主任。

为加强对学校工作的民主管理和监督，1979 年 5 月决定成立校工会筹备委员会，负责校工会的恢复和整建工作，戈平任主任，房金堂任副主任。1981 年 4 月 20 日，召开中国教育工会山东大学第十二次代表大会，选举戈平为工会主席。1984 年 11 月 29 日，召开山东大学首届教职工代表大会。

在重新确立党的组织路线这一科学思想的指引下，山东大学在这一时期持续设立、调整和补充了党政群领导和组织机构，为学校的拨乱反正和恢复发展提供了重要的组织保障。

第二节 落实各项知识分子政策

粉碎“四人帮”之后，平反冤假错案成为消除“文化大革命”后果最为迫切的任务，特别是党的十一大和全国科学大会、全国教育工作会议以后，各级党组织在落实党的知识分子政策方面做了大量工作，摘掉了林彪反革命集团、“四人帮”打击迫害知识分子的各种政治帽子，平反了一批冤假错案，恢复了科研教学人员的技术职称，使他们工作和生活条件也有了一定改善。

一、落实政策，平反错案

粉碎“四人帮”后，党中央进行了落实政策平反冤假错案的工作。根据中央的部署，学校改正错划右派、妥善处理遗留问题，对调动广大教职工的积极性和振兴山大，起到了非常重要的作用。

学校首先对1957年错划右派分子进行改正。1978年11月13日，学校成立贯彻中央〔1978〕55号文件（《贯彻中央关于全部摘掉右派分子帽子决定的实施方案》）领导小组，孙汉卿任组长，具体负责做好摘掉右派帽子人员的安置工作和不应划右派人员的改正工作，并建立了落实政策办公室。经过一年多的工作，学校共对1957年划定的149名右派分子进行了复查、核实，对复查结论未予以改正的，恢复政治名誉。这一工作的开展，在群众中引起了强烈的反响，极大调动了工作积极性。

其次，学校还为“文化大革命”中被错整的同志平反。根据中共中央规定的落实政策的验收标准，学校共为在“文化大革命”中被错误处理的151名同志平反、恢复名誉和消除影响。1979年5月，学校召开全校师生员工大会，公开宣布了一系列平反决定，其中包括中共山东省委关于为前校长成仿吾平反的通知，为孙汉卿、吴富恒问题复议报告的批复，关于“思想史讨论班”平反的批复以及学校党委相应的报告，山东省纪律检查委员会筹备小组关于撤销王涛所受处分的批复，关于余光前问题的电话通知以及学校党委相应的报告，学校党委关于撤销对余光前撤职和开除党籍以及对赵崇德和赵明义撤职处分的决定，为张琳、何畏、阎长泰平反的决定，关于撤销对王耀州、李玉龙、丁文方、王清扬等23名同志的党籍、党纪处分的决定，山东省法院和公安机关对胡昭全、范仲廉无罪释放的判决书等。

再次，学校为被迫害致死的同志召开追悼会，以寄托哀思，挽回影响。1979年4月，学校为1969年1月15日在“文化大革命”中被迫害致死的物理系王普教授召开追悼大会，宣布了对王普教授平反昭雪和恢复名誉的决定。王普教授20世纪30年代在山东大学任教，曾在德国、美国攻读博士学位和从事核物理的科学研究，1946年又回山东大学工作，并任物理系主任和代理教务长，不久再次去美国，继续进行X射线物理学和核物理学的研究，1956年回国，再次回到山东大学物理系任教，领导原子物理教研室，同时兼任中国科学院原子能研究所研究员。王普教授一生不但潜心从事物理教学，而且在近代物理、核子物理、理论物理等的研究中均作出了重要的贡献，在我国核物理的先驱中占有重要的地位，是中国优秀的知识分子，受到了教育界和科学界的尊重和爱戴。中国科学院物理研究所所长钱三强等专家学者给王普教授的追悼会发来唁电，中共山东省委、省政协、省级有关机关和各大专院校送来花圈。另外，学校还为历史系的陈云章教授、生物系的陈倬讲师等被迫害致死的知识分子召开追悼会。

山东大学前校长兼党委书记华岗教授，是中国共产党优秀党员和党的领导干部、著名学者、第一届全国人大代表。1955年，在全国开展的“反胡风反革命集团”和肃反运动中受到错误的审查和处理，并被关进监狱长期关押，“文化大革命”中又遭极左路线的迫害，于1972年5月17日在济南监狱含冤去世，终年69岁。粉碎“四人帮”后，中共中央对华岗的问题非常重视，公检法部门重新审理了华岗的冤案。1980年3月28日，党中央批准为华岗同志平反昭雪，恢复名誉。7月5日，中共山东省委在济南市英雄山烈士陵园为华岗举行隆重的平反昭雪追悼大会。党和国家领导人邓颖超、彭真、胡乔木、王任重、周建人、许德珩、朱蕴山、史良、李维汉、王昆仑、杨尚昆、蒋南翔、马寅初等以及地方党政负责人和专家学者70多人送了花圈，学校领导和师生以及省市党政机关、驻济高校的代表等500多人参加了追悼会。《人民日报》《光明日报》《大众日报》报道了追悼会情况，学校的校刊和《文史哲》杂志发表了楚图南、许涤新、余修、吴大琨等悼念华岗的文章，以纪念这位为革命和教育事业作出卓越贡献的革命前辈。

二、恢复职称评定，解决教职工切实困难

1982年1月30日，中共中央发出《关于检查一次知识分子工作的通知》，要求各单位“认真落实中央关于知识分子的政策和归侨政策，进一步消除党内和社会上对他们的偏见。要真正做到：政治上一视同仁，工作上放手使用，生活上关心照顾。对德才兼备、年富力强、有组织领导能力的，要大胆提拔到领导岗位上来，并有计划地加强对他们的培训”，要求“领导干部特别是党的高级领导干部，要和知识分子交朋友，了解他们的思想、工作和生活情况，倾听他们的意见”，“要切实帮助他们解决那些应该解决而经过努力能够解决的实际困难”。

根据中央和上级的要求，学校开始了对知识分子工作的检查。1982年4月9日，校党委成立了知识分子工作检查组，戈平为组长，并建立了临时办公室。临时办公室向全校教师发出调查信，收集意见。通过调查了解，对于存在的问题，采取边查边改的方式加以解决。

1982年6月9日，校党委决定成立山东大学业务技术职称工作领导小组，该小组在校党委领导下，负责全校业务技术职称评定确定和提升的日常领导工作；同时，成立山东大学业务技术职称评审委员会，负责教师、实验技术人员、图书档案资料人员、工程技术人员、编辑、外语翻译人员及科技管理干部等确定与晋升讲师及其以下职称的评审工作。6月12日，学校向全校发出《关于确定和提升教师职称工作的意见》，职称评定工作逐渐趋于规范。

1982年4月7日，学校成立山东大学福利委员会。1983年1月18日，学校党委发布《中共山东大学委员会关于改善知识分子工作和生活条件的几项规定》，通过采取实际措施解决工作生活中的实际困难，加强对知识分子的关怀。主要举措有六：一是调整工资，提高待遇。根据中央部署几次给全体教职工增加工资。二是解决知识分子入党难的问题。通过落实知识分子政策，把符合入党条件的教师及时地吸收到党内来，既给党增加了新的血液，又调动了知识分子的积极性。三是解决夫妻分居问题。根据国家政策，对讲师以上的教职工夫妻一方在农村或外地的调到本市，解决了一大批教职工多年来未能解决的夫妻两地分居问题。四是调整住房，改善居住条件。学校投入资金建设教职工住房，并成立住房分配委员会，教职工住房条件逐步得到改善。五是改善教学科研工作条件。1977～1986年，学校新建数学楼、图书馆楼、实验中心楼、公共教学

楼、外国留学生楼、生物楼、电教中心楼等，并加快了实验室建设，为教职工教学、科研创造了物质条件。六是为教职工及其子女解决学习、生活、医疗、就业等实际问题。为提高教职工的文化素质，学校开办了夜大和职工业余学校；为解决教职工子女的学习问题，学校创办职工子弟中学、子弟小学，还开办了自费走读大专班；为解决师生医疗问题，在原校保健科的基础上建立了校医院；为解决教职工生活问题，开设了校内书店、代销店，增设了茶水炉等服务设施。

为了加强对民主党派的统一战线工作，进一步调动广大知识分子的积极性，学校党委在 1981 年 6 月 21 日向全校发出了《关于推动我校各民主党派进一步开展活动的意见》，贯彻中央提出的“长期共存，互相监督，肝胆相照，荣辱与共”的方针，让民主党派大胆独立地开展工作，更好地发挥他们的作用。学校党委还建立和健全了同各民主党派民主协商的制度，对于贯彻执行中央和上级的重要指示及学校的重大问题和工作安排等都与民主党派充分协商，征求意见，促进合作共事。1982 年新宪法发布后，12 月 14 日学校组织民主党派、台胞及老年教师代表召开座谈会讨论新宪法；1984 年 12 月 1 日，校党委邀请民主党派负责人就学校的改革工作进行座谈。每年学校还向民主党派通报学校党政工作情况。到 1986 年，学校已成立中国民主同盟山大支部、九三学社山大支部、中国国民党革命委员会山大支部、中国农工民主党山大支部等民主党派组织。

第三节　“实践是检验真理的唯一标准”大讨论

粉碎“四人帮”之后，我国进入社会主义现代化建设新时期，但拨乱反正的任务却依然艰巨。在极左的坚冰尚未打破之时，党在思想路线上推行“两个凡是”的错误方针，成为纠正过去的“左”倾错误、否定“文化大革命”和进行拨乱反正最严重的障碍。1977 年 4 月 10 日，邓小平给党中央写信指出：“我们要世世代代用准确的、完整的毛泽东思想指导我们全党、全军和全国人民，把党和社会主义的事业胜利地推向前进。”邓小平的这封信，为全党解放思想开了一个好头。9 月 28 日，《人民日报》发表陈云的文章《坚持实事求是的革命作风》，强调指出：“实事求是，这不是一个普通的作风问题，这是马克思主义的根本思想路线问题。”1978年5月11日，《光明日报》刊登特约评论员文章《实践是检验真理的唯一标准》；12日，《人民日报》和《解放军报》同时转载，全国绝大多数省、自治区、直辖市的报纸也相继转载。《光明日报》的特约评论员文章发表后，在全党全国引起强烈反响，引发了一场全国性的关于真理标准问题的大讨论。

关于真理标准问题的大讨论，在山东大学也引起了强烈的反响。1978年10月21日至30日，山东大学召开文科理论讨论会，会上把“实践是检验真理的唯一标准”作为本次会议讨论的重点内容。这次会议有近千人参加，得到省内外有关领导和兄弟院校、专家、教授等知名人士的大力支持。中共山东省委常委王众音、林萍出席了开幕式。应邀参加讨论会的有北京大学、中国人民大学、复旦大学、南开大学、武汉大学、中山大学等50余所高等院校，中国社会科学院哲学研究所和近代史研究所、吉林省社会科学院、山东省社会科学研究所等科研单位，《人民日报》、《红旗》杂志、国家出版局、《光明日报》、中华书局、中国青年出版社、《哲学研究》、《历史研究》、吉林人民出版社、《社会科学战线》、《大众日报》、山东人民出版社、山东省广播电台等新闻出版单位的同志。会议由孙汉卿书记主持，吴富恒校长作报告。吴富恒校长在报告中提出，这次讨论会主要讨论的一个问题，就是“实践是检验真理的唯一标准”这个重大问题，要根据新时期总任务的要求，贯彻落实全国教育工作会议和文科会议精神，通过对当前理论上、学术上一些大的问题的研究讨论，提高认识水平和理论水平，从思想上、理论上、路线上明辨是非，把我们的教学和科研工作向前推进一步。为了开好会议，吴富恒希望与会人员认真贯彻“双百”方针，破除迷信，解放思想，打破“禁区”，发扬民主，尊重科学，坚持“三不”主义，允许不同观点、不同意见的自由讨论，做到畅所欲言，各抒己见，反对唯心主义和形而上学，反对主观武断和粗暴态度。

在讨论会上，除山东大学的同志作了学术报告和理论讨论外，《人民日报》理论部主任何匡，中国人民大学教授吴大琨、讲师李秀林、教师高放，复旦大学副校长蔡尚思、副教授江泽宏等，也分别作了《解放思想、敢于斗争》《学习科学社会主义与学习当代帝国主义世界经济的关系》《坚持真理标准问题上的唯物主义一元化》《必须加强科学社会主义研究》《孔子思想评论与“四人帮”的假左真右》《从日本经济看我国赶超世界先进水平的任务和前景》的专题学术报告。会议期间，中文系、历史系、哲学系、政治经济学系还分别邀请了与会专家给师生作学术报告。

这次讨论会对当时理论界、学术界一些重大问题展开了热烈的讨论或辩论，解放了思想，发扬了党的实事求是的优良作风，贯彻了“百花齐放、百家争鸣”的方针，取得了较好的效果，是山东大学历史上一次非常重要的理论讨论会。它对学校解放思想、繁荣学术、开展教学和科学研究，是一个很大的促进。

这次讨论会上的不少文章还发表在刚刚恢复创办的《山东大学校刊》上。1978 年 11 月 3 日，“文化大革命”中停刊的《山东大学校刊》复刊，学校党委决定复刊后的第一期作为文科理论讨论会专刊，刊发了不少这次会议的论文。

文科理论讨论会后，在全校迅速掀起了“真理标准”问题的大讨论，大家纷纷发表文章、召开会议，推动思想解放，开展学术交流。这对冲破长期以来“左”倾错误对人们思想的束缚，从多年盛行的教条主义和个人崇拜的精神枷锁中解放出来，逐渐端正实事求是的思想路线，推动学校的工作起了非常重要的作用。

第四节　全面加强教学科研工作

一、全面恢复教学工作

1978 年 2 月，山东大学按恢复后的招生制度招收的第一批新生入学。1978 年 9 月，学校恢复招收研究生工作。1979 年 4 月 30 日，学校恢复函授教育。1980 年 9 月，学校恢复间断十几年的接收和培养外国留学生工作。1980 年，学校受中共山东省委组织部委托开始举办干部专修科。1981 年 8 月 3 日，教育部批复同意山东大学恢复函授教育。1982 年 3 月 6 日，教育部同意山东省教育厅委托山东大学举办“高校干部进修班”，并于当年 9 月开始招生。1986 年 2 月，国家教委批准山东大学举办哲学、动物、植物等专业助教进修班。

1981 年 11 月 3 日，国务院批准山东大学为首批博士和硕士授予权单位，8 个博士学位授权点分别是中国古代文学、中国古代史、基础数学、运筹学与控制论、高能物理、磁学、物理化学、微生物学，21个硕士学位授权点分别是文艺学、中国现代文学、中国古代文学、中国文学批评史、现代汉语、汉语史、英国语言文学、中国古代史、专门史（中外关系史、中外交通史）、基础数学、计算数学、运筹学与控制论、高能物理、固体物理、磁学、分析化学、物理化学、高分子化学、植物学、动物学、微生物学。1984年1月13日，国务院学位委员会批准学校9个专业为第二批硕士学位授权专业，分别是辩证唯物主义与历史唯物主义、史学理论、中国近代史、专门史（中国经济史）、理论物理、无线电物理和无线电电子学、无机化学、发育生物学、军用光学。1986年7月28日，国务院学位委员会批准学校13个专业为第三批硕士学位授权专业，分别是中国哲学史、外国哲学史、政治经济学、外国经济思想史、科学社会主义、国际共产主义运动史、中国古典文献学、考古学、应用数学、半导体物理与半导体器件物理、有机化学、生态学、计算机软件，5个专业为博士学位授权专业，分别是文艺学、计算数学、固体物理、发育生物学、军用光学。

1983年5月27日，国务院学位委员会和北京市人民政府联合召开博士和硕士学位授予大会，潘承洞教授指导的博士研究生于秀源是我国首批被授予博士学位的18名博士之一。

随着国家事业的发展和现代化建设的需要，学校的学生规模连年扩大，1979年学生总数3423人，到1986年就突破万人。同时，学校的系和专业发展也很快，1979年学校有12个系，分别是中文、外文、历史、数学、物理、电子、光学、化学、生物、哲学、政治经济学（1977年撤销政治学，分设哲学、政治经济学）、科学社会主义；有28个专业，分别是汉语言文学、历史学、考古学、哲学、政治经济学、科学社会主义、英语言文学、日本语言文学、俄罗斯语言文学、数学、计算数学、控制论、电子计算机、理论物理、磁学、压电、铁电物理、半导体物理、无线电电子学、激光、红外、无机化学、有机化学、分析化学、电化学、动物、植物、微生物。1980年，政治经济学系改为经济系，1981年建立计算机科学系，1983年建立法律系和微生物系，1985年建立管理科学系，1986年建立社会学系和图书馆学系，共18个系，专业增加到41个：汉语言文学、历史学、考古学、世界历史学、档案管理学、哲学、政治经济学、经济管理、经济法学、国际经济学、财税、科学社会主义、英语言文学、日本语言文学、俄罗斯语言文学、法学、社会学、图书馆学、新闻学（筹备）、管理科学、数学、计算数学、控制理论、运筹学、计算机科学、科技情报学、应用软件、物理学、功能材料、实验物理、无线电电子学、无线电物理、技术光学、化学、应用化学、环境生物学、动物学、植物学、生物化学、微生物学、微生物工程学。

二、整顿教学秩序，进行教学改革

1978 年 4 月全国教学工作会议后，学校不断进行教学方面的改革，出台了一系列改革措施，制定了较全面的规章制度，并于 1986 年 2 月 25 日召开教学改革会议，要求端正思想，明确培养目标，本着“加强基础、注重实践、因材施教、培养能力”和“严格要求、加强管理”的精神，积极慎重地进行教学改革，努力提高教学质量，培养适应“四化”建设需要的“四有人才”。

首先，修订教学计划，整顿教学秩序。1979 年，学校按照教育部关于修订教学计划的意见制定和修改了教学大纲；9 月 14 日，学校通过《山东大学关于加强基础课教学的决定》；1980 年 6 月 6 日，第 19 届学生代表大会通过《山东大学学生守则》；1981 年 11 月 29 日，学校向全校发出《关于整顿教学秩序的几点意见》。这一系列措施修订了教学计划，有效地整顿了教学秩序。

其次，增设选修课，改进教学方法。学校在加强基础课建设的同时，积极开拓新学科领域，扩大学生的知识面，在全校开设了“中国近代史”“心理学”“美学概论”“自然辩证法”“版本目录学”“汉语与写作”“化学”“算法语言”“生物”等通选课，打破了以前晚上不上课的传统。这些通选课的设置，体现了文理科相互渗透的精神，学生选课踊跃，常常座无虚席。

学校在教学方法上也进行了改进，注重启发教学，增加了学生的自学时间和课堂讨论时间，文科重视社会实践和调查，理科重视实验教学，1979 年恢复和新建实验室 47 个，1982 年全校实验室已达到 100 个。教学方法的改进对于培养学生的逻辑思维能力、独立工作能力都具有积极意义。

再次，紧抓师资培养。根据教育部的要求，山东大学是为一般高等学校培养师资的重点单位之一，也是教学科研都要起到示范作用的重点单位之一。为此，学校十分重视老教师上教学第一线的问题。1979 年 2 月 26 日，学校颁布《山东大学教师工作量试行办法》《山东大学教师教学工作量超额津贴试行办法》《山东大学教师考核试行办法》；1980 年 7 月 26 日，学校发布《山东大学加强师资培养工作的几点做法》，并举办各种形式的培训班，选派学校教师到兄弟院校、科研单位进修或出国学习，建立起了比较系统的师资培养体系和教师业务情况档案。

最后，抓好教材建设。自1979年至1980年上学期，全校编写教材234种，其中53种由国家或地方出版社出版，20余种是全国统编教材，16种列为教育部统编教材计划。同时，为了提高教材编写质量，几年间学校主办了五次全国性的教材工作会议。1983年9月9日，文化部、教育部批准成立山东大学出版社，主要任务是出版学校教学、科研方面的著作。

值得一提的是，学校非常重视师生体育工作。1978年以来，根据教育部要求，学校规定体育是学生的必修课，并要求学生每天坚持早操、课间操和课外体育活动，建立学生健康卡片，定期体检。学校团委、学生会和工会组织了武术协会、羽毛球协会、冬泳队、气功学习班等，带动全校师生锻炼身体，增强体质。1979年，山东大学被评为山东省学校体育卫生工作先进单位。学校还非常注重体育师资队伍的建设和体育理论的科学研究工作，对于体育设施也不断进行维护和扩充，逐步改善体育教学的条件。

三、科学研究迎来春天

1977年6月24日，学校党委召开山东大学科研工作会议，传达学习中央关于科学研究工作的指示，并座谈学校贯彻意见。为加快科学研究步伐，学校自1977年12月决定恢复和建立晶体材料研究所、微生物研究所、数学研究所等重点研究机构。截至1986年，学校共恢复和建立了9个研究所（室），分别为文史哲研究所、美国现代文学研究所、古籍整理研究所、晶体材料研究所、数学研究所、微生物研究所、红外遥感研究室、理论化学研究室和高等教育研究室。这些研究所（室）除进行科学研究工作外，还担负着培养研究生和培训师资的任务。同时，还成立了一些系属研究室，在科学研究、培养学生等方面也发挥了较好的作用，取得了一定的成绩。

（一）一年拿下两项国家自然科学奖一等奖

1978年3月18日召开的全国科学大会上，山东大学晶体室水溶液组荣获科学研究先进集体称号，潘承洞“大偶数理论”、物理系“60Kev离子注入机”、晶体室“磷酸二氘钾晶体”等20项科学研究成果获科学大会奖。1978年5月18日，在山东省科学大会上，山东大学“激光测震仪和工频频率合成器”“用P204萃取剂从炼铜废液中提钴”“山东夏季降水前期500毫巴环流特征及其应用”等43项科研成果获奖；在1981年3月27日山东省科技工作会议上，山东大学有16项科技成果获得优秀科技成果奖，其中均值定理及哥德巴赫猜想、亚稳相生长磷酸二氘钾晶体的新方法、五磷酸钕大晶体生长装置及工艺、20ns锗超高速开关隧道二极管4项成果获一等奖，非线性积分方程的解及其应用、地下水渗流计算程序汇编、利用担子菌提高纤维废物营养价值的研究、小麦幼叶愈伤组织的诱导及器官形成4项成果获二等奖。

1982年2月，潘承洞教授参加的“哥德巴赫猜想”研究获国家自然科学奖一等奖，邓从豪教授参加的“配位场理论”研究获国家自然科学奖一等奖。潘承洞曾任中国数学学会副理事长、山东科学技术协会主席，国务院学位委员会数学学科评议组召集人，山东大学副校长、校长，出版著作6部，发表论文50多篇。其凭借有关哥德巴赫猜想的研究成果，与王元、陈景润同获1982年国家自然科学奖一等奖，与华罗庚、陈景润、王元四人被国际数学界称为中国数论学派的代表。邓从豪教授从1955年起先后担任化学系副主任、主任，光学系主任，山东大学副校长、校长等，创建了理论化学研究室并兼任主任，还担任中国化学会理事，山东省激光学会理事长，山东省人大常委、山东省人大教育组副组长等。邓从豪院士把自己的一生，毫无保留地献给了中国的科学事业和教育事业。

另外，1982年7月，山东大学参加的“橡胶树在北纬18～24度大面积种植技术”项目获国家技术发明奖一等奖；物理系研制的五公分锗隧道二极管用于通信卫星，在36000千米高空工作正常，为我国通信卫星首次发射和试验成功作出了贡献，国家航天局于1984年5月发来贺信表示祝贺；1985年，山东大学研制的吞水音图描记仪获国家首批专利证书。

（二）文科多项学术成果获奖

文科是山东大学的传统强项，获奖成果较多。1981年7月至1985年6月，山东大学获山东省社科联优秀成果奖57项，其中赵明义的《科学社会主义》、乔伟的《中国法律制度史》、李庆臻等的《〈反杜林论〉释注》、牟世金的《雕龙集》、龚克昌的《汉赋研究》、周来祥的《美学问题论稿》、本校教师参编的《国际共产主义运动史》（上、下册）等获一等奖，另外还有19项成果获二等奖，31项成果获三等奖。近十年内，文科出版专著译著、编著教材、资料、文学创作等200余种，发表论文1000余篇。

第五节　国际交流合作新篇章

这一时期，学校多方举措，积极利用各方资源，一方面频繁吸引外国团体和个人来校考察、参观、访问；另一方面也积极走出国门，获取先进教学科研信息，从而谋划了学校的国际交流合作的新篇章。

一、国际名校师生来校交流

1979年6月，教育部和外交部联合发出《关于开展校际交流的几点意见》，规定全国重点院校可以有选择有计划地与外国高等学校进行学术交流和建立校际联系。

1980年3月，美国哈佛大学教育研究代表团来校访问，双方就建立校际联系和进行学术交流，互派留学生、研究生、研究学者等问题进行了会谈。4月，山东大学同日本山口大学、美国印第安纳大学、加拿大里贾纳大学正式建立校际联系。在此之后的几年里，多国大学、机构、学术组织、代表团等到学校访问交流，如美国的哈佛大学、印第安纳大学、纽约市立学院、匹兹堡大学、内布拉斯加大学、哥伦比亚大学、夏威夷大学、汉诺威学院、哈佛燕京学社、美国学者专家代表团、官派研究学者、国际交流总署、加利福尼亚圣巴巴拉城市学院考察团、全国广播公司驻北京记者站等，日本的东京大学、埼玉大学、早稻田大学、山口大学、山口县经济考察团、三重县青年友好访华团、高中生访华团、中国史研究学者学术代表团、群马县妇女国外研修团、学者代表团等，加拿大的里贾纳大学、萨斯喀彻温省教育代表团等，澳大利亚的阿德莱德大学、澳中友协访华团、知名人士访华代表团、教师代表团、澳共（马列）等，苏联的苏中友协代表团、驻华使馆，法国的巴黎中央理工学院、巴斯德研究所，英国伦敦大学，南斯拉夫洛夫尼亚科学艺术院，印中友协，朝鲜科学学院微生物所，新西兰知名人士代表团和联邦德国驻华使馆等。

二、积极参与国际教研合作

学校也应邀多次到英国、美国、日本、澳大利亚等国家进行学术交流和访问。

1980年9月，学校派出由吴富恒、邓从豪、潘承洞、陈之安等组成的代表团，赴英国的剑桥大学，美国的哈佛大学、麻省理工学院、纽约市立学院、匹兹堡大学、印第安纳大学、华盛顿大学、华盛顿加州大学伯克利分校等校进行访问，了解这些大学的教学和科研现状，建立和扩大校际联系，落实互派教师进修和讲学、科研项目的协作、图书资料的交流等。代表团与哈佛大学、纽约市立学院、匹兹堡大学、印第安纳大学、华盛顿大学签订了双边协议，还会见了剑桥大学英国皇家科学院院士、著名生物学家李约瑟，国际数学大奖获得者拜克尔院士，哈佛大学东亚研究中心主任费正清教授，美国科学院院士、考古人类学专家张光直博士，菲尔兹奖获得者广中平祐以及科学家陈省身、沈元埌教授等。这次访问为学校的课程设置、学科调整、体制改革等提供了可资借鉴的宝贵经验，也使学校的国际交流进入了一个新时期。

1982年6月10日，吴富恒校长被哈佛大学授予名誉法学博士学位，作为我国著名的教育家和美国文学研究家，吴富恒校长是我国第一位获得哈佛大学名誉博士学位的学者。

1983年5月，应日本山口大学邀请，学校派出由孙汉卿、阎长泰、张可礼、刘玉柱、李庆祥等组成的代表团赴日本访问。代表团先后访问了山口大学、大阪大学、京都大学、东京大学及爱媛县立今治北高等学校，并与山口大学签订了学术交流协议书。这次访问，打开了学校与日本的学术交流渠道，了解了日本高等教育的现状，促进了中日人民友好关系的发展。1985年5月，学校再次应山口大学邀请，由邓从豪、陈之安、卢宗功、孟尔熹、郑甘澍组成代表团赴日本访问，与山口大学洽商本年度互换进修学者和研究学者计划，并就选送青年人攻读学位、合作进行学术研究、增加理科学者的交流、互赠图书资料、互派学者讲学等问题进行新的协商。在日本期间，代表团还参观访问了今治北高等学校、神户大学、大阪大学、奈良女子大学、京都大学、名古屋大学、早稻田大学、庆应大学和东京大学等。

1985 年 9 月，应澳大利亚阿德莱德大学邀请，邓从豪、何瑁前往访问，双方就进一步发展校际关系、结为友好学校等进行了商谈，还对学术交流、交换学者和互派留学生等事项做了具体安排。

这一时期学校派出国外考察和参加学术会议的人员达 100 多人次，派往国外进修和留学的人员达 200 多人，基本涵盖各个学科。国外的进修学习在之后的教学、科研工作中发挥了积极的作用，也对学校的对外交流和学校的发展起了非常重要的作用。

三、聘请海外人员来校工作

1978 年至 1986 年，学校聘请外籍教师 100 多人次，主要教授语言学、文学和经济学等课程，取得了较好的效果。这些外籍教师除担任教学工作外，还是学校举办师资培训班的骨干教师，为山东大学和兄弟院校培训了大批教师。

同时，学校还邀请外籍专家学者来校进行短期讲学或举办专题讲座，很多在国际上享有盛誉的学者都曾来到学校进行交流，举其要者，有美国南加利福尼亚大学金斯伯格教授，美国哈佛大学米宝樑先生，澳大利亚纽卡斯尔大学盛振国博士，美国贝尔电话实验室物理化学和无机化学实验室主任、国际晶体生长组织主席劳迪斯博士，南斯拉夫洛文尼亚科学艺术院院士、约哈季生学研究所顾问涅兹·马其雅西奇教授，日本东京大学宇宙射线研究所三宅三郎教授，美国印第安纳大学威斯特教授，澳大利亚悉尼大学詹耀曾教授，美国哈佛大学教育研究院石文安副教授，美国内布拉斯加大学梁鉴澄教授，日本埼玉大学谷兴平教授，日本东京大学宇宙科学研究所鸟居祥二研究员，美国弗吉尼亚州立大学汪荣祖教授，英国伦敦大学亚非学院马森教授，加拿大里贾纳大学谢培智教授，美国夏威夷大学余尊威教授，美国匹兹堡大学安东尼教授，英国牛津大学休金博士，美国哈佛大学伯克霍教授，美国哈佛大学东亚研究中心主任库恩教授，美国普渡大学贝柯维茨教授，联邦德国波恩大学巴赫姆教授，美国哈佛大学张光直教授，美国密歇根州立大学王裕珩教授，法国巴斯德研究所尚邦教授，美国坦普尔大学牛满江教授，美国耶鲁大学巴克教授，南斯拉夫贝尔格莱德大学德拉奇切教授，加拿大滑铁卢大学塔特教授，美国加利福尼亚大学司徒勋教授，美国博林格林州立大学史伟教授，美国加州理工学院柯普曼教授，联邦德国汉堡技术大学丹尼·迈耶尔教授，澳大利亚南澳理工学院米勒教授，美国纽约市立学院唐德刚教授等。这些专家学者中，有的在国际上享有很高的声誉，有的还获得过国际国内各种大奖，他们的到来不仅带来了国外最新的科学思想和科学方法，开阔了学校师生的眼界，还带动了青年学生投身科研的热潮，活跃了学校国际化的学术风气。

第六节　深入开展“双心活动”

学校重视师生的思想政治工作，1979 年 5 月 20 日学校召开政治工作会议，传达中央工作会议精神，讨论如何加强学校的思想政治工作。此后多次召开思想政治会议，举办多种形式的活动，在思想政治教育方面取得不少成绩。尤其是学校倡议发起的“战士在我心中”活动，中国人民解放军 35276 部队在老山前线开展的“祖国在我心中”活动在全国产生了很大的影响。

一、开创“双心”活动

1985 年，中国人民解放军驻老山部队自卫反击越南的事迹，强烈地感染了学校的广大师生，多个院系发起活动，物理系 81 级郭振喜同学发起的“向西南边防前线战士献礼品”活动引起广泛反响，生物系 84 级郭琳、吴平英、刘红、蔡雪梅、孙杰、舒东、何彩姑、许梅 8 位同学出于对解放军保卫边疆的热爱，绣制锦旗并写信寄往云南老山前线，表示“战士在我心中”，锦旗和信件令前方战士深为感动。4 月 29 日，学校党委向全校发出了《关于积极开展“战士在我心中”活动的通知》，号召全校广大师生员工热爱解放军、学习解放军，做有理想、有道德、有文化、有纪律和符合社会主义现代化建设需要的人，同时召开全校动员大会，由郭琳同学介绍她们开展“战士在我心中”活动的情况，党委负责人在动员大会上讲话指出，学习解放军，开展“战士在我心中”活动，是我们当前进行理想、纪律教育和增强党性观念教育的重要内容和具体形式，要紧紧抓住理想、纪律教育这个中心，引导大家正确进行人生观、价值观、苦乐观等问题的讨论，发扬我党我军的光荣传统。

学校还邀请刚从云南老山前线采访回来的济南部队青年作家李延国和共青团中央、解放军总政治部组织的“保边疆、献青春”演讲团来校作报告，使广大师生受到了深刻的爱国主义和革命英雄主义的教育，从而更进一步推动了“战士在我心中”活动的深入开展，以此为主题的演唱、演讲、征文、给战士寄送礼品和书画、举办展览等活动在校内迅速轰轰烈烈地开展起来。

后方的活动激励着前方将士。将士们随即开展了“祖国在我心中”演讲及征文活动。5月中旬，前线某部党委正式作出《关于广泛开展“祖国在我心中”活动的决定》，号召每个指战员“时时想着祖国，事事为人民，宁可自己鲜血流，不让祖国寸土丢”。

同期，中共山东省委宣传部、共青团山东省委、山东省教育厅共同发文《关于在全省青少年中围绕加强理想、纪律教育广泛开展“战士在我心中”“祖国在我心中”活动的通知》，由此把分别开展的两个活动的前方和后方连成一体，军地双方遥相呼应，在参战部队、全校、全省乃至全国形成了爱国、爱军、爱人民，相互学习、相互鼓励的强大氛围。这样，就掀起了一个军民共建精神文明的“双心”活动并影响到全国，产生了很好的效果。这一活动得到了党中央、山东省委和济南军区的肯定和表扬，中央和地方的报纸、广播、电视都作了专题报道。

1985年8月10日至15日，在共青团中央召开的思想政治工作会议上，山东大学团委被命名为“青年思想政治工作先进集体”，国家教委也肯定“双心”活动为高等学校思想政治工作闯出了一条新路。通过这次活动，学校也进一步将学生的情怀引导到感恩母校、胸怀家国、立志成才和服务社会的实际行动中来。

二、学生思想政治工作的新举措

学校出台了《关于保护学生不受精神污染的九条规定》《加强和改进研究生思想政治工作的几点意见》《加强思想政治工作的几个问题的决议》《关于加强思想政治工作队伍建设的意见》等一系列文件，以抵制资产阶级自由化倾向，加强对学生的思想教育，解决思想政治工作队伍组织上不健全、思想上不稳定、工作上不适应新形势等问题，还创办了内部刊物《山大思想政治工作研究》，作为思想政治工作的理论阵地。

开展学习先进模范人物活动。1982年11月13日学校作出了向张海迪学习的决定，并邀请张海迪到学校为全体师生员作报告，使大家受到了一次生动感人的革命人生观教育。为了配合这一活动，学校组织编印了《中国近代史人物事件选讲》《中国八十二个历史人物传》等通俗读物；举办各种展览会和五四运动、一二·九运动、辛亥革命等专题讲座；编写了《鲁迅青少年时代的故事》，入选全国青年读书活动60本推荐书目；在大学生中开展了“我把知识献人民”的演讲活动、读书活动和以“歌颂祖国”“歌颂党”“歌颂社会主义”为题的歌咏活动，以及向为抢救人民群众的生命而光荣献身的西北第四军医大学学生张华学习的活动等。

对学生进行军训。1985年，教育部，劳动人事部，财政部，解放军总参谋部、总政治部、总后勤部通知山东大学正式列入高等学校学生军训试点单位，为此学校成立了军事教研室。9月15日，85级学生开始军训。

加强精神文明建设等活动。学校自1978年开始连续多年开展“学雷锋、创三好”“五讲”“四美”“三热爱”活动和“讲文明、守纪律月”“文明礼貌月”等，并结合当时的形势赋予其新的内容，采取不同的形式。学校每年都涌现出一大批先进集体和个人，学校的面貌和广大师生的精神状态都有了很明显的改善。

第七节　威海分校的建立与发展

1984年，山东大学威海分校建立，2012年更名为“山东大学（威海）”。这是我国高等教育史上第一所经教育部批准，由高校与地方联合共建的多学科、开放式、综合性大学，开我国名校异地办学之先河。她的每一步成长，都印证了改革开放以来我国高等教育不断深化改革与科学发展的光辉历程。

一、应时创建

20世纪80年代初，国家改革开放初见成效，经济和社会发展迫切需要高等教育加速发展，国家、高校和地方政府的办学热情极高，山东大学威海分校就是在这样的历史背景下创建的。在国家、山东大学和威海市的支持下，用了不到五年的时间，硬是在一片沼泽地上建起了一所新的大学。

（一）共建分校，敢为天下先

1983年4月，国务院批转教育部和国家计委《关于加快发展高等教育的报告》，要求采取有力措施尽快扭转我国高等教育同国民经济和社会发展不相适应的局面，多层次、多规格、多形式地加快高等教育发展。这年教师节，邓小平同志提出了“教育要面向现代化、面向世界、面向未来”的要求。在这一要求下，山东大学发扬“敢为天下先”的优良传统，提出要在山东沿海选择一个经济比较发达、改革开放环境比较优越的城市建一所分校的异地办学思路。经过多次实地考察和协商讨论，山东大学和威海市为了相同的目标走到了一起。

1984年6月，双方经过认真讨论，达成了由威海市提供土地资源、负责“三通一平”，山东大学提供师资、教学设备等，联合共建一所大学的意见。9月，山东大学副校长潘承洞、教育部基建局局长王进仁等先后赴威海进行考察选址。10月28日，山东大学校长邓从豪、党委副书记徐豫龙率团到威海处理共建分校有关事宜，并确定威海西郊玛珈山南麓为分校校址。10月30日，山东大学向教育部上报了《关于建立威海分校的请示报告》，提出威海分校是一所包括文科、理科和其他学科的综合性大学，全国招生，并规划威海分校1990年的发展规模为2000人。

1984年11月16日，教育部下发《关于建立山东大学威海分校的批复》（〔84〕教基字333号文件），同意山东大学与威海市人民政府联合在威海西郊玛珈山下建立山东大学威海分校。12月，教育部批准《山东大学威海分校设计任务书》，同意威海分校在校生总规模为5000人，先期到1990年在校生为2000人。

此后，教育部有关领导还先后多次到威海视察，对这种联合办学给予了充分肯定和积极支持，指出这种模式是改革开放的产物，是“三个面向”的硕果。山大威海分校作为一个试点单位，作为一个样板，摸索出一条高校与地方政府联合办学的新路子。

1986年7月25日，中共山东大学委员会根据国家教委〔86〕教干司字144号文件通知，公布了《关于建立山东大学威海分校领导班子的决定》，决定由刘清前、陈力行、李福太、刘玉柱、门兆英5位同志组成中共山东大学威海分校委员会，刘清前同志兼任党委书记，李福太同志任党委副书记；陈力行同志兼任威海分校校长，刘玉柱同志任威海分校副校长，门兆英同志兼任威海分校副校长。1986年9月9日，中共中央总书记胡耀邦同志亲笔为山东大学威海分校题写了校名。

1987年9月15日，山东大学威海分校中文系、计算机科学系第一批150名新生入学。28日，山东大学威海分校在新落成的文学楼前举行了第一届学生开学典礼。山东大学威海分校的创建，结束了威海市没有高等学校的历史，也开创了我国高等学校与地方联合共建大学的先例。

（二）艰苦创业，沼泽地上建大学

1985年，创建威海分校工作进入了设计、勘探、施工阶段，山东大学把建设好威海分校定为当年要办好的八件大事中的第一件。2月28日，成立了由赵洪太任组长，马楠、赵盛堂任副组长的威海分校筹建小组，并设立了威海分校筹建办公室。3月，筹建小组一行8人从济南来到威海，将办公地点设在威海市政府招待所，开始了建设威海分校的艰苦历程。

1986年12月，在交通不便、水电暖全不具备、物资供应匮乏、四处荒草的情况下，47名职工在严寒的冬天首先进驻建校工地，住进了威海农校在20世纪初期建在这里的几十间旧平房，成为第一批进驻校区的教职工。1987年3月23日，威海分校伙房临时开伙，住在威海市招待所办公的全体同志搬进校内。5月，食堂安装调试完成，开始启用。到1987年9月，山东大学威海分校建成了文学楼、食堂兼学生俱乐部综合楼、学生宿舍1号和2号楼，为正式招生及开学准备了最基本的条件。

威海分校的建设是高标准的。早在1985年9月，国家教委基建局局长王文友来威海听取山大威海分校筹建情况时就指出："分校校区一带是风景区，学校的布局、建筑式样要符合新兴城市的建筑风格，造型要符合威海市的城市规划要求。"山东大学上报教育部的《山东大学威海分校设计任务书》中也提出："为与威海市建筑物的水平相协调，宜将分校建筑适当提高建筑标准。"威海分校在建设过程中逐步形成了"高起点、高标准、高水平、高质量"的"四高"建设方针。在校区规划方面，明确规划了几个不同功能区域，学生生活区在校区西部，教学办公区在校区中部，职工生活区在校区东部，并且根据这一功能区的划分完成了校区规划图初稿。

从1987年下半年到1989年上半年，各项工作都按照原设计方案顺利进行，整个威海分校生机勃勃，呈现蒸蒸日上的大好局面。1988 年 6 月，刘玉柱被任命为山东大学副校长兼威海分校校长，张建琪任分校副校长。在此期间，分校领导提出了“多征地、广集资、优选才”的工作思路，新教职工被大量引进学校，各项工作逐渐步入正轨，党政职能部门、教学机构和群众团体领导班子相继组建起来。1988 年，控制工程系、电子信息工程系、经济学系建成招生，为威海经济发展培训在岗人员的工作也红红火火地搞了起来。

二、砥砺前行

受 1989 年国民经济调整的影响，国家虽然保留了山东大学威海分校的建制，却大大压缩了原先规划的规模，要求威海分校在今后一段时间内保持 1000 人的办学规模，威海分校进入发展困难时期。但是，分校的领导和教职工不灰心、不气馁，发扬初创时期团结一致、艰苦奋斗的精神，完成了 860 亩建校用地的征地任务，为学校发展留下了充分的空间。同时，美化了校园环境，完成了校园的总体规划，引进和培养了一批优秀的教学和管理人才，建立和完善了教学和科研等方面的管理制度。这些都为分校后来的快速发展打下了良好的基础。

（一）规模受限，探索前进

1989 年，根据国家经济社会发展面临的新形势，国家教委对高校提出了“安定团结，稳定规模，提高质量，适度发展”的方针，分校的发展受到影响。

1989 年 9 月 12 日，山东大学向国家教委上报了《关于山东大学威海分校去向问题的请示报告》。报告提出：“关于威海分校的去向，总校和分校的一致意见是：1. 继续执行教育部〔84〕教基字 333 号和〔85〕教基字 301 号文件，坚持三个不变，即领导体制不变，远期规模不变，投资渠道不变，努力把分校办好。2. 考虑到目前国家经济比较困难，高等教育处于压缩规模、调整结构的形势，分校近两三年速度可放慢一些，发展规模可适当小一些。3. 珍惜已经取得的成果，不要把分校交出去。”此后，国家教委派专人来山东就威海分校的去留问题进行深入调研，并向国家教委认真反映了山东大学和威海市要求保留威海分校的强烈愿望。12 月 4 日，国家教委对山东大学威海分校的有关问题作了批复，肯定了各方面对办好分校做出的努力，并要求继续把威海分校办好，但同时提出，“鉴于国家近期内在投资、经费安排上都比较困难，威海分校的在校生规模要适当压缩，建设速度要适当放慢。今后三年或更长一些时间内，分校本专科学生规模要稳定在 1000 人”。

1991 年初，威海市设立高技术产业开发区，加大了对威海市西部的开发力度。特别是 1992 年邓小平南方谈话发表以后，校园周边地区开发进程大大加快，使威海分校的外部环境得到优化。1993 年 1 月，山东大学副校长马长义兼任威海分校校长，提出了“开发周边，建设中间，以外养内，以开发养教学”的工作思路。为了解决资金严重不足的困难，威海分校利用威海市政府给予的可在周边少量开发的优惠政策，筹集资金，偿还了部分征地款，增建了部分教学和生活设施，办学规模有所扩大。面对当时房地产热掀起的圈地浪潮所带来的压力，威海分校把工作重点放在了完成征地任务和总体规划上。1994 年 6 月，威海分校完成了总体规划，使未来发展有了可依据的蓝图。1997 年 7 月，山东大学副校长鹿玉理兼任威海分校校长，李建军任威海分校党委书记。

1989 年至 1998 年，威海分校筹资建设了水产化学楼、留学生楼、学生第一食堂，以及 9 栋教工宿舍和 2 栋学生宿舍楼，使建筑面积由 1988 年底的 27846 平方米增加到 1998 年底的 63899 平方米；在校学生由 1988 年底的 463 人增加到 1998 年底的 1962 人，教职工由 1988 年底的 263 人增加到 1998 年底的 396 人；教学机构由 1988 年的 5 个系发展到 1998 年的 8 个系、14 个本专科专业。

（二）狠抓教学，注重科研

1991 年 2 月，威海分校党政领导班子调整，许玉琪任威海分校党委书记兼校长。在此期间，威海分校提出了“加强基础、注重应用、培养能力”的办学思路，强调加强对学生三种语言（外语、计算机和中文）能力的培养。1991 年 5 月23 日，印发了《关于加强教学管理工作的几点意见》《关于整顿教学秩序、强化教学纪律的几条规定》。1996 年 3 月，又正式印发了《山东大学威海分校教学管理规范化要求的规定》，对课堂教学、教学辅导、实验教学、毕业论文等各个教学环节都作出了详细的要求。为提高教学质量、检查课堂教学成果，自 1996 年 10 月起，威海分校进行了多次全校性的教学检查，重点对教学大纲的制定、教学计划的执行、课堂教学、学科建设与课程设置，以及教学质量评估等项内容进行检查。1997 年，威海分校进行了历时一年的课堂教学检查评比。1998 年，威海分校建起了以本科教育为主，专科生、留学生、成人教育相结合的办学体系。

威海分校始终坚持“名师名校”理念，提出“引进、培养、重用”的人才战略，按照办现代化大学的需求，高起点、高质量地建设师资队伍。早在1991年5月，威海分校在《关于加强教学管理工作的几点意见》中就对师资队伍建设提出了要求，11月又制定了《山东大学威海分校青年教师培养计划》。1994年5月，威海分校颁布了《关于引进人才加强教师队伍建设暂行办法（试行）》，以不断提高师资队伍水平，引进优秀人才，优化队伍结构，确保教学质量。1995年6月9日，威海分校首次召开全校教学与师资队伍建设大会，提出了“面向21世纪，加速分校教师队伍建设”的发展思路。根据这一发展思路，1995年9月20日，威海分校公布了《关于青年教师在职攻读学位的有关规定》，青年教师攻读硕士、博士学位的比例逐年增加。1996年4月，威海分校评审确定了首批6名青年学科带头人、9名青年骨干教师。威海分校还设立了青年学科带头人、优秀青年骨干教师专项基金，之后又设立了教授、博士专项基金，激发教师积极性和带头作用。这些措施使师资队伍层次明显提高，结构比例逐步趋于合理，既保证了教育教学质量，又为进一步发展准备了人才条件。

威海分校把科研提升到“促进学校可持续发展的动力”高度，在政策、经费上给予大力支持，相继建立了电子系统实验所、韩国经济文化研究所、海洋生物工程研究中心等11个科学研究和咨询机构。1995年至1998年，威海分校共完成科研项目79项，承担国家级项目3项、省级项目5项，获省部级奖励40多项。其中，云昌钦教授主持的“ES系列电网自动化调度系统”项目荣获国家教委科技进步奖一等奖，此项成果被全国20多个省区市采用，产生了较高的经济与社会效益。赖晓平博士主持的国家自然科学基金项目“电力调度自动化建模、负荷预测理论与软件研究”、梁一儒教授主持的教育部博士规划项目“中国人审美心理研究”、栾昌大教授主持的山东省社科重点研究项目“马克思主义艺术原理”等，都是在此期间完成的。这些科研活动和成果对于锻炼分校的师资队伍、提高教学科研水平和办学质量都起到了重要促进作用。

（三）服务地方，合作办学

威海分校是全国重点院校山东大学的一部分，实行全国招生、全国分配的招生制度。但威海分校同时又是高校与地方联合共建的学校，所以为地方服务是威海分校的一个重要特色。教育部有关领导曾多次指出，威海分校办学方向就是为地方服务，山东大学有什么专业，地方需要什么专业就可以上什么专业。为此，威海分校在建设过程中，一方面强化教学与科研工作，不断提高教学科研水平；另一方面注重为地方建设和发展服务，搞好联合共建，不断取得发展。

为了满足地方对人才的需要，威海分校在学科的设置上遵循既有利于学校自身发展又能满足地方需要的原则，充分考虑到威海市经济、文化和社会发展对人才的需求，设置了一些应用性、技术性专业。1987 年，威海分校在创建伊始，就考虑到利用山东大学文科的优势和改革开放对计算机科学人才的急需，决定首先招收汉语言文学和计算机科学与技术两个专业，并相应成立了中文系和计算机科学系。1988 年，又设立了经济学系、控制工程系和电子系统工程系。1991 年，威海市急需大批外语人才，威海分校外国语言文学系成立，设置了英语、日语专业。针对威海市在对外交往中对朝鲜语人才的需求，分校朝鲜经济研究所于 1991 年就开始试办朝鲜语教学班，举办了 1991 级、1992 级朝鲜语中专班，培养了 104 名朝鲜语中专人才。经过两年的教学实践，分校于 1993 年设置了朝鲜语专业，开始招收朝鲜语专业专科生。受中共山东省委组织部和省人事局委托，1993 年、1994 年又举办了干部朝鲜语培训班和干部朝鲜语专修班。威海市是一个海洋大市，海岸线曲折漫长，海洋生物工程和水产养殖人才是威海市急需的人才，为此威海分校于 1993 年设立海洋生物工程系，设置了水产养殖专业。1994 年，威海分校设置了旅游管理专业，毕业生每年都供不应求。1998 年 10 月，国家旅游局创建中国优秀旅游城市检查验收组到威海分校了解旅游管理专业教学情况，对该专业的教学和发展设想予以充分的肯定。随着威海市改革开放对法律人才的需要日益增加，于 1995 年设立了法律系。

在招生上，威海分校除了面向全国招生，还根据政策对威海市考生给予倾斜。1990 年，威海分校开办了两届师资班，为威海市培养了师资人才。之后，又为威海市委培了 100 多名学生。招生制度并轨后，威海分校仍然在政策允许的情况下每年优先从威海市招收部分学生，有力地支持了威海市的建设与发展。

在科研上，威海分校也十分重视为地方服务，坚持走产学研相结合的路子，为促进威海经济社会的发展作出了重要贡献。云昌钦教授主持的“iES500 电力调度自动化主站应用环境”项目在经过鉴定之后，首先在威海市电力系统进行了推广应用，取得了巨大的经济和社会效益。王书源教授专门为威海市海马地毯厂研制了“微机地毯提花控制系统”，投入使用后，极大地提高了地毯厂的地毯提花水平，对实现适应客户特殊要求、快速开发新产品具有重要意义。市场调研所先后为威海市的10多家企业进行了市场调研，改进了这些企业的市场营销策略，收到了很好的经济效益。法律系成立了法律援助中心，为威海市有关部门提供了法律援助服务。威海信息港网络实验室为威海市建立了“电脑时空”等网站，设计了多款软件。韩国经济文化研究所专门为威海市编制了韩国企业名录和投资策略指南，对促进威韩企业交往作出了重要贡献。

1991年6月，威海分校成立成人教育办公室。1996年8月，成立成人教育学院。建校初期，威海分校成人教育的主要形式是学历教育和短期培训。建校以来，威海分校为威海市工商企业、党政机关、学校、部队等举办了经济、法律、（工商）管理、师资、计算机、酒店管理、外语七大类人才培训班，学员累计5000多人。威海分校先后被确定为“威海地区大型企业厂长经理MBA培训学校”“威海市中高级专业技术人员继续教育基地”“山东省秘书培训点”“劳动人事部OSTA计算机信息技术考试站”等，为地方提供多方位的社会服务。

1989年秋，威海分校受荣成宝石渔业有限公司委托，为其培训韩国进修生一名，开始了分校留学生教育的事业。1993年，成立汉语学院，专门从事留学生教育，设立了汉语言文学、中国文化两个专业，招收初、中、高级语言与文化进修生和学位生。同年，留学生楼竣工并投入使用。1994年，威海分校成立了山东大学国际教育交流学院威海分院，在当时教学条件较为困难的情况下招收了20名留学生，使留学生教育形成了一定的规模，这对威海分校对外教育来说，是一个重大的突破。建校10多年里，威海分校共培养了来自美国、日本、韩国、俄罗斯、德国、希腊、芬兰等国家和地区的留学生400多名。尤其是在培养韩国留学生方面，除了招收韩国来分校攻读学位的留学生，还大量招收来威韩商的子女入学，对威海市的招商引资事业起到了巨大的支持作用。

威海分校在教学和科研上的杰出成就和为地方服务作出的突出贡献，促进了威海市的经济、社会、文化发展，改变了威海市的软环境，提高了威海市的知名度，同时也使学校与地方的联合共建工作越搞越好，突破了原有的学校与政府联合共建的格局，上升到校企联合、系企联合的层次。1995年2月，威海分校与威海市水产局共建水产系。这是国家教委和山东省人民政府于1994年7月25日共建山东大学以来二级共建的第一个单位。1996年8月由威海分校与威海威东航运有限公司联合共建的威海分校书画院成立。1996 年 11 月，山东大学与山东轮胎厂在威海分校签订了多项合作协议，并由山东轮胎厂先期提供 60 万元与山东大学威海分校共建院士楼。1997 年 9 月，分校大门一期工程顺利竣工，包括人工湖两个、主干道、校大门、中央大草坪等，其中校大门由威海 10 多家企业和学校教职工捐资建成。1998 年 2 月，威海分校与威海市电信局共建的“威海信息港信息网络实验站”正式开通。这些共建活动一方面使学校从企业得到了办学经费支持，另一方面使企业从学校得到了人才和智力支持，校企双方在共建中实现了共同发展、共建双赢。

1999 年以后，随着我国高等教育大发展和新山东大学的成立，制约威海分校发展的规模和体制问题先后得到解决，分校定位逐渐明确，办学思路逐渐清晰，在教育部和威海市的支持下，经过全校师生员工的共同努力，一年一大步，实现了跨越式发展。

第十一章　进入国家“211 工程”

随着国家改革开放步伐的加快，山东大学进一步加大改革力度，优化专业结构，推动师资队伍建设，加大重点学科投入，开创对外合作交流新局面，开拓本科人才培养模式，推动研究生教育的跨越式发展，培养适应改革开放和现代化建设需要的人才梯队。1996 年，山东大学进入国家“211 工程”。

第一节　创新人才培养模式

一、并轨改革受到教育部肯定

1994 年以前，学校招生层次分为普通本科、专科，委培本科、专科，自费本科、专科，干部专修科。1994 年教育部实行招生并轨改革以后，学校只有本科计划和自费专科计划。1996 年、1997 年，学校同济南市人民政府共建，于是有了本科共建计划。其间，委培、自费本专科生主要面向山东省地方经济建设，培养社会急需人才，生源地市为济南、临沂、潍坊、日照、德州、枣庄等地，占招生总计划的 50%，自 1987 年至 1995 年共为山东省地方培养各类人才数千人；干部专修科自 1985 年开始招生，当时列入普通高考招生计划，1988 年以后干部专修科招生转到成人教育学院，为山东省各行业培养了大批的优秀干部。

为吸引全国各地学子报考，学校先后出台多项改革措施。一是由按专业招生改革为按院系招生。学生大一共同学习基础课，大二后根据自己的兴趣和爱好选择自己喜好的专业，此举使学生专业思想牢固，基础知识扎实，受到广泛欢迎。二是开展保送生招生，保送生分为免试保送生和推荐加考试保送生。免试保送生占总招生计划的3%，一般为重点中学的优秀学生，特别是奥林匹克竞赛获奖者，学校每年都制定详细的招收保送生办法。推荐加考试保送生在哲学、历史、科学社会主义三系招收，旨在解决学校文科基础学科生源不足的问题。据统计，1991～1997年，哲学、历史、科学社会主义三系共招收推荐加考试保送生231人。三是设立新生入学奖学金，奖励报考山东大学的各省市优秀学生和来校的保送生。四是选择优秀学生赴新加坡留学，扩大学校的影响。自1993年开始，共派四批学生赴新加坡留学，共计200余人。五是做好保送生的追踪调查工作，及时反馈信息，学校根据生源情况制定新的招生政策。

1994年，按照教育部要求，学校实行招生并轨、缴费上学制度。学校为此制定了完善的并轨配套政策和具体的管理措施，使招生改革顺利进行，没有发生学生因交不起学费而辍学现象。招生并轨改革的顺利实施，得到了教育部的表扬，学校招办还在当年底召开的山东省招生工作总结会议上作了大会发言，介绍经验。

二、开拓本科人才培养新模式

按照学校教育和社会人才培养的实际需求，学校采取了一系列深化教学改革的措施，积极探索人才培养新模式，取得了明显成效。

（一）推行学生修课“三项制度”，即学分制、辅修制和选课制

山东大学早在1978年之前就已经开始试行以选课为特征的学分制，按选修课、限定选修课、必修课确定课程的性质及分值，每个学生按照教学大纲要求规定修满130～150学分方可毕业。学校从94级新生开始全面实行学分制，并颁布了《山东大学学分制试行办法》，规定一般课程原则上每周讲授1课时，上满一学期为1学分，不需要课外自习的课程或部分特殊要求的课程，如实验课、习题课、体育课和艺术欣赏课等，原则上每周2～3课时，上满一学期为1学分。不足一学期的课程，其实际上课时数除以该学期全校上课周数，所得整数部分为学分数。课时数小于该学期周数的课程不计学分。社会实践、教学实习和毕业论文的学分，按完成时间计算，一周为1学分。学生修满一门课程的全部课时，考试合格，方可获得该门课程的学分。凡学校四年制本科生，必须按照各

自专业的教学计划修满 150 学分方可毕业，发给毕业证书。符合学位授予条件的，学校将授予其学士学位。学分制的实行，标志着学校的教学改革步入一个新的阶段。

辅修制和选课制即允许部分本科学生除主修本专业以外，还可选修其他专业主干课程，学校颁发辅修专业证书；学校鼓励学生跨专业选修课程，尤其是鼓励文理科学生跨学科选修课程。

学分制、辅修制和选课制三项制度的实施，拓宽了学生的知识面，满足了社会对人才培养的需求。

（二）满足社会需要和学校实行学分制的要求，完善课程体系建设

本科课程体系按照课程的性质划分，由公共基础课、专业体系课、素质课三部分组成。调整后，三部分课程的学分之比是 3∶6∶1。公共基础课是指为使学生德、智、体全面发展而开设的全校性基础课程，主要包括政治理论课、德育课和大学外语、计算机应用基础、体育、军事理论等，共 45 学分。专业体系课是专业基础课与专业课的合称，在教学计划中的总学分为 90 学分，各占一半。专业基础课指各专业开设的本专业的基础理论、基本知识和基本技能的课程；专业课指为实现各专业的培养目标，反映专业特色而开设的传授专业知识与专门技能的课程。素质课指学校为拓宽学生知识面、改善学生知识结构、提高学生文化素质而开设的课程，主要包括全校通选课，也包括部分其他专业的选修课。素质课在教学计划中的总学分为 15 学分。学校规定，文科学生需修 6～8 学分的自然科学课程，理科学生需修 6～8 学分的社会科学课程。

本科课程体系按照选课的形式，划分为必修课、限选课和任选课三部分。必修课是为了保证人才培养的基本规格和基本质量学生必须修读的课程。调整后，学校规定：公共基础课、专业基础课和部分专业课程、社会实践、毕业论文均属必修课范畴，必修课在教学计划中的总学分为 110～120 学分。限选课是为了拓宽专业口径、增强学生对社会需求的适应性而开设，主要包括部分专业课程，供学生根据自己的特点和爱好在一定范围内选学的课程。调整后，限选课在教学计划中的总学分为 15～25 学分。任选课是学生根据自己的特点和爱好在较大范围内任意选学的课程。调整后，所有素质课都属于任选课，学分总数约为 15 学分。

（三）理论联系实际，深化教学内容改革

教学内容改革是教学改革的重点和难点。这一时期，各专业根据培养目标和人才培养模式的要求，理论联系实际，不断调整和充实教学内容，注重把体现当代学科发展特征、多学科的知识交叉渗透到教学内容中来。例如，化学系“无机化学及试验”课程增添了热力学在无机化学中的应用、新型无机材料的制备、无机物生产中的环境污染及其治理等内容，使课程内容更加丰富、新颖和实用。

经济系“政治经济学”课程。一是根据当代资本主义经济发展的趋势和社会主义市场经济要求，从1992年起连续再版教材，充实对当代资本主义实际发展的理论分析，社会主义市场经济理论和邓小平理论及近20年来经济理论的重大发展，保证教学内容在理论和实践上的统一。二是加强经济学方法论教学，帮助学生把握和理解经济科学的基本方法，培养学生的抽象思维能力，为学习专业课程奠定坚实的理论基础。三是增设政治经济学后续课程，在本科生三年级开设“当代资本主义经济研究专题”和“社会主义经济理论与实践”两门课。

电子工程系的“模拟电路”课程。教学内容上完成了由以分立元件为主到以集成电路为主体的转变，在保证基本器件、基本知识、基本分析方法的基础上，注重培养学生的工程设计能力。

光学系的“应用光学”课程。在教学中注意把先进的研究成果引进课堂，及时将前沿学科新发现引入教学。

通过教学内容改革，一是课程内容更加丰富、新颖和实用；二是调整了课程结构，按基础知识到基本原理再到原理的应用次序，由易而难进行，便于学生理解、掌握和巩固，效果明显；三是根据学生意愿，挑选部分学生进行课外科学研究，加强对学生创新设计能力的培养。

（四）以学生为主体，强化教学方法改革

改革教学方法是深化教学改革的重要内容。1987年以来，山东大学在强调教学内容改革的同时，也更加注重教学方法的改革。强调要重视学生在教学活动中的主体地位，充分调动学生学习的积极性、主动性和创造性。一是一改以往灌输式的教学方法，采取了课堂讨论、边讲边议、案例教学、角色参与、主

题演讲等灵活多样的方式，积极实践启发式、讨论式、研究式等生动活泼的教学方法。如国政学院“科学社会主义”课程，重视学生在教学活动中的主体地位，有效地应用引导式、讨论式、案例式、写作式等教学手段，针对学生对现实生活中的疑惑，与学生一起分析讨论重点、难点问题，使教学更有针对性。在上课时经常采取课堂讨论的形式，让学生参与到教学活动中。注重课堂写作小论文，课后点评，充分调动学生学习的积极性、主动性和创造性。外语学院的“综合英语”课程采取“课上精讲与课下写作一体”“口头与笔头一体”“单项水平与综合语言能力一体”“讲授广度与深度一体”“课堂讨论与教师指导一体”“单元测试与综合评估一体”等多位一体的教学方式。不同方法和手段的运用，既提高了学生的综合素质，也达到了教学目的，有利于学生个性和才能的全面发展。二是利用现代化教学手段辅助教学。随着经济的发展和社会的进步，以计算机技术为核心的现代信息技术进入教育领域，学校每年拨出专项经费用于开发和引进计算机辅助教学软件，增加电化教学设备，并专门建立了一系列多媒体教室，将现代化教学手段运用于本科课堂。光学系的“应用光学”从1986年便开始了应用光学计算机辅助教学，引进国内多种教学软件，开发出“应用光学CAI软件”，并多次承担学校教改立项项目。马列教学部的“邓小平理论概论”课程在教学中也尝试采用多媒体教学手段，取得了较好的效果，适应了现代化教学的需要。三是把课堂教学与实践教学相结合。有些实践性较强的课程或部分课程采取现场教学，边实践边教学。学生回校后再由专职教师引导将实践知识系统化，从感性认识上升到理性认识。为了强化实践教学，学校建立了一批相对稳定的社会实践基地。同时，从1988年起学校每年都组织大批学生利用寒暑假参加社会实践活动，让学生通过社会实践了解社会主义建设和改革的实际，把课堂上所学内容应用于实际。

（五）抓好教研项目规划，促进本科教育开展

1995年，国家教委“高等理科教育面向21世纪教学内容和课程体系改革”计划第一批项目中，刘克哲教授“理科非物理类专业的物理学课程体系和教学内容改革研究”等10项获得立项；文科立项中曾繁仁教授“20世纪欧美文学教学内容改革”等两项入选。在山东省教委确定的“山东省高等教育面向21世纪教学内容和课程体系改革项目”中，13项获得资助，其中文科7项，理工科6

项，资助金额近10万元。按照山东省教委要求，学校积极推进校级教学改革，在广泛发动、深入调查研究的基础上，教学改革立项达97项，共资助经费12万元。为使这些项目早日启动、早出成果，学校又专门从事业经费中拨出专款予以支持，确保了项目的正常进行。

（六）加强基础学科人才培养基地建设

为了保证基础学科的人才培养，国家教委做出了建立基础科学研究和教学人才培养基地，加强和保护人才培养的决策。从1991年开始，国家教委先后建立了84个国家理科基础科学研究和教学人才培养基地、51个国家文科基础科学研究和教学人才培养基地，学校数学、物理、中文先后被批准为教育部基础科学研究和教学人才培养基地。国家在经费投入、招生政策上给予重点扶持，学校基地带头深化教学改革，成为教学改革和师资培养的垂范区，起到了示范和辐射作用，吸引了一大批优秀的高中毕业生报考，生源质量和毕业生质量均有了较大幅度的提高。

（七）加强教学评估，深化教学管理

教学评估是评价学校教学质量的基础，山东大学一直把教学评估工作视为评价验收制度和管理制度。加强教学评估和评优活动也是新时期学校深化改革的重要内容之一。20世纪80年代中期，教育部下达《中共中央关于教育体制改革的决定》，提出在各高校开展教育评估工作的要求。山东大学深入贯彻教育部指示精神，结合学校的实际情况，狠抓对课堂教学的质量评估工作。1992年4月，学校颁布《教学评估办法》，并设立领导评估工作的专门机构，对学校的教学评估工作做出了具体的指导和规范。评估领导小组主要由教学管理和研究部门的人员和教授专家组成，教学评估由学生评估、专家评估和领导评估三部分组成，三部分之比为4∶4∶2。在教学评估工作中定性评估与定量评估相结合，并分出四个质量等级，即优秀、良好、合格、不合格，给出各评估项目的得分，并给出综合评估的最后得分。

学生评估是对教师的教学活动最直接的评估，按照《教学质量评估表》，对任课教师的教学质量进行综合评价。专家评估是由学校评估领导小组成员、教研室正副主任和教学管理人员组成的评估专家小组人员对任课教师的评估，评

估的内容主要是课堂水平和教学质量两个方面。领导评估由院系（部）分管教学的主任以及教学管理部门的负责人完成，主要是通过检查听课，抽查教师的教案或实验报告、考试试卷、实验完成状况。

通过评估及时发现教学中存在的问题，对督促教师改进教学工作起到了积极的推进作用，同时也推动了全校教学管理水平的提高。

三、研究生教育快速发展

从 1978 年恢复研究生招生、1980 年建立学位制度到 2000 年 6 月成立研究生院，学校研究生教育认真贯彻执行党的教育方针和科教兴国战略，全面实施《中华人民共和国学位条例》等有关学位与研究生教育的法规和政策，初步形成了学科门类比较齐全的学位授权体系和研究生培养的基本制度，积累了学科建设和高层次人才培养的宝贵经验，为我国科技、教育、经济、文化、国防建设和各项事业的发展输送了一批又一批合格的高层次人才。

（一）初步形成学科门类比较齐全的研究生培养体系

1981 年，山东大学被国务院批准首批获得的博士、硕士学位授予权单位。1999 年底，学校共有一级学科博士学位授权点 3 个，博士学位授权专业 25 个，硕士学位授权专业 65 个；工商管理硕士专业学位和法律硕士专业学位各一个。研究生教育涵盖了哲学、经济学、法学、文学、历史学、理学、工学、管理学八大学科门类和 22 个一级学科。有凝聚态物理和微生物学 2 个国家重点学科，晶体材料和微生物技术 2 个国家重点实验室，1 个教育部开放实验室，1 个国家科委重点技术研究推广中心，科学社会主义与国际共产主义运动等 17 个山东省重点学科，计算数学与工程等 6 个山东省重点实验室。在数学、物理学、生物学、化学、材料科学与工程五个学科设有博士后科研流动站。数学学院、物理系被教育部列为国家理科基础科学研究和教学人才培养基地，中文系被教育部列为国家文科基础学科人才培养和科学研究基地。另外，还有国家人文素质教育基地。

（二）研究生教育规模迅速发展

山东大学是全国最早招收和培养研究生的高校之一，从 1950 年到 1965 年，共招收培养研究生 152 人。从 1978 年恢复研究生招生和 1980 年建立学位制度，学校开始大规模招收和培养研究生。1978 年到 2000 年，共招收研究生 7158 人，其中博士生 986 人，硕士生 6172 人。截至 2000 年底，学校已毕业研究生 4049 人，其中博士生 382 人，硕士生 3667 人；396 人被授予博士学位，3665 人被授予硕士学位，为外校代授硕士学位 161 人。另外，还受理在职人员申请硕士、博士学位共 2149 人，授予在职人员博士学位 10 人，硕士学位 292 人。

山东大学重视和加强国际研究生交流与合作，与美国、日本、德国等国家的 30 余所著名大学和学术团体有学术交往，开展国内外导师联合培养博士生。截至 1999 年，共招收了 10 个国家的 86 名研究生，其中博士生 33 人，硕士生 53 人。

（三）提高培养质量，培养制度初步形成

在扩大研究生教育规模的同时，努力提高研究生的培养质量。学校在招生管理、学籍管理、培养、课程建设、教材建设、论文答辩和学位授予等方面都制定与采取了切实可行的规章制度和有效措施，保证了研究生的培养和学位授予质量，如《山东大学研究生学籍管理条例》《山东大学关于进一步改进和加强研究生工作的意见》《山东大学博士学位研究生培养工作暂行规定》《山东大学攻读硕士学位研究生课程考核与学业成绩管理办法》《山东大学关于博士生学位课程考试要求与办法的几点意见》《山东大学研究生学位论文工作的意见》《山东大学授予硕士、博士学位工作细则》等。随着研究生教育的不断深入，研究生培养方案多次修订，在研究方向的设置上，在保持学科特色和优势的同时，设置一些国民经济建设急需的应用性专业；拓宽培养口径，按一级学科设置学位基础课，增加前沿讲座，增设跨学科选修课和计算机应用课程，并明确规定硕士生在校期间必须在省部级以上学术刊物上发表一篇与学位论文有关的文章（第一作者），人文社科类博士生在校期间必须在全国核心学术刊物上发表三篇与学位论文有关的文章（第一作者），理工类博士生在校期间必须在全国学术榜刊物上发表两篇与学位论文有关的文章（第一作者），方能进行论文答辩。对学位论文的开题报告、中期检查、论文写作、论文的质量都做出了明确规定。在博士生培养上，要求对每位博士生都要成立以导师为组长的博士生指导小组，博采各家之长，严格把关，仅 2000 年就有 7 位博士生没有被授予博士学位，淘汰率达 10%。

学校也建立激励机制，奖勤罚懒，奖优汰劣，促进高层次、创造性人才脱颖而出。1986 年，在全国率先实行硕士生中期筛选制度。1992 年，实行博士生中期考核制度。1999 年，设立“山东大学优秀博士论文奖及优秀博士论文指导奖”，每年奖励 10 篇优秀博士论文，博士论文作者及其指导教师各得奖金 5000 元。这些措施极大激发了研究生的积极性，切实保证了研究生的培养质量和学位授予质量。2000 年，1 篇博士学位论文被评为全国优秀博士学位论文，13 篇博士论文被评为山东省优秀博士学位论文；10 篇硕士学位论文被评为山东省优秀硕士学位论文。

在加大培养力度的同时，学校积极改善研究生的生活学习条件。从 1998 年起，学校建立了 2 个研究生语音室、3 个微机室和 1 个多媒体教室。2000 年初，学校又筹资 100 余万元，设立山东大学校长奖学金、山东大学优秀研究生奖学金、山东大学奖学金（光华部分）等十几种奖学金，制定《山东大学关于实行助教博士制度的暂行规定》和《山东大学硕士研究生兼任助教工作的试行办法》。

（四）加强学位授权点建设和指导教师队伍建设

学科建设是学校建设的龙头，学位授权点建设又是学科建设的重要组成部分。在“211 工程”的推动下，学校重点建设功能材料科学技术、金融数学、微生物学与微生物工程学、汉语言文学、科学社会主义与社会发展五大学科群，使其成为国家高层次人才培养和承担国家重大科研任务的重要基地。学校在学位授权点建设上投入大量人力、物力、财力，确保高素质、高水平、高层次的专门人才培养。为了加强指导教师队伍建设，学校制定了《山东大学关于研究生指导教师职责及有关规定》，对导师的权利、义务和教书育人等均做出明确要求。学校每年都要召开培养工作研讨会，让导师互相交流培养经验和教书育人的心得体会。为了提高指导教师的水平，保证研究生的培养质量和学位授予质量，学校制定了《山东大学关于遴选博士生指导教师的实施细则》《山东大学遴选硕士生指导教师实施办法》，对申请者应具备的条件有量化要求，规定硕士生指导教师申请者年龄应在 55 周岁以下，具有硕士以上学位；博士生指导教师申请者规定 1953 年 1 月 1 日以后出生，必须具有博士学位。在注重申请者自身学术造诣和科研水平的同时，还特别强调科研奖励情况。在遴选研究生指导教师过程中，采取（申报）材料（由有关部门审查）复核、回避、校外评议、仲裁等措施，有效地保证了研究生指导教师评审的客观性、公正性、严肃性。以上措施，为建设一支高水平、高素质的指导教师队伍打下了良好的基础，也为研究生培养质量和学位授予质量的提高提供了前提和保证。

（五）开拓进取，锐意改革

1998年，学校根据理学学科发展的新特点，按照研究生教育的发展规律，制定了《山东大学理学研究生培养工作的改革意见》。《山东大学理学研究生培养工作的改革意见》根据我国经济、科技、教育和社会综合发展的需要及理学研究生培养的现状，通盘统筹理学硕士生和博士生培养的各个环节，逐步建立适合学校理学研究生培养的有效模式。把理学硕士生和博士生作为一个整体培养过程来考虑，研究生在修完规定的学分后，根据导师推荐和自愿原则参加进入博士阶段的资格考试。资格考试未通过者和未参加资格考试者继续攻读硕士学位。资格考试通过者，转入攻读博士学位学习阶段，一般经过3～4年的时间完成博士学位论文。这样就保证了博士生参加科学研究和学位论文写作的时间，提高了学位论文的质量。与此相适应，对理学研究生的课程设置、课程建设、培养方式、教学内容和方式、论文选题、开题报告、中期检查、论文评阅和答辩等都进行了改革。经过一年的实践，取得了较好的效果。

（六）研究生教育成就斐然

学校倡导“团结、勤奋、求实、创新”的校风，毕业的研究生素以踏实、诚恳、苦干和富有献身精神而著称。毕业生理论基础扎实，学风严谨，朴实勤奋，适应能力较强，不少人已成为所在单位的业务骨干、学术带头人，取得了突出的学术成就，许多人还被选拔到行政领导岗位。1991年1月，有7位毕业研究生被国家教育委员会和国务院学位委员会授予“作出突出贡献的中国博士、硕士学位获得者”光荣称号，受到党和国家的表彰，他们是潘承洞教授培养的基础数学专业博士生于秀源、展涛，蒋民华教授培养的凝聚态物理专业硕士生许东，邓从豪教授培养的物理化学专业博士生刘成卜，王祖农教授培养的微生物专业博士生曲音波，杨向奎、田昌五教授培养的历史学专业博士生王晓毅，谢力同教授培养的运筹学专业硕士生陈庆华。

四、成人教育迅速发展

大力发展成人高等教育是普通高校主动适应我国经济和社会发展需要的重要措施，也是高校的基本任务之一。山东大学是较早举办成人高等教育的学校之一。1958 年即开始举办夜大学和函授教育。党的十一届三中全会以后，山东大学于 1979 年经教育部批准重新恢复夜大学、函授大学教育，积极恢复和发展成人高等教育。特别是自 1987 年以来，学校的成人教育迅猛发展，先后开办了干部专修科、高等自学考试专业、专业证书教育、成人脱产班等各种模式的成人教育，已形成多层次、多规格、多种办学形式的成人高等教育体系；培养各类成人高等学历教育毕业生 15483 人，其中函授本、专科生 8667 人，夜大本、专科生 5937 人，干部专修科 358 人。此外，还有专业证书、学业证书、岗位及行业培训等各类短训班。

山东大学的成人高等教育历来注重质量和效益，在山东省内享有较高的声誉。山东大学依据自身雄厚的师资力量、精良的仪器设备和学科门类齐全的办学优势，在注重理论教学的同时，强调理论联系实际，培养学生分析问题、解决问题的能力，注意照顾成人学习的特点。同时，全面发扬山东大学严谨治学、严格管理的优良传统，在教学计划的制订、教材的编写和选定、教师的聘用及实施教学过程的各个环节都严格执行国家教委的有关规定，努力提高教学质量和水平，使之与普通高等教育同层次、同规格、同水平。1989 年、1994 年、2000 年，学校先后三次被评为全国自学考试先进单位、省自学考试助学先进单位。1991 年 7 月，在国家教委组织的对委属高等学校成人教育的检查验收中，山东大学的成人教育得到充分肯定，并一次性顺利通过了验收。毕业生中不少人已成为各行各业的执牛耳者和业务骨干。在 1991 年 12 月国家教委选编的《函授夜大人才的业绩》一书中，山东大学有三位函授、夜大毕业生的业绩被选入。

1993 年以来，根据国家教委关于进一步改革和发展成人高等教育的意见，学校的成人高等教育取得了较大的发展。为适应山东省改革开放和建立社会主义市场经济体制的需要，学校在进一步拓宽招生专业、提高办学层次、扩大招生规模、开展多种办学形式等方面取得了显著的成绩。在办学门类方面，增加了非师范类专升本、招生招工相结合的双招班和第二专科学历等；在办学层次上，由原来的以专科教育为主发展为本科、专科并重，同时还举办了以大学本科起点为主的高级进修班。为满足社会和委托部门对人才培训的需要，学校还先后开设了财政学（金融）、国民经济管理学、法学、计算机应用学、应用化学、货币银行学（国际金融）等专科起点本科专业，开辟了与企事业单位相结合，委托办学的新路子。1995 年，学校接受西藏及国家司法部的委托，首次在西藏举办函授专科班，在全国举办成人脱产班。截至 2000 年，学校的成人高等教育招生覆盖山东、河南、江苏、浙江、安徽、江西、山西、新疆等地。

随着学校成人高等教育事业的发展，学校的成人教育管理机制及机构也得到进一步完善和加强。1988 年 4 月，山东大学成立成人教育处。1992 年 4 月，经国家教委批准成立了山东大学成人教育学院，1999 年更名为山东大学继续教育学院。

第二节　推动师资队伍建设

“七五”计划末，学校教师总数为 1571 人，其中教授 108 人，平均年龄 59.9 岁；副教授 464 人，平均年龄 53.3 岁；讲师 649 人，平均年龄 48.5 岁。教师中具有博士学位的 41 人，占教师总数的比重仅为 2.6%；具有硕士学位的 619 人，占教师总数的 40%左右。面对如此结构的教师队伍，学校领导深刻认识到狠抓师资队伍建设的重要性、紧迫性。特别是国家实施“211 工程”以后，山东大学面临着新的机遇和挑战。潘承洞校长指出，要进入“211 工程”，就必须建设一支高水平的师资队伍。师资队伍建设工作是学校的重点工作，而选拔培养青年学科带头人是重中之重。

一、选拔培养青年学科带头人和青年学术骨干教师

“八五”计划初期学校就制定了《关于选拔与培养优秀青年骨干教师和（青年）学科带头人的意见》，“九五”计划初又实施了“跨世纪人才”工程，采取了从学校内 45 岁以下青年教师中选拔培养青年学科带头人及从 40 岁以下教师中选拔培养青年学术骨干教师的措施。自 1992 年至 1998 年，学校共选拔培养五批青年学科带头人和青年学术骨干教师，其中青年学科带头人 96 人、骨干教师 149 人。

首批青年学科带头人和青年骨干教师遴选之后，又制定了培养管理措施，实行年度严格考核，考核后实行优胜劣汰的办法。青年学科带头人一般从青年骨干教师中滚动遴选。培养方面，学校为他们设立了专项基金（每年 100 万元）；有计划地安排出国学习、参加高水平的国际国内学术会议；职务晋升、申报博士生导师优先考虑；举办青年学科带头人和青年学术骨干教师外语培训班和计算机班；在职读博士学位为其全部报销培养费和交通食宿费；在住房分配上给予加分照顾；每月学校给予发放津贴；等等。对于引进的博士，给予一万元安家费，安排两室一厅住房一套。

由此，在青年学科带头人和青年学术骨干教师中形成了奋发向上的良好气氛，从而使一批年轻教师脱颖而出。1993 年初，在首批 27 名的青年学科带头人中就破格提拔了 16 名正教授；展涛和徐显明入选第一批青年学科带头人；青年学科带头人和青年学术骨干教师中有 49 人成为院系（所）领导；50 人在入选青年学科带头人或骨干教师时尚无博士学位，到“九五”计划末已取得博士学位或正在攻读博士学位。到 2000 年初，已有 9 名青年学科带头人（展涛、冯圣玉、解士杰、徐显明、吴忠民、羊丹平、胡季帆、王炜、黄少安）入选国家“百千万人才工程”一、二层次人选；有 7 人（羊丹平、展涛、曲音波、王炜、夏光敏、胡季帆、李大兴）入选国家教委的“跨世纪人才培养计划”；有 63 人成为博士生导师。这不仅使学校教师队伍学科带头人的新老交替问题得到了较好的解决，而且也为学校发展和新增博士点打下了坚实的基础。

二、结构合理和充满活力的教师队伍初步形成

学校在“八五”“九五”计划期间派出教师出国进修、访问学者、攻读学位等 202 人，其中青年学科带头人和青年骨干教师 93 人。当时，出国进修和访问学者的回归率在 95%以上。“八五”计划初期，我国的高等教育发展很快，已达到较高的水平，有的学科已达到国际水平。因此，“八五”和“九五”计划期间学校教师队伍培养和建设工作逐渐转为“以内涵发展为主，以提高质量为中心，全面提高教师队伍素质”。在此期间，学校以在职培养读博士为主要措施，专门制定了《关于教师在职读研究生、在职申请学位的有关规定》，鼓励青年教师在职报考读博士学位、在职申请博士学位。学校无博士授予权的学科专业学生可报考国内兄弟院校和科研院所的博士生。此项措施激起了广大青年教师的积极

性。“八五”计划期间共培养在职博士68人，是“七五”计划期间的5倍。“九五”计划期间在职培养和在职申请的博士183人（含1998年、1999年、2000年考取的）。这不仅提高了学校教师队伍的素质和水平，同时也优化了学校教师队伍的学缘结构。到2000年底，学校在职读或已获得外校博士学位的有65人，分别来自北京大学、清华大学、复旦大学、中山大学、厦门大学、武汉大学、南京大学、吉林大学、北京师范大学、中南大学等国内著名大学以及中国科学院、中国社会科学院。

由于“八五”“九五”计划期间学校为加强师资队伍建设制定实施了一系列有力措施，一支相对稳定、素质较高、结构合理、充满生机和活力的师资队伍初步形成（见表11-1）。

表11-1　“八五”“九五”计划期间学校师资队伍变化

学历结构			
时间	教师人数		
	总数	其中：博士人数	硕士人数
“七五”计划末	1571	41	619
“八五”计划末	1417	93	630
1999年底	1394	270	601
年龄结构			
时间	教师职称类别及平均年龄		
	教授	副教授	讲师
“七五”计划末	59.9	53.3	48.1
“八五”计划末	55.3	47.6	40.1
1999年底	51.9	42.4	33.0
职称结构			
时间	教师职称类别及人数		
	教授人数	副教授人数	讲师人数
“七五”计划末	108	464	619
“八五”计划末	224	496	557
1999年底	318	630	336

第三节　科学研究再创辉煌

为加快科学研究步伐，实现党中央提出的到20世纪末我国科学技术力求接近当时世界水平的宏伟目标，适应社会和科技发展需要，学校文理并举、新老并进，积极调整专业结构，新建原子能、光学、晶体、生物工程等一批应用性强、社会急需的新型学科，以及环境工程、计算机信息管理和经济信息管理等新型交叉学科。学校更加重视基础研究，加强应用研究和技术开发，不断提高科研水平，取得了丰硕成果。

一、自然科学研究跨越式发展

从1987年到2000年，山东大学科研工作的发展经历了保持特色、巩固基础、全面发展、迅速崛起几个阶段。经过十几年的发展，科研力量布局日趋合理，科研实力迅速增强，基本奠定了科研工作在全国高校中的上游地位。

（一）实行新的科研发展战略

进入20世纪80年代后期，学校科学研究和技术开发工作走上了全面发展的轨道，基础研究、应用研究、技术开发和科技产业都已经具有相当规模，并积累了宝贵经验，为后来的发展奠定了良好的基础。这个阶段，也正是全党开始大力倡导重视和加强科学技术研究工作，号召依靠科学技术推动经济建设快速发展的新时期。学校科研工作面临前所未有的大好形势和难得的历史机遇。

抓住机遇，加快发展。1988年底，学校第六次校务会议研究决定，调整新时期学校科研工作的指导方针和发展目标，迅速把学校科研工作提升到一个新水平。会议通过了《关于1988～1990年科学技术工作的意见》，初步拟订学校科研工作的指导方针：从社会主义初级阶段的实际出发，适应商品经济发展需要，将竞争机制引入科研工作，进一步贯彻“经济建设必须依靠科学技术，科学技术必须面向经济建设”的战略方针，把主要科研力量组织到为经济建设和社会发展服务的主战场上来。会议还决定，要充分考虑学校的性质和特点，继续重视基础研究，不断提高科学研究水平，为培养高素质、高质量的人才服务。在工作安排上，切实处理好教学与科研的关系，处理好研究与开发的关系，使教学与科研相辅相成，研究与开发相得益彰，并注意扬长避短，努力办出特色，办出水平，使学校的科研工作稳步发展。

对于学校来说，科研优势与特色主要体现在基础科学研究领域。进入新的历史阶段，学校及时调整科研工作的思路和方针，加大对经济建设和社会发展的服务力度，在保持和扩大基础科学研究优势的同时，大力加强与国家、山东省政府、地市以及大型企业的联系，对国家急需的能源、材料、通信、农业等领域重大课题进行联合攻关。对具有优势的基础性研究，实现基础研究与应用研究相结合。在确保基础科学研究优势并不断扩大的基础上，应用研究和技术开发发展迅速，在许多领域形成了新的技术优势。

1990 年和 1991 年，学校先后下发《关于作好学校“八五”重点科技规划的通知》《关于“七五”科研项目检查结果的报告》等文件，对学校科研工作的指导方针进行了适当调整，根据学校实际情况，参照国家和山东省中长期科技发展纲要和“八五”计划期间科技攻关的初步意见，有重点地规划学校科技发展，提出“以提高水平、形成特色、增强效益为目的，采取有限目标，突出重点”的发展策略，争取经过“七五”“八五”计划期间的发展，使学校多个学科处于领先水平，形成新的特色，产生较好的经济效益和社会效益。

“八五”计划期间，学校已经逐步建立起比较完善的科研体系，形成了基础研究、应用研究和技术开发协调发展的研究和开发结构体系，在基础数学、微生物、固体物理、宇宙线高能物理、理论化学、运筹学与控制论等领域达到国内先进水平，在环境科学、生物技术、固体材料物理与化学、控制科学和软件科学等领域形成了新的优势。科技开发也迈出了重要步伐，在晶体材料、计算机应用和计算机软件、化学化工、电子技术、生物技术、激光和红外技术、环境科学和软科学等领域大力开展应用研究、技术开发和生产经营，在技术水平和经济效益两个方面达到国内同类院校先进水平。

“八五”计划以来，学校的科研管理工作以“项目与经费、成果与奖励”为主线，抓住核心、突出重点，注重对重大项目的投入和支持，鼓励科研人员积极争取各类研究项目和研究经费，对于有重大学术价值、经济效益和社会效益的成果，加大在各个环节上的扶持力度。因此，20 世纪 90 年代以来，学校获得的科研经费逐年大幅增长，研究成果的获奖比例和等次不断提升，每年发表的学术论文数量稳定增加，质量逐步提高，学校科学研究水平位居全国同类院校上游。

（二）科研经费增长迅速

经过“六五”“七五”计划的改革和调整，科研工作日趋活跃，形成了基础研究、应用研究和技术开发多头并进的良好局面。从“八五”开始，科研项目、科研经费的数量增长出现快速发展的势头。教师申报项目的积极性以及项目组织申请工作等也有很大改善，与国内、国际的合作交流也在不断加强。

1992 年以来，科研经费平均增长速度 15%，特别是国家自然科学基金项目增长速度更快。1995 年，学校承担的国家自然科学基金经费总额首次突破 100 万元，达到 149 万元。获准率位居全国高校第 17 名，经费总额位居全国高校第 43 名。1996 年，学校获得国家自然科学基金资助项目 18 项，总经费 176 万元，比 1995 年增长 18.12%，居委属高校第 22 位。1998 年，学校当年到校科研经费首次超过千万元，达到 1320 多万元，实现了新的跨越。

进入“九五”计划后，学校国家自然科学基金金额在全国的排名也实现了大幅度的提升，由“八五”计划期间的 50 名左右快速上升到 25 名。与科研经费总额快速增长相对应，单项科研项目经费金额也大幅增长，许多新上项目在经费金额上实现了新的突破。

1996 年，以彭实戈教授为首席科学家，由国内数十名著名数学家、经济学家、管理学家组成的研究班子，承担了国家自然科学基金重大项目“金融数学、金融管理、金融工程”。该项目旨在研究和探索如何预测和防范金融风险，对于我国国民经济发展具有重大的现实意义。1999 年，作为在研国家重大基金项目，“金融数学、金融管理、金融工程”课题立项经费 500 万元。这是首次以山东大学教师担任首席科学家的重大国家项目，也是经费金额最高的项目。

（三）瞄准前沿领域协同攻关

在科研经费增长的同时，学校还对科研成果的鉴定和奖励给予高度重视。通过学校对科研工作的改革、调整和扶持，山东大学科研成果在全国的获奖比例和等次迅速提高。

1994年，国家教委科技进步奖评奖揭晓，山东大学取得前所未有的好成绩，获奖15项，其中一等奖3项，二等奖4项，三等奖8项；获奖总数在全国高校排第13位，在国家教委所属综合性大学中排名第四。这次学校申报项目22项，获奖15项，获准率为68%，在全国各类高校中排名第四。这次评奖，不仅获奖数量多，而且获奖质量高，一等奖占有率为20%，在全国高校中排名第二。此外，学校获得的三个一等奖项目，均被国家教委推荐上报参加国家自然科学奖评审，占国家教委推荐参与评审国家自然科学奖项目总数的1/8。其中，被推荐的一等奖获奖项目是彭实戈教授的“随机最优控制的最大值原理与随机微分方程”，在1995年国家自然科学奖评选中获得国家自然科学奖二等奖（一等奖空缺，全国高校共获得二等奖5项）。

1998年是山东大学获奖成果空前繁荣的一年，获奖数量多、等级高。获得国家奖励2项（国家发明奖）、省部级奖励19项，合计21项。其中，获得教育部奖励总共13项，其中一等奖4项，获得一等奖总数与清华大学、北京医科大学相同，并列全国高校第一。1998年也是有史以来获得鉴定成果最多的一年。全年共鉴定成果43项，比上一年（20项）增长一倍多，其中国际领先水平4项，国际先进水平11项，国内领先水平24项，国内先进水平4项。

加强应用性科学研究，特别是积极参与对促进国民经济发展、提高我国综合国力起关键性作用的国家高技术研究发展计划（“863”计划）和国家攻关计划，是20世纪90年代以来科研工作的重要特点。

“八五”计划期间，学校承担国家“863”计划高科技项目课题16项。到“八五”计划末，承担的15项“八五”计划项目均圆满完成并通过鉴定。在这些项目中，有很多对国民经济和社会发展有重大价值，在国内外产生了重要影响。

大麦黄矮病毒引起的小麦黄矮病，是世界范围的严重病毒病害，在我国20个省市的小麦种植区流行，每年造成小麦20%～30%的减产。1990年，我国将“小麦抗黄矮病毒生物育种”列入“863”计划高技术项目。生物系陈惠民教授和夏光敏副教授领导的课题组承担了该项目的“将大麦黄矮病毒外壳基因转入小麦”的研究工作。课题组经过两年多的反复实验，成功地将上述基因转入三个小麦品种中，获得大量转基因抗病毒的可育植株，经检测，外壳蛋白基因可以稳定遗传到第三代，并显示出良好的抗病性和丰产性。这是我国乃至世界农业科技领域的重大突破。1995年11月28日，生物系与中国农业科学院植保所植物病虫害生物学国家重点实验室合作攻关的“863”计划高技术项目“小麦抗大麦黄矮病毒基因工程”在北京通过部级鉴定。鉴定专家认为：“该研究成果成为世界首创，不仅为小麦基因工程育种打下良好基础，也为其他病毒的抗病育种提供了有效方法，而且标志着我国在这一领域已跃居世界领先水平。”《科技日报》《光明日报》《人民日报》等分别在显要位置刊登了这一消息。这项成果被《科技日报》《光明日报》和新华社联合评选为1995年世界十大科技新闻之一。1995年，这项成果获得了国家科委评定的十大科技成果奖。

晶体材料研究所也是承担国家“863”计划高技术项目的主要单位，该所许东、袁多荣教授领导的课题组，承担了国家“863”计划课题“新型有机非线性光学晶体的生长及性能研究”。经过5年的努力，解决了900nm以下实用化半导体激光频率转换材料和高光损伤阈值的高功率激光频率转换材料问题；首次实现了室温下在有机晶体和络合物晶体中直接倍频半导体激光获最短波长的蓝紫光的输出，转换效率高达3.15%；首次推出光损伤阈值高达1064GW/cm^2的LATF晶体。这些结果均居该领域国际领先水平，并获得1995年国家教委科技进步奖一等奖。1996年4月，在北京召开的国家“863”计划高技术项目十周年成果展览会上，山东大学的大KDP晶体等“863”计划高技术成果受到党和国家领导人高度评价。

这个时期，山东大学在国内外学术刊物发表论文也空前活跃。许多文章发表在了国际著名的学术刊物上，被学术界广泛引用。特别是发表论文为SCI、EI检索收入的数量稳步上升。在国际核心刊物上发表论文数是全面反映一所学校整体科研水平和学术地位的重要指标，而论文在国际上被引用的情况则更准确地反映了论文的内在质量。

山东大学教师在国际核心期刊上发表论文并被收入SCI检索的文章总数，自1989年起，十多年来排名一直在全国前十，论文引用数量连续三年位列全国前十。

1993年，被SCI检索收入论文总数在全国排第九位，文章引用数排第九位。

1994年，发表SCI检索论文数列全国第八，引用数在全国位列第十。

1995年，继续保持全国前十地位并有所上升。

1996年，SCI论文数排第十三位，引用数排第十位。

1997年，两项排名均为第九。另外，发表论文133篇被EI检索收入，论文总数排名也进入全国前十五名。

1998年，两项排名均为第十。

物理系王克明教授在SCI上年发表论文总数，在全国排名曾获得第一、第五和第九名的成绩。化学院金文睿教授在SCI检索刊物个人发表论文，曾获得全国排名第一和第三的名次；物理系教师胡季帆教授个人SCI论文数曾排名全国第三。

学校出台了很多措施和政策，先后下发了《山东大学科学技术成果奖励办法》和《关于对在学术榜上作出贡献的教师进行奖励的决定》等文件，对科研突出、在国际学术刊物上发表论文多的教师给予多方面的奖励。科研处及时向各院系发布SCI检索刊物目录，以指导教师向这些刊物投稿，利用外汇基金支持论文发表。这些措施有力地提升了在国际学术刊物发表论文的数量和质量，为学校争得了荣誉，奠定了学校科研实力在全国高校中的地位。1996年，学校科研处被教育部授予“全国高校科研管理先进单位”称号并予以奖励。根据国家教委〔1996〕58号文件的规定，该奖视同国家教委科技进步奖一等奖。

1995年，中国科学院院士、校长潘承洞获得该年度“何梁何利基金科学与技术进步奖”。该奖是经过千余名专家提名推荐、初审评议、终审投票评选出来的。全国有三位科学家获得何梁何利基金科学与技术成就奖，50位科学家获何梁何利基金科学与技术进步奖。1996年10月16日，中国科学院院士蒋民华教授荣获该年度“何梁何利基金科学与技术进步奖”。

（四）设立青年专项科学基金

1990年到1996年，山东大学设立青年科学基金，投资经费47.4万元，先后资助84位青年教师，青年科学基金作为青年教师从事基础研究的启动经费，作用明显。这让部分青年教师能够在学校青年教师科学基金资助基础上，进一步争取到了国家或省一级科技项目，获得更多成果奖励。基金资助对扶持他们的起步发展起到了极大的推动作用，受到国家教委科技司高度评价。

1995年6月，山东大学设立“跨世纪人才基金”，并制定了《山东大学跨世纪人才基金立项、评审管理暂行办法》，以促进科技人才脱颖而出。

1996年，学校拨出55万元专款，启动山东大学“跨世纪人才基金（理科）”，首批资助42人。该基金主要用于资助学校中青年学科带头人和学术骨干，并重点资助在国家重点实验室、工程研究中心、重点学科点和博士点从事教学、科研工作，并有突出成绩的优秀年轻教师，有力地促进了跨世纪优秀人才脱颖而出，对于培养新一代高水平学科带头人成长起到了积极的作用。

1996 年 4 月 10 日，潘承洞校长在山东省省级以上重点学科建设评审会议上强调，学科建设中关键是人的问题，指出一流的学科应该有一流的学术带头人，应当是著名的专家、学者，在本学科领域内具有较高的地位和重大的影响；优秀青年科技人才的培养成为学校各项工作的重中之重。

此后，学校又先后设立了山东大学杰出人才奖励基金、山东大学国际学术交流基金等专项基金，有效地资助了青年科技人才的科研活动，起到了很好的导向作用。

（五）加强重点实验室建设

晶体材料研究是山东大学科研的强项，晶体材料实验室在学校的基础研究工作中发挥着举足轻重的作用。以蒋民华、许东教授等为代表的学科带头人，长期承担国家大型基础研究项目课题。由于科研成就突出，该实验室成为国家计委首批投资建立的 10 个国家重点实验室之一，在国家重点实验室的两次评估中均名列前茅。

1988 年，学校利用世界银行贷款开始建设微生物技术国家重点实验室，并于 1995 年顺利通过了国家计委委托国家教委组织的验收。

1993 年 12 月，由国家教委批准建立的山东大学胶体与界面化学部门开放实验室于 1995 年正式对外开放。

为贯彻山东省委和省政府确定的“科教兴鲁”战略，1994 年经山东省人民政府批准，“八五”计划期间在山东大学重点建设 11 个省级重点学科和 4 个省级重点实验室。1998 年 10 月，4 个省级重点实验室顺利通过省教委组织的验收，其中低维材料实验室、软件工程实验室和高能物理实验室被评为优秀。

1998 年 4 月 29 日，山东大学与胜利油田联合组建的油田胶体化学实验室正式揭牌。该实验室的建立密切了学校与胜利油田的科技合作关系，标志着校企联合加强，科研在服务地方经济建设方面跨出了重要的步伐。实验室既承担着解决油田生产中相关技术难题的任务，而且担负着为油田培养高层次人才的重要职责。

二、人文社科科研成果显著

自1988年文科科研工作会议以后，学校根据国家教委和教委社科司的有关文件精神，以及新时期社会发展与经济建设的需要，结合学校文科教学与科研工作的实际，在稳步发展的基础上逐渐形成了新的文科科研指导思想和总体规划目标。

（一）丰硕的科研成果

科研成果的数量和质量是科研水平的综合反映。1987年以来，学校在哲学社会科学研究领域取得了丰硕的科研成果，据统计，1987～1999年，文科出版各类著作（包括专著、教材、文集等）近千部，发表论文万余篇。尤其是“九五”计划期间，科研成果显著增加，每年出版著作100部以上，发表论文在900篇以上。学校文科科研成果不仅在数量上有所增加，而且在质量上也有很大提高。自1987年以来，学校共有418项成果获省级优秀社会科学成果奖，占全省获奖成果总数的1/3以上，有18项获国家教委人文社科研究奖。此外，还有大批学术论文被各类国家级年鉴收入和介绍，被各类文摘性出版物转载和转摘。考古学的实地发掘和研究，连续几年都有重要的研究成果，受到国内外专家学者的普遍关注。学校文科科研成果无论在数量上还是在质量上都呈逐年上升趋势。

1987年，全国高等学校优秀教材评审会议召开，萧涤非教授与北京大学教授游国恩、中山大学教授王起等主编的《中国文学史》（1～4册）获全国高等学校优秀教材奖特等奖，王仲荦教授编著的《魏晋南北朝史》（上、下册）获全国高等学校教材奖优秀奖。

1987～2000年，学校文科共承担省级以上课题270项，获得专项研究基金共600万元，其中包括国家社会科学基金课题71项，国家教委各类人文社会科学课题74项，山东省社科规划课题79项，山东省古籍整理研究课题46项。

（二）颇具实力的科研机构

为了适应教学和科研的需要，学校在原有科研机构的基础上，又陆续建立了一批研究中心和研究所。到2000年6月合校以前，文科研究机构已达36个。

这些研究机构主要从事基础理论、国际问题、地方经济社会发展问题三个方面的研究，包括文史哲研究所、古籍整理研究所、美国文学研究所、易学与中国古代哲学研究中心、当代社会主义研究所、文艺美学研究中心、民俗研究所、中国传统文化研究中心、墨学研究所、毛泽东邓小平社会主义理论比较研究中心、日本问题研究中心、历史研究所、法学研究所、21 世纪山东社会发展研究中心、产权研究所、消费与发展研究所等。这些研究机构时代感强、特色鲜明、组成形式灵活多样，对促进人文社会科学的发展起到了积极的作用。

1999 年，教育部在全国高校设立百家人文社科重点研究基地，山东大学易学与中国古代哲学、当代社会主义、文艺美学三个研究机构入选。同时，在山东省设立的 10 个社会科学研究基地中，经济与管理、法学两个研究基地挂靠在山东大学。

（三）高层次的学术交流

学术交流是及时获取学术信息，扩大学校影响，提高学术地位的主要途径。这一时期，学校正确贯彻党的“双百”方针，积极组织国内外学术交流，有重点地选派教师参加各类学术活动。据统计，这一时期出席国际国内会议的教师每年都在 200 人次以上，主办国内国际学术会议每年都在 10 次以上。特别是这一时期学校成功举办了义和团运动 100 周年国际学术讨论会、聊斋学国际学术讨论会、首届墨学国际研讨会、第二届墨学国际研讨会、第二届东方实学学术讨论会、欧洲问题国际学术研讨会、韩国问题国际学术研讨会、首届海峡两岸易学学术讨论会、孙子兵法国际学术讨论会等国际学术会议。举办学术讨论会给许多教师提供了参加高水平学术讨论会的机会，达到了了解学术动态、学习和吸收最新研究成果以提高教师科研能力的目的。同时，这些会议的成功举办，还有效地提高了学校的学术地位和扩大学校的影响力，对促进文科发展起到了积极的推动作用。

（四）百花盛开的学术园地

学术刊物是发表成果、发现人才的园地，对提高学校的学术地位发挥着重要作用。为了提高学术水平，这一时期学校学术刊物建设有了可喜的进展。截至 2000 年 6 月前，学校有文科学术刊物 5 种。《文史哲》在保持传统特色的基础上稳步发展，年发行量在20000份以上，被誉为“全国高校文科学报之王”，并于1997年、1999年分别获得第一、二届全国百种重点社科期刊奖，1999年获首届全国双十佳学报、首届国家期刊奖，长期在国内外具有较高的信誉和广泛的影响。《文史哲》《周易研究》《民俗研究》发行到20多个国家和地区，具有良好的学术声誉，已经成为海外许多大学和研究机构的必藏期刊，产生了较大的影响；《文史哲》、《当代世界社会主义研究》、《山东大学学报》（哲学社会科学版）、《民俗研究》、《周易研究》均被列为全国核心期刊，这些刊物对推出学术新人和提高山大的学术地位都起到了不可低估的作用。

（五）成长壮大的出版事业

山东大学出版社成立于1983年9月，是教育部主管的重点大学出版社之一，也是成立较早的大学出版社之一。出版社下设政治理论、文史、自然科学、技术编辑4个编辑室。自成立以来，山东大学出版社始终坚持党的出版方针，坚持为人民服务、为社会主义服务的方向，坚持为高等学校教学、科研服务的办社宗旨，坚持把社会效益放在首位，出版了一批优质图书，打造了以“中国传统文化精典系列”“山东大学文史书系”“山东大学跨世纪文库”三大系列为核心的文史精品，突出了学校的学科优势。到1999年底，山东大学出版社共出版新版图书2500余种，其中教材、专著约占出书总量的70%；在所有已出版的图书中，获奖图书约占同期出版图书总量的25%。山东大学出版社不仅为学校的教学科研和人才培养提供了有力的支持，而且为学科建设、博士和硕士学位点的争取和人文社会科学研究基地的设立提供了有力的教研成果展示平台，是支持文科建设的重要基地。

第四节　合作交流上新台阶

改革开放以来，学校积极开展外事工作，在国际学术交流、选聘外籍专家、选派出国留学生、培养外国留学生等方面均取得了显著成绩，外事工作多形式、多渠道、多层次、全方位展开。与此同时，学校也加快了与中央和国家部委、山东省、地方的合作，积极开展校地合作、校企合作，加快了科研成果的转化，取得了良好的社会效益和经济效益。

一、国际合作交流开创新局面

改革开放以来，学校的对外交流工作迈出了新的步伐，学术交流越来越广、越来越活跃，举办的国际学术会议越来越多，与国外学者之间进行合作研究的人数不断增加，学者出国交流和国外学者来校交流呈明显上升趋势。

1987 年以来，学校同已经有交流关系的外国院校及时续签协议，巩固合作关系，实质性交流项目逐渐增多。同时，积极与韩国、美国、法国、巴西、苏丹、埃及、瑞典等国的十多所院校相继签署了交流合作协定或意向书。到 2000 年底，学校校际交流与合作院校已达 40 多个，交流与合作的内容与方式也有新的发展，同时也扩大了信息交流的范围，开阔了视野，促进了学校管理水平的提高。

1987～2000 年，学者访问和交流取得了明显进展，学校共接待各类来访外宾 3200 多人次。国际知名人士、著名学者，德国、加拿大、澳大利亚、瑞典等国高级政府官员代表团以及著名跨国公司如西门子公司代表团先后访问学校。

学校还积极派遣教师和学者出国考察、出席国际学术会议。1987～2000 年，学校共派出参加国际学术会议，到国外访问、考察、进行合作研究等近 800 人次。学校派出人员学习交流，坚持“保证重点学科与重点项目”的原则，对促进学校的教学、科研跻身世界前沿起到了明显的带动作用。

随着学术交流覆盖面越来越广，在学校举办的国际学术会议逐渐增多。1987 年以来，学校主持召开了“中日双边核子物理讨论会”“义和团运动 100 周年国际学术讨论会”“首届国际赋学学术讨论会”“聊斋学国际讨论会”“东方传统伦理道德与社会进步国际研讨会”“首届国际墨学研讨会”“世界格局变化中的中日关系讨论会”“环黄海地区发展问题国际学术研讨会”“生物固氮国际学术研讨会”“海峡两岸周易学术讨论会”“韩国传统文化国际学术讨论会”等大型国际学术会议，既体现了学校社会科学研究的传统优势，也展示了学校在自然科学领域研究方面的新进展，学校的研究与教学逐步得到了国外的了解和赞赏，对提高学校的声誉和影响产生了积极作用。

中外重点教育与科研合作项目，从小到大，明显增多，以国政学院为主的中欧高等教育项目、历史文化学院与美国耶鲁大学开展的中美联合考古项目、高能物理所与欧洲粒子物理中心及以色列开展的合作项目、社会学系与加拿大哥伦比亚大学开展的中加社会调查项目、法学院与美国巴尔的摩大学进行的中美法学合作项目以及韩国研究中心与韩国高校进行的传统文化研究项目等，都取得了较好的效果。

学校一直重视引进资金工作，利用一切可利用的机会为学校争取资助。1987年以来，学校引资建成了邵逸夫科学馆，接受了日本政府无偿援助的价值3700万日元的电化教学设备，与法国巴黎第七大学的合作项目也争取到了国外的资金支持，与日本NEC公司签署了合作建设校园网的协议，还收到价值近百万元的图书资料以及多批不同数额的奖学金。这些资金和援助对改善学校的硬件建设、提高教师科研水平起到了一定作用。

充分发挥外国专家的作用，提高学校的教学科研水平，加强学校与外界的联系。学校按照“以我为主，按需聘请，择优选聘，保证质量，用其所长，讲求实效”的原则，加强了对外聘专家的管理和服务工作，除继续通过官方的渠道、友好院校、可靠的民间组织渠道聘请专家外，还采取种种措施积极开拓聘请专家的渠道。学校先后同国外十余所大学签署了校际交流协议，同国内外数个派遣专家的组织建立了联系。同时，主动与曾经任教于学校的老专家加强联系，向他们宣传学校的最新发展与变化，通过他们做宣传工作，吸引了更多的专家前来任教、讲学和进行科研合作。聘请专家的质量越来越高，语言专家、社会科学专家、自然科学专家以及长期专家与短期专家的比例基本趋于合理。1987年以来，学校共聘请来自美国、苏联、日本、加拿大、澳大利亚、德国等十多个国家和地区的长短期专家700多人，其中长期专家160多人、短期专家580多人。这些外聘专家作为学校教学、科研工作队伍中的一支重要力量，不仅在为学校培养中青年教师、研究生和本科生方面作出了重要贡献，而且在专业改造、学科建设及更新教材内容、开设新课程等方面也发挥了重要作用。

重视留学生工作。学校通过多种渠道努力开发留学生生源。为加强留学生管理，成立了“山东大学国际教育交流学院”，实现了外国留学生管理、教学、生活的三位一体。截至2000年底，学校的外国留学生不仅在数量上而且在质量上有了较大的突破。这期间，学校共接受培养来自美、日、英、法、德、加、韩国、朝鲜等40多个国家和地区的留学生2500人。除语言进修生外，本科生、研究生的比例在迅速上升，对进一步扩大学校的影响起到了积极作用。

二、校企合作推进科技成果转化

作为山东省唯一的教育部直属综合性重点大学，学校以科研和人才培养方面的优势，积极投身山东省的国民经济建设和社会发展，为山东省各项事业的发展做出了自己的努力。

“七五”“八五”计划以后，学校进一步强化了为地方经济建设和社会发展服务意识，努力促使科学技术成果向现实生产力转化，积极寻找科学研究与关系国计民生的重大现实问题相结合的切入点，协助地方政府确立研究课题，开展科研工作，并取得了丰硕的成果。这些年来，学校加强与地方政府和全国大中型企业横向联合，先后与济南市政府、胜利油田、辽河油田、莱芜钢铁厂等建立了科技协作的稳固关系，推动了区域经济发展，促进了科技成果向现实生产力转化。特别是在与胜利油田的合作中，学校充分发挥了多学科优势，解决了油田生产中的许多重大难题，创造了可观的经济效益。这些校企合作机构，是确立稳定、密切的合作关系的成功范例，得到了山东省领导和教育部的充分肯定，1995 年山东大学被山东省人民政府评为“科教兴鲁先进单位”。

在为地方经济发展解决现实问题的过程中，学校的基础科学研究也走出了新路子。在坚持基础科学研究优势和特色的同时，发挥自身优势，积极参与到解决与国民经济和区域发展密切相关的重大现实问题的研究中，不仅创造了可观的经济效益和社会效益，而且也找到了学科发展的生长点。

以数学与系统科学学院袁益让教授为主的课题组承担的“防治海水入侵主要工程后效与调控模式研究”课题，就是运用数学方法成功解决海水入侵问题的机理，并取得了许多基础理论研究成果的突出事例，成为校地合作的成功范例。

随着国民经济的快速发展，防范金融风险成为政府面对的重要课题。彭实戈教授运用基础数学理论研究中的倒向随机分析理论，研究不确定资产投资问题取得重要进展。这项研究对于防范金融风险有重大现实意义，在国际上产生了很大反响，是基础科学研究与现实应用相结合的成功范例。

第五节　深化管理体制改革

改革开放以来，学校的发展迎来了新的历史机遇，能否抓住机遇，迎头赶上，走在各兄弟院校的前列，是学校必须面对的现实问题，于是深化学校管理体制改革提上了学校的议事日程。

一、从严治校

1986年12月，潘承洞出任山东大学校长。上任伊始，他就提出从严治校的方针。从严治校包括对学校各方面工作的要求，也包括对学校各类人员的要求，体现在管理工作上就是深化校内管理体制改革，逐步建立起自我约束、自我发展、高效有序的运行机制。

1992年4月，国家教委主任李铁映在国家教委直属高校工作会议讲话（教直〔1992〕17号文件）中指出：高校进行校内管理体制改革的核心，是坚持党的基本路线，坚持社会主义办学方向，探索办好有中国特色的社会主义大学的路子。同年7月，国家教委在天津召开委属高校工作咨询委员会第三次会议，这标志着高校管理体制改革工作在委属高校全面展开。

潘承洞校长、陈之安书记回校后立即召开有关部门负责人会议，通报了会议精神，对《关于国家教委直属高校内部管理体制改革的若干意见（讨论稿）》《关于进一步扩大国家教委直属高校办学自主权的若干意见（讨论稿）》进行了认真的学习讨论并达成了共识，一致认为学校应抓住时机，积极贯彻执行深化学校内部管理体制改革，认真贯彻执行这两个文件。

随后学校召开党政干部、教研室主任以上教师大会，对高校改革精神进行了传达、学习、讨论，通过再认识、再动员，使全校上下一致，关心改革，参与改革，维护改革，使改革观念深入人心，推动学校改革工作的进一步深化。随后学校出台了《山东大学校内管理体制改革方案（试行）》（山大校字〔1992〕71号文件），明确提出校内管理体制改革以人事制度改革为龙头，以分配制度改革为杠杆，逐步建立和完善主动适应市场经济需要的有效机制，包括竞争机制、自我约束机制、自我发展机制、人才流动机制和高效有序的管理运行机制，制定了以“五定”（定规模、定编制、定岗位、定人员、定分配）、“一包”（工资总额包干）、“两评”（单位评估与个人考评）为主要内容的实施方案，全面拉开了山东大学内部管理体制改革的帷幕。

（一）实行动态工资总额包干

1992 年 6 月，学校人事处出台《山东大学人员编制管理条例及其各类人员定编试行办法》（山大人字〔1992〕48 号文件），明确了学校本部、专职科研、直属单位和实验实习工厂的人员切块以及包括教师、实验技术、图书资料、党政管理等在内的各类人员定编比例，首次提出了“大后勤”（包括临时工在内）统一切块承包的思路，树立了岗位编制意识。1995 年，学校又出台了《山东大学编制发展规划》，把编制管理同学校事业的发展结合起来，更好地为学校事业发展服务。

实行工资总额包干是校内管理体制改革的重要内容之一，是落实编制管理的重要经济杠杆。学校从 1989 年开始了工资总额包干试点工作，经过三年的试点，试点单位人员出现负增长，非教学科研人员比例明显下降，单位人员流动由被动管理变成自觉控制，取得了较好的效果。

学校决定从 1993 年 1 月 1 日起在全校各系、所实行工资总额包干。按照对各单位核定的各类人员编制定额，核定该单位的年度工资总额，增人不增工资总额，减人不减工资总额，超支不补，节余留用，充分发挥包干单位和教职工的积极性，挖掘潜力，增强活力，提高教学质量、科研水平和办学效益。

（二）实行校、院、系三级管理

随着学校管理体制改革的不断深入，调整机关机构，精减机关工作人员，提高工作效率成为当务之急。

1994 年 1 月，经校务会议研究决定，对校部机关部分机构进行了撤并和调整（山大人字〔1994〕5 号文件）。首先，将挂靠在机关的不具备管理职能的附属单位从机关中剥离出来；其次，撤并了包括招生办、师资办、毕分办等多个单位，其他部处人员编制在现有基础上根据工作量和职责平均压缩 10%。这次调整理顺了关系，明确了机关部处的职责，精简了机关人员，优化了人员结构，调动了机关干部的积极性，同时也提高了办事效率。

与此同时，学校还出台了人员分流办法，建立固定编制与流动编制相结合、事业编制与企业编制相结合的编制结构，逐步减少事业编制和固定编制，实现校内人才资源的配置更加优化合理。

另外，校内逐步实行校、院、系三级管理。学校下放部分管理权限给学院，扩大学院一级的管理权限，系只负责教学、科研的组织实施工作。除国家重点研究机构外，一般研究所（室）都放在学院。学校在工资总额包干的基础上，实行宏观控制、微观搞活，在定编、定岗、定职责的基础上，推行目标管理和岗位责任制，提高了办事效率，也促进了学科优势互补与交叉。截至 1999 年，共成立实体院 11 个。

（三）实行校内分配制度改革

根据国发〔1993〕79 号和国办发〔1993〕85 号文件关于新的工资和设立津贴的规定，参照人事部、国家教委人薪发〔1994〕8 号和教人司〔1994〕150 号文件中津贴实施的有关精神，学校结合校内分配制度改革，制定了校内津贴实施方案（山大校字〔1994〕48 号文件），把工资中 30% 的津贴部分不平均发放，而是按总量拨到各院系，作为一种活工资，与每位教职工的工作量和工作业绩挂钩，适当拉开档次，体现按劳分配的原则，充分发挥了活工资的激励作用。这一做法得到了国家教委的肯定和表扬，并在 1995 年人事部召开的全国事业单位工资改革经验交流会上做了经验介绍。

二、精简机构

1997 年底前后，随着国务院各个部委机构调整和干部分流工作顺利完成，学校加大精简机关机构、优化干部队伍的力度，学校的机构调整以精简和领导干部整体换届、交流为主要内容。

（一）校部机关机构的精简与调整

校部机关机构精简和调整，既是此次机构改革和干部调整工作的重要组成部分，也是实现机关干部队伍调整、交流的基础。事关学校改革和发展的大局，学校率先进行了充分深入的考察和论证，并派出专人到全国各地兄弟院校做专题考察，结合学校自身情况确定了调整总指导思想：理顺关系，转变职能，提高效率。并据此确立了调整的三条原则，即政企分开原则、精简高效原则、责权一致原则。1998年初，学校确定了机构调整的总体方案：学校党委办公室与校长办公室合并，成立“山东大学办公室”；校友会、邵逸夫科学技术馆作为事业单位，由学校办公室代管；撤销老校联合办公室；撤销山东大学科技开发总公司，成立“产业处”；山东大学妇委会与校工会女工部合并，对外称山东大学妇女委员会，对内称工会女工部；机关总支挂靠学校办公室；成立“成人教育处”；考虑到对外办学需要，保留山东大学成人教育学院的牌子；科研处更名为“科技处”，文科办公室更名为“社会科学处”；成立“山东大学研究生教育中心”，以适应学校研究生教育发展的需要和实现学校总体发展目标，并为下一步成立研究生院做准备。

调整后，学校机关由24个部门组成，这是学校在1994年校部机关机构调整基础上，在机构设置方面所作的一次幅度较大的改革。校部机关管理机构的顺利精简，为下一步干部队伍的大面积调整交流打下了良好基础。

（二）推行干部任期制和调整交流

1996年，学校在党代会召开之后，就开始酝酿并在局部开始了换岗、交流工作；1997年底，党委派专人赴武汉、南京和上海三地五所大学就干部交流工作进行专题调研，并结合学校实际制定了《机关干部实行任期制和干部交流和换岗的方案》。

1998年4月，学校颁布了《关于校部机关中层领导干部实行任期制及干部调整交流的意见》。意见指出，实行干部任期制和轮岗交流就是强化目标管理，优化班子结构，改进工作作风，提高工作效率，使校部机关中层领导班子的整体素质和领导水平不断得到提高。其内容主要包括：机关中层领导干部自1998年起实行任期制，每届任期四年；任期按班子主要负责人的任期时间计算；机关中层领导干部在同一岗位任职，原则上一届，最多不超过两届；副职不单独规定任期，其职务任免一般应结合正职换届进行；各部处室主要负责人在任期内需要个别调整的，其任期从调整后的任期算起；实行目标管理，明确责任，完善年度、届中和届满考核；突出届中考核，考核的重点主要是领导干部的工作实绩和完成目标情况；换届过程中，年龄超过58周岁的领导干部不再进入新一届领导班子，转为同级调研员，并保持待遇不变；机关中层领导干部，在同一工作部门任正、副职累计满八年的，一般进行转岗交流或转为同级调研员。

通过调整，干部队伍的平均年龄由原来的53.2岁降低为45.3岁；干部的平均学历层次也显著提高，结构更趋合理。一批学历层次较高、群众威信高，有较强管理能力的年轻干部进入了学校中层领导班子，顺利实现了中层干部队伍新老交替。

（三）深化后勤改革

改革开放使中国的高等教育真正地步入了快速发展的春天，山东大学经过相当一段时间的恢复、整顿后，开始加大改革力度，加快发展步伐。

学校后勤在为教学、科研工作做好服务、保障的大前提下，逐步建立起“小机关、多实体、大服务、企业化、社会化”的管理模式，按照“事企相对分开，所有权与经营权分开”的原则，形成“服务、管理、协调、控制、开发”的良好运行机制。

1987年4月18日，学校为贯彻国家教委“双增双节”通知精神，部署了“双增双节”运动。在国拨资金相当短缺的情况下，要使学校加快发展，只有突出重点、节约开支、开源节流，把有限的资金用到教学、科研基础建设上。同年5月，学校颁布了《山东大学预算外资金管理实施细则》，进一步规范了有限资金的合理使用。

坚持开源节流是学校贯彻“双增双节”号召实施的一项措施，就是采取扩大校办企业、扩大与社会的横向联合、加强为地方服务与共建等措施，使学校的办学资金产生了明显的增长。同时，为增强自主办学能力，增加计划外资金收入，学校相继开展了委培生和自费生培养工作，1994年开始对本专科学生征收学杂费。计划外的收入资金进一步加速了学校的各项建设。

学校既是培养高级专门人才的重要基地，也是科研工作的重要场所。为打破传统的为科研而科研，尽快走向以科研带动产业，以产业促科研、促教学的模式，山东大学于1989年3月正式筹建了第一届科技开发总公司的领导班子，学校科技开发工作开始加快前进的步伐。到1994年底，学校已经拥有具有法人资格的校办企业42家，其中科技型企业28家，其他企业14家。校办产业的注册资金为人民币5289万元，外加185.5万美元，固定资产达2052万元，流动资金 2710 万元，贷款 2493 万元。校办产业的产品涉及光机电、生物技术、精细化工、计算机及软件、晶体材料及器件，以及其他功能材料及器件等。

1997 年下半年，学校开始全面整顿校办产业，该撤销的撤销，该合并的有计划地合并。1998 年 1 月，学校为促进校办产业良性发展，决定将微机应用研究所、光机电技术工程公司、电子仪器厂和山东大学印刷厂四家单位的资产进行重组，成立了山东山大欧玛信息产业有限公司，使校办产业在人员、技术、资金和市场的调控上初步做到了相对集中，为校办产业扩大规模和提高效益奠定了良好的基础。到 1999 年底，校办产业完成销售收入 5415.27 万元，实现利润总额（不含职工工资返还）1010.75 万元，上缴学校 523.31 万元。校办产业的发展，进一步促进了学校教学科研的发展和基本建设。

为了加速学校的发展，改善教职工的生活条件。学校多方筹措资金，以平均每年 2 万平方米左右的速度推进学校基础建设，使教学科研用房及师生的住宿生活条件都发生了前所未有的巨大变化。截至 2000 年底，山东大学建筑面积累计达到 598975.5 平方米。

第六节　推进“211 工程”建设

一、“211 工程”立项

1991 年 4 月 9 日，全国人大七届四次会议批准了《国民经济和社会发展十年规划和第八个五年计划纲要》。《国民经济和社会发展十年规划和第八个五年计划纲要》明确提出：“有重点地办好一批大学。加强一批重点学科点的建设，使其在科学技术和水平上达到或接近发达国家同类学科的水平。”以此为契机，国家教委向国务院提出了“211 工程”。1993 年 2 月，国家教委成立“211 工程”协调小组和“211 工程”领导小组；7 月，制定《关于重点建设一批高等学校和重点学科点的若干意见》，对“211 工程”的定义、建设目标、实施办法、立项程序等做了明确阐述，由此“211 工程”启动。

同年，山东大学启动“211 工程”申报工作。8 月，山东大学成立了“211

工程”办公室，上报了《关于报送我校进入“211 工程”建设与发展纲要的报告》。1994 年，学校收到“211 工程”实验室建设的专项经费。1994 年 12 月，为加强“211 工程”申报工作，学校成立“211 工程”领导小组。经过努力，1996 年 1 月山东大学通过了国家教委组织的“211 工程”部门预审。1997 年 6 月，国家计委、国家教委、山东省教委、省计委和省财政厅等联合组成专家组，对《山东大学“211 工程”建设项目可行性研究报告》进行了正式论证及审核。经评审，专家组认为“《报告》指导思想明确，实事求是，重点突出。所提出的五个重点建设项目及建设内容，充分体现了学校的优势和特色，既考虑了国家的需要，又考虑了山东省经济建设和社会发展的实际需要，是符合建设目标要求的，也是可行的”，审核并同意山东大学根据“211 工程”总体规划提出的“九五”计划期间建设规划和建设目标。1998 年 4 月 24 日，国家发展计划委员会作出《国家发展计划委员会关于山东大学“211 工程”建设项目可行性研究报告的批复》，国家教委于 1998 年 6 月 17 日将此批复转发给山东大学，正式同意山东大学作为“211 工程”项目院校，在“九五”计划期间进行建设。至此，山东大学“211 工程”建设进入正式实施阶段。

《国家发展计划委员会关于山东大学“211 工程”建设项目可行性研究报告的批复》为山东大学确立的“211 工程”总体建设目标是：力争到世纪末使山东大学在教育质量、学科建设、科学研究、管理水平和办学效益等方面得到明显提高，总体办学水平居于国内重点大学先进行列，部分学科接近或达到国际同类学科先进水平，成为国内高等教育领域培养高层次、高素质专门人才，解决国家和地方经济建设、科技进步和社会发展重大问题的基地之一，为到 21 世纪初把山东大学建成具有一定国际影响和有中国特色的社会主义大学奠定了坚实的基础。

山东大学“211 工程”项目建设的主要内容为重点学科建设、公共服务体系建设和必要的基础设施建设。其中，重点学科包括功能材料科学技术、金融与数学、微生物学与微生物工程学、汉语言文学、科学社会主义与社会发展，目标是通过以五个学科为核心的重点建设，使其成为全国高水平博士、硕士人才培养和承担国家重大科研任务的重要基地。公共服务体系建设和必要的基础设施建设主要包括建设基础学科教学条件及实验室、校园计算机网络及通信设施、图书馆计算机网络管理系统等项目，目标是以此推进教学内容、方法和手段更新及现代化，改善教学公共服务基础条件，优化教学、科研和管理环境。

根据“211 工程”部际协调小组办公室下发的《“211 工程”建设实施管理暂行办法》的要求，学校成立了“211 工程”建设工作领导小组作为建设项目法人组织，成员由分管学科、教学、科研、财务等的校领导组成。同时，学校成立了专职的“211 工程”办公室，作为具体负责建设项目的日常管理机构，全面承担与上级及校内有关部门的联系、协调、组织工作。

为规范“211 工程”的管理，使建设项目管理有章可循、有据可依，学校制定了《山东大学“211 工程”建设项目实施细则》《“211 工程”建设项目专项资金管理暂行办法》《“211 工程”建设项目设备购置与管理办法》等文件，建立了一系列规章制度，并按规章制度组织实施。同时，对学科建设、教学基础设施、校园网络建设等分项目也都制定了相应的管理规定。健全的管理体制和规范的规章制度为工程建设的顺利进行提供了良好的政策保证。

“九五”计划期间，山东大学“211 工程”项目建设计划总投资为 12665 万元，其中用于重点学科建设及装备 3210 万元，用于公共服务体系建设 2520 万元，用于基础设施建设 6935 万元，各部分投资均含不可预见费。全部资金自 1997 年起分 4 年安排使用。基础设施建设投资的 6935 万元，国家计委原则同意由主管部门、地方政府以及学校自筹安排，用于与学校“211 工程”相配套的必要的基础设施建设，具体项目按现行基本建设管理程序安排建设。

学校“211 工程”建设专项资金项目单独核算，专款专用。其中学科建设及公共服务体系建设资金由学校财务处开设专门账户，专项核算，基础设施建设资金由基建处分项目单独核算。

截至 2000 年 12 月底，实际投入资金 16057.13 万元，完成计划的 126%。“211 工程”建设资金到 2000 年 12 月底完成投资 14400.13 万元，完成计划的 114%。

二、“211 工程”建设成就

山东大学“211 工程”在“九五”计划期间以学科建设为核心，加大改革力度，以改革促发展。在师资队伍建设、人才培养、科学研究等方面取得了长足的进步，在注重学校自身发展的同时为国家和地方的经济建设、科技进步及社会发展作出重大贡献。

学科建设方面，学校制定了《山东大学学科建设与发展规划》，坚持学科结构优化、合理配置资源，扬优保重，改老扶新，突出特色，大力发展新兴、交叉和高新技术学科。通过重点建设列入“211工程”的五个重点学科，辐射带动了其他相近学科的发展。学校学科领域得到拓宽，新兴、交叉及应用学科得到进一步发展，教学、科研条件和培养研究生的环境得到较大改善。学校新增一级学科博士学位授权点7个、博士学位授权点12个、硕士学位授权点37个，并成为工商管理和法律硕士两个专业学位试点单位。截至2000年底，学校有博士学位授予权的学科、专业总数达到54个，硕士学位授权学科、专业达到87个，从而使学校在哲学、经济学、法学、文学、历史学、力学、工学和管理学等学科门类授予硕士、博士学位，初步形成了分布比较合理、多学科共同发展的学科布局。

师资队伍建设方面，学校致力于改善教师职称、学历、学科结构，优化年龄结构，提高教师素质，注重杰出人才培养，积极引进高层次人才。截至2000年6月，学校有专任教师1488人，其中教授、副教授1035人，占教师总数的70%；具有博士学位的330人，占教师总数的22%。学校设有5个博士后流动站，培养博士后26人；在材料科学、金融数学等学科点设立9个“长江学者”计划特聘教授岗位，引进3名特聘教授。为促进青年学科带头人迅速成长，设立了“山东大学杰出青年奖励基金”，对45岁以下的优秀青年教师给予经费资助，稳定了青年教师队伍。到2000年底，教师中获得“国家杰出青年基金”1人，进入国家“百千万人才工程”9人，获得“跨世纪人才基金”10人，获“国家中青年突出贡献专家”称号9人，获得山东省优秀青年科学家奖励基金25人次，师资队伍建设超出目标预期。

人才培养方面，全面贯彻党的教育方针和“三个面向”的指导思想，深化教学改革，提高人才培养质量，把山东大学办成山东省培养高层次人才的重要基地。到2000年，在校本科生8000人，研究生1400人，留学生500人，均超出预期建设目标。学校重视加强和保护基础科学人才的培养，针对数学、物理、中文、政治学（科学社会主义）四个国家基础科学人才培养基地，制定了《山东大学“国家基础科学人才培养基地”建设办法》，加强基地在教学内容、教学方法改革和师资培养方面的管理。截至2000年底，学校数学、物理两个基地共有6门课程被教育部评为国家名牌课程。在研究生教育方面，学校制定了《山东大学遴选博士生指导教师实施细则》《山东大学遴选硕士生指导教师实施细则》，设立了“山东大学优秀博士学位论文奖”和“山东大学优秀博士学位论文指导奖”，为提高研究生培养质量打下坚实的基础，营造了良好的氛围。

科学研究方面，全校科研人员承担的国家级科研项目和研究经费均大幅度增长。1997～2000 年，科研经费累计 16433.94 万元。承担国家“九五”计划攻关项目 30 项，“863”计划项目 22 项，国家“973”攀登计划 11 项。其间共获得国家自然科学奖等国家级奖励 7 项，教育部科技进步奖一等奖、教育部人文社科奖等省部级奖励 270 项。在 2000 年底全国高校 SCI 论文统计排名中，山东大学以 311 篇位居教育部直属高校第 6 名。1999 年 4 月，在广东管理研究院发布的中国高校评估报告中，山东大学人文社会科学综合实力位列第四；在全国高校人文社会科学重点研究基地评审中，山东大学易学与中国哲学研究中心、当代社会主义研究所和文艺美学研究中心三个研究机构被评为重点基地。

科技成果转化方面，学校也取得了长足进步。校办科技产业涉及新材料、电子信息、节能技术、环保技术、计算机软件、生物制药等方面，成立了山东大学科技发展有限公司、华天科技股份有限公司、山东大学鲁能科技有限公司等，建立了山东大学创业服务中心，合校后山东大学科技园被批准为 22 个国家级大学科技园之一。

条件建设方面，学校建立了先进的校园计算机网络与通信设施，公教楼、经管楼、逸夫信息楼、留学生楼等一批新教学科研用房投入使用，室外配套管线和校园环境得以改善，教学条件尤其是基础教学实验室的条件得到提升，完成 7 万多平方米教工住宅建设。所有这些极大地改善了学校教学、科研条件和师生的生活环境，解决了制约学校发展的一些亟待解决的问题，增强了学校发展的潜力和后劲。

总之，截至 2000 年底，学校整体办学水平有明显提高，综合实力进一步增强，学科建设、科学研究、人才培养、师资队伍以及管理水平均已进入国内同类高校先进行列。教学科研设备装备水平得到明显提高，建成了一批高水平实验室，一批重点学科的科研能力和水平明显增强。通过“211 工程”，学校取得了一系列重要的标志性成果，如大尺寸高质量 KDP 晶体、SMS100-1 网络试验平台、非线性分析与复分析及应用、耐烧蚀粘结剂研究、半导体发光器件外延工艺及管芯技术、微生物降解木质纤维素的机理研究等，学校重点学科的水平进一步提高，使我国在世界上的一些高技术领域占有了一席之地，为国家的经济建设社会进步创造了较大的经济效益和社会效益。

第七节　党建与思想政治工作

一、党代会恢复定期召开

“文化大革命”结束后，尤其是党的十一届三中全会之后，学校严格执行党的路线、方针和政策，纠正“左”倾错误，拨乱反正，落实政策，通过整党落实知识分子政策，解决疑难问题，调动了广大知识分子的积极性，学校的教学、科研等项工作逐渐走入正轨，党内政治生活也开始恢复正常。1986～1996 年，学校共召开三次党代会，党建工作得到加强。

1972 年，中共山东大学第八次代表大会召开后，学校被“一分为三”，各方均召开过党代会。1986 年 1 月 11～12 日，学校恢复召开党代会。为保持连续性，体现拨乱反正的严肃性，校党委决定本次党代会为山东大学第九次党代会。时任党委书记戈平代表党委在会上作了《同心同德，深入改革，为继续开创山大新局面而奋斗》的工作报告，报告对 14 年以来的学校工作进行了回顾，提出要加强党的领导，巩固和发展整党成果，进一步加强党的建设；报告还提出了学校今后的发展目标。王启新代表纪律检查委员会作了工作报告。与会代表还讨论了《山东大学 1986～1990 年事业发展规划草案》，听取了邓从豪所作的草案说明。会议选举产生了新一届党委常委和纪律检查委员会委员，新一届党委常委会由邓从豪、刘清前、乔幼梅、宋焕新、陈之安、张军从、徐广生、徐豫龙组成，徐豫龙为党委书记，乔幼梅为党委副书记，刘清前为党委副书记兼纪委书记。此次党代会结束了十几年学校党委会不健全、党的组织生活不正常的局面，以改革和振兴作为鲜明的特点，号召全体党员和师生员工争取在 20 世纪末把学校办成规模比较宏大、学科门类比较齐全，并且在某些方面居于全国领先地位，具有自己特色的国内一流的综合性大学。

1991 年 1 月 31 日至 2 月 1 日，学校召开了第十次党代会。党代会认真筹备，会前专门召开了第九届党委十二次会议，研究了第十次党代会的筹备工作。在第十次党代会上，陈之安代表第九届党委作了《坚持方向，加强领导，为培养社会主义事业的建设者和接班人而奋斗》的工作报告，报告回顾了五年来学校党的工作，提出要切实加强党的领导，充分发挥党组织的政治核心作用，要继续贯彻中央和全省高校党建工作会议精神，进一步抓好党的建设。会议还听取了潘承洞校长所作的关于学校“八五”事业计划的报告，审查了纪律检查委员会的工作报告，按照民主集中制的原则，经酝酿、投票，选举产生了中共山东大学第十届委员会和纪律检查委员会委员。新一届党委常委会由刘玉柱、刘清前、许玉琪、孙志敏、陈之安、张乐岭、徐广生、曾繁仁、潘承洞等同志组成，陈之安为党委书记，刘清前、张乐岭、徐广生为党委副书记；新一届纪律检查委员会由 15 人组成，刘清前为纪委书记。会议号召学校各级党组织、广大党员、干部和师生员工，进一步坚持社会主义方向，优化学校内部结构，努力提高教育质量、学术水平和办学效益，不断加强两个“中心”建设，使更多的专业和学科形成特色，达到国内或国际先进水平，努力建设适应社会主义现代化建设需要的、面向 21 世纪并具有中国特色的社会主义大学。

1996 年 12 月 25 日，中共山东大学召开了第十一次代表大会，会议为期三天，27 日结束。校党委书记曾繁仁代表第十届党委作了《同心协力，开拓进取，为建设一流的社会主义大学而奋斗》的工作报告，报告回顾了六年来学校党委的主要工作，提出了学校改革和建设的主要任务。会议通过了第十届党委、纪委工作报告决议，并选举了新一届党委、纪委委员；新一届党委常委会由冯宜明、齐涛、许东、闫秉科、张乐岭、张象钦、胡家臣、展涛、鹿玉理、曾繁仁、潘承洞等人组成，曾繁仁任党委书记，张乐岭、张象钦、冯宜明任党委副书记。胡家臣为纪律检查委员会书记，郭兴华为纪律检查委员会副书记。会议要求新一届党委充分发挥核心领导作用，团结带领全体党员和广大师生员工认真落实党的十四届六中全会精神和本次代表大会精神，以邓小平建设有中国特色的社会主义理论为指导，全面贯彻党的基本路线和教育方针，振奋精神，团结协作，抓住机遇，深化改革，为把山东大学建设成为社会主义市场经济和社会发展更加适应，效益、质量、水平更高，综合实力更强，具有国内一流水平并在国际上有较大影响的社会主义综合性大学而努力奋斗。

此次党代会后，学校开始实行党委领导下的校长负责制。1988 年下半年，山东大学作为教育部试点高校实行校长负责制。在试点过程中，学校党委认真履行职责，积极发挥政治核心和团结核心作用，始终把坚持社会主义办学方向作为工作的出发点和落脚点，以党的基本路线和教育方针为指导，积极参与各项改革方案的制定，牢牢把握改革的方向；团结、带领广大党员和师生员工投身学校的各项改革，并通过深入细致的思想政治工作，化解各种矛盾，保障了各项改革的顺利推行，促进了学校各项事业的发展。1996 年 3 月，中共中央发布《中国共产党普通高等学校基层组织工作条例》。依据条例，在中国共产党山东大学第十一次代表大会召开前夕，学校党委经过认真准备，全校上下达成共识，向教育部党组提出“将学校的领导体制由校长负责制转变为党委领导下的校长负责制”的报告。1996 年 12 月 17 日，教育部党组经与山东省委协商一致，发文（教党字〔1996〕106 号文件）决定山东大学实行党委领导下的校长负责制。这一决定，在山东大学第十一次党代会宣布。党委领导下的校长负责制是中国共产党对普通高等学校的根本领导制度，是高等学校坚持社会主义办学方向的重要保证。

二、德育教育放首位

1986 年 12 月至 1987 年初，全国许多院校发生学潮。高校学生思想政治方面存在的问题，使学校开始认识到在新的形势下加强学生思想政治工作的紧迫性。1987 年，学校恢复设立学生工作部，负责本科学生管理和教育工作。1988 年，设立学生工作处，学生工作处与学生工作部“两块牌子、一套班子”，其职能为负责协调党政各部门对学生管理、教育和服务，并逐渐形成校、系（院）、班三级学生工作体系。其中，研究生的思想政治教育工作，由研究生教育中心配合党委学生工作部开展，各院、系（所）分党委、直属党支部直接负责，并配备了研究生辅导员。各院、系（所）以年级为单位成立了研究生党支部、团支部，学校成立研究生会，并办有《山大研究生学报》。研究生会经常组织学术沙龙、文艺、体育比赛，丰富了研究生的文化生活。由此，在党委统一领导下的党、政、工、团齐抓共管、分工负责的思想政治工作领导体制基本形成。在此基础上，学校认真贯彻中央德育文件精神，着手建立党委领导，以校长和行政系统为主实施的德育工作管理体制，努力培养全员德育意识、形成全方位德育格局。

学校重视政工队伍建设。坚持把品学兼优的学生留做班主任，并加强对政工人员的教育和培养，利用脱产进修和短期培训等多种形式对其进行政治、业务培训，提高了政工人员的素质。同时，积极采取措施，努力解决政工人员的实际困难和问题，形成了一支以少量专职为主、专兼结合的稳定又精干的政工队伍。

1995 年，国家教委提出了加强大学生文化素质教育的设想，并在 52 所院校开展了加强大学生文化素质教育的试点工作。山东大学是首批 52 所试点院校之一。为了加强对试点工作的领导，学校成立了“山东大学文化素质教育试点工作领导小组”，印发了《山东大学关于加强大学生文化素质教育的实施意见》，对如何发挥课堂教学在文化素质教育中的主渠道作用，如何在校内营造良好的文化氛围，以及大学生在文化素质教育中应知应会的内容等都提出了要求。

1997 年 5 月 5 日，学校召开了全校文化素质教育工作会议，要求加大改革力度，使学校的文化素质教育试点工作上一个新台阶。学校出台、实施了一系列配套整改措施。学校发挥课堂教学在提高大学生文化素质教育中的主渠道作用，开设 40 多门全校通选课和艺术技能课，如中国传统文化、自然科学概论、国际政治与国际关系、国画、基础绘画、声乐、钢琴、二胡等；发布《山东大学学生应读书目》，涵盖马克思经典论著、哲学、史学、文艺和自然科学五大类；组织开展各种文化活动，团委和学生会举办了学生书画、摄影展，组织学生演讲比赛、武术比赛、卡拉 OK 大奖赛、英语晚会等，宣传部办好宣传橱窗，每周末为学生放映电影，艺术系邀请省内外名家为学生举行民乐演奏会等，营造了良好的校园文化气氛。

其中，影响较大的活动为“世纪风”系列专题讲座。1994 年，校学生会为弘扬科学与理性的精神，营造浓厚的学术气氛，开始举办“世纪星期四”系列学术讲座，1995 年正式更名为“世纪风”讲座。截至 1999 年底，讲座已成功举办了 100 多场，内容涉及社会科学领域和自然科学领域的诸多学科，两万多人聆听了讲座。许多校内外著名专家、学者先后登上“世纪风”讲坛，以渊博的知识、深邃的思想、严谨的治学态度和儒雅的风度吸引了广大学生，受到广大师生的热烈欢迎。

学校高度重视马克思主义理论课的教学工作。组织教学单位以爱国主义、集体主义和社会主义教育为核心，以培养学生正确的人生观、世界观和价值观为目的，开展教学改革。为提高教育效果，教改注重理论联系实际，既系统地向学生灌输马克思主义原理，又联系社会实际和学生的思想实际，有的放矢地解决学生深层次的思想问题和认识问题，使理论传授贴近学生的思想，增强说服力和吸引力，有效地促进了学生正确的世界观、人生观和价值观的确立。

为全方位加强对学生的思想政治教育，学校积极发挥学生品德修养课、形势政策课和专题教育的作用。1988 年，学校设立了“思想政治教育教研室”，负责组织、协调和监督全校范围的学生品德修养课、形势政策课和专题教育的教学工作。形势政策课是对学生进行爱国主义教育的重要方式。为了上好形势政策教育课，学校每学期开学初都对学生的思想情况进行摸底调查，针对学生关心的热点问题和国际国内发生的重大事件，每学期都有重点地组织一两个专题报告会。这些报告会准备充分，针对性强，有说服力，深受学生的欢迎。如关于中美关系、中日关系、香港问题、台湾问题、钓鱼岛问题等内容的报告会，都收到了良好的效果。

学校开展了丰富多彩的系列主题教育活动，把教育学生爱国、爱校、爱学习紧密结合，把树立远大理想与努力成才紧密结合，把理论教育与社会实践紧密结合。1989 年，针对部分学生缺乏对国情的认识与了解，学校开展了“国情、责任、成才”（了解国情、明确责任、立志成才）活动，把革命老区沂南县作为社会实践基地，使大学生明确了作为社会主义事业建设者和接班人的历史责任。1992 年前后，由于受社会上经商风潮的影响，许多学生的学习积极性下降，“读书无用论”思潮泛滥。针对这些问题，学校开展了“三爱三讲”（爱祖国讲奉献、爱科学讲勤奋、爱山大讲文明）活动，激发了大学生的学习动力，克服了厌学风的影响。

为了营造良好的成才氛围，学校坚持教育和严格管理相结合，高度重视校风校纪建设。1996 年初，学校开始在学生中实施“大学生言行文明工程”，制定了“五项纪律十项要求”，提出了“文明修养，从一言一行做起”的口号，坚持科学的一日生活制度，注重学生良好习惯的养成。学校还专门成立了多层次的检查机构，对不文明现象和违纪行为及时进行检查登记和批评教育，并在全校广泛开展了早操、卫生、文明宿舍等多项评比活动，有效地促进了学生公德意识的巩固和发展。其中，创建文明宿舍活动作为校园文化建设的重要内容，得到学生的积极响应，学生自发开展美化宿舍、建设高品位“雅舍”的活动，在校内外产生了很大影响并得到学校大力支持。《人民日报》《中国教育报》《大众日报》等国内近十家报纸和新闻媒体作了报道并给予了高度评价。

在严格管理基础上，学校积极支持学生开展自我教育、自我管理、自我服务的“三自”活动，逐步形成了以学生提案制度、学生调研制度、学生自律制度和学生助工制度为主要形式的“三自”活动格局，打通了学生与学校的联系渠道，既化解了矛盾，又培养、提高了学生的社会责任感和实际工作能力，得到国家教委有关领导的好评。

第六编

强强联合　谱世纪跨越华章

（2000~2011）

6

2000年7月，经党中央和教育部批准，作为中国高等教育管理体制改革和布局结构调整的重大战略举措之一，原分属于不同管理体制之下的山东大学、山东医科大学、山东工业大学合并组建为新的山东大学，从此山东大学这所百年名校揭开了历史发展的新篇章。

2000～2010年，在党中央、国务院和教育部、山东省委省政府的正确领导和大力支持下，山东大学始终坚持社会主义办学方向，紧紧抓住合校的历史性机遇，以融合、改革、发展为主线，以建设“山大特色、中国一流、世界水平”的研究型大学为目标，坚持学术立校、人才强校、特色兴校、依法治校，大力实施人才强校战略、国际化战略、全方位开放式发展战略和教育创新战略，迅速实现了实质性融合，各项事业快速发展，整体实力明显提升，特色优势更加鲜明，社会影响力不断增强，国际化水平不断提高，为国家和山东省的经济社会发展作出了应有贡献，学校呈强劲的上升势头。2005年8月，教育部部长周济来山东大学视察工作时指出，合校以来“学校发展势头良好，各方面成就显著，创造了学校发展历史的最好时期，在向创建世界高水平大学进程中跨出了重要的具有决定性意义的一步”。“山东大学用实际行动证明了中央对高等学校进行结构调整，实现强强联合，方向是正确的，山东大学为中国高等教育的改革和发展做出了重要贡献。”

新世纪、新山大、新机遇、新发展，山东大学进入了一个全新的历史发展时期。

第十二章　山东医科大学历史沿革

2000 年 7 月 22 日，山东医科大学合并入新的山东大学，2012 年整合医学学科各学院及附属医院成立齐鲁医学部，2017 年 9 月改称为山东大学齐鲁医学院。合校前，山东医科大学是卫生部直属院校之一，具有悠久的历史，是山东省现代西医的摇篮，也是全国较早建立的医学院校之一。山东医科大学由齐鲁大学医学院、山东省立医学院及华东白求恩医学院先后合并组成。齐鲁大学医学学科源于 1887 年聂会东在登州招收医科生办医学教育；山东省立医学院创建于 1932 年；华东白求恩医学院于 1944 年在抗日根据地诞生，是一所军事医学院。1948 年济南解放后，山东省立医学院并入华东白求恩医学院。1950 年，华东白求恩医学院改名为山东医学院。1952 年 9 月全国高等学校院系调整时，齐鲁大学医学院与山东医学院合并，定名为山东医学院，校址设在原齐鲁大学校园。1985 年，经卫生部批准，山东医学院更名为山东医科大学。

第一节　齐鲁大学医学院

齐鲁大学医学院是英国、美国、加拿大三国基督教会创办的私立齐鲁大学所属的一个学院，从其酝酿筹建到正式成立，经历了一个漫长复杂的过程。第二次鸦片战争以后，清政府被迫与英、法、美先后签订了《天津条约》，开放山东登州等十处通商口岸，外国传教士陆续到达登州（现为烟台市蓬莱区）、芝罘（今烟台），并深入山东内地，以建学校、开医院、兴办慈善事业的名义开始传教活动。1864 年，美国基督教长老会传教士狄考文（Calvin Wilson Mateer）在登州开办男童寄宿学校。1877 年 1 月，这所学校正式更名为登州文会馆，1882 年被认可具有大学水平。1883 年，美国北美长老会宣教医生聂会东（James B. Neal，1855～1925）夫妇到达登州，租赁房舍，开设小型诊所并招收学生，传授西医知识。

1890 年，聂会东夫妇从登州来到济南，于东关华美街与洪士提凡夫妇及安德逊女士（护士）一起在教会诊所工作。聂会东取得其姑母捐助，又购地一段，将原诊所扩建，取名华美医院。同时，筹资建设医校。1891 年学校竣工，定名为“华美医院医校”。在聂会东于济南开办医校的同时，英国基督教会浸礼会的武成献（James Russell Watson）在青州、巴德顺（Thomas Clarkson Paterson）在邹平所办的教会医院也先后设立医学堂。

1902 年 6 月 13 日，山东的北美长老会和英国基督教会浸礼会的代表协商，联合成立“山东基督教大学”并成立董事会。1903 年，董事会讨论决定将济南聂会东、青州武成献和邹平巴德顺所办的医校合并成立共合医道学堂（Union Medical College），聂东会任校长，将学生分散在济南、青州、邹平和沂州（现为临沂）的教会医院进行巡回教学并安排实习。山东省第一所正规的现代西医高等学校诞生。

1907 年，英国基督教浸礼会和美国基督教长老会募得款项，在济南南新街购地建筑医院与学校。1909 年，山东基督教大学改称为山东基督教共合大学。1917 年 4 月 17 日，济南共合医道学堂更名为山东基督教共合大学医科，山东巡抚孙宝琦参加庆祝典礼并致贺词，捐献白银一千两。聂会东任医科科长，英国人巴慕德（H. Balme）任共和医院院长，这标志着后来的齐鲁大学医学院正式成立。1914 年，医科设立护士班，后改为护士学校。1924 年，医科开始招收女生。

1917 年，英国、美国、加拿大等国教会在济南南圩子购得六百余亩地，建成新校舍。潍县文理科“广文大学”、青州神学科“共合神道学堂”及师范科均迁来济南，与山东基督教共合大学医科（后改称医学院）和广智院（后改社会教育科）合并，齐鲁大学正式建校，聂会东、柯德仁、巴慕德、惠明路先后任医学院院长。原共合医院改称“齐鲁大学医科附设医院”，简称“齐鲁医院”。

其间，北京协和医学院、南京金陵大学医科及汉口大同医校部分师生、北京华北女子协和医校全部师生迁来济南，先后并入齐鲁大学医科。齐鲁大学医科师资力量、办学规模不断扩大。

1924 年，经加拿大议会和政府审议，齐鲁大学获批立案，取得“授予学位及名誉学位的特权”，其医科毕业生获授由加拿大政府批准的医学学士学位。多伦多大学承认齐鲁大学毕业生学历和资格，医科毕业生赴加拿大留学可以免试进入研究院。

但齐鲁大学此时尚未经政府立案，政府不承认其毕业生学历，所以医科毕业生不能在公立卫生机构行医，不能担任公职。为了备案，齐鲁大学在此后的改革中将所属医科更名为齐鲁大学医学院。1931 年 12 月 17 日，教育部根据王慎明、尹莘农的视察报告，认为齐鲁大学办学条件合格，遂核准立案。

1937 年 7 月 7 日，全面抗战爆发。全校大部分师生迁至四川成都，暂借华西大学开课。齐鲁医院仍在原址照常开诊，医学院未走人员也都集中到医院工作。1942 年 1 月，齐鲁大学被日军强行占用，齐鲁医院改为日本陆军医院。抗战胜利后，学校恢复办学。

1948 年济南解放前夕，齐鲁大学主要负责人主张迁校，将医学院部分师生迁往福州，借居协和医院开课。济南解放后，留济师生相继入学开课。1949 年 4 月，中国人民解放军横渡长江解放南京。11 月，南迁福州的师生在当地政府和解放军的协助下返回济南，张汇泉任医学院院长，赵常林任医院院长。

1952 年 9 月，全国高等学校院系调整，齐鲁大学医学院与山东医学院合并，改称山东医学院，校址为原齐鲁大学校园。

齐鲁大学医学院建校以来，培养毕业生计有：医学系七年制学生 38 届（1916～1952 年）676 人；理学院药学系四年制学生 8 届（1945～1951 年）88 人；药学专修科二年制学生 10 届 84 人；护士专修科三年制学生 5 届（1950～1952 年）47 人（全为女生）；化验技士专修科学生 4 届（1942～1952 年）16 人；护士学校 20 届（1919～1942 年）159 人；附设进修班，学制 8 个月（1951～1952 年），结业 11 人；化验技士训练班，学制 1 年（1930～1937 年），结业 17 人。

齐鲁大学师生在中华民族反帝反封建、争取民族独立、建立新中国的革命浪潮中多次挺身而出，融入其中，展现了勇于担当、不怕牺牲的家国情怀，为新中国医疗卫生事业的奠基和发展作出了重要贡献。

第二节　山东医学院

1948 年 11 月，山东省立医学院与华东白求恩医学院合并，定名为华东白求恩医学院，1950 年 12 月改称山东医学院。1952 年全国高等院校院系调整后，齐鲁大学医学院并入山东医学院。1985 年，山东医学院更名为山东医科大学。

一、山东省立医学院

山东省立医学院前身为山东省立医学专科学校，创建于 1932 年 8 月，由南京国民政府教育部和山东省教育厅共同领导，尹莘农任校长，校址在济南市趵突泉前街。设有附属医院，尹莘农兼任院长。

1936 年，南京国民政府教育部、卫生署与训练总监部在南京召集全国医药院校学生总集训，山东省立医学专科学校总平均成绩仅次于北京协和医学院，名列全国第二。

1937 年 7 月，全面抗战爆发。医学专科学校的部分学生直接参加了抗日战争，部分师生在尹莘农校长的带领下南迁汉口，在当地附属医院被国民政府改编为“军政部第十重伤医院”，按官兵 500 人编制，由尹莘农任院长，张济芗兼任医务主任，刘松龄、于复先、高汉符等均兼任专科主任。此后，学校辗转迁移到四川云阳县、万县，当时在校学生仅30余人。

1940年后学校状况有所好转，学生人数也逐渐增加。1943年，国民政府撤销“军政部第十重伤医院”的番号，重新恢复为山东省立医学专科学校附属医院，对外称“山东医院”，院址设在程家花园，并在城内外设立门诊，由沈子廉任院长。由于医院的医疗技术条件较好，在当地民众中有较高威信，每日门诊量达200～400人次。

1945年抗战胜利，学校逐渐开始恢复正常工作。1946年10月，流亡四川的全校师生返回济南原校址上课，同时接收了日伪时期的山东省立医学专科学校及经四纬九路日军占领的房产一处，扩充为教职工及实习学生宿舍。时任校长尹莘农因病未能到校主持工作，一切校务工作均由阎味辛代理。

1948年，全校共有教职工68人，其中教师44人。随着学校教学及实验设备日臻完善，又增聘了多位教授，师资力量也日益壮大，学校向南京国民政府提出申请，将学校改名为山东省立医学院。6月2日，国立山东大学医学院院长李士伟奉教育部命令视察学校后认为学校具备改院条件，于6月30日呈报南京国民政府教育部。8月18日，教育部以高字45445代电准予改名为山东省立医学院，院长由省立医院院长王宝楹担任。济南解放前夕，部分师生离校。9月24日济南解放，学校由军管会接管。学校在济南解放后立即恢复上课，并于10月招收新生88名，这时学校共有教职员工51人，在校学生212人。11月，与华东白求恩医学院合并，定名为华东白求恩医学院。1950年12月，又改名为山东医学院。

山东省立医学院办学16年，培养医学系毕业生353人，其中五年制学生八届（1937～1946年）180人，四年制学生三届（1947～1949年）173人。

二、华东白求恩医学院

华东白求恩医学院前身为新四军军医学校，筹建于1944年冬，1947年改名为华东白求恩医学院。

抗战期间，中国共产党领导的八路军、新四军在极为艰苦的条件下坚持敌后抗战，为了适应战争需要，培养大批高层次医务人员，1944年10月16日，经新四军军部批准建立新四军军医学校，江上峰（炳炎）任校长，新四军卫生部副部长宫乃泉兼任副校长。1945年3月，在根据地淮南新浦镇招收新生60

名；5 月 12 日，在安徽省天长县长庄正式举行开学典礼，新四军政委饶漱石、副军长张云逸、江淮大学校长韦悫和军卫生部部长崔义田等参加大会并发表重要讲话，勉励学员走与工农兵相结合的道路，改造自己旧的人生观，学好专业知识，做一个红色卫生战士；11 月，全体师生随新四军卫生部北上山东，江上峰校长离职，宫乃泉兼任校长。

1946 年 1 月，恢复上课，学员集中于临沂，校址设在临沂市城南关；2 月，学校招收第二届学员 50 名，此届学员部分自山东大学医学系转来，部分为招考的高中毕业生，还有少数是由在淮阴报考华中建设大学的学生转来的。此时学习环境相对稳定，各种实验器材及图书资料不断增加、日益丰富，办学条件获得较大改善。

当时教学工作特点是：（1）根据战争需要，先学习急救学、绷带学和简单的护理治疗常识，以便于参加救护伤员工作。（2）理论和实践相结合，重视实验课和形象性教学，通过参加各次战役的伤病员医护工作，巩固理论知识，提高实际操作能力。（3）自学与互学相结合，组织学习互助组，课后一起核对笔记、讨论课程内容，相互启发，以增强理解和记忆，达到共同进步的目的。

1946 年 7 月，国民党政府撕毁停战协议，发动全面内战，教学工作受到极大干扰，学校随新四军卫生部转移到临沂城北亭子村继续上课，此时上海医学院毕业的医师方春望（聂崇铭）、陶煦（胡鸿慈）、黄志尚（王志良）来校任教，分别任医院内科、外科、皮肤花柳科主任。10 月，学校转移至沂水县苗家庄；12 月，转移到李家河北村，在此建筑教室和实验室。同时，华东国际和平医院也在附近建设校舍，设有病房、化验室和手术室，作为新四军卫生部直属医院和军医学校的教学医院。

1947 年 1 月，根据华东野战军司令员陈毅指示，为纪念参加中国抗日战争光荣殉职的加拿大著名外科专家、优秀共产党员诺尔曼·白求恩，军医学校改名为华东白求恩医学院，宫乃泉副部长兼任院长，在校任教者有宫乃泉、方春望、黄志尚、刘星等。

随着战争形势的变化，1947 年 3 月，学校随新四军卫生部转移至胶东乳山县辗转办学，华东国际和平医院也一同迁移。华东国际和平医院虽然不是华东白求恩医学院附属医院，但医院各科的主任，如内科主任方春望、外科主任陶煦、战伤外科主任宫乃泉、妇产科主任戴辉、儿科主任章央芬、皮肤花柳科主任黄志尚、牙科主任张亚民，均兼任医学院的教学工作。5 月，学校在胶东各县市招收了第三届学员 86 名。9 月，由于战争形势紧张，学校奉令就地疏散，为了保障高级知识分子的安全，教师转移到大连市，其余 40 余名医务人员组成和平医院手术队，赴前方参加救治伤员工作；第一、二届学员分别到山东兵团第九纵队和胶东后方医院工作，第三届医疗学员和药科学员被疏散回原籍。

1948 年 4 月 30 日，华东军区卫生部在胶东《大众报》刊出通知："白求恩医学院疏散的学员返校复课。"学校师生陆续返校，驻在海阳县郭城附近的村庄，同时招收新生。5 月，第二届学员集中到莱芜县南柳子村复课。6 月，在胶东返校的第三届学员与新招收的卫生学校的学员计 1000 余人，编为十余队，由海阳迁移到益都县。9 月，学校由益都迁入济南，驻经五路纬九路处，不久山东省立医学院由趵突泉前街迁来与华东白求恩医学院合并；华东国际和平医院迁济后与山东省立医院合并，仍作为白求恩医学院的教学医院。学校直属华东军区卫生部领导，宫乃泉副部长任院长，山东军区卫生部部长白备伍兼任副院长。11 月，学校在济南招收新生 499 名，其中医学系两个班 156 名；附设药科两个班 163 名；附设化验科（初中毕业）一个班 88 名；附设护士学校（初中毕业）92 名。医学系学制四年，其余为 2～3 年。其后华东军区卫生部领导的药科学校学员 196 人迁来济南且并入该院药科。

1949 年 1 月，学校又分别在徐州、济南等地招收医学系新生 102 名，此时在校学生 1249 名，教职员工 556 名，学校按军事院校编制，供给食宿及军服、学习用品和津贴等。根据军事院校性质建立组织机构，设政治处等管理机构。新招收的学生，大部分对共产党充满敬仰之情，但也有一小部分学生对党的各项政策持怀疑态度，还有极少数人思想反动，制造谣言，甚至暗伤干部。学校为培养政治坚定、技术优良、身体健康的白求恩式的医务工作者，决定集中三个月的时间进行政治学习，有计划地进行形势教育和社会发展史、中国革命与中国共产党史、革命人生观等方面的教育，通过讲课、作报告、分组讨论、进行新旧社会对比等各种形式和内容的教育，使学生政治思想觉悟普遍得到提高，认识到只有共产党才能救中国。有 200 多名参加过国民党和三青团的学生主动交代了问题，并宣誓与之脱离关系，同时以饱满的热情投入学习，也有少数学生因不肯悔改而被淘汰。

1949 年 5 月，中国新民主主义青年团华东白求恩医学院委员会成立，各班级及教职工中均建立团支部，优秀学生纷纷要求入团。由于解放战争仍在进行，国家财力、物力等方面相当困难，但上级仍拨款改善教学条件，建立各学科实验室。同月，华东军区卫生部随军南下，学校奉令划归山东省人民政府领导，改名为山东省立医学院，体制由军队系统转入地方系统。6月，为了充实师资力量，教务处主任方春望赴上海聘请教师，先后由京、沪来校任职的有王培仁、李希圣、苏应宽、黄进文、骆兆平、谢春泉、李兆亭、汤洁、郭懋荣、张学衡、郑元龙、陈学渊、张肇基、陈叔琪、潘华珍等。9月，在美国留学的计苏华约同周廷冲、黄翠芬、孙绍谦、邱立崇、张炜逊等教授回国来校任教。各学科师资力量更加充实，实验室也日臻完善。计有生物学、物理学等17个学科，显微镜167架，分析天平20架，图书馆藏书29600余册，各种杂志127种。在校学生1107名，教学医院床位增加到300张。此时护士学校划归省立医院领导，改名为山东省立医院护士学校。同月，王聿先来校任教育长，宫乃泉院长离职后去上海工作，白备伍兼任院长，院党委改为总支委员会，陈克明兼任书记。

1950年2月寒假期间，学校面向全市举办医学教育展览会，向观众介绍医学常识及医学院发展情况。展览会历时一周，观众达5万余人次，普遍反映受益匪浅，教育界及医务界人士对山东医学院在济南解放后仅一年多的时间里发展之快、设备之精给予极高评价。

1950年10月，王聿先教育长离任。李衡、方春望任副院长，计苏华、高维真任正、副教务长。这时全国开展抗美援朝运动，全体师生自发组织“抗美援朝”“保家卫国”签名运动，纷纷组织医疗队、输血队，写决心书，随时听从祖国召唤，奔赴抗美援朝前线，有的同学甚至破指写血书要求参加中国人民志愿军。全校师生连夜为志愿军缝制棉衣，赶做慰问袋。

1950年12月，学校改名为山东医学院。

1951年至1957年，山东医学院教授、著名麻风病专家尤家骏受卫生部委托四次在济南举办全国高级医师麻风病进修班，为全国培养了大批高级专门人才。1952年，应西北军政委员会邀请，尤家骏教授赶赴甘肃举办麻风病专修班，后来还到其他各省、自治区举办高、中级学习班，为我国麻风病的防治工作作出了重要贡献。

1952年，在校教职工有453人，其中助教以上教师123人（其中包括正、副教授20人），在校学生2060人，开设的专业有医疗（本科学制5年，专科学制3

年），药学及化验专科（学制均为两年），中级医士班（学制 3 年），药学、化验轮训班，公共卫生专修科及高、中级师资班。

1952 年 9 月，全国高等学校院系调整，山东医学院与齐鲁大学医学院合并，学校迁入齐鲁大学校园。在八年办学过程中，华东白求恩医学院共培养本科四年制毕业生八届（1949～1952 年）419 名，专科二年制毕业生一届（1952 年）70 名，中专毕业生七届（1949～1952 年）524 名，各种训练班十一届（1949～1951 年）结业学员 537 名。

三、山东医学院

山东医学院改称山东医科大学前，经历了 30 多年的曲折发展历程，为全国和地方医疗卫生事业发展作出了重要贡献。

（一）系科调整，奠定基础

中华人民共和国成立后，国民经济的恢复与发展以及稳定的社会环境，为教育事业的发展提供了有利条件，同时也对高等教育事业发展提出了新的要求。为了适应国家经济发展的需要，1952 年，在“思想改造运动取得胜利”的基础上，全国高等学校进行了院系调整。1955 年，国家从全国高等医学教育发展全局出发，又对各省市医学高等教育系科设置进行了微调。经过两次调整，山东医学院部分系科及师生被调出。在当时的历史条件下，院校、系科调整改善了全国高等教育布局，促进了专业教学的发展。

1952 年，经华东区高等学校院系调整委员会决定，撤销齐鲁大学，其医学院与原山东医学院合并，成立新的山东医学院。校址设在原齐鲁大学校址（今文化西路 44 号），学校占地面积 423.909 亩，设有医学系、卫生系和药科，学校体制实行院长负责制。1952 年 10 月 16 日，根据济南市文教局规定，原齐鲁大学附属小学改为山东医学院附属小学。11 月 29 日，山东省人民政府文化教育委员会文办字 28 号函复，原齐鲁大学医院改为山东省立第二医院，行政上归省卫生厅领导，教学上由山东医学院领导。

调整后，山东医学院党的组织是中共山东医学院总支委员会。1952 年 5 月，中共山东医学院第一届党员代表大会召开，高维真任书记，臧吾真任副书记。根据党代会的精神，9 月 16 日合并后的山东医学院正式对外办公，白备伍兼任院长，孙铁民、张汇泉、方春望任副院长。10月8日下午，学校在大操场举行院系调整胜利完成大会，孙铁民副院长在会上提出了学习马列主义、进行教学改革、克服困难三大任务。

经过院系调整，山东医学院学科及师资力量得到充实，共有教授18人、副教授26人、讲师61人、助教151人，共设32个教研室。教学方面，增开了各种训练班，成立了三个文化补习班，招收革命干部183人。此外，1953年1月23日，华东军政委员会、教育部决定将速成中学附设于各高等学校，据此山东省第三速成中学划归山东医学院领导。

根据全国文教总方针“整顿巩固、重点发展、提高质量、稳定前进”的精神和全国第一届高等医学教育会议“关于卫生、药学专业设置，必须按照一定比例、标准和要求，进行必要调整的决议”，1955年4月17日，卫生部发出“希开始进行院系之调整准备工作由”的通知，提出了调整方案：“停办华东区江苏医学院、浙江医学院、山东医学院三校的卫生系，调整充实其他三校卫生系（即山西医学院、同济医学院、四川医学院）；停办浙江医学院及山东医学院两校之药学系，调整充实其他五所院校之药学系（即东北药学院、四川医学院药学系、北京医学院药学系、上海第一医学院药学系、华东药学院），其师资及设备重点充实东北药学院。”山东医学院于5月开始，至8月底基本调整结束，卫生系一年级121名、二年级126名学生调整到中南同济医学院，并入该院卫生系；药学系一年级学生66名、二年级学生55名，全部调至四川医学院；中级药剂士班学生49名全部并入东北药学院附属中级药剂学校，学校实验药厂由山东省卫生厅接管；卫生系教师随学生调至有关院校；药学系教师除药剂学教研组调至北京医学院药学系外，余者均调至四川医学院药学系。此外，1956年3月、7月，学校分两批共抽调88人支援新疆医学院和两所中级卫校建设。

1955年，学校开始招收研究生。1956年6月，经国家批准，山东医学院成为第一批招收副博士研究生的院校之一，招生专业为生物化学、组织学与胚胎学、临床内科学、系统外科学、耳鼻喉科学、皮肤性病学等。1956年，学校党委响应党中央发出的“向科学进军”的号召，加强对科学研究工作的领导与管理，成立了科学研究科。科研项目列入计划49项，其中基础医学课题30项、临床医学课题19项。卫生部下达的医学科研项目6项。

1956年，学校为了加强对临床实习工作指导、提高临床实习质量，成立了由苏应宽主任委员、孙桂毓副主任委员等13人组成的实习工作委员会。参考苏联有关资料，制订《山东医学院三年暑期生产实习计划》和《山东医学院结业生临床实习计划》，山东医学院学生从此走上了正规临床教学实习的道路。

1952年至1956年，山东医学院先后召开了中共山东医学院第一届、第二届党员代表大会，第三、四、五届共青团员代表大会。党政组织机构设置、共青团组织机构设置、思想政治教育、教学及科研都走上了正轨，为今后教育和科研的发展打下了良好的基础。

（二）加强党建，曲折发展

中华人民共和国成立初期，特别是第一个五年计划（1953～1957）顺利完成，国家各项事业取得快速发展，在全国掀起了“大跃进”运动，教育、文化等事业开展了不切实际的全民大办。1961年，中共中央开始逐步纠正“大跃进”中出现的问题，总结经验教训，进行调整和整顿。山东医学院在这一时期认真贯彻党的各项方针政策，积极探索社会主义高等医学教学规律，促进各项事业的发展。

1957年2月，毛泽东发表《关于正确处理人民内部矛盾的问题》，提出：“我们的教育方针，应该使受教育者在德育、智育、体育几方面都得到发展，成为有社会主义觉悟的有文化的劳动者。”1958年9月，中共中央、国务院发布《关于教育工作的指示》，又提出了党的教育工作方针：“教育为无产阶级政治服务，教育与生产劳动相结合。”党的教育工作方针指出了社会主义教育发展的总方向，山东医学院认真贯彻执行党关于教育事业的路线、方针、政策，使学校各项工作沿着正确的方向快速发展并日趋完善。

1957年初，根据华东政治工作会议精神，学校取消了院长负责制，实行党委领导下的院长负责制，明确了党委的领导职权，实现了党政职能的分开。经过反右、整风，党对学校的领导有所加强。1958年12月9日，经上级党委批准，校党委下设组织部、宣传部、统战部。1959年3月6日，山东省副省长王哲兼任山东医学院院长。1959年5月4日，中共济南市委、高校党委决定将省立医院的党组织关系转到山东医学院党委。1959年10月23日，中共山东医学院第三届党员代表大会召开，选举武静安为党委书记，牟景途、韩剑修、方春望为副书记。1962年9月3日，中共山东医学院第四届党员代表大会召开，选举于勋忱为党委书记，牟景途、方春望为副书记。

为了贯彻教育为无产阶级政治服务的原则，院党委实施政治课教学改革，加强对学生的思想政治教育，把政治理论教育和时事政策教育统一安排，使马列主义理论教育和党团思想教育结合起来。在课程安排上，开设四年政治课，第一学年进行社会主义教育，第二学年学习中国革命史，第三学年学习哲学，第四学年学习政治经济学，在课外开设时事政策讲座。政治课教师兼任班主任，及时了解学生情况，有针对性地进行教学，使政治理论课教学与学生思想状况密切结合起来。此外，教师晋升职称首先要重视政治条件，并考察其解决实际问题的能力；对学生考试，先进行个人总结、小组讨论，再由班主任和政治课教师共同评定，最后由党委批准。

1958 年 1 月，共青团中央做出《关于在学生中提倡勤工俭学的决定》，要求全国广大青年学生响应党中央“勤俭建国、勤俭办校”的号召，有步骤地开展勤工俭学活动。学校及时贯彻这一决定，筹建开办 10 余家工厂，修建小高炉，加入了全国大炼钢铁的行列。10 月，组织全院师生 1400 多人到济南东郊公社参加生产劳动。

在组织师生参加生产劳动的同时，学校还把医学教育与群众性卫生工作相结合，调整四年级、五年级教学计划，使学生分批交替到公社和工厂结合群众开展卫生运动。1958 年 7 月，在山东省卫生厅直接领导下，学校组织 1064 人在滕县对丝虫病、钩虫病进行了规模巨大的普查和治疗工作，帮助地方培训保健员、保育员、接生员，配合群众开展以消灭蚊蝇为重点的爱国卫生运动等。师生参加劳动、勤工俭学，对转变学生思想起了一定的积极作用，但是，由于后来劳动时间增加过多，打乱了正常教学秩序，严重影响了正常教学工作，好在学校及时停止了这一做法。

1958 年，学校为贯彻中共中央、国务院《关于教育工作的指示》开始了教学改革。(1) 修订教学计划。精减总学时，增加政治课学时，增设中医课程和劳动课。(2) 编写新的教学大纲。(3) 贯彻中医政策。1958 年 12 月，在全院开展西医学中医运动；在附属医院增加中医病床；设置中医课程；开展中医课题研究，采集中医药剂秘方；等等。(4) 编写教材。1958 年组织了专科教材的编写；1960 年在党委领导下组织教材编审委员会，举办了教材展览。

在科学研究、技术革新方面，切实贯彻教学、科研、生产三结合原则。为加强对科学研究的领导，1958年学校党委成立了科学研究领导小组，学院行政成立了科学工作委员会，成立了丝虫病、黑热病、麻风病、传染病等12个科研分组，深入农村、工厂进行职业病、地方病的普查与治疗。同年9月，学校党委向全院发出了“开展技术革新，向国庆献礼”的号召。1960年，共完成科研和技术革新项目2082项，超过1959年的3.3倍，不仅数量上有很大增加，而且质量上也大为提高，在2082项中就有重大和尖端项目40项，超过1959年4倍。

为纠正1958～1960年工作中出现的“左”倾错误，1961年1月，中共八届九中全会制定了“调整、巩固、充实、提高”的八字方针。1961年9月，中共中央批准试行《教育部直属高等学校暂行工作条例（草案）》（简称“高教六十条”），对高等学校各项工作及建设发展做了具体规定。山东省从1961年开始教育事业调整工作，山东医学院据此进行调整和整顿，同时贯彻“高教六十条”，建立正常教学秩序。

（1）撤并专业。经卫生部同意于1962年2月先后撤销了卫生、儿科两个系及生物、化学、物理三个专业，将学生合并到医疗系。

（2）压缩招生规模。根据卫生部指示，医学专业每年招生280名，最大发展规模为1680人。将夜大学医疗系1958级由120人减为67人，1960级由200人减为130人，1961级现有82人，卫生保健专业由100人减为23人，函授教育由1700人调整为336人。

（3）精减编制。根据编制比例，应有教职工668人，其中教师350人，经过调整，精减教师15人、教学辅助人员8人、行政干部15人、工勤人员8人。

（4）调整教学、科研、生产劳动时间。教学时间由35周增加至40周，劳动时间由8周减为4周，并规定教师每周六分之五的时间从事教学和医疗等业务工作。

（5）延长学制，提高教学质量。经中共中央、卫生部同意，分期分批将现行五年制的医疗、儿科、卫生、口腔四个专业的学制延长为六年，四年制的药学专业延长为五年。山东医学院是1962年第一批进行改制的全国11所院校之一，学校制订了六年制教学计划。

（6）加强学生思想政治工作，特别是加强阶级教育。通过阶级教育、学习毛主席著作等活动，使学校形成“好事有人夸，坏事有人抓，缺点有人提，困难有人帮”的良好政治氛围。

（7）注重师资队伍建设。1956 年，晋升吴葆杰等 8 名讲师；1957 年 6 月，晋升王天铎、龚鹏基等 22 名助教为讲师；1960 年 11 月，晋升周申、李大年、张成、王慧才等 25 人为讲师。1961 年 12 月，周显滕、李兆亭、刘士怡、郭懋荣、郭子英、朱汉英等 15 名讲师晋升为副教授。

（8）重视科研，成绩突出。1954 年，孙鸿泉教授将内耳开窗术中的耳道皮瓣覆盖内耳开窗改用替尔氏皮片覆盖开窗，创造改良内耳开窗术，简化了手术方法、提高了病人听力，达到国内领先水平。1957 年，为一原发于卵圆孔硬脑膜纤维病人成功实施颅底肿瘤摘除手术，系国内首例；1958 年，杨仁中等研制成人工喉；1964 年 4 月，鉴定为全国首创。1962 年，王天铎为一吞咽困难及声嘶患者施行右侧根治性颈淋巴清扫、颈段食管缺损成功，系国内首例。1963 年 8 月，王天铎成功为喉癌患者实施喉全切除后发音重建手术，系国内首例。1962～1963 年，人民卫生出版社先后出版了孙鸿泉教授著述和主编的《耳鼻咽喉手术学》《耳鼻咽喉科学》等学术著作。

（三）“文化大革命”十年，砥砺前行

1966 年 6 月至 1976 年 10 月的“文化大革命”使全国陷入混乱状态，给国家和人民造成了中华人民共和国成立以来最严重的损失。山东医学院在“文化大革命”中也遭到灾难性的破坏，学校各方面的工作蒙受了不可估量的损失。

1966 年 5 月 13～14 日，山东医学院分别召开了全院党员和教职员工大会，动员开展“文化大革命”。6 月 5 日，校园内贴出了第一张大字报；6 月 15 日，出现了所谓“揭开山东医学院院长王哲的盖子”的大字报。学校日常工作从此受到干扰，正常的教学秩序被打乱。

1966～1970 年，频繁的政治运动使山东医学院党政工作停顿，学校无法进行正常教学以及相关的科学研究活动，而且停止了招生。1967 年，分配了 1961 年级毕业生，1968 年分配了 1962 级毕业生，1970 年分配了 1963 级、1964 级、1965 级毕业生，至此山东医学院已没有正规在校生学习。

1968 年 9 月 9 日，工人毛泽东思想宣传队进驻山东医学院。12 月 1 日，全院师生员工除后方留守人员外，全部编成营、连、排，下楼出院，徒步到兖州、邹县农村办学。1969 年 7 月，返回济南校园。

1970 年 7 月，中共山东省革命委员会核心领导小组决定对全省高等学校进

行撤并搬迁。坚决贯彻“五七指示”，“面向农村、面向工矿、面向工农”，“实行开门办学”，“从战争和社会主义革命、社会主义建设的实际需要出发，适当调整合并，缩小规模，分散到厂矿和农村办学”。在这一原则指导下，山东中医学院和山东医学院合并，组建新的山东医学院，并搬迁到泰安地区新泰县楼德镇办学，校址设在原泰安农校。两校仓促合并后，于 9 月 28 日至 10 月 17 日分三批先后到达楼德镇，在济南设有留守处。按照有关规定，山东医学院下设四个大队，一大队在枣庄市，二大队在曲阜县，三大队在新汶县，四大队与院本部在楼德镇。

1973 年下学期，山东医学院党的核心小组决定把主要力量撤回济南，中医系、药学系迁回济南上课。1974 年 11 月，中共山东省革命委员会下发了《关于建立山东医学院楼德分院的通知》。1975 年下半年，原山东中医学院从山东医学院中重新分离出来，迁回原址，恢复山东中医学院建制。山东医学院抽出约三分之一的教职工留在楼德参与山东医学院楼德分院筹建工作。

为了贯彻毛泽东主席提出的“从有经验的工人农民中间选拔学生，到学校学几年后，又回到生产实践中去”的指示，山东医学院在 1975 年招收“社来社去”学员 100 人，具体为泰安地区 50 人、德州地区 50 人。1976 年，在“反击右倾翻案风”形势下，在开展的教育革命辩论中充分肯定了“三来三去”（即“社来社去”“厂来厂去”“哪来哪去”）的制度，但到该届学员毕业时，我国教育战线已拨乱反正，学校对他们进行了正常的毕业分配。

在“文化大革命”中，山东医学院的干部、教师虽然被批斗，蒙受不白之冤，教学科研备遭破坏，但广大干部、教师、工人依然冒风险、顶压力，克服重重困难，坚持办学和科研工作，取得了一些成绩。1967～1976 年，学校共培养 3097 名毕业生。1974 年，实施科研项目共 55 个，其中国家和省级项目 30 个，自选课题 25 个。这为学校后来的发展保存了实力。

（四）拨乱反正，全面恢复

1976 年 10 月，党中央粉碎了江青“四人帮”反革命集团，标志着“文化大革命”结束。山东医学院经过拨乱反正、全面整顿，恢复了正常的办学秩序，特别是党的十一届三中全会以后，勇于开拓，大胆进取，大力发展教育和科研事业，积极落实知识分子政策，调动了广大知识分子的积极性，适时调整专业设置，探索改进教学方法，为学校在改革开放条件下快速发展打下了坚实的基础。

从1976年10月至1977年8月，按照党中央战略部署，在中共山东省委的领导下，山东医学院清查了与“文化大革命”有关的人和事，严格区分不同性质的矛盾，教育犯错误的同志，使其及时纠正错误、重新走上正确人生之路。对林彪、“四人帮”的罪行及其推行的“两个估计”进行了彻底否定和批判，拨乱反正，肃清林彪、“四人帮”流毒。

1978年2月2日，学校对院领导班子进行了调整，任命彭怀正为党的核心领导小组组长，方春望为副组长。在党的核心小组领导下，对二、三级领导班子进行了调整。1978年底，国务院决定对山东医学院实行由卫生部和山东省双重领导并以卫生部领导为主的新的领导体制。1978年12月6日，中共山东省委正式通知将中共山东医学院党的核心小组改为中共山东医学院党委，彭怀正任党委书记。1980年12月18日，召开了中共山东医学院第五次代表大会，总结了自1962年9月学校第四次党代会召开以来18年的经验教训，进一步明确了“改善党的领导，加强党的领导，是办好学校的根本保证”，对1977～1980年整顿党的组织、充实调整领导班子的情况进行了重点总结。代表大会要求各级党组织和党员要发扬党的优良传统和作风，认真学习，加强党的自身建设，进一步改善和加强党的领导。

1978年4月全国教育工作会议胜利召开，9月由教育部通知试行《全国重点高等学校暂行工作条例（试行草案）》。山东医学院采取一系列措施，整顿恢复教学秩序，使学校各项工作逐步走上正轨。

一是恢复了高考招生制度。1977年，山东医学院医学系恢复招生，学制五年，开设34门课程，总学时3641学时，其中政治理论课占总教学时数的9%。

二是整顿教学秩序，提高教学质量。首先，制订正规的教学计划，按教育规律办事，纠正随意停课的现象，保证每学年9个月的教学时间；其次，健全教学组织。

三是平反冤假错案，调动教师积极性。根据中共中央和山东省委的有关指示精神和工作部署，1978年3月，院党委决定成立了“落实政策办公室”，并开始对1970年以来山东医学院革命委员会核心领导小组立案审查的167个案件逐个进行了复查，改正原来不恰当的处分，对冤假错案进行平反昭雪，妥善处理了历史遗留问题，纠正1957年反右、1959年反右倾斗争中不恰当的结论，有力地调动了广大教师的积极性。

四是增设专业，扩大规模。1977年，学校恢复和增设了卫生专业和口腔专业，并于该年招收学生。1979年开始恢复招收研究生。

五是建立研究所（室），加强科研工作。成立了科研处，并经卫生部批准于1979年建立了心血管、脑血管等10个研究所（室）。1982年又批准设立病毒研究室等3个研究室，科研编制指标240名。

六是加强师资队伍建设与培养。1978年5月12日，学校首次晋升方春望等8名教授、付增矩等11名副教授，接着又晋升王文英等103名讲师和屠振华等55名兼职讲师。广大教师群情振奋，激情高亢，积极投身于新时期的教学与科研工作。1978～1980年，共举办各种培训班37期，培训各类人员共计730余人，到外校进修者46人。1979～1985年，学校派往美国、加拿大、英国、西德、澳大利亚、日本、荷兰、意大利等国进修学习人员39名，进一步提高了师资水平。

1978年全国科学大会、全国医药卫生科学大会以后，学校恢复健全了科研机构和科研组织，科研工作从此走上健康发展的道路。1978年，列入科研计划的项目共11大项78个课题，其中属国家项目12个、部订项目10个、省订项目43个。1980年，医药卫生科学技术研究计划，安排了课题共7大项50个课题。1981年，科研课题分为7大项50个课题。

1977～1982年，学校共培养专科毕业生60人、本科毕业生3139人，招收硕士研究生155人，毕业141人，其中6人出国、3人转退未能毕业。

第三节　山东医科大学

1985年，经卫生部批准，山东医学院更名为“山东医科大学”。在国家全面改革开放的历史背景下，高等教育迎来改革发展和快速发展的时期。在党的领导下，山东医科大学不断推进改革，在教学、科研、人才培养及服务地方等方面均取得巨大成就。

一、改革开放，创新发展

经过改革开放初期的全面调整，学校各项工作逐步恢复并走上正确的发展轨道，为了适应高等医学教育发展的要求，学校在改革开放中不断锐意进取、深化改革，“改革与发展”成为这一时期的关键词。

1986 年 3 月，学校改革领导小组成立，其主要任务是研究、决定各单位提出的改革意见和方案，对涉及全校重大改革问题向党委提出可行性咨询意见。改革领导小组由王廷础、赵庆茂、郭文茂、邵明立、周申等 12 人组成。1992 年 4 月，学校制定了《山东医科大学关于深化校内管理体制改革的若干意见》，阐述了改革的指导思想、目的、基本思路。1998 年 10 月，学校制定了《深化学校内部管理体制改革方案》，对人事、财务、教学、科研等方面提出了具体的改革思路，成立了改革领导小组，赵明顺、王琰璧任组长，孙敖田、李承俊任副组长。总的来看，从 1983 年至 2000 年，党建、教学、科研、人事管理等各方面工作在三次不断深化改革中取得高质量发展，办学规模不断扩大，成为医学学科发展史上最重要的阶段。

学校领导班子新老更替和梯队建设，为改革与发展奠定了坚实基础，也是实现改革与发展目标的必要条件。1983 年 1 月，孟令炳任党委副书记。1984 年 10 月，卫生部党组任命方春望为山东医学院院长。1985 年 5 月，山东医学院更名为山东医科大学，方春望任校长。1985 年 11 月，卫生部党组任命吴祥廉为中共山东医学院党委书记。1986 年 3 月，卫生部党组决定，方春望任山东医科大学名誉校长，王廷础任校长。1993 年 1 月，赵明顺担任党委副书记。1995 年 5 月，王廷础任党委第一副书记，吴祥廉不再任党委书记；7 月，党委副书记邵明立调至卫生部工作。1998 年 1 月，赵明顺任党委书记，姜在瑞任纪委书记，王廷础不再担任党委第一副书记和校长。1999 年 4 月，党委副书记孙敖田调至山东行政学院工作；10 月，姜钟松任党委副书记。1993 年 2 月，李承俊、张衡任副校长。1998 年 1 月，王琰璧任校长。1999 年 10 月，于修平任副校长。

建校 80 周年校庆和省部共建协议的签订为学校改革与发展注入新的动力。1990 年 4 月，学校制定并公布了《第八个五年计划及 2000 年规划方案》，提出了办学目标：一是努力满足国家对医药卫生事业的需要，多培养人才；二是努力开展医学科学研究，赶超世界先进水平，多出成果。1991 年是山东医科大学建校 80 周年。同年 9 月，聂荣臻元帅为学校校庆题词：“发扬白求恩精神，攀登医学新高峰。”1997 年 12 月，山东省政府和卫生部联合下发了《关于共同建设山东医科大学有关问题的通知》，决定从 1998 年起，山东省政府和卫生部共建山东医科大学。山东省政府从 1998 年起连续三年，每年拨款 700 万元共建经费，主要用于重点学科和重点实验室建设、人才培养、教职工宿舍建设。1998 年 5 月，学校通过了《山东医科大学“九五”计划及 2010 年远景目标纲要》。

二、加强党建与机构建设

1985 年 5 月，山东医学院更名为山东医科大学后，学校党委和行政承担了新的使命。1987 年 12 月，《各部、处、系职责范围》由校党委、行政颁布执行，其中规定：“学校实行校、系两级领导，机关各部、处（室）是在党委、校长领导下，协助党委校长工作的职能部门。”1990 年 4 月，首届全国高校党的建设工作会议在北京举行，会后中共中央发出《关于加强高等学校党的建设的通知》。同年 10 月，校党委制定了《关于进一步加强党的建设的意见》，明确“我校按中央要求继续实行党委领导下的校长负责制”。党委的职责是“要以主要精力研究学校的重大方针、政策问题，加强党的建设和思想政治工作，支持行政领导充分行使职权，力戒包揽行政事务”，行政职责是“全面贯彻党的教育方针。对学校的发展规划、重大改革措施、师资队伍建设、重要机构设置和学年工作计划以及其他重要问题，由校长在广泛听取各方面意见的基础上提出方案，党委集体讨论决定或审议，校长统一组织实施”。为了明确职能、提高工作效率，学校对党政及教学机构进行改革与建设。党委机构设有党委办公室、组织部、宣传部、统战部、纪委、工会、团委等；1991 年设立台湾事务办公室，与统战部合署办公；1995 年 12 月，纪委与监察室合署办公；学生工作部于 1992 年 5 月设立，与 1987 年设立的学生处合署办公；2000 年，老干部处更名为离退休工作处。学校行政机构设有办公室、人事处、教务处、科研处、总务处、图书馆等。1988 年，设基建处；1995 年，撤销总务处、基建处，设立后勤管理办公室；2000 年，改为后勤管理处。1989 年，设外事处；1998 年，撤销外事处，设立国际合作与交流中心；2000 年，改为国际与合作交流处。1989 年，设成人教育处；1994 年 11 月，撤销成人教育处，成立成人教育学院。1991 年，设立审计处，撤销 1987 年设立的审计办公室。1998 年，保卫处与武装部合署办公。1996

年，撤销档案室，建立档案馆。

教学科研机构设有研究生部、基础医学部、临床医学部、药学系、卫生系、口腔医学系、护理系、社会科学部、图书馆等。《各部、处、系职责范围》规定：“系（部）党总支委员会在校党委领导下，对本系（部）工作任务的正确完成起保证监督作用”；“系是学校的一级权力机构，是按专业性质设置的教学行政组织。实行校长领导下的系主任负责制”。1996年10月，撤销基础医学部，成立基础医学院，邵庆余任院长，钱友屏任党委书记，11月于修平任院长；1998年，周庚寅任院长，石献序任党委书记。1997年12月，撤销药学系，成立药学院，赵彦伟任院长，陈春艾任党委书记，1998年娄红祥任院长。1996年10月，撤销卫生系，成立公共卫生学院，王洁贞任院长，王晋臣任党委书记，1998年赵仲堂任院长。2000年6月，1987年设立的护理系和山东医科大学卫生学校合并组建护理学院，娄凤兰任院长，李桂英任党委书记。

在不断健全党政及教学机构的同时，学校对人事制度和干部队伍建设进行了一系列改革和优化。1985年，学校根据（85）卫人字第84号文件与（85）卫人字第66号文件及教育部下达的编制比例文件，对全校人员进行了定编；同年，学校根据国务院文件开展职称改革工作，建立了专业技术职务聘任制度。1991年，学校调整并成立了高级专业技术职务评审委员会，王廷础任主任委员，设基础医学学科、临床医学学科、思想教育与医学教育学科三个评审组。1998年，学校制定了《关于深化干部队伍改革，加强干部队伍建设的意见》，进行干部制度改革，决定对党务干部实行任命制，对行政干部实行任期制；引入竞争机制，形成干部能上能下、人才脱颖而出的选人用人机制；按照公开、平等、竞争、择优的原则，对全校中层干部进行整体换届。

民主党派组织建设不断完善。1985年，成立了中国民主同盟山东医科大学总支部委员会；1987年11月，成立了中国国民党革命委员会山东医科大学支部委员会；1987年9月，成立中国农工民主党山东医科大学支部委员会；1988年11月，成立中国致公党山东医科大学支部委员会；1989年3月，成立中国民主促进会山东医科大学支部委员会；1999年，成立中国农工民主党山东医科大学基层委员会和中国民主建国会山东医科大学支部委员会。

三、深化教学改革，提高办学质量

在本阶段，学校进一步树立以教学为主的思想，特别是1985年5月山东医学院更名为山东医科大学以后，学校发展成为一所多学科、多层次、多种形式办学的综合性医科大学。教学工作在以往基础上围绕深化教学改革，加强本科教育，提高研究生教育，扩展成人教育，教学规模逐步扩大，教学质量稳步提高，取得了较好的成绩。

重视师资队伍建设。学校制定了一整套师资选拔、培养的系统管理办法，形成了完整的、结构比较合理的教师梯队。1985年，学校根据各教研室教学工作量对每个教研室核定编制，并加强专业技术人员的考核，建立专业技术人员考绩档案。1991年，学校在教研室主任调整工作中打破论资排辈的做法，将一批优秀中青年骨干推上重要的专业技术岗位。1993年专业技术职务评审工作中，学校首次实行破格晋升制度，14名中青年教师破格晋升高级专业技术职务。破格晋升制度一直坚持下来。改革开放以来，学校涌现出山东省专业技术拔尖人才43人，学校享受政府特殊津贴的人员共188人。以上改革措施，鼓舞了广大教师和技术人员的进取精神，提高了整个师资队伍的素质水平。

创新教学管理模式。1983年，教育部颁发了《全日制普通高等学校学生学籍管理办法》，学校据此修订“山东医学院学则”，使学籍管理走上正轨。1986年调整教学计划，取消考查课，全部改为考试课。考试课成绩以期末考试成绩为主。各个学科都建立了考试题库。改进实验课教学，鼓励和提倡启发式教学。陆续开设一批新兴边缘学科的课程，加强外语教学。压缩必修课总学时，增加学生自习时间。1983年，开始实行助学金、奖学金并行的办法；1987年开始实行奖学金和贷款制度；设立了李缵文生物化学奖学金和徐又华护理学奖学金。重视体育教育，注重开展学生社会实践活动、第二课堂活动，不断探索新形势下大学生思想政治教育与管理的新途径。1989年11月，在驻济高校学生“雷锋精神辩论赛”中，校代表队荣获理科类冠军。

全日制本、专科教学工作包括临床医学专业、预防医学专业（五年制）、口腔医学专业（五年制）、护理学专业（五年制）、药学专业（四年制）。1994年，学校向卫生部申报增设卫生检验（五年制）、药物化学（四年制）两个本科专业，同年开始招生。1999年，根据教育部颁布的本科专业目录，撤销以上两个专业。专科专业方面，1996 年开设临床医学、护理学。1993～2000 年，受国家教委（教育部）留学服务中心委托，为新加坡南洋理工学院代招护理专科学生 110 名。临床医学普通班，学制五年，开设 34 门课程，总学时 3641 学时。临床医学英语班，1979 年设立，学制六年，开设 31 门课，总学时 4491 学时；1988 年改为五年制，开设 34 门课，总学时 3641 学时。七年制临床医学专业，1988 年设置，开设 50 门课，总学时 5181 学时，教学管理实行学年学分积点制，在校期间总共应修满 285 学分，授予医学硕士学位。从 1993 年开始，在七年制临床医学专业中试行导师制。口腔医学专业，1977 年设置，1990 年 1 月 20 日，卫生部批准山东医科大学成立附属口腔医院，学校由此在口腔医学专业教学方面具备了更充分的条件。预防医学专业原称“公共卫生学专业”“卫生专业”，1987 年国家教委将该专业统称为“预防医学专业”。药学专业，1977 年恢复四年制学制，共开 22 门课，总学时为 3100 学时。护理学专业，1985 年设立，1985～1987 年学制为四年，自 1988 年学制改为五年，开设 36 门课程，总学时为 3695 学时。

这一时期，学校在课程设置，教材、实验室、教学基地建设，教学评估与研究等方面积极探索改革，努力提升教学质量。1991 年、1996 年，学校两次修订各专业课程教学大纲。1999 年 9 月，全面修订本科各专业教学计划。在各专业卫生部规划教材中，山东医科大学主编 5 部，参编 34 部。1999 年 4 月，学校成立校实验室工作委员会，张衡任主任。到 2000 年，学校各专业教学基地共有 26 个。1994 年，学校通过了国家教委对七年制临床医学质量和学位授予质量进行的评估。1995 年，在山东省教委组织的教学工作检查评估中，学校被评为优秀。1989 年至 2000 年 7 月，学校共获得国家级教学优秀成果奖 2 项、二等奖 3 项，省级一等奖 8 项、二等奖 12 项、三等奖 1 项。自 1993 年，学校每年举办毕业生供需见面会。1994 年，学校毕业生就业指导中心成立。2000 年，承办了山东省医学类毕业生供需见面会。

在研究生部成立之前，研究生教育由科研处研究生科管理。1987 年，学校党委决定成立研究生部，确定研究生部为学校的职能部门。1988 年 12 月，学校讨论了《关于实行研究生工作三级管理体制的试行办法》，对三级管理职责做了明确规定，对研究生教育起到了一定的促进作用。在招生方面，从 1984 年起招收委培研究生，从 1986 年起招收博士研究生，1986 年开始接收推荐应届本科毕业生，从1988年开始在继续招收临床科研型研究生的同时招收临床医学研究生。1989年，学校按照国家教委要求，积极开展定向培养工作；1994年，学校成为单独考试招收硕士研究生的单位。1994年招生复试工作中，恢复差额复试制度。1996年，在复试中采取加试外语办法。1998年，学校建立新的硕士生入学考试试题库，内含试题500多套。1998年，学校成为首批试行在临床医学范围授予医学专业学位的单位，为全国18所试点的西医院校之一。1999年1月，学校成立临床医学专业学位试点工作领导小组，王琰璧任组长。在培养方案方面，1986年12月，学校对研究生培养方案进行了修订，增加了培养医学博士（临床医学）研究生培养方案和临床医学硕士（临床技能型）培养方案。1996年，再次修订研究生培养方案，调整了课程结构。1999年，制定了《山东医科大学临床医学专业学位研究生培养方案》，全面修订《山东医科大学研究生教学大纲》，增设边缘学科、新兴学科课程26门，更新教学内容的课程60余门。

学校建立研究生教育与学位授予质量与评估制度，以确保学位授予质量。1997年，根据国务院学位委员会“关于对前四批博士、硕士授权点进行基本条件合格评估工作的通知”要求，对山东医科大学6个博士点、22个硕士点进行自查自评，所有博士学位授权点及21个硕士学位授权点评估合格。

1998年11月，山东医科大学设立临床医学博士后流动站。1999年10月，成立博士后管理委员会，王琰璧任主任委员。2000年4月，举行山东医科大学博士后流动站揭牌仪式。

成人教育扩大了教育规模和范围，为社会培养大量医疗卫生人才作出巨大贡献，取得了较好的经济效益和社会效益。学校于1985年成立成人教育处，1994年成立成人教育学院。成人教育以培养中、高级医药卫生技术人才和各级卫生管理干部为主，同时开办一些非学历教育的专业证书、岗位培训等，形成了多形式、多层次、多规格的办学体系。1996年，学校被卫生部评为“卫生部属高校成人高等教育先进单位”，1997年被山东省教委授予“山东省成人高等教育先进单位”称号。

四、加强科研管理，提升科研水平

学校通过深化改革使办学质量不断提升，科研工作也稳步持续发展，科学研究成果丰硕。这一阶段，学校一是加强科研管理和制度建设，建立了完整的科研管理体系。1987年，制定了《山东医科大学科学技术研究管理试行办法》；1996年，修订了《山东医科大学科研成果管理办法》等规章制度，制定了《山东医科大学“八五”科技发展规划》《山东医科大学“九五”“十五”科技发展规划》，作为指导学校科技工作的指导性文件。同时，建立科技工作年会和科技成果奖励会议制度。二是重视科研机构建设，完善科研处的职能，研究所（室）及实验室工作不断发展。三是多渠道争取科研经费，增加科研投入。四是围绕学校重点学科、重点实验室建设，组织申报重大课题及重大成果，集中优势，联合攻关。五是支持中青年科学研究，自1988年起设立了中青年科研奖励基金。六是积极组织大型学术报告会，邀请国内外专家来校作学术报告。七是加强学会组织建设，学校担任国家一级学会理事、省级学会正理事长、专业学科主任委员职务的有100余人。

1996年1月，学校成立重点学科建设领导小组，王廷础任组长。1996年5月，经过专家评审、重点建设领导小组研究、校党委批准，确定了15个重点学科和6个重点实验室。1996年12月，妇产科学、组织胚胎学、心脏内科学、药物化学、解剖学5个学科和血液病学、毒理学2个实验室被列为省级重点学科、重点实验室。1996年5月18日，卫生部耳鼻喉科学重点实验室举行开业典礼。

1978年至2000年，共有856项科研成果获各级政府奖励，高层次获奖成果逐年增加，其中国家科技进步奖三等奖5项，卫生部科技进步奖二等奖6项、三等奖16项，国家教委（教育部）科技进步奖二等奖6项、三等奖6项；国家中医药管理局科学技术进步奖三等奖1项；山东省科技进步奖一等奖7项、二等奖57项，山东省自然科学奖二等奖14项、三等奖9项，山东省卫生厅科技进步奖一等奖7项、二等奖41项。

五、面向世界，开放办学

改革开放后，国家各项事业获得新的发展机遇。教育界特别是高等学校与国外科研机构、高等院校、国际组织之间的合作、交流日益扩大。1983年10月开始实施的我国政府与澳大利亚政府技术合作促进发展计划“关于山东医学院项目”是学校全面对外开放、扩大国际交流的标志和转折，使学校与国外学术交流、人员往来进入了一个新的发展时期。山东医科大学先后与澳大利亚、日本、美国、欧盟、世界卫生组织等国家与组织的高等医学院校或国际组织建立友好合作关系，利用世界银行贷款项目开展智力引进等。这些举措促进了学科发展，提升了人才培养、科学研究的水平。

1983 年 10 月至 1987 年 10 月，澳大利亚共派出 25 个专业的 32 名专家，分四批来校短期工作，直接参加学校的教学、医疗和科研活动。学校分四批向澳大利亚派出 39 人进修学习，涉及 28 个专业。

山东医科大学还是世界银行贷款卫生Ⅰ项目“医学教育”部分的执行院校之一。1985 年至 1991 年底，学校利用世界银行贷款聘请美国、日本、澳大利亚等国 32 位知名专家来校进行学术交流、参加教学和学术讲座，并帮助开展实验室各类技术工作。1987 年，学校专门制定了《关于利用世界银行贷款聘请外籍专家的若干暂行规定》。学校利用世界银行贷款进行教师、干部及技术人员培训。

1992 年始，学校社会医学与卫生事业管理教研室和世界卫生组织建立了长期合作关系。1992 年，学校取得了国家外国专家局颁发的聘请外国专家单位资格证书，具有了聘请外国专家的资格。1996 年 12 月，经山东省教委批准，学校正式成为具有接收外国留学生资格的高等医学院校。截至 1998 年 5 月，学校已接待来自美、加、澳、韩、日等国的短期留学生 30 人。

六、附属机构

山东医科大学建校初期由医院开办，即医院办医校（包括护校）。从 1917 年齐鲁大学医科附设（教学）医院时起，医院转为医校的附属单位，其职能作为综合医院向社会开放，又作为医疗、护理学生的临床教学、见习及实习基地，以培养合格的医生与护士。随着社会对医疗保健需求的日益增加和医学生数量的剧增，山东医科大学又在上级领导和各级主管部门大力支持下相继建成了附属口腔医院和第二附属医院。护士学校几经隶属关系变更，最终以“卫生学校”之名直接由学校管理，成为第四家附属单位。

（一）山东医科大学齐鲁医院

齐鲁医院始建于 1890 年，时称济南华美医院；1908 年称共和医院；1917 年作为齐鲁大学医科的附属医院，称齐鲁医院，1952 年全国高等院校调整时随齐大医学院一起并入山东医学院；1953 年 1 月，改称山东省立第二医院；1957 年

8月，更名为山东医学院附属医院；1978年6月，随山东医学院直接隶属卫生部；1985年5月，改称山东医科大学附属医院；2000年7月22日，山东医科大学与山东大学、山东工业大学合并成立新的山东大学，2000年10月，更名为山东大学齐鲁医院。

（二）山东省口腔医院

山东大学口腔医学院（口腔医院）始建于1977年，前身为山东医学院口腔系，1985年更名为山东医科大学口腔系，2000年更名为山东大学口腔学院（口腔医院），2006年又更名为山东省口腔医院。山东大学口腔医学院、山东大学口腔医院、山东省口腔医院实行三院合一管理体制，集教育教学、科学研究、医疗服务和预防保健等功能于一体，是山东省口腔医学教学、科研、医疗和预防保健中心，是我国重要的口腔医学人才培养基地、口腔医学研究平台和口腔诊疗服务中心。

（三）山东医科大学第二医院

山东医科大学第二附属医院是由卫生部投资兴建，集医疗、教学、科研为一体的大型综合性医院，筹建于1986年，1997年3月28日试开诊，5月18日正式全面开诊。

第十三章　山东工业大学历史沿革

山东工业大学与共和国相伴而生。解放前夕，中共中央为了发展解放区教育事业，培养革命人才，开始着手创办正规的高等教育。山东解放区是解放战争的坚强后方，各类教育发展快，成绩卓著。1949 年夏，山东省人民政府成立山东省专科学校管理委员会，决定把全省专业学校按工、农、医、师、政等分类整编，将省内六所性质、学科相近的中等工业专业学校合并成立山东省立工业专门学校，简称山东工专。此后，山东工专辗转发展为山东工业大学。

山东工业大学的部分学科最早可以追溯到1912年成立的山东公立工业专门学校，山东公立工业专门学校开设了机械工程学、机纺机械、制图学等课程。1926年，山东公立工业学校等六所专门学校合并组建为省立山东大学，下设工学院等五院十三个系，工学院院长由汪公旭担任，并设机械系。1952年，全国院系调整，国立山东大学工学院机械、电机两系并入山东工学院。2000年7月22日，山东工业大学与山东大学、山东医科大学合并组建为新的山东大学。

第一节　山东工业专科学校

1948年9月，中共中央政治局召开会议，时称“九月会议”，会议的一个重要决议就是要吸收知识分子参加革命，发展解放区的教育事业，培养革命干部和经济建设人才。1949年夏，山东省人民政府决定将六所工业中等专业学校合并成立山东工专，合并工作到10月初全部结束。六所工业学校成立背景复杂，办学情况各异，山东工专的成立与建设面临重重困难。

1947年1月，华东军区兵站部在临沂成立工训大队，3月将其扩建为交通学校。1948年10月，交通学校迁入济南，改名为华东交通专科学校（简称“华东交专”），兵站部政委于眉兼任校长，设摩托车、土木工程、交通行政三系，学制两年。1948年底，华东交专在徐州建立分校。1949年2月，华东交专及分校师生900余人南下上海，参与战后上海交通事业建设。1949年9月，山东省人民政府把华东交专及徐州分校的摩托车、土木工程两系，并入山东工专。学校诞生于战火中，校址屡经变迁，学生时有聚散，颠沛流离。在困境中，学校坚持理论与实际相结合，为华东区战后城市交通的恢复振兴培养了大量人才，作出了很大贡献。

1948年9月，中共中央华东局财经办事处在潍坊建成华东高级工业学校，简称“华东高工”或“潍坊高工”，张协和任校长，后改为山东工专潍坊分校。学校牢固树立为人民服务的观念，校训是“人民的立场，科学的态度，创造的精神，实际的作风”。华东高工是山东工专的重要组成部分，为山东工专成立打下了组织基础、思想基础，一些成熟的办学经验为山东工专所继承。

1949年1月，山东省政府决定筹办山东省人民政府生产部工业学校，目标是培养新民主主义经济建设初级干部。1949年10月，部分学生随军南下并参加工作。同年月底，该校解散，会计科并入山东省会计专科学校，纺织科并入山东工专。

华东财办工矿部济南工业学校，由解放济南后我军接管的山东省立济南工业职业学校改建而成，校长程望，设有土木、电机、机械三科，1949年10月并入山东工专。

生产部青岛高级工业学校是青岛解放后由军管会于1949年7月接管的私立青岛高级工业学校改建而成。8月30日，张协和被任命为该校校长。山东工专成立后，校名改为山东工专青岛分校。

1949年11月1日，山东工专成立大会在济南总校隆重举行，校总部设在济南，张协和担任校长兼党组负责人。自此，由中国共产党亲手创建的第一所工科高等学府诞生。

山东工专成立之初，一校三址，总校设在济南，潍坊、青岛各设分校，济南设电机工程系和自动车工程系，青岛设土木、纺织两个高工科，潍坊设机械、应用化学系。由于校舍分散，面积狭小，不利于办学，加之外地师生陆续迁济，生活十分不便，学校扩建、选择新址的工作刻不容缓。经多次勘察、权衡，校址定在千佛山下南圩子门外97号，东到今历山路，西到山水沟，南至千佛山下，北到山东省无线电厂、济南空军招待所，包括济南柴油机厂宿舍（原华东交专在济校址）当时都归山东工专所有，约970亩。1951年5月初，山东工专青岛分校迁来济南；6月，山东工专改称山东工学院；9月，山东工专潍坊分校改为山东工学院潍坊分院。1952年3月，潍坊分院迁入济南总校部。

中华人民共和国成立初期，百废待兴，各项经费异常拮据，学校建设只能处处因陋就简，自力更生。为了解决建材问题，学校主动承担拆除旧城、碉堡的任务，申请上级准许免费使用废旧砖石建筑房舍。全体师生积极参加劳动，制作砖坯，手搬肩扛运送建筑材料，修建教室、宿舍。教学1号、2号楼所需红砖，多数是学生自己制作的。学校始终坚持勤俭建校原则，力争用有限的经费取得最大的效益，想尽办法购买仪器设备、图书以满足教学所需。

为了提高教学质量、建设师资队伍，1950年8月山东工专成立教师招聘委员会，通过各种渠道积极延聘师资。一大批来自青岛、北京、天津、上海等地的知名学者如丁建椿、蒋仁渊、李桂华、崔引安、汪葆浚、崔鸿章、傅伯思等来校任教，他们和陈秉聪、王启承、魏恃群、王济诚、陈翼文等组成了较高水平的师资阵容。

1950年7月25日，山东工专第一次教学会议在济南召开。会议确定党的教育方针就是山东工专的办学方针，即“在中国共产党的领导下，人民的、大众的、反帝反封建的新文化教育”，“工专的任务是以理论与实际一致的教学方法，培养具有高度文化水平并掌握现代科学和技术成就的全心全意为人民服务的高级建设人才”。这次教学工作会议是山东工专成立以来第一次大型的专门研究办学思想、确定办学思路的会议，通过这次会议初步解决了办学中的一系列重大问题。这次会议的方针在实践中得到了很好的贯彻。

山东工专一直把“人民的立场，科学的态度，创造的精神，实际的作风”作为校训发扬光大，以服从国家需要为宗旨，在国家需要时勇于担当。1950年汛期，淮河流域发生特大水灾，沿岸人民的生产、生活遭受到巨大损失。9月底，山东工专奉华东军政委员会指示，派土木系一级甲、乙两班立即开赴治淮前线。工专学生既当施工员、技术员，又当教员、宣传员，率领近万名民众克服重重困难，于1951年7月顺利完成治淮工作。山东工专学生受到社会各界的肯定和赞扬，被治淮领导机关授予“治淮先锋”称号。鉴于他们在治淮中的突出表现，政务院专门指示把这批学生毕业分配到淮河沿线工作。山东工专高工部第一届毕业生为了国家需要和国家大局，全部接受到东北工作的分配任务，将自己的知识和青春献给边疆的建设事业。抗美援朝期间，全体学生响应党中央号召，踊跃报名参军，参加节约捐献活动，以实际行动报效国家。

第二节　山东工学院

为加速学校发展，适应大规模经济建设需要，1950年9月1日，山东工学院向华东军政委员会教育部提出书面报告，请求将山东工专改名为山东工学院。10月6日，华东军政委员会教育部以华东高教行字第006633号文形式报中央人民政府教育部，认为山东工专“现有学生教职员工，实习实验等项条件尚属完善，适合国家建设之需要，如改为专门学院，可望在质量上获得提高与发展……请予照准”。11月14日，中央人民政府教育部（高字945号）批复华东军政委员会教育部：“该校已具备专门学院之一般条件，本部在原则上同意你部意见，核准该校改为专门学院，并改定校名为山东工学院……”1951年6月13日，山东省人民政府奉华东军政委员会指示，将山东工专改名为山东工学院。在此后三十余年中，学校紧跟国家的大政方针不断进行改革与调整，无论是招生规模、专业设置还是科研都得到较大提高，为改革开放后快速发展奠定了基础，可以说是中国高等教育在特殊历史时期发展的一个缩影。

一、院系调整

1951年底，学校设有电机工程系、自动车系、机械工程系、化学工程系、土木工程系、纺织工程系6个系。1952年夏，为了使高等教育适应经济建设发展的需要，改变旧中国高等教育工科少以及地区分布不合理的混乱状态，中央教育部制订计划，决定“以培养工业建设人才和师资为重点，发展专门学院，整顿和加强综合大学，以华北、东北、华东为重点，进行全国高等院校院系调整工作”。1952年全国高等院校院系调整、1953年至1956年部分学校专业调整是中华人民共和国全面学习苏联模式对中国高等教育发展进行的有益探索。

根据调整方案，山东工学院由6个系减为4个系11个专业，设机械制造、金相热处理及其车间设备本科、金工、金相热处理专修科、发电厂配电网及配电系统、无线电通讯广播本科，发电厂电机、有线电工程专修科、无机物工学本科、拖拉机专业本科、汽车维护与检修专修科；土木工程系、纺织工程系调至新成立的青岛工学院。与此同时，山东大学工学院机械、电机两系调入机械工程系、电机工程系。通过调整，师资力量得到较大充实，师资水平也有了明显提高。

1952年11月，中共中央成立高等教育部，加强对全国高等院校领导，参照苏联做法，把原委托各大区代管的部分高校收归高等教育部直接领导。1953年，山东工学院改由高等教育部直接领导。为使高等学校院系分布更加合理、各类专门人才的培养目标更为明确，高等教育部决定继续进行专业调整。1953年8月7日，高等教育部下达调整方案，山东工学院拖拉机专业改为汽车本科专业；无线电通讯广播本科调入南京工学院；有线电专修科调入交通大学（上海交通大学)；汽车维护与检修专修科停止招生；化工系停办，无机物工学本科专业调入华东化工学院；上海的华东交通专科学校撤销，该校机械科调入山东工学院金工专修科和热处理专修科。调整后，山东工学院设机械、电机、自动车3个系，设机械制造工艺（本科)、汽车制造（本科)、发电厂配电网及联合输电系统（本科和专修科兼有)、金属切削加工（专修科)、金属热处理（专修科）6个专业。1954年12月31日，高等教育部、机械工业部联合发出通知，以交通大学、华东工学院、山东工学院等三校汽车专业的师资、设备、学生为基础，组建长春汽车拖拉机学院（后为吉林工业大学)。1955年暑期，苏南工业专科学校铸工专修科并入山东工学院。1956年暑期，学校增设金属压力加工及机器、铸造工艺及机器、电机及电器3个新专业，金属热处理专修科改为本科，其他专修科停办，加上此前新设的机床与刀具专业，全校共有2个系，7个本科专业；成立夜大学部，设机制工艺、发电厂2个专业。

院系调整促进了我国高等教育事业的发展，但是也存在一些缺点，如要求过高过急，需要照顾得多，可能条件考虑得少，有些院校独立过早，一些基础好的多学科的综合大学力量被削弱，影响了教学和科研；对院系设置的历史经验和苏联、美国等国家的教育制度缺乏认真系统的研究，过于倾向照搬苏联的经验，使得专业过细、专业面过窄，毕业生对工作适应性较差，文理分家，影响人才培养。[①] 具体到山东工学院来说，调整后，机电类专业师资力量得到加强，一些系、专业却受到损失，如自动车系、纺织系、无线电专业等，而对于注重办学特色的五六十年代来说，这是一个得大于失的选择。

二、三次教学改革

三次教学改革是中华人民共和国成立初期各行各业学习苏联，然后清算苏联模式，开展社会主义建设等运动在教育战线上的集中体现，是中华人民共和国高等教育发展过程中的探索与尝试。

1. 第一次教学改革

全面学习苏联、进行教学改革是1952～1957年高等学校的一项中心工作。山东工学院的教改指导思想为："结合情况，积极准备，大力整顿，提高质量，

---

① 参见《中华教育历程》编委会编：《中华教育历程》，北京：光明日报出版社，1997年，第1283～1284页。

稳步进行教学改革。”在教学组织上，1952年秋学校成立了19个教学小组。1956年教学小组改组为18个教研组，后来又改建为16个教研室。在教学计划中，原则上是将苏联5年的教学计划压缩为4年完成。在教学内容方面，基本按照苏联教学大纲要求设置课程，并尽量采用苏联教材，到1953年全部采用苏联教材的占79%，部分采用的占19%，采用我国新出版教材的占2%，旧教材已完全不用。在教学方法、学生学习方法上，学校提出了统一要求，开始采用直观教学，大量采用直观教具，完善辅导、答疑、作业批改等多项制度，加强了实验实习环节；在学生中提倡开展集体互助互学、计划学习活动，订立“爱国学习公约”，提高学生学习积极性。这次教改工作大体分为三个阶段。

第一阶段是1953～1955年。在1953年教学改革的基础上，1954年学校做了以下方面工作：第一，加强政治思想工作，提高师生的思想认识水平，进一步明确学习苏联、贯彻教改的重要意义；第二，根据苏联先进经验修订教学计划、教学大纲；第三，提高对苏联教材的利用效率；第四，组织教师学习、指导学生生产实习；第五，进一步学习苏联教学方法，改进课堂教学方法；第六，加强师资培养，派出教师到有苏联专家的学校进修，制订培养计划，提高师资水平。

第二阶段是1955年初到1955年底。1955年，学校已全部执行部颁统一教学计划和统一教学大纲。到年底，已设有13个实验室（另有金工实习工厂），服务于33门课程的教学，共开出228个实验，基本上满足了当时的教学需要。

第三阶段是1956年。学校已按部颁教学计划开出了所有课程，并基本上按照教学计划、教学大纲所规定的教学环节与教学方式进行教学。课程设计、毕业设计亦正式开出。1956年，学校的教学改革基本完成。

2. 第二次教学改革

1958～1960年，教育领域出现严重的盲目发展现象，三年间进行了种种“改革”，掀起了一场“教育大革命”，统称为“教育大跃进”或者称“第二次教育改革”，这次改革的方针是教育、生产劳动、科学研究三结合。这次改革的指导思想是改变过去“教育脱离政治，教育脱离生产，理论脱离实际”的倾向，彻底批判了“外行不能领导内行，党不能领导教育”的理论，进一步肯定了党对教育的领导。山工的“教育大革命”从1958年4月正式开始。

在教学组织方面，首先，全面修订教学计划，将生产劳动列入教学计划，安排了大量的劳动时间，甚至提出以生产取代教学。其次，改革学生的毕业设计，把毕业设计与生产实际相结合，直接参加省内重点工程的研究和设计工作。学校还专门聘请劳动模范、生产能手到校任教。科研工作通过广泛发动群众、大搞群众运动来进行，仅在1958年下半年，“全院共完成科研成果200多项，其中有的项目达到先进水平”。直到1959年，教学指导思想才转变为“建立以教好、学好、劳动好，以教学为中心的新的教学秩序”，加强基本知识、基础课程的教育和基本技能的训练，开设第二外语课。这一年，学校的本科专业学制全部改为5年。

在与生产结合方面，响应上级号召，学校要“大办工业，大闹技术革命”，1958年3月开始，实习工厂承接了大量的生产任务，接受了大炼钢铁的任务，到10月15日已建成3立方米小高炉4座、1.5立方米小高炉3座、邵阳炉23个、地平炉617个，组织了“淮海战役”“渡江战役”等四个炼钢大会战。为了实现上级提出的“学生即工人，学校即工厂”的目标，到1958年8月，学校兴办工厂54个。

在生产、文教全面“大跃进”的形势下，学校的专业设置数量在短期内大幅增加，到1959年初机械、金属工艺、电机3个系专业达到15个，1959年底又新增4个系17个专业，这样学校设有6个系32个专业。专业数量的迅速增加已脱离国民经济发展实际，事实证明，学校在两年间增设的高精尖专业，当时是没有能力办好的。

3. 第三次教学改革

1964年初，高等学校第三次教学改革开始。学校通过修订各专业教学计划，进一步削减总学时和周时数，基础课、技术基础课和部分专业课逐步试行了新的教学大纲，初步贯彻了因材施教的原则。根据上级指示，学校办学模式向半工半读过渡。

这次教学改革（当时称“教育革命”）还具有另一特点，那就是与全面清算苏联模式同步进行。从1964年开始，学校结合社会主义教育活动，深入进行“反修、防修”教育。1965年，在上级指示下，学校开展破除苏联教育模式的运动，认为自1953年到1957年全面学习苏联是被苏联社会主义名义下的教育模式迷惑。1965年3月，学校提出教育革命总要求，即在毛泽东思想指引下，以阶级斗争为纲，积极组织师生参加三大革命运动，促进师生与工农兵相结合、理论与实际相结合，积极进行学制、专业划分、课程设置、课程内容、教学办法和考试制度的改革；同时，把组织学生参加阶级斗争锻炼作为一门主课，正式列入教学计划，分期分批地参加农村和城市的“四清”运动。这次教育改革并没有也不可能真正彻底地否定苏联模式，而改革的主要任务从减轻学生负担开始，但最终却归结到为阶级斗争服务上。

为促进国民经济发展，在进行教学改革的同时，科研工作全面展开。1954年6月3日，学校第10次院务委员会通过开展科学研究工作的决定，科研工作被正式提上议事日程。从1951年到1955年，学校科研工作本着“结合生产，结合教学”的精神，共完成科研项目16个；1956年，共完成科研项目15个。教务长刘先志的《液下周期激励所引起的波浪形状》一文被苏联《机械力学》杂志转载。为加强对学校科研工作的领导，1956年4月17日，学校科学研究部成立。为推动教学科研工作、宣传推广学校的科研成果、扩大学校的社会影响，同年10月《山东工学院学报》创刊发行。到1958年底，学校科研工作一直保持着较快的发展速度。从1963年到1965年，学校承担了25个国家科研项目，部分项目取得了较大突破，如地震式回转运动精度检查仪，其精度接近当时西德同类产品水平，是国际上最新的精度测量仪器之一；基本研制成功半导体无接点距离保护装置，在性能、结构上赶上英国同类产品。

三、教育整顿

贯彻“八字方针”和“高校六十条”进行教育整顿。1958年开始的“教育大革命”，在克服理论脱离实际、扭转教学脱离生产等方面均取得了一定成绩，对建立符合实际的教育体制，进行了许多有益的探索，但也存在比较严重的“左”的倾向，劳动过多、科研过多、社会活动过多，以致学校教学质量降低；专业发展过快，设置不合理；等等。教育战线从1960年底开始全面贯彻“调整、巩固、充实、提高”的八字方针，学校的专业合并调整从1960年10月开始，1961年调整为5个系20个专业。1962年初，学校停办精密仪器、电真空技术、无线电部件与材料、应用物理、应用化学和计算数学6个专业；8月，停办汽车拖拉机、工程力学专业，焊接工艺设备专业暂不招生，最后全校保留11个专业。1963年9月，原济南工学院农田水利工程系调入，改为水利工程系。同时，农业机械专业开始招生。至此，全校有4个系13个专业。11月，学校撤销数理系，改设基础教学部。

1961年10月，学校认真学习传达中共中央批准发布、试行《教育部直属高等学校暂行工作条例（草案）》。根据《教育部直属高等学校暂行工作条例（草案）》有关规定，学校领导体制由以前的“党委领导的院务委员会负责制”改为“党委领导下的院长为首的院务委员会负责制”。在行政工作中，明确教学是第一线，树立“一切为第一线服务”的思想，工作中心由“大搞政治运动，以生产救灾为主”转变为“以教学为主，努力提高教学质量”上来。在教学中，学校要求一定要稳定教学人员，强调老教师上教学第一线，充分发挥老教师的作用。试行新的教学大纲，尽量采用全国统编教材。根据毛泽东教育思想“少而精”的教学原则，压缩课程、课时，精选教学内容，改进教学方法和革新考试方法等。修订与教学工作有关的条例和规章制度，1961～1962年，全校共制定、修订规章制度40项。1965年暑期，学校首次招收研究生，“文化大革命”后停招。

“文化大革命”到改革开放前，政治运动频繁，教育事业深受其害。从1952年起，学校先后经历了“三反”“五反”“知识分子思想改造”等运动，这些运动对学校发展都造成一定影响。“文化大革命”期间，学校的中心工作是抓革命、促生产，教学科研工作处于停滞状态，专家、教授等受到冲击，有五年时间停止招生。1971年九一三事件后，周恩来总理主持中央工作，批判了极左思潮，教育工作出现转机。1971年3月，学校招收第一批工农兵学员。到1977年恢复高考前夕，学校共招收工农兵学员3614名。“文化大革命”期间，学校教师在极其艰难的情况下继续开展科学研究。特别是“文化大革命”后期，学校的科研工作取得了一系列成果，共完成科研项目265个，其中填补省内空白的10个，达到国内水平的110个，达到国际水平的3个。

四、恢复整顿

1976年10月，“四人帮”反革命集团被粉碎。1977年，中国共产党第十一次全国代表大会宣告“文化大革命”结束。党的十一届三中全会以后，全国范围内出现安定团结的政治局面，各项工作逐步走上了健康发展的轨道。学校认真贯彻党的十一届三中全会把党的工作重心转移到社会主义现代化建设上来的精神，提出了“把学校办成教学中心和科研中心”的奋斗目标。

1979年7月，学校党委制定了《中共山东工学院委员会关于贯彻调整、改革、整顿、提高的方针的意见》，学校实行党委领导下的院长分工负责制，党委对学校工作实行统一领导，认真贯彻民主集中制。教学方面，加强教师进修和培训，完善教师考核与晋升制度，努力提高教学质量，加强实验室建设。1977年11月，学校恢复基础课教学部和各系教研室。1978年3月，第一机械系、第二机械系、第三机械系重新合并为第一机械系、第二机械系，停办冶金系。1983年8月22日，恢复水利工程系。1977年，学校恢复招生1065名，1978年10月恢复招收研究生。1983年，学校14个学科招收了硕士研究生，其中6个学科拥有硕士学位授予权。为加强学生的思想政治工作，1978年11月，学校恢复建立政治辅导员队伍，成立专门办公室，落实知识分子政策，平反冤假错案，提高教职工工作积极性。在实现科学技术现代化路线指引下，1977年7月16日，学校党委召开会议，研究制定了山东工学院科研工作3年目标、8年规划和23年设想。1978年3月1日，学校为加强对科研工作的领导，成立科研处；11月，恢复、成立自动化等10个研究所（室）。在1978年的全国科学大会上，学校有4项成果获奖，刘先志教授、马长贵副教授被评为“先进个人”。12月，学校成立学术委员会。1979～1983年共有76项科研成果获奖，其中《英文工程文献的查阅方法》获第一机械工业部优秀图书一等奖。1981年3月，学校被山东省政府确定为省属重点院校；9月，机械制造工艺及设备专业、电力系统及自动化专业被确定为省属高校重点专业。1983年9月，学校下设5个系18个专业。1983年9月，加拿大籍威廉·约翰·施米德先生来学校任教，这是学校聘请的第一位外籍教师。校舍建筑面积达到14万平方米。学校各项工作全面恢复正常秩序。

第三节　山东工业大学

一、改革发展

30多年来，学校在探索中曲折发展。1982年9月，中国共产党第十二次代表大会召开，这次大会把教育作为国家建设的战略重点，这在我国教育史上是一个前所未有的壮举。1983年，国务院批转了教育部、国家计委《关于加速发展高等教育的报告》，要求各部门、各地区加大教育投入，使高等教育事业尽快有较大的发展。为促进山东省国民经济发展、培养更多高质量的工程技术人才，1983年5月16日，学校向山东省人民政府请示，将山东工学院改名为山东工业大学；9月19日，山东省人民政府（83）鲁政函210号文同意山东工学院改名为山东工业大学。从此，山东工业大学发展史掀开了新的一页。

1984年，山东工业大学被山东省确定为改革试点单位。同年，校党委召开工作会议，在报告中明确提出“面向现代化，面向世界，面向未来”的改革指导思想和“逐步建成以本科生培养为主，研究生、专科生多层次的，以机电类为主，土、化、计算机多学科的，以工为主，理、工、管多门类的，在若干学科前沿具有相当科研水平的综合性工业大学”的奋斗目标，同时明确了学校改革的八项内容：（1）改革战略设想。计划到1988年达到万人规模，增设新专业，发展新学科，计划将现有的10个系23个专业扩充为13个系40个专业。（2）加强思想政治工作。（3）改革科研管理和对外教学、科技服务。（4）改革管理体制和人事制度。（5）改革财务管理。（6）实行各种形式的责任制。（7）改革招生、分配和助学金制度。（8）改革后勤服务工作。1984年，学校取得系处级干部任免使用权和讲师、副教授以及相当技术职称人员的人事审批权。按照干部“四化”要求，调整配备了一批处级干部，新班子成员平均年龄为46.8岁。1989年底，全校共有处系级单位31个、校机关处级单位19个。体制改革方面，实行了党政分工和系主任负责制。管理改革方面，实行了各种形式的责任制等。一系列改革措施的实施，促进了学校的健康发展，为山东工业大学的迅速崛起打下了坚实的基础。

为更好地服务山东经济建设。整个20世纪80年代，学校工作重点是加大基础设施投资力度，扩大办学规模，提高教学质量，提升办学水平。扩大高等教育规模是改革开放后大势所趋，1984年，学校实际招生1937人，比原计划扩大招生500人。1985年暑期，招生人数达到2018人。1984年3月19日，学校恢复函授教育。1984年10月17日，山东省教育厅、省计划委员会、省财政厅批复同意金属材料及热处理、工程热物理、内燃机、工业自动化、电力系统及其自动化、机械制造6个学科，从1985年起招收研究生。1986年7月28日，国务院学位委员会审核批准机械制造专业为博士学位授权点，艾兴教授为博士研究生指导教师，并于1987年开始招生。学校形成了博士、硕士、本科、专科、夜大、函授进修多层次、多形式的人才培养体系。根据中共中央关于加强高校马克思主义理论课教学的规定，1985年9月，学校成立马列主义理论教学部，1989年4月改名为社会科学系。到1989年12月，全校设有11个系（部）32个专业，在校生已接近7000人。

学校在扩大办学规模的同时，也不断改善基础设施及实验室建设等教学条件。1984年初，省政府同意学校建设一座总建筑面积25540平方米的科学实验楼。1996年9月，该楼全部投入使用。从1983年到1989年底，校舍建筑面积增加了近14万平方米，几乎相当于重建了一所山东工学院。1983年以来，学校实验室建设发展迅速，到1989年，学校建有63个实验室，实验用房面积29257平方米，实验技术人员327人，全校实验教学开出率达到93%。各类实验仪器设备增加到2180台（件），设备原值总计4190万元。金属切削实验室1986年通过了全国高校重点专业评估，参与重点学科和博士点建设。1991年1月13日，机械制造、铸造、内燃机、工业自动化被确定为省级重点学科，材料工程实验室、电力系统动态模拟与数字仿真实验室、计算机辅助设计实验室被确定为省级重点实验室。

在师资力量有限、办学规模扩大情况下，保证教学质量成为亟待解决的问题。学校党委提出，教学是学校的中心工作，把教学作为唯一中心，一切为教学让路。围绕中心工作，学校全面修订教学计划，压缩了课内学时，要求课内总学时控制在2500个小时以内。增加了教学实践，强化了数学、外语和电算数学的教学。学生学习管理方面，从1984级开始实行奖学金制度。贯彻“高等教育为经济建设服务”的方针，积极开展对外办学，1983年以来，共举办短训班、进修班45期，培养学生2600多名。另外，开办了夜大学和函授班，共招生1000余人。1990年7月，学校被国家教委授予“1989年全国普通高等院校优秀教学成果奖励工作先进单位”称号。调动广大任课教师的积极性，实行主讲教师聘任制，1986年底正式实行教师职务聘任制。制定公布了关于“教学优秀奖”“教学改革奖”和“优秀教材奖”的三个暂行条例，以鼓励教师提高自身水平、改进教学方法。鼓励教师积极参加教材编写工作，仅在1987年全校就有5种教材获国家、部（委）教材优秀奖，其中动力系教授孔珑主编的《工程流体力学》一书被评为1987年国家级优秀教材。

党的十二大提出“四个现代化的关键是科学技术的现代化”，1982年10月召开的全国科学技术奖励大会提出“经济建设要依靠科学技术，科技工作要面向经济建设”的方针，学校科研工作转到面向经济建设的轨道上来，出现了前所未有的好局面。从1985年起，学校制定了一系列科研工作管理办法。到20世纪80年代末，全校有2个研究所、27个研究室，专职科研人员200人。1983～1989年，学校教师、科研人员承担的研究课题及撰写编著的论文、著作中有234项（篇、部）获得地厅级以上奖励，其中国家级奖励9项。新材料研究方面，杨相寿教授主持研究的“球化白口铁及变质剂”于1988年获得国家发明二等奖；新工艺研究方面，邹增大副教授等人的“白口铸铁轧辊焊补技术”成果获1989年国家发明二等奖，打破了国际学术界“白口铸铁不可焊”的定论，成为焊接工艺研究中具有里程碑意义的重大成果。基础理论研究方面，著名力学专家刘先志先生的著作《机械振动学导论》和《刘先志论文集》一经出版，即在海内外引起轰动，受到力学界广泛关注。从1984年到1988年，学校先后与章丘等县市地签订教育科技全面合作协议书和经济技术合作协议书。自1978年以来，学校研究开发推广的项目应用于实际生产后产生的经济效益已超过5亿元。作为学术交流的重要媒介，《山东工业大学学报》（自然科学版）、《山东工业大学学报》（社会科学版）于1986年起向国内外公开发行。校图书馆总建筑面积13500平方米，有阅览座位1000余个，馆藏中外图书64万册、中外期刊4400种，为教学及科研工作提供了丰富的理论和信息资源。

学校的发展始终离不开党的领导。学校党委不断加强党的思想建设和组织建设，坚决贯彻民主集中制和党委领导下的校长负责制，党内生活坚持“三会一课”制度。根据中共中央和中共山东省委的要求，学校从1984年至1986年进行了整党工作，加强了党的建设，提出了“振兴山工，服务山东，走向全国”的口号。1988年12月中旬，学校召开了第五次党代会，总结了改革发展的阶段性成果，强调进一步改进和加强新形势下的思想政治工作，坚持从严治党，加强党的自身建设。1987年10月14日，学校召开了首届教职工代表大会，正式讨论通过了学校的校风、教风和学风。校风是“坚定正确的政治方向，艰苦奋斗的工作作风，实事求是的科学态度，团结创新的进取精神”，教风是“严谨治学、严格要求、教书育人、为人师表”，学风是“勤奋、团结、求实、创新”。高度重视和加强学生思想政治工作，是学校多年来一贯的优良传统。1984年和

1985年，学校制定与出台了一系列有关大学生思想政治工作的意见和决议，确立了思想政治工作在学校各项工作中的重要地位。1985年1月，学校成立了思想政治工作研究会，积极开展研讨活动，促进思想政治工作的科学化。学校还要求全校党政工团、教学一线、后勤部门等要树立德育观念，明确岗位育人责任，形成“教书育人、管理育人、服务育人”的全员德育工作思路。

1989年11月1日，学校举行了盛大的建校40周年庆祝活动。通过校庆活动，学校总结了在教学、科研、师资队伍建设、对外交流等方面取得的巨大成就，认为学校之所以获得快速发展，一是坚持党的领导，坚持社会主义方向；二是遵循知识分子成长规律，坚持理论联系实际的作风；三是扎扎实实地为地方经济建设服务；四是有一个好的校风。校庆提升了学校在国内外的影响力。

二、快速发展

20世纪90年代，以邓小平南方谈话和党的十四大召开为标志，我国高等教育事业迎来又一次良好的发展机遇。在党的领导下，学校解放思想，深化改革，以教学和科研为中心，全面落实各项改革措施，办学质量取得跨越式发展，顺利成为国家“211工程”建设院校，学校声誉和社会影响力获得极大提升。

（一）以服务为导向，深化体制改革

1992年3月，学校在深入调研后组织起草《山东工业大学管理体制改革方案》（以下简称《改革方案》）。《改革方案》数易其稿，在1992年6月27日第一届教职工代表大会第三次会议上正式通过。《改革方案》包括人事制度改革、分配制度改革、后勤管理改革、校办产业管理改革、行政管理体制改革五个部分，其核心是人事制度改革。学校内部管理体制改革的目的是：充分调动各方面积极性，提高教学质量和学术水平，努力把学校办成教学、科研两个中心，为山东省教育、科技和经济建设事业作出更大贡献。

（二）调整专业布局，提高教学质量

学校把提高教学质量作为根本，积极探索与构建新的人才培养模式，调整专业布局，改造老专业，压缩长线专业招生，拓宽专业面向。1990年以后，增设了一批短线专业，使学校专业结构更加合理，毕业生的适应能力和竞争能力

进一步提高。截至1998年9月，学校共有43个专业。1998年底，根据教育部颁布的新专业目录，将原有43个老专业改造为23个宽口径新专业，并新开4个专业，新增辅修专业23个。1994年，学校成立机械工程学院、材料科学与工程学院、电力工程学院。1999年又对部分专业、学科和院系进行了调整，成立了管理学院、土建与水利工程学院、环境与化学工程学院。至此，学校逐步形成了文、理、工、管四大门类的综合性大学办学格局。

（三）优化教学改革，提高人才培养质量

为进一步提高人才培养质量，学校重新修订了学生手册，实施了"培养优秀生制""推荐免试硕士生制""专升本制""主辅修制"等多项制度。1996年，成立考试中心。1997年10月，全面修订教学计划，实行学分制。1998年，学校重新修订教学管理规章制度40余项。1998年2月，学校颁布了《山东工业大学"九五"期间深化本科教学改革，提高教育质量的工作纲要》。2000年3月，学校召开教学工作会议，指出教学工作要强化国际意识、素质意识、改革意识。为提高人才培养质量、加强课程建设、更新专业知识，学校先后确定了4批重点建设课程。1994年4月，学校被确定为招生制度改革试点单位。本科专业实行"并轨"招生，即将原来招生中的三种录取形式（国家任务、委培、自费）改为单一计划形式，按统一分数线录取，新生都要缴纳培养费。从1993年起，学校毕业生分配、教学成果评优、体育课教学等工作不断取得佳绩。

（四）加快队伍建设，提升师资水平

学校通过加强培养、积极引进等一系列措施，建立了一支具有较高水平的师资队伍。中国工程院院士艾兴及博士生导师邹增大、边秀房、李兆前、赵国群、武传松、尹衍升、孙东升等一批中青年专家在各自领域取得了令人瞩目的成果，使学校形成了一支老中青结合、阵容强大、水平较高的教学科研力量。从1992年起，学校加快职称评聘工作，采取限额切块、破格晋升办法，使一大批优秀中青年教师脱颖而出，促进了青年教师的成长。建立了教学拔尖人才评选制度，制定了积极延揽、引进高层次、高水平人才的办法，吸引博士、博士后来校工作。1989年以来，学校教师中全国教育系统劳动模范、全国优秀教育工作者、全国优秀教师、国家有突出贡献的中青年专家15人，山东省劳动模范

1人，山东省专业技术拔尖人才36人，山东省优秀教师14人，享受政府特殊津贴的专家87人，此外，还聘请了一批两院院士和著名专家学者任名誉教授、客座教授、兼职教授。

（五）实施“科教兴鲁”战略，提升科研水平

1991年4月26日，学校召开了第一次科技工作会议，确立了科技工作的重要地位，提出了要把学校建设成为教学、科研两个中心，实现了办学思想的重大转变。不断深化科技体制改革，努力实施“科教兴鲁”战略，为山东经济建设和推动企业技术进步作出了巨大贡献。从“八五”计划起，学校每年从事科研工作的人员均超过800人，从事开发研究的人员超过400人。1998年，全校科研经费突破2000万元。“八五”计划期间，有16项成果获国家级科技奖励，其中发明奖12项，在全国高校中仅次于清华大学，居第2位。1999年，学校科技工作再上新台阶，共承担纵、横向课题391项，其中“九五”计划国家科技攻关课题2项，“863”计划高技术课题1项，国家自然科学基金项目13项；实到科技经费3383.2万元。1994～1996年，学校科研处被国家教委授予“全国科技管理先进单位”称号。

（六）学科建设形成特色

学科是发展高新技术、培养高水平人才的依托和基地。经过多年努力，学科建设取得了长足进展，在一些领域形成了自己的优势和特色。1992年6月15日，学校公布2个学科、3个实验室为“八五”计划校级重点学科、重点实验室。1995年12月，工程热物理、焊接、金属塑性加工、信号与信息处理4个学科被确定为省级“九五”计划重点学科。围绕“211工程”建设，1997年，学校将机械制造及其自动化、材料加工工程、电力系统及其自动化、信息系统与控制工程、动力机械及工程热物理确定为重点学科建设项目。学校逐步形成以工为主、理文经管兼容的学科体系，其中机械、材料、电力、自动化、动力等学科力量较强，机械、材料学科成为优势学科。

学位点建设也取得了重大突破，从1990年至2000年，学校硕士学位授权点增至25个，博士学位授权点增至5个，共有博士生指导教师33名。1999年初，学校新增机械工程和材料学与工程两个博士后科研流动站，建立起了“学士—

硕士—博士—博士后”的完整的人才培养体系。

（七）改制增效发展校企

1971年10月，学校实习厂改名为机械厂。除完成教学实习任务外，该厂一直是学校的支柱企业。进入20世纪90年代，学校在搞好教学、科研工作的同时，校办产业以高新技术为依托，以市场为导向，不断调整产业结构、改善经营管理，经济效益也随之不断提高。1991年3月，学校成立校办产业管理委员会和产业处，以加强对校办产业的领导和管理。从1996年开始，校办产业进入“加强企业管理，规范企业行为，优化资源配置，加快产业发展”的重要历史时期，学校制定完善了有关校办产业改革与管理的一系列规章制度。校办企业形成了包括机械、材料、电子、计算机、化工、电力、节能、环保等多种产品的高新技术产业群体。1999年4月8日，济南高新区山东工业大学创业园签字揭牌仪式隆重举行。同年，学校开始实行股份制改造，按现代企业制度的要求建立法人治理结构，从根本上解决企业发展的动力机制和激励机制问题。截至2000年6月，学校有校办企业39家，其中集团成员企业23个，校办校管企业2个，院系办企业14个，企业固定资产（净值）约8549万元，资产总额约2.4亿元。

（八）推进基础建设，提升办学条件

1992年6月，学校公布实施《山东工业大学管理体制改革方案》，确定了后勤改革的基本思路和主要内容，1993年后勤改革全面展开。学校全面落实校园治安综合治理措施，推动学校精神文明建设，维护校园良好的秩序，更好地为教学、科研和广大师生员工服务。1999年2月1日，学校隆重举行校园“110”开通仪式。

1996年10月，学校重点建设项目科学实验楼全部交付使用，极大地改善了学校的实验、教学、办公用房的紧张状况。20世纪90年代，学校建成教职工住宅总计达113167万平方米，相当于学校过去40年建设住宅面积的总和，共安排教职工1027户。全校教职工的住房条件大大改善。

校园文明建设是高校精神文明建设的重要方面，是改变校容校貌，改善办学条件，提高管理水平、办学质量和办学效益的重要途径。20世纪90年代，围

绕“211工程”预审、50周年校庆，校园文明建设步伐加快，投资力度明显加大，制定了校园环境建设整体规划。学校坚持高起点、高标准、高质量、高水平的原则，改造基础设施，调整绿化配置，精心营造高品位的文化氛围，校园面貌发生了显著变化，形成了文化教育情景浓郁、教学科研设施完善、学习工作生活秩序优良的校园环境。

学校从1991年7月起开始酝酿新校区建设。1998年12月16日，山东省政府鲁政字〔1998〕334号文批准学校征用十六里河镇兴隆一村、小岭村、扳倒井村土地1153.62亩。1999年5月7日，正式取得中华人民共和国国有土地使用证。2000年7月20日，济南市规划局批准了经同济大学修改完善后的新校区总体规划。

（九）坚持社会主义办学方向，加强党建工作

面对新形势、新任务、新挑战和新选择，学校党委在中共山东省委、省政府的正确领导下，贯彻党的基本路线，坚持社会主义办学方向，拼搏进取，在各项工作中取得显著成绩。学校党委制定了《党委会议制度的议事规则》，坚持重大问题集体研究，坚持党委常委民主生活会制度，坚持中心组学习制度，用邓小平理论武装头脑，加强领导班子思想建设、组织建设，保证班子政治上坚强有力。学校一贯重视学生思想政治工作和日常管理工作，学生工作制度化、规范化建设早在20世纪80年代就已享誉全国。1997年6月28～30日，中共山东工业大学第六次代表大会及六届一次会议召开，明确了今后一个时期改革发展的奋斗目标：把山东工业大学建成具有国内同类院校先进水平、部分学科有一定国际影响、以工为主、理工结合的社会主义大学，成为山东省重要的高级工程技术人才培养基地和科学技术研究开发基地，更好地为山东经济发展和社会进步服务。多年来，学校在精神文明、党建、思想政治工作方面均取得较大成绩。1998年7月，学校被中共中央组织部、宣传部、教育部党组授予“1993～1998年党的建设与思想政治工作先进高等学校”称号。

（十）申请与实施“211工程”建设

“211工程”是指面向21世纪重点建设100所左右的高等学校和一批重点学科点。1991年12月31日，“211工程”正式提出。1992年12月7日，山东省政

府办公会决定对山东工业大学和青岛大学进行重点扶持。1993 年 11 月，学校成立“211 工程”办公室。1995 年 1 月 6 日，山东省政府以鲁政字 1 号文致函国家教委，申请对山东工业大学进行“211 工程”部门预审。1996 年 11 月 28 日，经专家组评议，10 位专家组成员“一致同意通过山东工业大学‘211 工程’部门预审”。1997 年 6 月 18 日，学校通过“211 工程”建设项目可行性研究报告专家论证和立项审核。1998 年 12 月 24 日，山东省政府正式批准学校“211 工程”建设项目立项。1999 年 6 月，根据国务院批准的《“211 工程”总体建设规划》，正式同意山东工业大学作为“211 工程”项目院校，在“九五”期间进行建设。至此，山东工业大学“211 工程”建设进入正式实施阶段。山东工业大学“211 工程”建设的主要内容包括重点学科建设、公共服务体系建设和基础设施建设。“九五”期间将重点建设机械制造及其自动化、材料加工工程、电力系统及其自动化、动力机械及工程热物理、信息系统与控制工程 5 个学科，使其成为我国高水平博士、硕士人才培养和承担重大科研任务的基地。工程建设方面，到 2000 年要实现的目标是：学校综合实力有较大提高，整体办学水平处于国内同类高校先进水平。重点建设的学科达到国内先进水平，其中 1～2 个学科达到国家重点学科水平。按国家计委的批复，山东工业大学“211 工程”建设计划总投资为 1.12 亿元。

（十一）建校 50 周年校庆

1999 年 11 月 1 日，6000 余名校友及近万名师生会聚学校南院体育场，热烈举行山东工业大学建校 50 周年庆典。中共中央政治局委员、中共山东省委书记吴官正及教育部发来贺信、贺电。校长邹增大代表学校在大会上讲话，他全面总结了建校 50 年来取得的辉煌成就，提出了学校的办学指导思想：“以提高教育质量和办学效益为中心，实施以新校区建设、学科建设、高层次创造人才队伍建设为核心内容的名校战略。”“八五”计划以来，学校共承担国家计划和企业委托科技项目 1000 余项，鉴定科技成果 447 项，申请专利 100 余项，获奖项目 380 项，其中国家级奖励 26 项，居全省各单位之首；获国家发明奖 12 项，居全国高校第三位。这次校庆再次全面回顾了学校优良办学传统，凝聚了广大校友，描绘了新的目标，扩大了社会影响力，获取了社会资源，促进了学校进一步发展。

第十四章　新山东大学组建，进入国家“985 工程”

2000 年 7 月，经中共中央和教育部批准，原分属于不同管理体制的山东大学、山东医科大学、山东工业大学合并组建为新的山东大学，由此揭开了山东大学进入 21 世纪以来新的历史篇章。新山东大学成立后，学校结合原三校的实际情况推出了一系列创新措施，加大对既有人员、机构和学科的调整重组和优化组合，实现了原三校的实质性融合，促进了学科优势的互补、教育资源的合理配置与充分利用，办学质量和效益明显提高。2001 年、2004 年，山东大学先后进入了国家“985 工程”重点建设高校行列和副部级中央直管高校行列，学校发展连续跃上了两个大台阶，新山大的良好社会形象和办学成就、办学实力得到充分认可，“用实际行动证明了中央对高等学校进行结构调整、实现强强联合，方向是正确的”，被誉为“合校成功的范例”。

第一节　三校合一

一、山东大学、山东医科大学、山东工业大学合并大会

2000 年 7 月 22 日，山东大学、山东医科大学、山东工业大学合并大会在山东大学科学会堂隆重举行。时任中共中央政治局委员、中共山东省委书记吴官正，教育部党组书记、部长陈至立，中共山东省委副书记、省长李春亭等领导同志出席了大会。陈至立首先宣读了中共教育部党组和教育部关于三校合并组

建新山东大学的决定以及新山东大学党政领导班子成员名单。

在这次大会上，广大师生员工十分关注的新山东大学第一届领导班子成员首次以崭新的面貌集体公开亮相。时任中共山东省委常委、省直机关工委书记朱正昌任新山东大学党委书记，原山东大学党委常委、副校长、教授、博士生导师展涛任新山东大学校长。学校党政领导班子其他成员分别为：原山东医科大学党委书记赵明顺，原山东工业大学党委副书记尹薇，原山东大学党委组织部部长刘珂，任新山东大学党委常委、副书记；原山东大学副校长徐显明、张华，原山东医科大学副校长李承俊，原山东工业大学党委副书记、副校长张体勤，原山东工业大学副校长韩金远，任新山东大学党委常委、副校长；原山东医科大学副校长于修平任新山东大学副校长；原山东大学纪委书记胡家臣任新山东大学党委常委、纪委书记。

新山东大学党政领导班子成员名单宣布后，陈至立、李春亭分别讲话。

陈至立在讲话中指出，根据《国务院办公厅转发教育部等部门关于调整国务院部门（单位）所属高校管理体制和布局结构实施意见的通知》精神，经过教育部、卫生部和山东省委、省政府的通力配合与共同努力，原分属不同管理体制之下的三校合并筹备工作进展顺利，在短短几个月内顺利完成了合并的相关工作，组建成一所学科覆盖面更广、办学实力更强的综合性大学。新山东大学领导班子、广大党员干部和全校师生员工要进一步统一思想，提高认识，增强责任感、使命感和紧迫感。一方面，要处理好改革、发展和稳定的关系，珍惜和维护学校稳定的局面，在改革进程中一定要做到人心不散、秩序不乱、工作不断，切实保证学校的改革工作顺利开展，使合并工作沿着正确的轨道平稳进行；另一方面，要坚定不移地推进校内各项改革，实现校内资源的优化重组与合理配置，实现学科的实质性融合，真正达到提高办学水平、教育质量和办学效益的合并目的，为学校进一步发展奠定良好的基础。

李春亭在讲话中指出，由三所各具特色的高等院校在优势互补的基础上组建新的山东大学，将为建立一流的学科、打造一流的师资队伍、达到一流的科研水平和培养一流的人才奠定良好的基础，为争创国内一流大学创造条件。同时，新山东大学的组建体现了提升办学实力、增强竞争能力、提高办学效益、优化教育资源配置的指导思想，顺应了面向新世纪高教改革和发展的需要，对学校今后的快速发展，对加快山东省高等教育事业的发展，对促进山东省经济社会发展都具有十分重要的意义。

陈至立和李春亭在讲话中都表示，教育部和山东省决定在今后若干年内持续加大对新山东大学的投入力度，进一步加快学校改革发展步伐。

省委常委、新任山东大学党委书记朱正昌，新任山东大学校长展涛也分别在成立大会上发言，表示要在建设一流大学的高起点上做好合并工作，顾全大局，团结合作，努力工作，锐意进取，开拓创新，努力把新的山东大学办成一流大学。

新山东大学成立大会由时任山东省副省长邵桂芳主持，出席大会的各级领导还有时任省委常委、组织部部长姜大明，省政协副主席、青岛海洋大学校长管华诗，济南市委副书记、市长谢玉堂，卫生部、教育部有关司局负责人及省直有关部门负责人，省内高校代表，原三校党政主要领导、中层干部代表、退休干部代表、教职工代表、学生代表等共500余人参加了大会。

二、合校过程

三校合并组建成新的山东大学，是党中央、国务院和教育部、卫生部以及山东省委、省政府各级领导高度重视、关心、支持，周密筹划、调研和科学决策的结果。

20世纪90年代中期，党中央和国务院根据“科学技术是第一生产力”的思想，提出了“科教兴国”的伟大战略，切实把教育摆在了优先发展的战略地位。继1985年颁布《关于教育体制改革的决定》之后，相继制定了《关于深化高等教育体制改革若干意见》《中国教育改革和发展纲要》《深化教育改革全面推进素质教育的决定》等一系列纲领性文件。1995年国家实施“211工程”后，原山东大学、原山东工业大学先后进入了国家“211工程”建设行列。作为部属院校，1996年山东大学实行教育部与山东省共建体制，1997年山东医科大学实行卫生部与山东省共建体制，在办学上得到了山东省政府的大力支持。时任中共中央总书记、国家主席、中央军委主席江泽民在庆祝北京大学建校100周年大会上的重要讲话发表后，1998年12月教育部在《面向21世纪教育振兴行动计划》中明确提出：“今后10～20年，争取若干所大学和一批重点学科进入世界一流水平。”随后对我国高等教育发展影响重大而深远的“985工程”建设开始启动。山东省委和省政府也将山东省建设一所一流大学正式提上议事日程。时任中共中央政治局委员、山东省委书记吴官正对此给予了极大的关注和支持。为了制定科学合理的高水平大学建设方案，山东省组织专家进行了长时间的调查研究和论证，广泛吸取了各方面的意见，先后组成省教委高等教育考察组和省政府代表团，分赴国内外广泛实地考察多所著名大学建设情况，于2000年初确定了将山东大学、山东医科大学、山东工业大学合并组建为新的山东大学的方案，并在当年2月省“两会”召开期间首次向新闻界公开，此后便加快了合校的筹备工作。

时任中共中央政治局常委、国务院副总理李岚清听取了建设新山东大学的全面汇报，表示支持山东办一所国内一流大学。他还明确指出，这所大学应当办成综合性大学，应包括医科和工科，以利于学科互补与技术创新；要办好高科技园区，实施紧密型实质性合并。这就为新山东大学的组建定下了基调。

教育部、山东省委、省政府几次召开办公会议，研究学校合并工作。国务委员、教育部党组书记、部长陈至立于合校前夕率教育部有关司局负责人考察了山东大学、山东医科大学、山东工业大学，对三校合并工作进行指导。吴官正、陈至立、李春亭一起商谈三校合并与建设事宜，作出若干重要指示，把新的山东大学的组建上升到经济和社会发展的战略高度，对新山大的发展给予了高度的关心和支持，为实现建设一流大学的目标提供了保证。

原山东大学、山东医科大学、山东工业大学的学校领导、管理干部和师生，顾大局，识大体，不计个人得失，积极支持或参与合校工作，表现出高尚的精神境界，为新山东大学的成立奠定了良好的思想基础和群众基础。

7月14日，教育部正式决定将山东大学、山东医科大学、山东工业大学合并组建为新的山东大学，同时撤销原三校的建制。新的山东大学为教育部直属高校。19日，确定了三校合并的实施意见。

2000年7月22日，合校大会在济南召开，吴官正出席合校大会，陈至立、李春亭、王环增（时任卫生部人事司司长）分别代表教育部、山东省政府和卫生部在大会上讲话，对新山东大学的发展寄予殷切期望。新山东大学首届党政领导班子也首次公开亮相。

三、合校意义

三校合并组建成新的山东大学，是顺应21世纪世界高等教育和科技发展趋势，适应当时我国和山东省经济社会发展需要，实施科教兴国和科教兴鲁战略、创建一流和高水平大学的重大战略抉择和战略举措。

合校后的新山东大学，全日制在校本专科生和研究生达到30111人（另有成人教育学生23000人），教职工10052人，其中教授601人，博士生导师212人，师资力量更加雄厚。学校有博士学位授权点42个，硕士学位授权点128个，博士后流动站7个，国家重点学科2个，国家工程技术推广中心1个，省、部级重点学科32个，国家重点实验室2个，省、部级重点实验室21个，省级工程技术研究中心6个，附属医院3所，教学医院12所，校园占地面积5637亩，基建面积107万平方米，仪器设备总值3.6亿元，图书资料355万册，研究生层次教育涵盖哲学、经济学、法学、文学、历史学、理学、工学、医学、管理学、教育学十大学科门类。三校合并后相近或不同学科的交叉、渗透，为新的学科的产生提供了良好的条件，为不同学科之间的合作提供了广阔的空间，将对推动科学技术的发展和进步作出新的贡献。更为重要的是，三校合并后学科门类更加齐全，为培养符合时代要求的高素质复合型人才创造了良好的氛围和环境。高校培养的人才，应当兼具人文精神与科学素养，应当知识面宽、眼界开阔、综合素质高，这样的学生才更有发展前途，才符合素质教育和未来发展的要求。显然，单科性院校要达到这一目的是非常困难的。总之，合并后的新山东大学初步具备了建设一流大学的总体实力。经过学科重组和融合，将进一步发挥综合优势，优化资源配置，提高办学效益和水平。

山东省委省政府在谋划和筹建新山东大学的过程中，也对学校未来的建设和发展进行了科学的规划。

当时山东省政府确定的新山东大学建设的目标是：通过集中优势、转换机制、经费支持、政策倾斜、突出重点，经过10～15年的努力，建成一所居全国前列的综合性大学，其中部分学科、实验室达到全国一流水平，拥有一批国内外知名学者、教授；在办学条件、管理水平、生源与毕业生质量、科研实力与社会贡献方面位居全国前列；成为科技精英、学术大师、经济泰斗、跨国企业的领导者和杰出党政干部的摇篮，自然科学与社会科学研究的主要基地，为山东乃至全国的经济、科技和社会发展特别是高新技术产业的发展作出重大贡献，发挥示范和辐射作用，带动山东高等教育整体水平的提高。

山东省政府确定的新山东大学初步的主要建设思路如下。

其一，实施新的管理体制和运行机制。新的山东大学建设立足于高起点、新机制，在硬件建设、办学思路与方向、内部管理体制、教学工作与教学科研队伍建设等方面全方位采用适应新的历史时期要求的运行机制。另外，鉴于学校规模已经较大，可以借鉴有关国家的成功经验，在实质性合并的前提下采用新的管理模式。

其二，建设研究生院。三校合并前，教育部已经批准山东大学试办研究生院。要集中优势学科与研究生教育，研究关系山东省经济和社会发展的重大课题，充分发挥动力源作用；培养高层次人才，逐步扩大研究生的招生规模，提高研究生与本科生的比例，成为山东省教育和科研的龙头。

其三，建设重点学科、实验室。根据三校区现有的学科优势，充分考虑当代科技、经济、文化、教育的发展趋势，通过重组和优化，对有关学科群进行重点建设，使中国传统文化研究、社会发展与经济建设、材料科学、机电工程、环境工程、生命科学与生物工程、信息科学、数学、物理与化学、临床医学、卫生经济政策等成为新山东大学的支撑学科群。在上述领域，遴选若干个学科、实验室加强建设，经过10年左右，达到国家一流水平，取得一批达到国际先进水平的科研成果。

其四，培养引进高层次人才。通过培养、引进和兼职、借聘等形式，形成一支在教学科研中承担重任、在国内有一定影响的骨干教师队伍，涌现一批走在国内乃至国际学术发展前列，对本学科的发展方向有重要影响的大师级人才。要特别重视从国内外引进优秀的中青年学者、教授、两院院士、对华友好的诺贝尔奖获得者来校任客座教授，以尽快进入科技前沿。

其五，建设高科技园区。依托研究生院和学校现有科研、人才基础，以提高创新能力、建立创新机制和服务现代化建设为根本目标，加强科研工作，不断提高科研质量和水平，建好高科技园区，为“科教兴鲁”和可持续发展作出贡献。要突出重点，对优势明显、有希望取得突破的信息技术、生物技术、新材料等领域予以重点支持，建设一批高水平的创新基地，在知识创新、技术创新和创造性人才培养上取得突破性进展。积极实施高新技术产业化工程，推进产学研一体化，进一步带动山东高科技产业的发展，形成新的经济增长点。

在此后10～15年内，教育部和山东省政府将不断加大对新山东大学的经费支持力度。山东省政府在建设一流大学方案中提出：拟在10～15年内投入37亿元左右，主要通过山东省和教育部筹集。近三年（2000～2003年）经费，省财政安排4亿元，教育部安排2亿元，共6亿元。具体是：2000年，山东省投入2亿元；2001年，山东省和教育部各投入1亿元；2002年，山东省和教育部各投入1亿元。从2003年起，由下一届省政府研究继续投入问题。这就为新山东大学的发展提供了有力的物质保障。

第二节　整合办学资源

随着新山东大学的诞生，如何加快实现三校的实质性融合，如何在保证人心不散、秩序不乱、工作不断的前提下充分发挥合校的优势，顺应世界高等教育和科技发展趋势，适应国家和山东省经济社会发展需要，尽快启动建设一流高水平大学的宏大工程，成为新的领导班子直接面对的严峻考验。

一、合校之初的总体部署

2000年7月24日，新山东大学第一次党委常委会召开。党委书记朱正昌就加强领导班子建设和加快学校发展提出明确要求，他要求领导班子成员要像爱护自己的眼睛一样维护班子的团结，不利于团结的话不说，不利于团结的事不做；要牢固树立改革观点、创新思想、实干精神、爱才意识，努力树立领导班子“改革、创新、实干、爱才”的新形象；要遵循高校办学规律，坚持创办一流大学的方向，按照创办一流大学的要求来考虑问题，做出决策；要按照江泽民总书记“三个代表”重要思想的要求，切实搞好班子建设。

围绕合校之初的特殊形势，学校常委会及时对学校工作进行总体部署。会议明确了新山东大学的领导体制为党委领导下的校长负责制，确定了新任学校党政领导班子成员的工作分工。

会议通过了原三校的命名，决定原山东大学（新校、老校）为山东大学东校区，原山东医科大学为山东大学西校区，原山东工业大学为山东大学南校区，同时决定设立山东大学校区党工委、管委会，规定其职责分别为学校党委和学校行政的派出机构，不具有独立法人资格。会议还通过了校区党工委、管委会领导人员的任命，任命原山东大学党委副书记冯宜明为山东大学东校区党工委书记兼校区管委会主任，原山东大学校长助理刘绍刚为山东大学东校区管委会副主任；任命原山东医科大学党委副书记姜钟松为山东大学西校区党工委书记，原山东医科大学副校长张衡为西校区管委会主任，原山东医科大学纪委书记姜在瑞、原山东医科大学校长助理杨廷岐为山东大学西校区管委会副主任；任命原山东工业大学党委副书记姜法魁为山东大学南校区党工委书记，原山东工业大学纪委书记韩宏为南校区管委会主任，原山东工业大学校长助理李振汉为山东大学南校区管委会副主任。此举对保证新山大建设起步阶段各项工作顺利开展，建立校区良好的工作、学习和生活秩序，以及确保学校稳定起到了重要作用。

这次党委常委会会议统一了思想认识，学校领导把加快三校的实质性融合作为第一要务。新任学校党政领导同志分别召集各自分管部门负责人会议，研究部署加快三校融合的有关问题。

学校党委书记朱正昌、校长展涛分别到三个校区看望部分国内知名教授专家，参加老干部、中青年学科带头人座谈会等，就未来新山东大学的学科建设、高层次人才培养、新山大办学理念以及如何加快融合等问题，听取了他们的意见和建议。

8 月 18 日，学校党委宣传部向全校印发了《关于新山东大学成立的宣传提纲》。学校通过校内报纸、有线电视台、广播站、宣传栏等多种方式在广大师生中广泛宣传三校合并组建新山东大学的重要意义，教育引导广大师生员工树立团结、融合意识，保持学校稳定，以实际行动促进三校实质性融合。

二、学校运转有序

7 月 27 日，学校召开新山大成立后第一次中层干部会议。会议强调三个校区的中层领导干部应着眼于新山大的建设，充分发挥党员干部的模范作用，保持良好的精神状态，正确处理整体与局部、集体与个人的关系，切实搞好团结，不断增强责任感、使命感和紧迫感，通过扎实有效的工作，为新山东大学的建设作出应有贡献。

按照学校党委决定，自 7 月 31 日起，三校区机关中层干部结束暑假休假并返校上班；各部（处）室主要负责人集中在山东大学东校区联合办公，交流工作，研讨下一步学校的改革与发展问题。

联合办公期间，为保证新山东大学建设起步阶段正常的工作和管理秩序，各职能部门认真交流了原三校各自的工作情况，就规章制度、工作职能和工作程序进行了协调，先后研究制定有关公章管理、人事管理、财务管理、资产管理、国际学术交流、校办产业管理、科技管理、教学教务、学生管理、研究生教育管理、纪检监察、审计等14个暂行规定，作为合校初期的指导性文件，对当时迫切需要研究、规范和统一的问题作了具体、严格的规定，使各校区、各部门工作的稳步运行有了遵循和保障。

三、校部机关调整

要尽快正常开展新山东大学的各项工作，中层干部的调整必须早日解决。学校领导一致认为，应迅速调整配备中层干部。

学校党委对机关党政机构设置和中层领导干部的配备调整工作十分重视，并为此进行了深入的调查研究。根据《中华人民共和国高等教育法》《中国共产党普通高等学校基层组织工作条例》《党政领导干部选拔任用工作暂行条例》等有关规定，结合学校实际，立足于一流大学的建设与发展，于9月12日公布《山东大学校部机关党政机构设置方案》，后又陆续印发《山东大学机关及部分直属单位中层干部配备调整工作意见》《关于校部机关及部分直属单位中层干部配备调整工作的通知》等文件。

根据方案规定，新山东大学校部机关党政机构设置应遵循如下原则。（1）精干、高效。从建设一流大学的工作需要出发，科学合理地设置机关职能部门。对机关主体职能相近的部门，任务性质基本相同的机构实行合署办公，使机关工作在精干、高效的基础上进行。（2）职能分开。机关党政职能部门与机关基层党组织和群团组织分开，机关党政职能部门与服务性、学术性单位分开，机关党政职能部门与经营性单位分开，以保证机关党政部门更好地履行职责。（3）有利于学校事业发展。考虑到学校建设起步阶段工作任务重、要求标准高的实际，在不突破教育部规定的总的机关编制的前提下，对部分职能部门适当增加干部职数，以满足工作的基本需要。《山东大学校部机关党政机构设置方案》规定了机关党政机构、部分基层党组织、群团组织和部分直属单位的职责范围。

9月13日，学校召开全校处级干部大会，动员、部署校部机关及部分直属单位中层干部配备调整工作。根据有关文件，机关共设置职能部门21个，部分直属党组织、群团组织和直属单位13个，设领导干部正职岗位39个、副职岗位96个。朱正昌书记就做好这一工作对全校各级党组织和广大干部提出明确要求。他指出，这次学校中层干部的配备调整，是新山东大学发展起步阶段的一项关键性工作，事关学校长远发展的大局，意义重大。要立足于建设一流大学的要求，立足于提高中层干部队伍的整体素质，立足于选人干事业，坚持任人唯贤的干部路线，坚持干部“四化”方针和德才兼备原则，真正把那些政治上坚定、党性原则强、知识层次高、有强烈的事业心和责任感、有开拓进取精神和改革创新意识、工作能力强、顾全大局、为人正派、清正廉洁、实绩突出、群众公认的优秀干部选拔到领导岗位上来。特别要注意选配好党政一把手，切实把班子配好、配强。

9月17日，270名中层干部在东校区邵逸夫科学馆进行述职，公开竞争135个正、副职岗位。由校领导、三校区院系干部代表、民主党派代表和教师代表组成的考评小组分三组对述职人员进行了考评。

经过公开报名、资格审查、述职考评、组织考察、确定拟任人选、张榜公示、党委讨论决定等程序，最后共任命正处级干部39人、副处级干部92人。截至10月15日，机关及部分直属单位中层干部的配备调整工作圆满完成，迈出学校实质性融合的第一步。通过调整，校部机关和直属单位中层干部队伍年龄结构趋于合理，学历层次明显提高。

四、学科院系合并调整

校部机关及部分直属单位中层干部调整配备完成之后，学校又实施对学科与院系的大调整，这是学校向实质性融合迈进的又一重要步骤。在进行广泛调研和论证基础上，于2001年1月10日公布《山东大学院（系）调整方案》。

按照创建一流高水平大学的目标要求，从实际出发，遵循有利于发挥综合性大学的多学科优势、有利于高素质人才的培养、有利于形成山东大学新的优势学科等原则实施。学校根据当代科技发展的趋势以及国家和山东省经济社会发展的要求，对一些新兴学科进行了重点整合，使材料科学、信息科学、生命科学、环境科学、管理科学等领域实现了原三校之间的强强联合，工程类应用学科的综合实力明显增强。

调整后保留原名称、专业、人员建制不变的5个学院是经济学院、历史文化学院、土建与水利学院、公共卫生学院、护理学院。更改院（系）名称，原有专业、人员及建制不变的6个学院情况如下：原文学院更名为“文学与新闻传播学院”，在原艺术系基础上筹建艺术学院，原动力工程系更名为“能源与动力工程学院”，原电力工程学院更名为“电气工程学院”，原自动化工程系更名为“控制科学与工程学院”，原口腔系更名为“口腔医学院”。调整及新成立16个学院和2个教学部，分别是哲学与社会发展学院、政治学与公共管理学院、法学院、外国语学院、数学与系统科学学院、物理与微电子学院、化学与化工学院、生命科学学院、信息科学与工程学院、计算机科学与技术学院、材料科学与工程学院、环境科学与工程学院、机械工程学院、医学院、药学院、管理学院以及马列教学部、体育教学部。共有29个教学单位。

同时，按照学校党委的统一部署，于2001年初完成了新的学院党政领导班子的配备调整工作。新任命的27位院长（部主任）中，博士生导师22人，有博士学位的11人，全部是正高级职称（其中，蒋民华院士出任材料科学与工程学院院长），平均年龄46岁。这次调整为新山东大学学科建设和高层次人才培养奠定了良好基础。

2001年1月20日，学校党委召开各院（部）新任党政主要负责人集体谈话会。学校党委要求他们以“三个代表”重要思想为指导，加强思想作风建设，树立全局观念，切实增强领导班子的凝聚力和战斗力，强化一流意识，以创新的精神，搞好学院（教学部）发展规划，加快院（部）发展。

两次中层干部的配备调整分别在三个月和半年之内完成，可谓快速高效。中层干部各就各位，迅速形成合力，推动了学校各项工作的开展。

与院系调整工作同步，学校将原山东医科大学附属医院改名为山东大学齐鲁医院，原山东医科大学第二附属医院改名为山东大学第二医院，原山东医科大学附属口腔医院改名为山东大学口腔医院，并制定相应政策，积极支持和推进三所医院的改革与发展，提高整体学术水平和对外服务的能力，发挥窗口作用。

五、公开选拔副校长

新山东大学成立后，通过中层干部调整、学科重组初步实现了实质性融合，通过采取全方位开放式发展战略，深化教学、科研、管理制度改革，学校学术水平和整体实力不断得到提升。2003 年上半年，随着学校各项工作的快速推进，校级领导班子建设中职数不足的问题凸显。根据学校的实际情况和事业发展需要，经学校党委常委会研究并征得教育部人事司同意，决定面向全校以公开选拔的方式增补副校长。

为了使全校师生员工都关心、关注、参与公开选拔副校长工作，学校发布了《山东大学公开选拔副校长公告》，公布选拔副校长职数、条件、资格、方法、程序，并于 2003 年 7 月 7 日召开了全校公开选拔副校长动员大会，学校领导、机关及直属单位和院部主要负责人、教师代表等近 200 人参加大会，威海分校分会场同时收看会议实况。经过个人自愿报名、组织资格审查，21 人参加了笔试。经过笔试选拔后，有 14 位候选人进入面试。面试分述职、演讲和答辩三个部分，按抽签顺序进行，每人 30 分钟。考试委员会根据面试人员表现出的综合分析能力、应变能力、逻辑思维能力和语言表达能力，按 1∶2 的比例推荐副校长人选。同时，组织 160 人旁听面试，并在旁听人员范围内进行民意测验。

中共山东省委组织部、省委高校工委和学校党委组织部联合组成考察组，对考察对象的思想政治素质、道德品质以及工作能力、工作实绩、敬业精神和群众公认程度等进行考察。21 日，学校党委常委会一致同意樊丽明、方宏建、张永兵为副校长拟任人选，并在全校范围内公示，公示 10 天。8 月 4 日，学校党委常委会听取组织部对公示情况的汇报，向教育部党组提出“关于增补樊丽明、方宏建、张永兵三位同志为山东大学党委常委、副校长”的请示。9 月 29 日，教育部党组正式任命樊丽明、方宏建、张永兵为中共山东大学委员会委员、常委，教育部同时任命三位同志为山东大学副校长。

本次公开选拔副校长具有深刻而长远的意义：第一，它适应了深化干部人事制度改革要求，将竞争机制引入领导班子和干部队伍建设，拓宽了识人视野和选人渠道，增强了选拔干部工作的广泛性和民主性；第二，通过这次公开选拔活动，在全校倡导了平等、竞争、择优选拔干部和重视真才实学的风气，树立了凭知识、凭能力、凭实绩用干部的良好用人导向；第三，这次公开选拔副校长的成功实践，展示了新山东大学的风采，证明了学校领导集体的坚强有力，坚定了全校广大师生员工齐心协力办好山东大学的信心和决心。

六、坚持一流办学理念

合校之后，新山东大学以什么样的办学目标和办学理念统一全校师生员工的思想，是摆在新一届学校领导班子面前的一项重要任务，也备受社会大众和广大师生员工的关注。

2000年10月5日，在中层干部岗前培训班上，山东省委常委、学校党委书记朱正昌作了《领导干部要以“三个代表”重要思想为指导 努力推进创建一流大学的各项工作》的报告。他着重指出，面对新的任务和使命，广大干部要尽快实现三个转变：一是由单一校区管理向综合性、多科性大学的管理方式转变；二是由一般大学管理要求向一流大学的管理要求转变；三是向高层次、知识型管理干部转变。展涛校长作了《关于世界科技与高等教育发展趋势和新山大发展思路》的报告，他明确提出，要用十年左右的时间把新山东大学建设成为与国家和山东省经济发展相适应的，国内一流、国际上有较大影响的研究型、开放型、综合型大学。

学校党委一再强调：创建高水平大学，是一项系统工程，一是要有一流的精神状态，也就是坚决拥护教育部和中共山东省委、省政府的战略决策，以“三个代表”重要思想为指导，遵循高校办学规律，建设好一流的领导班子，努力树立“改革、创新、实干、爱才”的新形象，在建设高水平大学的目标下，团结和凝聚广大教职员工，众志成城，充分展示奋力拼搏、奋发向上的良好风貌。二是要有一流的工作状态，也就是爱岗敬业，拼搏奉献，吃苦耐劳，脚踏实地，高水平、高效率地完成一流大学建设的每一项任务。三是要有一流的工作标准，也就是在建设新山东大学的过程中，向国际、国内最好的学校看齐，用一流标准要求每件事、每个人。从学校的发展规划到校园设计再到每一项具体的工作环节，从校领导到最基层的人员，都要按一流的标准严格要求。一流的工作标准应充分体现在“教书育人、管理育人、服务育人”上。在教学上，就是教师不仅要传道授业解惑，更要注意培养学生高尚的情操和健康向上的心理素质，注重学生综合素质的发展和特殊才能的发挥，使学生早成才、成大才。名校不仅要有名教授、名专家，还要培养出名学生。在服务上，就是倡导以人为本，想师生之所想，急师生之所急，端正服务态度，提高服务质量和水平。在管理上，就是倡导科学管理，遵循教育规律，严格规章制度，依法治校。四是要追求卓越，不断创新，也就是不满足于现状，不满足于已有的成绩，不断超越自己。围绕建设一流大学的目标，不断解放思想、锐意进取，在办学体制、学科建设、人才培养和管理模式上，不拘泥于前人，不断创新，实现超常规发展，走出一条适合新山东大学发展的路子。

合校初期，经过学校领导班子对高等教育面临的形势任务及高校发展规律的全面系统分析、思考和全校师生广泛讨论，结合实践探索，逐步形成了新山东大学的办学理念：确定了建设综合性、开放性、研究型国内外知名高水平大学的发展目标；确定了全方位开放式发展战略、人才战略和教育创新战略；确立了“以人为本，以教师学生为中心，以学术为主导”的管理理念；树立了“具有高度的社会责任心、过硬的竞争力与创造力、个性与人格得到健全发展”的人才理念；确定以“学无止境，气有浩然”为校训，培育以“刚毅厚重，朴实无华”为特色的大学文化；提出建立“规范高效，反应迅捷”的管理机制。

第三节　推进“985 工程”建设

新山东大学成立后，通过对人员、机构、学科等进行了一系列调整重组，推出并实施了若干创新性的改革措施和办学理念，迅速实现了原三校的实质性融合，达到了学科优势互补、教育资源的合理配置与充分利用、办学质量和效益明显提高的合校目的，合校的优势初步显现出来。2001 年、2004 年，新山东大学先后进入了国家“985 工程”重点建设高校行列和副部级中央直管高校行列，学校发展连续跃上了两个大台阶。新山东大学的良好社会形象和办学成就、办学实力得到充分认可，“用实际行动证明了中央对高等学校进行结构调整、实现强强联合，方向是正确的”，被誉为“合校成功的范例”。

一、“985 工程”建设进展

2001 年 2 月 26 日，教育部与山东省人民政府重点共建山东大学签字仪式在济南南郊宾馆举行。时任教育部副部长吕福源、山东省副省长邵桂芳分别代表教育部和山东省人民政府在协议书上签字。“共建协议”的签署，标志着新山东大学在地方政府的支持下进入了国家重点建设的高水平大学行列，进一步明确了发展目标，那就是积极适应21世纪国家经济建设和社会发展的需要，不断提高教育质量和科研水平，努力成为我国特别是华东地区高水平创新人才培养、高新技术研究和转化、高层次决策咨询的重要基地，逐步建设成为国内外知名的高水平大学。

山东省将山东大学的改革和发展纳入山东省经济建设和社会发展的总体规划并给予相应的政策支持。

按照共建协议，除教育部、山东省的正常经费安排和山东省承诺拨付的原山东大学、原山东工业大学的“211工程”建设专项经费以及共建原山东医科大学的专项经费，截至2003年，教育部和山东省将分别向山东大学投入建设经费3亿元和5亿元人民币。其中，2001～2003年教育部每年投入1亿元；山东省2000年投入2亿元，2001～2003年每年投入1亿元。教育部和山东省人民政府签署重点共建山东大学协议，标志着山东大学跨入了国家重点建设的国内外知名高水平大学的行列，山东大学“985工程”一期建设全面启动。

实施“985工程”是党中央、国务院在世纪之交作出的重大决策。1998年5月4日，中共中央总书记、国家主席、中央军委主席江泽民在庆祝北京大学建校100周年大会上宣告：“为了实现现代化，我国要有若干所具有世界先进水平的一流大学。”1999年1月，国务院批转教育部《面向21世纪教育振兴行动计划》，“985工程”正式启动建设。“985工程”建设是从我国国情出发的战略选择，“要相对集中国家有限财力，调动多方面积极性，从重点学科建设入手，加大投入力度，对于若干所高等学校和已经接近并有条件达到国际先进水平的学科进行重点建设”。“985工程”一期建设率先在北京大学和清华大学实施。2004年，根据国务院批转教育部《2003～2007年教育振兴行动计划》，教育部、财政部印发《教育部、财政部关于继续实施“985工程”建设项目的意见》，启动了“985工程”二期建设。全国列入“985工程”建设的高校共有39所。

“985工程”建设坚持以国家目标为导向，坚持改革和创新，坚持重点建设与整体统筹相结合。“985工程”建设目标是：在2020年前后形成一批达到国际先进水平的学科，使若干所大学跻身世界一流大学行列；使一批学校整体水平和国际影响力跃上一个新台阶，成为国际知名的高水平大学；使一批学校成为特色鲜明的高水平研究型大学。“985工程”高校要率先进行体制机制改革试点，改革的主要方面包括：(1) 以更新人才培养观念、创新人才培养模式、改革人才评价制度为核心，全面提升人才培养质量。(2) 以建设高水平教师队伍和高水平管理队伍为重点，实行人员分类管理，建立多种形式的内部分配和薪酬激励制度。(3) 以出高水平成果为目标，创新科研工作组织体制，建立科学的考核制度，营造有利于教师潜心治学、开展教学科研的环境。进一步改革高校内部学术组织架构和运行机制，完善治理结构，改进管理方式和资源配置方式。(4) 落实和扩大学校在建设高水平大学上的自主权。(5) 以先进的建设世界一流大学办学理念为指导，以大学文化建设和机制体制创新为基础，努力形成“中国特色、世界水平”的高水平大学发展模式和先进的大学文化。

按照部省共建协议和江泽民同志为山东大学百年校庆题词精神，经多方论证、研究，学校提出了《山东大学创建国内外知名高水平大学2002～2005年发展规划》《山东大学校园规划》和《山东大学“十五”学科建设规划》，确立了全方位开放式办学的发展思路，明确了发展的定位、发展的规模和发展顺序。强调通过加强办学条件建设、师资队伍建设、学科建设、人才培养与科学研究基地建设和人文环境建设，建立起优势明显、特色突出、实力强大、文理工医协调发展的总体格局，使代表学校发展水平的主要指标进入全国高校前20名。

山东大学在“985工程”一期建设中投入的经费情况为：学科建设经费27600万元，共支持了57个项目；人才工程建设经费3000万元；公共服务体系建设经费23500万元，主要用于教学服务体系、实验室建设、校园网建设；大型基础设施及修缮经费4000万元；基本建设经费21000万元；大学科技园1500万元。

2004年10月，学校成立了由校长展涛任组长、有关学校领导和资深专家组成的“985工程”建设领导小组，组成了以各有关职能部门负责人为成员的“985工程”工作办公室。

2005年8月21日，教育部、山东省人民政府重点共建山东大学协议签字仪式在山东大厦会展中心日照厅举行，周济部长、韩寓群省长分别代表教育部和山东省人民政府签署了《教育部、山东省人民政府重点共建山东大学协议书》。按照协议，教育部、山东省除安排学校的经常性事业经费外，2004～2008年将以原则上不低于“985工程”一期建设的投入继续给予山东大学专项经费支持。教育部和山东省将分别给予山东大学经费3亿元和5亿元。这标志着学校“985

工程”二期建设全面启动。协议的签署推进了山东大学的高水平大学建设。

为使学校“985 工程”二期建设有法可依、有章可循，学校先后制定了《山东大学“985 工程”二期建设管理办法》《山东大学“985 工程”二期专项资金管理办法》《山东大学“985 工程”二期仪器设备购置与管理办法》《山东大学“985 工程”二期对外交流与合作实施办法》等文件，确立了“985 工程”二期建设项目的运行模式和管理方式，编制了《山东大学“985 工程”二期科技创新平台与哲学社会科学创新基地项目建设规划方案》《科技创新平台与哲学社会科学创新基地建设项目计划任务书和年度计划书》。

“985 工程”二期建设项目从 2005 年开始，至 2008 年结束，到位资金 9.45 亿元，其中中央专项资金 3 亿元，山东省共建资金 5 亿元，学校自筹资金 1.45 亿元。学校用于安排人才队伍建设资金 1.99 亿元，用于安排平台基地建设 4.43 亿元，主要用于支持 7 个科技创新平台、5 个哲学社会科学创新基地建设；用于安排支撑条件建设资金 2.65 亿元，用于安排国际学术交流与合作资金 0.38 亿元。

二、百年校庆

2001 年 10 月 15 日是山东大学建校一百周年纪念日。继 2000 年 7 月三校合并新山大成立和 2001 年 2 月“985 工程”部省共建协议签署之后，这次百年校庆是学校弘扬传统、展示形象、凝聚力量建设国内外知名高水平大学的一次再动员和总动员。

新山东大学成立后不久，即把百年校庆筹备工作列入党政工作的重要议事日程，成立了由校党委书记朱正昌和校长展涛任组长、其他现职校领导为副组长、各校区和威海分校领导以及有关部门主要负责人为成员的百年校庆筹备工作领导小组，设立百年校庆筹备工作办公室。2000 年底，学校发布了《山东大学百年校庆工作总体方案》。该方案明确了校庆的指导思想：通过百年校庆，回顾办学历史，弘扬优良传统，展示办学成就，丰富办学理念，廓清办学思路，加深学校融合，推动学校建设；通过百年校庆，加强对外交流，扩大对外影响，提升学校地位，树立良好形象，争取各界支持，优化外部环境，拓展办学空间，加快学校发展；通过百年校庆，增强学校的凝聚力、向心力和感召力。根据校庆期间主要开展的活动，学校成立 9 个专门工作小组，分别负责编研出版、学术交流、基建、展览等活动；各学院分别成立校庆领导小组；校园网上建立了百年校庆筹备工作主页。

山东大学百年校庆得到了党中央和各级领导的关心与支持。时任中共中央总书记、国家主席江泽民于2001年7月1日为山东大学百年校庆题词：“团结进取，开拓创新，为把山东大学办成国内外知名的高水平大学而奋斗。”全国人大常委会委员长李鹏题词：“齐鲁大地人才辈出，百年学府再创新章。”李岚清副总理、姜春云副委员长等中央领导或题词或发来贺信。山东省、济南市等领导都在山东大学百年校庆筹备工作报告上作过批示。

2001年3～4月，学校分别在《人民日报》《光明日报》《大众日报》、香港《文汇报》《大公报》和网络上发布校庆公告。《光明日报》、《人民日报》（海外版）等中央媒体在山大百年校庆前后特别开设专栏“名人与山大”“世纪回眸 山东大学”等，向海内外热情推介山东大学悠久的办学历史、优良的办学传统和历史文化名人。从6月起，中央电视台在《梦想剧场》《实话实说》《东方之子》《文化视点》《新闻联播》等栏目先后推出有关山东大学的节目。系列出版物相继出版，如《山东大学百年史》《山东大学画册》《百年山大 群星璀璨》《山东大学百年学术集萃》《山大逸事》《山大情缘》《山东大学百年校庆书画集》以及《百年山大》牡丹大纪念册、《百年树人》藏书票等。《中国科学》杂志编辑出版了山东大学百年校庆专辑。山东画报出版社也推出了《山东大学百年校庆专刊》。国家邮政局专门批准了一枚名为“教书育人”的山东大学百年校庆邮资图案，这在全国高校也是第一次。中国电信也发行了《百年山大世纪新篇》储值电话卡纪念册。山东省邮政局专门发行了山东大学百年校庆邮资图案的系列明信片及邮票纪念册和首日封。《与世纪同行》百年校庆电视专题片于10月在山东卫视播出，《天南地北山东人》山大校友专集也在校庆前后连续播出。

为广泛联络和邀请校友，学校及全校各单位共寄送4万多封慰问信和邀请信。校庆期间，学校共邀请各级领导、海内外知名校友、社会各界人士1400人参加校庆大会和科技学术等活动，各学院邀请接待校友20000多人次。其中，省部级及以上领导43位，两院院士25位，少将以上部队首长14位，国内大学校长81位，境外（含港、澳、台）大学校长34位，境外学者和来宾157位。共举办庆祝大会、庆典晚会、国际大校长论坛、第五届中英大学校长研讨会、国际企业管理等各层次庆祝活动和学术交流活动21场（次）；学校各院部、各单位也安排了院士论坛等学术交流活动近100场次。

山东大学百年校庆书画展作品征集自2001年5月启动，10月11日开展，展出作品400余件。作品中既有李铁映、项怀诚等党政军领导和季羡林、路甬祥等科技教育界著名人物的题词，也有启功、沈鹏、欧阳中石、刘炳森等书画大师的艺术佳作。

为迎接百年校庆，学校投资7000万元用于校园基础设施建设、环境建设、后勤保障系统建设和各种会议场所、东校区标准体育场、校前区广场、西校区校门改造等重点项目建设。

10月10日，展涛校长在邵逸夫科学馆接受了山东旅台乡亲孙震先生转交台北故宫博物院赠送的光绪二十七年（1901）九月二十四日山东巡抚袁世凯的奏折《奏为遵旨改设学堂酌拟教规谨将试办章程缮单呈览》《山东省城试办大学堂暂行章程》及光绪皇帝朱批的仿真复制本。《山东省城试办大学堂暂行章程》是山东大学校史上最重要的文物资料，不仅是山东大学起源的确凿证据，更是山东大学精神与品格形成的源头。

10月12日，大型石刻孔子塑像在山东大学邵逸夫科学馆前落成。13日，山东大学博物馆开馆暨百年校史展和蒋维崧书法艺术作品展开展，当晚在历山剧院举办了世界级钢琴演奏家孔祥东钢琴独奏音乐会。

10月15日，山东大学建校100周年庆祝大会在东校区新建体育场隆重举行，上千名山大校友、国内外友好大学代表及山大师生约15000人参加现场大会。中共中央政治局委员、中共山东省委书记吴官正，全国政协副主席、著名科学家、中科院院士钱伟长，教育部部长陈至立，财政部部长项怀诚，中共陕西省委书记李建国，江苏省省长季允石，中共山东省委副书记、省长李春亭，成都军区前政委张志坚上将，山东省政协主席韩喜凯，济南军区副政委尹凤岐中将，著名学者季羡林先生，国家基金委主任、中科院院士陈佳洱教授等出席了大会。学校党委书记朱正昌宣读党和国家领导人江泽民、李鹏为山大百年校庆的题词和李岚清、姜春云及教育部与兄弟院校等发来的贺电、贺信。陈至立、李春亭以及中外大学校长代表、校友代表、教师代表、学生代表等先后讲话、发言。展涛校长作了《携手共创山东大学新辉煌》的讲话。15日晚，“与世纪同歌”校庆文艺晚会在山东省体育馆举办。庆祝大会及庆祝晚会通过山东卫视频道、齐鲁频道现场直播和网上直播。

山东大学百年校庆在教育部和山东省委、省政府及社会各界的关心支持下取得了圆满成功。校庆活动达到了回顾办学历史、总结办学经验、弘扬优良传统、宣传办学成就的目的，是合校之后新山大、新形象对海内外各界人士的第一次集中展示，是建设国内外知名高水平大学的一次再动员、总动员。

三、成为中央直管高校

随着“985工程”建设的全面推进，2004年《山东大学创建国内外知名高水平大学2002～2005年发展规划》中的主要办学目标提前实现，学校的综合实力和办学水平均达到了一个新高度。鉴于学校的办学实力和地位，山东大学晋升为中央直管的副省部级高校，从此进入了一个新的发展阶段。山东大学列入中央直管高校后，学校党委书记、校长职务均列入《中共中央管理的干部职务名称表》，为副部长级的中管干部。至2004年，列入中央直管的高校全国共有31所，全部是国家重点建设的“985工程”高校。

2002年8月9日，教育部党组根据山东省委意见，任命山东省人民政府副省长、省人民政府党组副书记邵桂芳为中共山东大学委员会委员、常委、党委书记，朱正昌回省里工作。

2004年8月19日，中共中央、国务院批准邵桂芳任山东大学党委书记、展涛任山东大学校长，为副部长级。随后，教育部党组和教育部分别对山东大学党委书记、校长作出任命。

2005年3月4日，朱正昌再次任山东大学党委书记、常委、委员。

2008年11月1日，徐显明被任命为山东大学校长。

四、合校成功的范例

新山东大学在合校的起步阶段，以稳健、高效、创新和改革的新形象得到上级领导同志的重视和肯定，以及社会各界的广泛好评。教育部多次就山东大学的发展情况和办学成就给予高度评价，认为山东大学“创造了学校发展历史的最好时期”，“是合校成功的范例”。

2003年11月，教育部就山东大学贯彻《党政领导干部选拔任用条例》情况进行了检查，在随后的检查反馈意见中谈道，山东大学“三校合一，一步到位，实现了实质性融合，进展顺利，发展健康，上下满意，超出了人们的预想，可以说是合校成功的范例”。

2005 年 8 月 21 日，教育部部长周济来山东大学视察工作时指出，合校以来，山东大学“发展势头良好，各方面成就显著，创造了学校发展历史的最好时期，在向创建世界高水平大学进程中跨出了重要的具有决定性意义的一步”。“山东大学用实际行动证明了中央对高等学校进行结构调整，实现强强联合，方向是正确的，山东大学为中国高等教育的改革和发展做出了重要贡献。”

第十五章　建设国内外知名高水平大学

山东大学始终坚持社会主义办学方向，坚持以邓小平理论和“三个代表”重要思想为指导，深入贯彻落实科学发展观，在党中央、国务院和教育部、山东省委省政府的正确领导和大力支持下，坚持学术立校、人才强校、特色兴校、依法治校，大力实施人才强校战略、国际化战略、全方位开放式发展战略和教育创新战略，迅速实现了实质性融合和跨越式发展，各项事业取得较大进步，整体实力明显提升，特色优势更加鲜明，社会影响力不断增强，国际化水平不断提高，国内外知名高水平大学建设取得显著成就，由此进入了一个全新的历史发展时期。

第一节　“三跨四经历”人才培养模式

学校全面实施素质教育和教育创新，完善融“知识学习”和“人格培育”为一体的人才培养体系，积极探索综合、开放、研究环境下的人才培养模式和“一个学生、两个导师、三种经历”为重点的研究生培养模式创新。人才培养质量不断提高，为社会培养了大批优秀人才。

截至 2010 年 9 月 30 日，学校各类在校学生 124508 人，其中博士研究生 3608 人，硕士研究生 12716 人，普通本专科生 42721 人，成人本专科生 21434 人，网络本专科生 33808 人，外国留学生 1623 人。

一、培养中国最优秀的本科生

学校具有完整的学历人才培养体系和富有特色的人才培养模式。通过教育拓展、“三跨四经历”、暑期学校、大类招生与宽口径培养、双学位、主辅修、交叉复合专业、学生二次选择专业和素质教育、创新教育、拔尖创新人才培养新模式等一系列教学改革与模式创新，致力于培养中国最优秀的本科生，形成了鲜明的本科生教育培养特色。

（一）创新人才培养模式

经过合校10年来的发展，山东大学已成为我国学科门类最齐全、本科专业最多、学生规模最大、学术实力雄厚的高水平大学之一，形成了完整的学历人才培养体系和富有特色的“一个目标、两个平台、三篇文章、四种经历”的人才培养模式。

“一个目标”，即提出“致力于培养中国最优秀本科生”的人才培养目标。

“两个平台”，即努力加强专业平台和实践教学平台建设。在专业平台建设方面，本科专业数由2000年的72个增加到2010年的116个，涵盖十一大学科门类，综合特色更为明显。在实践教学平台建设方面，积极探索“多基地、小批量”实习模式，第一批9个大学生校级创新平台已经在2010年上半年正式挂牌运行。

“三篇文章”，即积极探索综合、开放、研究环境下的人才培养模式。

“四种经历”，即鼓励学生“跨学科、跨学校、跨国家（地区）”交流学习，拥有“第二校园经历”“海外学习经历”“社会实践经历”“本校经历”。有关专家认为，“三跨四经历”的人才培养模式已经成为山东大学独具特色的人才培养模式和亮点，对于我国高等教育创新和人才培养模式改革具有示范和借鉴意义。

综合环境下人才培养模式改革与创新，主要体现在推进大类招生和宽口径培养；通过“学科嫁接”增设交叉复合型专业；大力推行主辅修、双学位、学生二次选择专业；整合优质资源，打造“特色实验田”；加强通识教育，构建文化素质与民族精神一体化教育的大学公共课程体系。

开放环境下人才培养模式改革与创新，主要体现在大力推进本科生“三跨四经历”。2002年10月，山东大学与武汉大学签署校际合作框架协议，标志着以“第二校园经历”为主要内容的校际合作项目正式启动。2003年3月，外国语学院2000级朝鲜语专业全班20名同学抵达韩国庆尚大学开始一学期的海外求学历程，成为首批拥有“海外学习经历”的学生。2004年，学校利用综合优势和资源，在国内率先举办暑期学校，引起校内外各级媒体，特别是中央级媒体的广泛关注和持续报道。国家教改办2011年第20期《教育体制改革简报》专辑编发了对山东大学“三跨四经历”人才培养模式的专题报道，引起广泛关注。

研究环境下人才培养模式改革与创新，主要体现在：积极推行优秀学生导师制，大力推进大学生创新教育体系建设，实施创新学分等一系列激励政策。截至2010年，有1361名学生获得“创新学分”。2006～2010年累计有227名学生因大学生创新和竞赛成绩优秀获得保送研究生资格。学校先后成为首批国家大学生创新性实验计划十大试点高校之一（2006年）、首批“国家大学生创新性实验计划”正式实施高校（2007年）、教育部第一批“卓越工程师教育培养计划”高校（2010年）。

2003年，威海分校落实《山东大学加强本科教学工作全面提高教学质量行动计划》，开始在2003级学生中全面实行学分制，并加大了开设选修课的力度。威海分校本科教育教学改革迈出了重大的一步，跨入了强化综合素质、提高办学质量、规模与质量并举的新阶段。2007年4月，在进一步完善学分制基础上，威海分校试行双学士学位及主辅修专业教育，鼓励学生在主修专业学有余力情况下，跨学科门类辅修另外一个本科专业。到2008年，已有600余名学生获得了辅修学位。

（二）创新教育

合校的10年里，学校在数学建模竞赛中共获得全国一等奖25项、二等奖34项，获得美国大学生数学建模竞赛一等奖33项、二等奖50项；电子设计竞赛获得全国一等奖7项、二等奖22项，在全国名列前茅。2人获全国优秀团干部，2人获全国优秀共青团员，1人获全国优秀学生干部称号。在“挑战杯”中国大学生创业计划竞赛和课外学术科技作品竞赛中，共获特等奖2项、一等奖5项、金奖8项、银奖5项。2009年，学校获全国大学生数学建模竞赛本科组唯一最高奖——“高教社杯”。

“挑战杯”中国大学生创业计划竞赛。2000年9月，在第二届“挑战杯”中国大学生创业计划竞赛中，学校获金奖 1 项、银奖 1 项、铜奖 4 项，获奖总数居全国高校之首。2006 年 10 月，学校承办第五届“挑战杯”中国大学生创业计划竞赛，参加全国决赛的 3 支队伍全部获奖，为历史最好成绩。2010 年 9 月，学校 3 支创业团队在第七届“挑战杯”中国大学生创业计划竞赛决赛中夺得 2 项金奖、1 项银奖，金奖获奖总数、获奖作品总数均居全国首位。

“挑战杯”全国大学生课外学术科技作品竞赛。2001 年 9 月，在第七届“挑战杯”全国大学生课外学术科技作品竞赛中，学校获特等奖 2 项、二等奖 2 项、三等奖 2 项，总分位列第四，捧得“优胜杯”。在 2005 年举行的第九届“挑战杯”全国大学生课外学术科技作品竞赛中，获全国一等奖 1 项、二等奖 2 项、三等奖 3 项。其中，人文社会科学类作品获全国一等奖，为历史最好成绩。

全国大学生电子设计竞赛。2007 年全国大学生电子设计竞赛中，学校获全国一等奖 5 项、二等奖 8 项，一、二等奖总数列全国高校第三位。2008 年“毕昇杯”全国电子创新设计竞赛决赛中，“模拟震区搜救定位的机器人系统”荣获大学组全国竞赛特等奖，并夺得该赛事唯一奖杯——“毕昇杯”。2009 年，“开放实验室门禁管理系统”获全国一等奖。2010 年，“自动化立体仓库”获大学组全国竞赛唯一“ARM 奖”特等奖，“基于虚拟仪器和单片机的远程实验系统”获大学组全国竞赛一等奖。

此外，2002 级国防生魏法祥创造了山东大学国防生里的多个“第一”，例如，第一位荣立一等功，第一位在特种部队工作，被同学们称为“山大史上最牛国防生”。

学校高度重视体育教育，多次摘取全国大学生体育比赛桂冠，培养了奥运冠军邢慧娜等一大批杰出竞技体育人才。

（三）构建教学质量保障体系

学校发挥重视本科教学传统，坚持以提高教育教学质量为宗旨，以专业建设为龙头，以师资队伍建设、精品建设、制度建设为重点，以评估（认证）为契机，稳步提高人才培养质量。2005 年，学校开展“教学质量年”主题活动，以优异成绩通过教育部本科教学工作水平评估之后，继续推进教学条件建设，规范教学管理，初步形成了学校、学院、专业和课程四个层面的校内教学质量评估体系，切实保证了本科教学质量的提高。2006 年，山东大学英语专业以

“优秀”成绩通过教育部专业评估，计算机科学与技术专业通过教育部工程教育专业认证。2007年，山东大学机械设计制造及其自动化专业通过教育部工程教育专业认证。2009年，山东大学自动化、电气工程及其自动化专业通过教育部认证。

学校大力实施国家“本科教学质量与教学改革工程”，14项成果获国家级教学成果奖。截至2010年，“本科教学质量与教学改革工程”标志性教学成果包括国家级教学名师9位、国家级教学团队9个，国家级基础人才培养基地6个、国家级高等学校特色专业建设点24个，国家级双语教学示范课程7门、国家级精品课程44门，普通高等教育“十一五”国家级规划教材项目103种、教育部普通高等教育精品教材9部，国家级实验教学示范中心6个，教育部人才培养模式创新实验区4个。

（四）校园文化建设

着眼于青年学生成长成才，山东大学构建起以山大精神为核心、具有时代特色和山大特色的校园文化活动体系，主要分为三个层次：以“大家讲坛”“小树林文化论坛”为代表的思想性论坛和报告会，以“科学畅想曲”“人文纵横”“舜歌”为代表的学术性系列讲座，以大型文艺晚会、科技文化艺术节、社团文化节为代表的群体性文体活动。2006年1月23日，《中国教育报》头版头条以《山东大学打造校园文化品牌》为题报道了学校“小树林文化论坛”“大家讲坛”等校园文化活动品牌。其中，“小树林文化论坛”2009年入选共青团中央分类引导青年试点工作优秀案例，2010年入选共青团中央分类引导典型案例。

二、研究生教育实现跨越式发展

山东大学是全国最早招收和培养研究生的高校之一，也是我国首批获得博士、硕士学位授予权的单位。2000年6月，山东大学被教育部批准设立研究生院，同年获批硕士学位授权点自行审批权限，标志着学校高层次人才培养步入了新的发展阶段。合校的10年里，学校新增博士学位授权一级学科22个、博士学位授权二级学科37个，新增硕士学位授权一级学科18个、硕士学位授权二级学科66个，新增专业类别8个。

（一）博士点增量全国第一

2000 年 12 月，山东大学学科点建设取得重大突破，被批准一级学科博士点 5 个、二级学科博士点 16 个，共新增博士点 40 个，增量列全国高校第一名。2001 年 2 月 3 日，《光明日报》以《山东大学博士点增量全国第一》为题进行了报道。

2006 年 1 月，国务院学位委员会正式下发文件，批准第十批博士和硕士学位授权学科专业名单。山东大学获准新增博士学位授权一级学科 12 个，新增博士学位授权学科、专业 3 个，新增硕士学位授权一级学科 17 个，新增硕士学位授权专业 6 个。博士、硕士学位点增列总数位居全国第二。

（二）研究生教育改革重大举措

学校先后制定实施《山东大学研究生教育创新计划（2004～2007 年）》和《山东大学研究生教育质量工程（2008～2011）》，通过一系列举措的实施，研究生培养质量明显提高，竞争力显著增强。

2007 年，学校出台《山东大学研究生培养机制改革方案（试行）》，平稳实施以科学研究为主导的导师负责制和资助制改革，初步建立起研究生教育质量长效保障机制和内在激励机制。学校积极探索实施“一个学生、两个导师、三种经历”为重点的研究生培养模式创新。“一个学生”，即对研究生特别是博士生实行个性化培养；“两个导师”是指由指导教师和合作导师为主共同组成的一种导师组负责制度；“三种经历”是指海外学习经历、第二校园经历、社会实践经历。

2005 年以来，学校先后承办教育部研究生创新项目“两岸三地”——文史哲药领域、制度创新与新农村建设、突发公共卫生事件应急机制建设等全国博士生学术论坛和高级微观经济学、胶体界面化学与软物质科学及文艺学、美学前沿问题等研究生暑期学校。积极组织博士生参加全国博士生学术论坛、全国研究生数学建模竞赛等重要学术创新活动，尝试与企业联合开展研究生数学建模竞赛。2010 年 12 月，山东大学在第七届全国研究生数学建模竞赛中获一等奖 1 项、二等奖 10 项、三等奖 12 项，竞赛综合成绩列全国高校第二名。

学校积极推进研究生教育国际化，设立研究生海外留学基金、研究生海外学术交流基金，资助研究生参加高水平学术交流。2007年“国家建设高水平大学公派研究生项目”实施以来，获资助人数一直位居全国高校前八。在美国骨矿研究学会第29届年会上，博士生孔丽（2007年）荣获“杰出青年学者奖”。此后，博士生蒋百春（2008年）、赖永洁（2010年）先后荣获美国骨矿研究学会“杰出青年学者奖”。学校重视研究生社会实践，建立研究生社会实践基地60余个，每年组织派出博士生实践团赴全国各地开展科技服务。

学校通过制定并实施一系列创新性的制度、政策和办法，逐步完善研究生教育制度建设，在全国首次建立起论文原始资料审核制度，最早在全国实行博士学位论文的全员匿名评阅，从2010年开始采用“学位论文学术不端行为检测系统”对研究生学位论文进行检测，保证学位授予质量。

2001年，威海分校首次作为山东大学的一个研究生培养单位，在8个专业9个方向上首批招收16名硕士生。2006年，威海分校开启博士研究生招生工作，首批招收5名博士研究生。威海分校形成了培养博士生、硕士生、本科生、专科生、国际学生等多层次的教育体系。

此外，学校积极发展与国家特别是山东省经济建设与社会发展紧密相关的应用型学科，发展全日制专业学位研究生教育，培养更多社会急需的实用人才及具有创新思维和实践能力的高素质人才。

（三）全国优秀博士学位论文获奖总数位居全国前列

研究生成为学校科研的生力军，科研贡献度逐年增加。山东大学合校的10年里被SCI收录的论文数和引证总数均排在全国高校前10位左右，研究生在其中发挥了重要作用。据统计，研究生作为第一作者发表的论文约占全校SCI论文总数的70%。通过实施《山东大学优秀博士研究生培育计划》，将个性化培养与重点培养相结合，培育和评选优秀博士学位论文。截至2010年，山东大学已有18篇博士学位论文荣获“全国优秀博士学位论文”，获奖总数居全国高校第十二位。

（四）创立《山东大学研究生学志》

《山东大学研究生学志》创刊于2001年10月，由研究生院、党委研究生工作部主办，在校研究生主编，持山东省新闻出版局核发的内部资料性出版物准印证。多次荣获教育部“优秀研究生校园媒体奖”，被海内外100多家单位收藏，在全国高校同类刊物中具有较高的知名度和影响力。

三、完善奖助机制，形成良好育人环境

2006年，学校在全国率先启动奖学金项目制改革，将部分校设奖学金的现金奖励改为项目资助，鼓励获奖学生利用奖学金，积极进行科研创新、社会实践和素质拓展。奖学金项目制改革实施以来，效果显著，得到了广大师生的普遍认可。

2007年，学校建立奖助学金“三级评审、两级公示”制度，即学校奖助学金评审要经过年级奖助学金评议小组、学院奖助学金评审工作组、学校奖助学金评审委员会三级组织严格筛选，层层把关，同时在学院、学校两个层级上对评选结果进行公示。此后，学校陆续制定了《山东大学国家励志奖学金管理暂行办法》《山东大学国家助学金管理暂行办法》《山东大学家庭经济困难学生认定工作实施办法》《山东大学国家助学贷款管理办法》等一系列管理文件，使各项资助工作有章可循，同时大力推进研究生“三助”（“助研”“助管”“助教”）工作，家庭经济困难学生资助工作实现了“不让一名学生因家庭经济贫困而失学”的承诺。

学校充分发挥奖助体系在拔尖创新人才培养中的激励作用，在实践中形成了体系成熟、奖项丰富的学生奖励体系，通过授予荣誉称号的精神奖励和颁发奖学金的物质奖励双重奖励形式，激发学生奋发向上、努力进取。2010年12月，学校获评“全国高等学校学生资助工作先进单位”。

四、着力提升毕业生就业竞争力

就业是最大的民生工程，做好学生就业工作事关学校人才培养和社会声誉，事关学生事业发展和价值实现。学校高度重视学生就业工作，2002年学校成立以校长为第一责任人、各部门主要负责人参加的毕业生就业指导委员会，各院部（所）成立以院长为组长、分管学生副书记和各教研室主任参加的毕业生就业工作领导小组。2004年，学校成立专门分管学生就业工作的职能部门，构建了校院两级就业工作管理体制；同时，专门成立学生工作管理委员会，明确了

“全员参与，全过程服务，全方位落实”的总体工作思路。

2003年，学校下发《关于建立毕业生就业指导工作兼职人员队伍建设的通知》，并举办首期“国家职业指导师”资格认证培训班，标志着学校就业队伍职业化、专业化、专家化建设取得阶段性成果。在全校范围内开设“毕业生就业指导与职业生涯规划”选修课，强化对在校生的全过程就业指导。同时，学校以服务国家战略为导向充分发挥就业育人作用，鼓励和引导毕业生到西部、基层和国家重点行业就业。

多年来，毕业生就业率始终保持在90%以上高位且稳中有升，就业结构不断优化，就业质量稳步提升，毕业生就业满意度和用人单位满意度不断提升，毕业生综合素质受到社会广泛认可，学校探索形成了具有示范带动作用的就业创业工作典型经验，2000年、2009年，学校两次获评“全国普通高等学校毕业生就业工作先进集体”。

五、辅导员队伍建设经验在全国推广

学校高度重视辅导员队伍建设，2006年出台《关于进一步加强学生辅导员队伍职业化、专家化建设的意见》，对辅导员队伍的职业化、专家化建设进行了系统的顶层设计，明确了辅导员的工作目标、工作内容、工作职责、发展方向和职业道路，为山东大学辅导员队伍建设奠定了坚实基础。

2006年4月27日至28日，全国高校辅导员队伍建设工作会议在上海举行，校党委书记朱正昌在会上介绍了山东大学辅导员队伍建设经验，受到国务委员陈至立与教育部有关领导的肯定。2007年9月下旬，山东大学成立高校辅导员培训和研修基地，是教育部公布的第一批21个高校辅导员培训和研修基地之一。2008年7月10日，中国高等教育学会辅导员工作研究分会在山东大学成立，秘书处设在山东大学。2009年11月27日，国家新闻出版总署和山东省新闻出版局正式同意创办《高校辅导员》杂志，为加强高校辅导员队伍建设服务。该杂志由教育部主管、山东大学主办。

六、继续教育、网络教育和留学生教育取得较快发展

学校继续教育、网络教育规模不断扩大，质量不断提高。截至2010年，成

人高等教育设有70多个本专科专业，在校生2.1万余人；网络高等教育设有69个本专科专业（2001年开始招生，开设专业8个），在校生3.2万人；高等教育自学考试主考专业20多个。

留学生教育取得较大发展，在校生达到2685人。2005、2007、2008年，学校先后成为全国3所中国政府奖学金预科试点院校之一、国家公布的具有招收医学留学生（英语授课）资格的30所院校之一、国家自主招收中国政府奖学金试点院校之一。

第二节　提升学科建设科研创新能力

学校始终把学科建设作为龙头，科研工作坚持贯彻“整体跟进、重点突破、以人为本、强化创新”的方针，以“211工程”“985工程”规划和建设为主线，取得了长足发展和显著成就。

一、学科建设

到2011年，山东大学新增国家重点学科20个、国家重点（培育）学科3个，一级学科国家重点学科2个；培养和引进两院院士5人，实质性聘任兼职特聘院士、杰出人文学者30名，新增“千人计划”国家特聘教授4名、长江学者特聘（讲座）教授30名、国家杰出青年基金（A类）获得者20名、泰山学者特聘教授（专家）28名等一批高层次人才；新增博士学位授权点164个、硕士学位授权点161个、博士后科研流动站22个。

（一）学科建设措施保障

围绕学科建设规划目标，学校采取了一系列有力措施：加强高层次人才工程建设，实施“杰出人才招聘计划”“创新学术团队支持计划”“长江学者发展计划”“泰山学者建设计划”“齐鲁青年学者建设计划”等五大计划；加强学科基地建设，推动学校特色优势学科实现跨越式发展；加强“211工程”和“985工程”两大工程建设，推动学科建设持续快速发展。

学校统筹安排“211工程”与“985工程”项目建设资金，加大特色优势学科经费投入；推动交叉学科、新兴学科发展，建立跨学科研究中心或联合研究中心，并对其予以重点支持；加强优势学科建设，实施“国家重点学科培育计划”。

2001年5月，山东大学“九五”计划、“211工程”建设项目以优异成绩通过教育部专家组评估验收。“九五”计划、“211工程”建设经费共计1.93亿元，重点支持了10个学科群点建设。山东大学“十五”计划、“211工程”建设项目于2002年启动，2006年6月以优异成绩通过教育部专家组评估验收。“十五”计划、“211工程”建设经费1.15亿元，主要用于支持11个重点学科建设项目。

山东大学“985工程”一期于2001年启动，部省投入共计8亿元，支持山东大学建设国内外知名的高水平大学。学校从部省共建经费中拨专款2.7亿元设立并实施了“山东大学学科建设项目”，三年共支持学科建设项目65个，其中基本建设项目26个、重点建设项目24个、交叉研究中心项目15个。“985工程”二期于2004年启动，建设经费共计9.24亿元，其中学科建设经费4.28亿元，主要用于支持7个科技创新平台、5个哲学社会科学创新基地建设以及人才队伍建设，构建两个创新体系——科学技术创新体系和人文社科创新体系。

（二）学科建设成果显著

经过10年持续建设和重点投入，学科建设取得重大突破，学科队伍建设成效明显，学位点建设成果丰富。

学校重点实验室、重点研究基地建设成效显著，科研平台建设取得新进展。学校新增国家工程技术研究中心1个、教育部重点实验室5个、教育部工程研究中心3个、教育部人文社科重点研究基地4个，拥有国家重点实验室2个、国家工程技术研究中心1个、国家工程实验室1个、国家工程技术推广中心1个、教育部和卫生部重点实验室11个、教育部工程研究中心3个、教育部人文社科重点研究基地4个、国防科技平台3个。

学科队伍建设成效明显。截至2010年，学校拥有两院院士13人，“千人计划”国家特聘教授4人，教育部“长江学者奖励计划”特聘教授、讲座教授33人，国家杰出青年科学基金获得者25人，教育部“长江学者和创新团队发展计划”2个，国家级“创新研究集体项目”2个，“山东省优秀创新团队”2个。整体实力较强的人才队伍，为创建“山大特色、中国一流、世界水平”的研究型大学提供了扎实的人才基础和智力支撑。

学位点建设成果丰富。2001年，新增一级学科博士点5个、博士学位授权点40个、硕士学位授权点29个，学位点增量位列全国高校第一。截至2010年，山东大学拥有博士学位授权一级学科34个、博士学位授权学科专业194个，硕士学位授权一级学科45个、硕士学位授权二级学科274个，专业学位博士点2个、专业学位硕士点26个，博士后科研流动站29个。

（三）实施学术振兴行动计划

为进一步建设高水平特色学科、大幅提升学校的学术实力，2009年3月《山东大学学术振兴行动计划》正式颁布实施。

《山东大学学术振兴行动计划》涉及学科建设、师资队伍建设、科研工作、人才培养、国际学术交流合作、学术管理体制和评价制度改革、学术发展保障等七个方面内容。在学科建设方面的具体目标是：强化建设现有的并培育形成一批新的国家科技创新平台和人文社科基地，国家重点实验室数量增长一倍，重点发展3～5个站在学术前沿、有望跻身国内三甲的特色学科，进入全国前十的一级学科明显增加，达到10个左右。

二、科学研究

2006年是学校“科技创新与服务地方年”，科研经费总额突破3亿元。合校的10年里，科研立项数量增长3.5倍，立项经费增长8.2倍，共获得省部级以上奖励746项，申请专利2113项，SCI、EI、ISTP和国际引文数量一直保持全国高校前列；人文社科研究发展迅速，学术刊物发展繁荣，科技平台建设取得显著进展，整体科研竞争力和社会影响力有了显著提高。

（一）自然科学研究

合校后，学校获取国家自然科学基金项目的能力和水平逐步提高，立项数量逐年增加，共获得国家自然科学基金各类项目1154项，立项经费36956万元，晶体材料、金融数学、心血管3个团队入选国家自然科学创新研究群体，19人获得杰出青年基金资助，立项数量增长5.3倍，年平均增长率达到21.64%；立项经费增长9.7倍，年平均增长30.16%。

承担国家重大科研任务的能力大幅增强。共获得各级政府计划项目3437项，到位经费93163.74万元，其中获得国家重大专项、国家“863”计划、国家“973”计划、国家科技支撑计划及国家基金重大专项立项项目446项，资助经费33254.69万元。程林教授（2006年8月）、彭实戈院士（2007年9月）、徐现刚教授（2008年12月）、曲音波教授（2010年9月）作为首席科学家分别承担国家“973”计划项目。

积极参与国际科技合作研究。与诺贝尔物理学奖获得者丁肇中教授合作，山东大学于2004年2月正式加入AMS-02项目组并同时组建热科学研究中心，负责热系统研究与设计；2005年参加的AMS项目取得重要进展，2006年在AMS项目组率先完成热系统硬件组装。2008年9月，山东大学参加的世界大型强子对撞机（LHC）实验研究启动，通过参与世界大型强子对撞机（LHC）实验研究，开展TGC探测器研制和生产，加强了山东大学乃至中国在该方向的研究力量。

重大科研奖励。学校共获得省部级以上奖励739项，其中国家级二等奖23项，省部级一等奖73项；共申请专利2681项，年平均增长率45%，其中发明专利2052项，实用新型专利616项，国际发明专利13项；授权专利1376项，年平均增长率28%，其中发明专利810项，实用新型专利564项，国际发明专利2项。尹衍升教授、侯万国教授获国家技术发明奖二等奖（2001年），蒋民华院士获山东省科学技术奖最高奖（2002年）、求是杰出科技成就奖集体奖（2007年），孟祥旭教授获国家科技进步奖二等奖（2002年），彭实戈教授获山东省科学技术奖最高奖（2003年）、何梁何利基金科学与技术进步奖（2007年）、陈嘉庚科学奖（2008年），吴佑实教授、李宇兵教授获国家科学技术进步奖二等奖（2003年），程林教授获国家科技进步奖二等奖（2004年），王克明教授获国家自然科学奖二等奖（2005年），马春元教授获国家技术发明奖二等奖（2006年），张运院士获国家科技进步奖二等奖（2006年）、山东省科学技术奖最高奖（2008年）、何梁何利基金科学与技术进步奖（2009年），王小云教授获陈嘉庚科学奖（2006年）、求是杰出科学家奖（2006年）、中国青年女科学家奖（2006年）、国家自然科学奖二等奖（2008年），陈子江教授获国家科技进步奖二等奖（2009年），赵国群教授、陈代荣教授获国家科技进步奖二等奖（2010年）。

学术论文发表每年都有较大幅度的增长。SCIE 收录篇数和国际论文引证篇/次在合校的 10 年里总体保持全国高校前十名，EI、ISTP、国内论文发表和国内论文引证数量稳步增长。2006 年 10 月 6 日，医学院陈哲宇教授在 *Science* 杂志发表题为“Genetic Variant BDNF（Val66Met）Polymorphism Alters Anxiety-Related Behavior”的文章，这是山东大学在 *Science* 上发表的第一篇研究论文。在上海交通大学高等教育研究院世界一流大学研究中心正式发布的 2009 年世界大学学术排名（ARWU 2009）中，山东大学在国内高校中排名第八。

（二）人文社科研究

哲学社会科学研究能力明显增强。合校的 10 年里发表论文 10917 篇，研究或咨询报告 115 篇；出版专著 967 部，编著、译著或教材 596 部。

哲学社会科学项目。国家社科重大招标项目 3 项、国家社科基金项目 106 项、国家清史编纂项目 4 项、教育部重大课题攻关项目 7 项、教育部重大课题委托研究项目 2 项、教育部哲学社会科学研究项目 210 项。

哲学社会科学优秀成果。全国高等学校科学研究优秀成果奖（人文社会科学）一等奖 3 项、二等奖 14 项、三等奖 23 项，山东省社会科学优秀成果奖重大成果奖 2 项、一等奖 43 项、二等奖 130 项、三等奖 198 项，山东省高校人文社科优秀成果奖一等奖 65 项、二等奖 99 项、三等奖 119 项。

陈炎教授主编的《中国审美文化史》和王绍曾教授主编的《清史稿艺文志拾遗》于 2003 年获全国高等学校科学研究优秀成果奖（人文社会科学）一等奖。郑杰文教授所著《中国墨学通史》，2006 年入选《国家社科基金成果文库》，2009 年获第五届全国高等学校科学研究优秀成果奖（人文社会科学）一等奖。廖群教授专著《先秦两汉文学考古研究》2007 年入选《国家哲学社会科学成果文库》。2008 年，《中国墨学通史》《先秦两汉文学考古研究》同时获山东省社会科学优秀成果奖重大成果奖。2010 年，屠友祥教授的《索绪尔手稿初检》入选《国家哲学社会科学成果文库》。

山东大学主持编纂并出版的《中国文化产业学术年鉴》，在全国文化产业学科建设联席会上被评价为“为中国文化产业的学科建设做出了里程碑式的贡献”“占据了一个学科建设的制高点”。山东大学主持编纂并出版的《两汉全书》，是学校承担的特大古籍整理项目，被全国古籍整理出版规划领导小组列为“古籍整理出版重大工程”。此外，以郑杰文教授为首席专家的“《子海》整理与研究”获批2010年度国家社科基金重大委托项目，资助经费每年80万元；以刘大钧教授为首席专家投标的“百年易学研究菁华集成”被确定为2010年度国家社科基金重大项目。

2003年4月，由山东大学东方考古研究中心、济南市考古研究所等单位组成的考古队在济南大辛庄遗址的考古发掘中首次发现了商代甲骨文。由山东大学东方考古研究中心方辉教授担任领队，山东大学、山东省文物考古研究所、济南市考古研究所联合发掘的济南大辛庄商代遗址入选“2010年度十大考古新发现”。

山东大学充分利用学科特色和地缘优势，积极规划组建儒学高等研究院、山东发展研究院、文化遗产保护研究院、高等研究院等高端科研平台。学校主办的学术刊物主要有《文史哲》、《山东大学学报》（哲学社会科学版）、《当代世界社会主义问题》、《周易研究》、《民俗研究》和《高校辅导员》。各类学术刊物以提高学术质量为核心，注重理论联系实际、学术结合时代，获得了良好的社会反响和学术声誉。

《文史哲》是中华人民共和国成立后创办最早的高校人文社会科学期刊，驰名国内外学术界。十年来，《文史哲》连续获得“全国百种重点社科期刊”“国家期刊奖”“全国双十佳社科学报”“国家期刊方阵双奖期刊”等荣誉称号。2003年首批入选教育部高校哲学社会科学“名刊工程”；2008年海外订户已达545家，成为国内学报界在海外发行量最大的学术期刊；2009年获“新中国60年有影响力期刊奖”荣誉称号。

举办重要国际学术会议。2001年8月，山东大学举办世纪之交杜甫国际学术研讨会。2004年12月，由山东大学与中国墨子学会、中国工程院等单位联合举办的第六届墨学国际研讨会暨《墨子大全》首发式在人民大会堂召开。2005年9月，由山东大学主办的儒学全球论坛（2005）暨山东大学儒学研究中心成立大会在山东大学举行。2010年9月，首届尼山世界文明论坛在孔子出生地曲阜尼山举办；第三届世界儒学大会授予学校终身教授庞朴先生当今儒学研究领域的最高奖项“孔子文化奖”。以上重要国际学术会议的举办，对弘扬中华文化、促进世界不同文明之间的交流互鉴，起到了重要的推动作用。

（三）原创性标志性科研成果

在理学领域，彭实戈院士引入 g-期望的概念，在数学界第一个建立了动态非线性数学期望和随机微积分理论；王小云教授破解 MD5、MD4、RIPMED、HAVAL-128、SHA-0 与 SHA-1 等 HASH 函数密码算法，开创了分析评估 HASH 函数的新技术、新思路；王克明院士提出“高能重离子低剂量”形成波导区折射率增加型光波导新模式，用 PLD 法获得了 KTP 晶体高浓度（百分之几原子比）掺 Er 的光波导激光薄膜，建立了离子束感生界面反应和原子混合的唯象模型。

在工学领域，尹衍升教授成功研制铁铝金属间化合物/陶瓷复合材料，形成年产 50 万片陶瓷刀头生产能力；李宇兵、张光先研究员研制 MZ 系列软开关逆变式埋弧自动焊电源，技术居国际先进水平，形成 15 种系列产品，广泛用于西气东输、电厂建设等国家重大工程。

在医学领域，张运院士等在三维超声成像的数据采集、图像重建、显示和分析技术的标准化，以及心血管、腹部脏器等多个器官疾病的三维超声成像的临床价值方面进行的研究取得突破；龚瑶琴教授等完成致病基因定位，分析其结构，并建立致病基因组候选区域的物理图和基因图。

在人文社科领域，王绍曾教授主编的《清史稿艺文志拾遗》，增补清人著作 54888 部，375710 卷，是名副其实的清代著述的大清理；路遥教授所著《山东民间秘密教门》被誉为“20 世纪规模最大的中国民间教门田野调查”；陈炎教授主编的《中国审美文化史》（四卷本），建构了一种“有别于审美思想史、审美器物史的审美文化史”，填补了我国审美文化研究尚无“通史”的空白；郑杰文教授所著《中国墨学通史》结束了战国时曾与儒家并称“显学”的墨家没有学术发展通史的历史局面，被同行称为填补学术空白之作。

第三节 加强师资队伍建设

学校全面实施人才强校战略，积极探索建立培养、引进和服务人才的有效机制，努力构建杰出人才工作支持体系；以教师队伍建设为重点，积极营造崇尚学术、尊重学者的校园氛围。

一、采取有力措施，打造“人才高地”

学校稳步推行人事制度改革，出台了《山东大学岗位聘任和岗位津贴实施意见》《山东大学关于设立院士津贴的实施意见》《山东大学关于引进高层次人才的暂行规定》《山东大学引进高层次人才专项基金管理办法》《山东大学教师队伍建设实施方案》《山东大学岗位设置聘用管理实施办法》《山东大学“齐鲁青年学者”聘任办法》等一系列规章制度。

截至2010年，学校拥有两院院士13人、“千人计划”国家特聘教授4人、教育部“长江学者奖励计划”特聘教授22人、教育部“长江学者奖励计划”讲座教授11人、国家杰出青年科学基金获得者25人、国家“百千万人才工程”入选者28人、“泰山学者”特聘教授27人、“泰山学者”海外特聘专家6人、“新世纪优秀人才支持计划”入选者104人。

两院院士：中国科学院院士蒋民华、钱逸泰、彭实戈、王克明、佟振合、赵国屏，中国工程院院士艾兴、王文兴、张运、李椿萱、张明高、方家熊、吴以成。

“千人计划”国家特聘教授：王兴利、秦承忠、赵忠熙、郭忠武。

教育部“长江学者奖励计划”特聘教授：彭实戈、徐现刚、胡季帆、陶绪堂、刘建亚、龚瑶琴、王鹏、徐文远、陈增敬、闫兵、赵国群、程林、王小云、黄少安、李术才、郝京诚、黄传真、张承慧、梁作堂、张焕水、陈哲宇、陈卫忠。

教育部“长江学者奖励计划”讲座教授：王新年、王炳和、曹义海、焦军、叶扬波、陈通文、王兴利、付敏跃、陈有海、郑玉良、余纪元。

国家杰出青年科学基金获得者：彭实戈、徐现刚、刘建亚、龚瑶琴、沈月毛、陶绪堂、赵国群、陈增敬、刘林华、王小云、梁作堂、黄传真、刘相法、李术才、郝京诚、李越中、张焕水、陈耀、刘宏、陈峰、娄红祥、尹龙卫、张怀金、张玉忠、陈宝权。

国家“百千万人才工程”入选者：解士杰、冯圣玉、胡季帆、黄少安、曹成波、张运、陈子江、程林、边秀房、刘玉田、陈增敬、赵国群、黄传真、李术才、庞琦、陈卫忠、尹龙卫、张承慧、王小云、马清林、王頠、刘建亚、李越中、邓建新、潘爱玲、刘林华、武守远、汤亚杰。

“泰山学者”特聘教授：李国君、丁轶、解士杰、陈炎、姜生、何京良、臧旭恒、陈哲宇、张焕水、程林、傅有德、谢晖、高成江、高建刚、尹龙卫、于世永、孙秀莲、孔北华、王萌、李锐、穆乐夫（Rolf Mueller）、侯明、李延青、邓建新、张承慧、张玉忠、刘玉田。

“泰山学者”海外特聘专家：王宏、梁栋、王向荣、禹晓辉、陈冬岩、邹难。

二、重视青年教师队伍建设，大力实施“三种经历”

学校通过制定出台《山东大学关于教师在职攻读博（硕）士学位的规定》（2001 年）、《山东大学教师学术进修管理办法》（2003 年）、《山东大学出国人员管理细则》（2003 年）、《山东大学教师境外学术研修基金管理办法》（2004 年）、《山东大学教师海外学术研修实施办法》（2005 年）、《山东大学工科青年教师参加社会实践实施办法》（2008 年），大力实施青年教师“三种经历”（即国内学术研修经历、海外学术研修经历和社会实践经历），培养和造就一批富有创新精神、站在学科前沿的青年学术带头人和出类拔萃、充满活力的青年教师队伍。学校高度重视教师海外学术研修，合校 10 年里具有一年以上海外经历人员达 833 人。

三、大力推进团队建设

2004 年，学校设立并启动了以蒋民华院士等为首席专家的第一批 14 个创新学术团队建设项目，先后引进赵正旭等 25 名杰出人才和以杰出青年基金获得者田志刚为带头人的创新学术团队来校工作。彭实戈院士、张运院士、程林教授带领的创新学术团队分别获得国家“973”重大基础研究和应用研究项目支持。2007 年以陶绪堂教授为学术带头人的“具有重大应用前景的功能晶体材料”创新团队、2009 年以彭实戈院士为学科带头人的“金融数学”研究群体、2010 年以张运院士为学科带头人的“心血管重构分子机制和干预策略”研究群体被评为“国家自然科学基金创新研究群体”并获得资助。

四、不断壮大博士后队伍

博士后招收规模稳步扩大，培养质量不断提高。10年里新增博士后科研流动站22个，流动站总数由2000年的7个增加到2010年的29个，列全国高校第九位；在站博士后研究人员由2000年的37人增加到2010年的700余人。截至2010年，山东大学有374人获中国博士后科学基金面上资助，总资助额1085万元。

五、积极构建教师荣誉体系

学校建立并完善教师荣誉体系，积极营造尊重人才和鼓励创新的学术氛围。2009年制定《山东大学终身教授遴选管理办法》，全面启动终身教授遴选工作；授予艾兴、蒋民华、王文兴、孔令仁、袁世硕、周来祥、何珇、朱维申、张敏、赵明义等10名教师“山东大学育才功勋”荣誉称号。2010年4月，学校聘任王文兴、王克明、艾兴、刘大钧、张运、庞朴、周来祥、赵明义、袁世硕、钱逸泰、蒋民华、彭实戈、曾繁仁、路遥14位教师为山东大学终身教授。

六、人才体系更加合理

2005年，学校出台《山东大学教师队伍建设实施方案》等一系列政策制度；2007年，研究制定并组织实施“高层次创造性人才计划”；2008年为学校“人才年”，制定出台《山东大学岗位设置聘用管理实施办法》《山东大学教师招聘管理办法》《山东大学“教育部‘新世纪优秀人才支持计划’”实施细则》，顺利启动“山东大学杰出青年教师基金”计划。2009年，学校提出“十百千”计划，即两院院士至少有10人以上，在国家“千人计划”中占有2%左右的份额；拥有“长江学者”和“杰青”以及“泰山学者”等学科带头人100人以上；拥有学术带头人1000人左右。2010年，学校成为山东省首批“海外高层次人才创新创业基地”。

截至2010年9月30日，全校教职工总数7930人（含威海分校），其中专任教师3857人，教授1062人，副教授1326人；具有博士学位教师1724人，具有硕士及以上学位教师3072人；聘请校外教师1232人。山东大学逐步形成一支结构合理、整体优化、高水平、高素质的教师队伍，人才体系更加合理。

第四节　实施大学文化工程

学校充分发挥植根齐鲁的地缘优势、文史见长的学科特色、历史积淀深厚的文化优势，加强文化引领和创新，有规划、有步骤地全面加强校园文化建设，在办学理念的探索与创新、制度文化的健全与完善、行为文化的丰富与发展、环境文化的营造与提升、文化阵地的建设与繁荣等方面取得了显著成效。

一、启动实施大学文化建设工程

2003 年 5 月 26 日，山东大学正式启动大学文化建设项目，成立了教育理念、形象与外宣、素质教育、机关作风、学术规范与学风、科技文化与学生行为规范、校园环境等七个项目组，先后实施了以精神理念、形象标识、制度规范和人文环境为主要内容的大学文化建设项目一期、二期工程，进一步规范和加强对校园文化建设的管理，取得阶段性和标志性成果。

2006 年 8 月，由学校党委宣传部等有关部门人员编撰的《大学文化建设》一书由山东人民出版社正式出版。该书对 2003 年以来山东大学文化建设经验与成果进行了系统介绍，是学校开展大学文化建设的理念反映、经验总结和理论升华。2007 年 5 月，学校正式启用“山东大学视觉形象识别系统”（2007 版）。2009 年，以打造“中国传统文化研究与传承最有代表性大学”为主线，以迎接 110 周年校庆为切入点，重点加强校园基础文化设施建设和文化氛围营造工作，完成各校区命名、道路广场命名和道路标识系统建设工作，启动实施校园整体提升计划。中宣部和教育部对学校大学文化建设给予高度评价和充分肯定，并专门发文作为先进典型向全国高校推荐。

二、着手制定《山东大学章程》

学校自 2004 年起着手制定《山东大学章程》，在总结办学经验和前人制定章程经验的基础上，形成了《山东大学章程》草案。2009 年，《山东大学章程》草案提交学校第二届教职工代表大会第一次会议讨论修改。章程制定工作历时九年，数易其稿，不断完善。2013 年，《山东大学章程》上报教育部申请核准。2014 年，教育部第 18 次部务会议审议通过了《山东大学章程》，为山东大学在新形势下推进依法治校、科学发展提供了准则和依据，为建立现代大学制度提供了遵循和指南。

《山东大学章程》包括序言和主体两部分，共 8 章 76 条，计 9000 余字。章程基本涵盖了《中华人民共和国高等教育法》规定内容，同时吸收合校后改革发展成果，体现了学校在新时期确立的发展战略和未来发展目标，具有鲜明的时代特征和本校特色。章程明确了举办者、办学者、教职工、学生四个法律主体之间的权利和义务，规范了行政权力与学术权力之间的关系，突出了学校教学与科研的中心地位，体现了现代高等教育理念要求。

三、凝练山大文化与精神

2009 年 3 月 16 日至 9 月 11 日，山东大学历时半年开展的深入学习实践科学发展观活动取得显著成效，更新了办学理念，提出了建设“山大特色、中国一流、世界水平”的办学目标，形成了“学术立校、人才强校、特色兴校、依法治校”的发展战略和“内涵发展、质量发展、特色发展”的发展思路；在办学目标上形成共识，努力打造“中国传统文化研究与传承最有代表性的大学”，使山东大学成为充分彰显德性、思想性、创新性和特色性的受人尊重的大学。2010 年 8 月 21 日至 22 日，山东大学 2010 年暑期工作会议在山东大学威海国际学术中心举行。会议明确提出了“建设世界一流大学”的办学目标。

世界一流大学首先要受人尊重。大学的德性和创新性为人们所尊重，思想性和特色性为人们所向往。德性、思想性、特色性、创新性四性俱备，才是真正受人尊重的大学。

大学之大，首在大德。山东大学地处儒家文化发祥地，拥有丰富的道德资源，山大人身上具有最为凝重的道德感。建设最有德性的大学是学校发展的内在要求。

山东大学是中国历史上第一所按章程办学的大学，具有“文史见长”的传统优势；地处齐鲁大地、孔孟之乡，拥有独特的传统文化资源优势。建设中国传统文化研究与传承最有代表性的大学是山东大学特色发展的必然要求。

学校秉承按章程办学的优良传统，制定实施《山东大学章程》等一系列重要制度，实施大部制（学部制）改革，努力建设充满活力的现代大学制度体系。

四、加强环境文化建设

学校逐步建设成文化气息浓郁、个性特点突出、布局功能合理、开放、大气、优雅、厚重的校园环境。学校的建筑设计，校园的规划，道路、广场、绿地的命名，文化场馆、舆论宣传阵地的建设等，注重突出齐鲁文化特点，体现了学校的办学理念。

2000 年 7 月，山东大学、山东医科大学、山东工业大学合并组成新的山东大学之后，连续两年将深入创建文明校园工作列入党委工作要点和行政工作要点。2002 年 5 月和 10 月，学校以优异成绩通过预审和复查，获得“山东省文明校园”称号。

2009 年 4 月，学校为各校区命名，将原东校区新校命名为中心校区，原东校区老校命名为洪家楼校区，原西校区命名为趵突泉校区，原南校区命名为千佛山校区，原南新区命名为兴隆山校区。同年 7 月，学校为中心校区道路、趵突泉校区道路及花园、洪家楼校区道路命名。2010 年 12 月，山东大学知新楼入选“十大齐鲁文化新地标”，是唯一当选的高校新地标，充分显示了山东大学为传播中华文化、传承与弘扬齐鲁文化所发挥的重要作用和影响力。“先师孔子”雕像、潘承洞院士铜像先后在山东大学威海分校落成，大型石刻孔子塑像、华岗校长铜像、闻一多先生铜像、臧克家先生铜像、邓从豪院士铜像、冯沅君陆侃如先生雕像、王普先生塑像先后在山东大学中心校区落成，丰富了校园文化景观建设。

威海分校本着建设“生态绿色校园”的原则，充分利用大自然赋予的特殊地形和美丽的自然风光，采取中轴对称与组团相结合的手法，按照“突出中心、幽静两厢，青山入校、碧水进园，花团锦簇、绿树成荫”的创意，功能分区明确，营造出协调优美的新型校园环境。

学校博物馆是教育部资助建设的首批 10 家高校数字化博物馆之一，内设山东大学百年校史展、蒋维崧书法艺术作品展、精品文物展、蝴蝶标本展等。其中的出土文物展展示了学校考古专业部分主要发掘成果。2008 年，山东大学博物馆成为全国唯一进入二级馆行列的高校博物馆。2009 年，科技部与国家文物局联合主办庆祝新中国成立60周年“早期中国展”，有14件文物精品被征调入京参展，是唯一送展的高校博物馆。山东大学博物馆已成为展示山大百年辉煌、弘扬大学精神文化的重要窗口。

学校档案馆是“国家一级科技事业单位档案管理”单位和山东省特级档案馆，特别强调档案信息服务与学校中心工作相结合、与建设和谐校园相结合、与校史研究相结合，通过利用丰富的馆藏举办历史文化名人纪念展及学术思想研讨会、百年校史展等系列活动，充分发挥档案在教书育人、文化宣传等方面的特殊功能。《中国档案报》曾先后6次对学校档案馆工作进行专题报道，称学校档案工作撑起了“山东大学校园文化的一片天”。

学校出版社依托学校综合优势，突出在学术专著出版方面的特长，逐步形成自己的品牌和特色。10年里，共出版各类图书3000多种，70%以上为高校教材和学术专著。面向社会推出了《山东文献集成》《两汉全书》等系列人文社科精品图书。先后有100多种图书获国家级、省部级奖励，在全国700多家出版社中名列前茅。2010年7月，山东大学出版社转企为山东大学出版社有限公司。

《山东大学报》办报水平不断提高，版面数、总印量均居全国高校首位，被教育部评为“优秀校报”。由山东大学报社承办的中国高校报网，成为全国1000多家高校报纸共同的网上新闻发布平台。山东大学新闻网——“山大视点”网站集新闻与思想政治工作宣传于一体，主题鲜明而富有特色，是校内师生和社会各界获取学校信息的重要途径和宣传思想工作的主要阵地；2010年底总访问量超过2500万人次，居全国高校前列。

五、加强校园文化品牌建设

学校十分注重校园文化熏陶，精心打造高品位、多层次的校园文化活动品牌体系。2002年学校《关于加强学术交流，浓厚校园科技文化氛围的意见》下发后，校园内一系列的讲座、论坛相继诞生，已形成的文化品牌活动主要有：“恰同学少年——中国杰出青年论坛”“小树林文化论坛”“大家讲坛”“科学畅想曲”“林海文化论坛”“大使讲坛”“人文纵横”“舜歌艺术讲坛”“尼山讲堂”等，以及学生自己开办的“世纪风”系列讲座、“百年激扬”学术论坛、“稷下风”研究生学术讲坛和“海右”博士生论坛等，为师生员工全面发展和成长成才营造了浓郁的校园文化氛围。

“世纪回响”——山东大学知名人物系列纪念活动作为校园文化活动品牌之一，在总结和回顾学校优良办学传统，传播学校文化理念，提升学校社会影响力，激励广大师生学习先贤、团结进取、为建设国内外知名高水平大学而奋斗方面发挥了重要作用。已举办过纪念活动的知名人物有罗荣桓、臧克家、华岗、老舍、王淦昌、束星北、刘先志、饶宗颐、庞朴、丁肇中等以及百年医学名人。社团始终是学校校园文化生活中的一支重要力量。合校 10 年里，学生社团达到 293 个，会员注册人数达 22700 余人，活动覆盖 80%以上在校生。学校组建书画研究院、京剧协会、教职工艺术团等，成员覆盖各单位。2009 年，学校被评为“全国群众体育活动先进单位”。

学校以每年的开学典礼、毕业典礼、“五四”青年节、国庆节、校庆纪念日等特定时日为契机，开展丰富多彩、形式多样的庆祝、表彰、演出、竞赛等活动，丰富校园生活内涵，营造校园文化氛围。每年秋季举行“体育文化节”“登山节”等活动，开展全民健身运动。

学校逐步构建起集新闻、信息、调研、教育等功能于一体的网络平台，大力加强网络文化建设，重点建设的“山大视点”“学生在线”“青春山大”等思想政治教育主题网站成为师生交流互动的重要渠道。通过每年举办“网络文化节”“网络开放周”“网络文明宣传月”和优秀网站评选等活动，积极倡导网络文明，营造绿色、健康的网络环境。

“凡我在处，便是山大”，成为万千山大人的共识。10 月 5 日至 7 日被定为“校友返校日”，每年 3000 多名校友返校开展纪念活动，成为吸引、调动广大校友力量的纽带。通过举办校友创业论坛、杰出校友报告会、组织学生假期走访校友等系列活动，传递情谊，增进交流，促进校友为学校发展贡献才智。

第五节　拓展国内外交流合作

学校坚持全方位开放式发展战略，努力提升国际化水平，不断加强对外交流与合作；坚持把服务社会，特别是服务山东作为重要使命，以服务为宗旨，在贡献中求发展，形成了多形式、多渠道、多层次、全方位的国内外交流合作格局。

一、国际合作与交流

合校后的新山大敏锐地意识到提升国际合作水平对推动学校整体快速发展的重要作用，在虚心学习国内部分高校经验的基础上，连续召开全校国际化工作会议，深入动员，凝聚共识，在多个领域开创国内高校国际化之先河，为后续十年国际合作与交流大发展筑牢基础。

（一）制定战略规划

2004年，学校提出并开始实施全方位开放式发展战略，把2004年确定为“国际合作年”。2010年，学校出台《山东大学国际化战略2015纲要》，确定了“院部为主体，项目为基础，学者是根本”的国际交流指导思想。

（二）完善全球合作网络，国际交流合作空前活跃

学校先后与30多个国家和地区的130余所高校签署了合作协议，基本做到每个学院与2～3所境外学术机构建立合作伙伴关系，以院系及学者为主体的海外合作与交流格局基本形成。

每年接待来访量由合校初期的几百人增长到2000人左右。2002～2010年，先后接待228人次友好大学校长、副校长来访，诺贝尔奖获得者丁肇中教授（2004年、2005年、2006年、2007年、2008年）、杨振宁教授（2004年）、罗伯特·蒙代尔教授（2005年）、詹姆斯·莫里斯教授（2008年）等国际著名学者相继来访。

（三）积极参加国际科研合作，举办国际学术会议

2004～2009年，学校76个重点国际科研项目获得国家外国专家局和教育部资助3357万元。热科学与工程研究中心主任程林教授带领山东大学团队参与国际重大科学工程阿尔法磁谱仪（AMS）项目，解决了AMS在国际空间站极端环境下运行的关键问题。物理学院何瑁教授带领山东大学高能物理团队参与欧洲核子研究中心大型强子对撞机（LHC）的环形磁谱仪实验组（ATLAS），为“上帝粒子”（Higgs粒子）的发现作出山大贡献。中国科学院院士、山东大学网络空间安全学院院长王小云教授，才识逐风云，实现中国“密码梦”。中国科学

院院士、山东大学数学与交叉科学研究中心主任、泰山学堂院长彭实戈教授，作为中国金融数学的开创者，出席2010年在印度召开的第26届国际数学家大会并作一小时报告。通过积极参与国际科研合作，山大学者的国际影响力逐渐凸显。

2002～2010年，学校共举办国际及两岸学术会议和论坛195个。第5届中英大学校长论坛、环黄海产学官大学校长论坛、中德大学校长论坛、亚太地区卫生突发事件及灾害护理协作网会议、组织工程战略发展国际研讨会、国际大气科学与空气质量会议等系列重大国际学术会议的成功举办，对提高学校的声誉和扩大学校的影响，起到了积极、深远的作用。

（四）重视国外专家和学者引智工作

2002～2009年，学校先后聘请海外高水平学者担任短期专家1366人次、长期专家507人次，外籍教师长期在校工作413人次。聘请姚期智院士、池田知久教授等19人为名誉教授、275人为客座教授。

2006年，由蒋民华院士承担的“功能材料与器件学科创新引智基地”获国家“111”计划资助，张运院士申请的“心血管基因组医学创新引智基地”通过立项。山东大学立青学术讲座教授、芝加哥富地博物馆人类学部主任、伊利诺伊州立大学人类学系教授文德安（Anne P. Underhill），山东大学引进的德籍仿生物理学专家、“泰山学者”特聘教授穆乐夫分别获2008年度和2010年度中国“国家友谊奖”。

（五）推进汉语国际推广工作和孔子学院建设

截至2010年，山东大学在新加坡、蒙古、韩国、荷兰、澳大利亚、法国、泰国共建有8所海外孔子学院（课堂），培训各类海外学员11100余名，开展各种专题文化推广活动300多起，有13万余人参加。2008年9月，国家汉语国际推广“十一五”规划重大项目——“中华传统文化研究与体验基地”落户山东大学，并招收第一批汉语国际教育硕士专业学位研究生。

二、国内合作与交流

合校之初，学校就明确把服务山东作为办学的基点，全面实施《山东大学服务山东行动方案》，在服务中求发展，在发展中扩大合作，立足山东，走向全国，国内合作交流工作取得明显成效。

（一）校际、校企、校地、校研合作

学校不断加强校际合作，2002 年 10 月与武汉大学签署全面合作框架协议，开创了中国大学异地合作的先河。拓宽校企合作领域，山东大学海信研究院、山东大学齐鲁证券金融研究院成为校企共建研究院的成功范例。深化校地合作，校地共建国家大学科技园分园、科技园区或综合技术研究院模式和校地共建专业研究院模式，成为校地合作的典型模式。深化校研合作，积极推进科技成果转化，服务区域经济社会发展。

合校 10 年里，学校先后与武汉大学、厦门大学、中山大学、吉林大学等 28 所高校签订校际合作协议，与国家电网、中国华电、福田汽车、中国重汽、山东高速、齐鲁证券、浪潮、海信、潍柴动力、兖矿、山东格力、新汶矿业、皇明太阳能等 20 余家大中型企业建立了长期合作关系，与济南、威海、日照、临沂、济宁等地市进行全方位战略合作，并与重庆、温州等省市建立产学研合作关系。

学校与 6 所香港高校、10 所台湾高校保持协议或项目合作联系。长短期交换生派出工作每年稳定在 100 人左右。在对台湾地区的学生交流工作方面，山东大学在全国高校保持领先地位。自 2001 年发起以来，学校每年举行“海峡两岸师生孔孟故里寻根夏令营”活动，对港台开展的大型活动成为山东省和教育部的品牌活动。

（二）主动服务国家和地方经济社会发展

学校搭建产学研平台，推进科技成果转化，积极为国家和地方经济社会文化发展贡献力量。

学校积极参与国家建设，勇于承担社会责任。学校加强国家重点学科建设，承担国家重大课题，参与国家重大工程，产生了一批具有重大经济效益和社会效益的成果。完成了“半导体发光器件外延工艺和管芯技术”研究，使我国半导体发光器件拥有了“中国芯”；承担了四次国防重大专项任务，为国防科技事业的发展作出积极贡献。2008 年，汶川地区发生重大地震灾害，学校第一时间派出抗震救灾服务队，积极投入抗震救灾工作。学校积极参与北京第 29 届夏季奥运会、残奥会的志愿服务工作，派出 1546 名赛会志愿者、700 名城市志愿者

高质量完成第 11 届全运会服务工作，受到社会广泛赞誉。

产学研合作共赢，服务社会成效显著。学校全面实施《山东大学服务山东行动方案》，做好与“山东十大行业振兴行动”的对接，以服务平台建设、高水平人才培养、科技成果转化为主要内容，围绕山东经济社会发展需求，通过校地合作、校企合作、校研合作等形式，建立产学研合作关系。与地方、企业共签署科技开发合同 5106 项，争取科技开发经费 7.82 亿元；共建 40 余个工程技术研究中心、实验室等产学研基地，组织或参与 8 个重大产学研创新战略联盟建设。学校抓住建设山东半岛蓝色经济区的重大机遇，努力成为山东半岛蓝色经济区的支撑力量；通过开展经济、科技合作和人才培养等各种形式为黄河三角洲开发和发展作出贡献；整合哲学社会科学等学科的学术力量，加强山东发展战略研究，为山东经济文化强省建设提供高层次决策咨询。学校岩土工程科研团队积极参与青岛胶州湾海底隧道设计和建设，为隧道顺利实现全线贯通作出重要贡献；学校与海信集团联合成立海信研究院，开发了快速热循环高光注塑技术及成套工艺与装备并实现产业化；学校主持编纂并出版了《山东文献集成》，对新时期地方文献整理工作具有示范意义。

科技产业稳步发展，科技园促进成果转化。学校科技产业发展迅速，经营范围覆盖信息技术、新材料、电力、电子、计算机、能源环保、医药化工等领域，形成了以山大华特、山大鲁能、山大华天、地纬软件、鸥玛软件等骨干企业为代表的高科技产业群。2001 年 5 月，山东大学国家大学科技园被科技部、教育部批准为第一批国家大学科技园。科技园紧紧围绕“平台、人才、项目、机制”建设，成为大学与社会对接的窗口，在孵化高新技术企业、培养创新创业人才、转化高新技术成果和服务地方经济发展等方面作出了较大贡献。

（三）校友会、校董会、教育基金会

校友会、校董会和教育基金会相继建立并发挥作用。校友会紧紧围绕学校发展战略，凝聚校友情感，汇聚校友力量，形成发展合力。校董会是学校建设与发展的咨议机构，是山东大学与社会各界全面、紧密合作的桥梁和纽带。教育基金会是筹集管理捐赠资金的专业化平台，通过吸收、接纳国内外企业、社会团体和个人的捐赠，全面支持和推动山东大学教育事业发展。

1988 年，山东大学校友会成立。新山东大学合并组建之前，原三校均建有

校友会组织。学校进一步加强校友工作，合校10年里校友总数达到40多万人，有43个地方校友会组织、13个海外校友会组织。2010年，山东大学校友会在民政部注册为全国性社团组织。各界校友积极回馈母校，为母校发展作出重要贡献。

2006年10月，山东大学首届校董会成立。校董会成员由来自社会各界的38位重要校友、著名企业家和社会贤达组成。2010年10月，山东大学第二届校董会召开，校董会成员共有52位知名人士。校董会把学校与社会各界密切连接起来，积极整合各种社会资源，支持学校各项事业发展。

2007年10月，山东大学教育基金会成立。山东大学教育基金主要有董明珠教育发展基金、莲池和平发展基金、浦发银行研究生教育基金、易学研究基金、侯拱辰教育基金、乔伟法学教育基金、黄智雄教育基金、刘庚子弘道教育基金、王仲荦学术基金、臧健和教育基金、谢硕文教育基金、齐鲁医学教育基金等。

学校充分依托校董会、教育基金会、校友会，多渠道筹措办学经费，捐赠加政府配比，2010年筹款总数超过亿元，为历史之最。

第六节　改善办学支撑条件

学校不断加大投入力度，加强基本设施建设，公共支撑服务体系明显加强，师生的教学、科研及生活条件有了较大改善。

一、基本建设

学校济南各校区基本设施建设10年间投入达34.63亿元，大大地改善了学校的教学、科研、实验及学生生活条件。合校10年来，新建交付使用各类校舍123个单体项目建筑面积106.1万平方米，新建面积相当于合校前各校区校舍面积的总和。

位于济南市南外环路南侧的兴隆山校区于2004年投入使用，占地面积1153亩，是山东大学在济南市的6个校园中面积最大的校园。其中，兴隆山校区工程训练中心总建筑面积22023平方米，2007年5月开工建设，2009年4月竣工验收，是目前我国乃至亚洲体量最大的工程训练中心。2009年，启动建设了兴隆山校区 1.5 万平方米的专家公寓和 3.1 万平方米的青年教师公寓。

威海分校建设完成了网络楼、电子楼、教学主楼、艺术楼、科学实验楼、学院楼、工程实验楼等教学楼，并新建多座学生宿舍楼和教工住宅楼，形成了较为完善的基本建设格局。

这些基本设施建设进一步改善了教学科研生活环境，为山东大学“学术振兴行动计划”提供了强有力的条件支撑。

二、国有资产

合校 10 年里，学校国有资产总量达到 79.1 亿元，是 2000 年的 3.8 倍。学校建立起学校国资委、资产归口管理部门、资产占有使用单位三层次架构的国有资产管理体制及“产权清晰、配置科学、使用合理、处置规范、监管有力”的国有资产运行机制；健全涵盖各类资产，从资产配置、使用到处置的整个生命周期的管理制度体系；完善并落实各校区功能定位，逐步探讨建立保值增值考核、经营绩效评价、高管薪酬确定的标准与规范；维护学校土地资源的安全与完整，基本完成了学校土地权属确认。学校资产管理工作受到省政府表彰。

三、实验室与设备

合校 10 年里，学校实验室设备总量达到 16 亿元，是 2000 年的 5.3 倍。仪器设备台件保有量是 2000 年的 2.6 倍，价值保有量是 2000 年的 4.4 倍。国家级实验教学示范中心 6 个，国家级中心数量位列全国高校第四位，已建立药物分析测试中心、材料分析测试中心、高性能计算中心等功能测试平台；建立了大型仪器设备专管、开放、共享体系，使用效益在教育部直属高校中名列前茅。在全国高校自制教学仪器设备成果展中，学校有 5 项自制仪器设备获奖。

四、资金筹措与后勤保障

学校后勤工作全面提升管理水平、服务质量和保障能力，初步建立起具有山大特色的新型后勤服务保障体系。新建食堂 5 万多平方米，班车、交通车运行线路 21 条；电力容量增加 4 万 KVA，中心校区、洪家楼校区、趵突泉校区和千佛山校区实现了双电源供电，供热面积增加约 70 万平方米；新增教室 204 间，其中多媒体教室142间；改造社区道路、绿地、设施等面积31.6万平方米；新建分配职工成套住房2300余套，住房的发展惠及90%以上的职工。附属中小学、幼儿园有了新发展。

学校财务管理走过了实质性的“融合—规范—提高—发展”的历程。学校资产总量、收入支出规模稳步提升，财务总体保障能力明显增强，打造了规范、高效的财务系统，为学校各项事业持续健康发展提供了强有力的支撑保障。

五、信息化校园建设

2001年7月，作为教育部“数字化学习环境及其支撑服务体系”项目的试点院校之一，“数字山大”工程正式启动。合校10年里，校园网已经建设成为连接济南、威海7个校园的大型高速计算机网络。山东大学是国内最早建成万兆校园网及IPv4/IPv6双栈校园网的学校之一，是国内第一所建成万兆纯路由骨干网和开展网络服务质量监控的高校。山东大学校园网网络出入CERNET的流量从2003年起始终位居全国高校前三。2010年，在武汉大学中国科学评价研究中心推出的内地首个“中国大学网络排行榜”中，山东大学位居第四。

学校网络办公服务系统不断完善，综合教务管理、研究生综合信息管理、财务管理等办公系统日趋成熟。2006年，校园“一卡通”系统投入使用，并逐渐发展成为集校务管理、公共服务为一体的综合管理平台，校园“一卡通”建设和应用在全国居领先地位。

六、图书馆

学校图书馆设有文理、政法、医学、工学、兴隆山、软件园等6个分馆和文献资源建设、网络信息技术2个中心。馆舍面积3.37万平方米，2010年新增设的蒋震图书馆面积2万平方米。纸质馆藏文献427.8万余册，中外文数据库193个，馆藏古籍30万册。2003年获得“教育部部级科技查新工作站”资格，2004年开发了“电子资源校外访问系统”，2005年被中国高等教育文献保障系统(CALIS)管理中心确立为CALIS山东省文献信息服务中心，2007年采用教育网和网通双网运行方式提高了访问速度，2009年被评为“全国古籍重点保护单位”。学校图书馆使用了SCI数据库，实现了信息检索平台的高智能化。

第七节 提高医疗卫生工作水平

学校医疗卫生工作紧紧围绕学校中心工作，服务师生，服务地方，服务社会，各附属医院依托山大、关注民生，各项工作都迈上一个新的台阶。

一、医疗卫生工作取得实效

学校高度重视师生员工的身体健康，设立学校、校医院两级预防保健工作机构，制定了一系列规章制度，逐步形成了完整的预防保健体系。多渠道、多形式地开展健康教育活动，丰富了师生员工的健康保健知识。坚持预防为主、综合防控的原则，建立和完善疾病防控体系，制定了结核病、艾滋病、甲型流感、手足口病等流行病、传染病防控及公共场所卫生管理等一系列制度，形成了学校卫生管理员、大型活动审批、传染病零报告、传染病晨检等工作规范。2003年，学校积极做好“非典”防控工作，并响应中央号召成立医疗队紧急支援中央党校防“非典”工作。2005年，学校在防控禽流感工作中实现了校园禽流感零发生率。2009年，学校附属幼儿园实现了“手足口病”零病例报告；防控甲型H1N1流感工作取得显著成效。

学校自2004年起开始承担卫生部支援西部地区农村卫生项目任务，以举办培训班、接受进修生、派遣医疗队等形式，对青海省、宁夏回族自治区等有关省、自治区的农村卫生工作进行支援。校医院作为社区医疗保险定点医院，为社区居民提供大量医疗服务。2008年5月12日，我国汶川地区发生特大地震灾害，学校先后组织28名医疗救援队员、6名志愿者服务队员赶赴灾区，山东大学第二医院承担了收治首批来鲁治疗的37名灾区伤病员的任务。

学校采取有效措施提高公费医疗经费使用效益，2009年顺利实施了大学生基本医疗保险。同时，学校大力加强食品卫生监管工作，形成了省、学校、饮食中心、食堂四级联动监管模式，定期开展卫生教育与卫生检查工作，连续10年获得“山东省食品卫生管理先进单位”称号。

二、附属医院得到快速发展

合校10年里，山东大学拥有齐鲁医院、第二医院、口腔医院3所附属医院，山东省立医院、山东省千佛山医院、济南市中心医院3所非隶属关系附属医院，以及山东省交通医院等12所教学、实习医院和1所校医院。其中，齐鲁医院是卫生部直管医院，是一所融医疗、教学、科研于一体的有着悠久历史和优良传统的百年名院。第二医院是由卫生部直管，集医疗、教学、科研、预防保健为一体的大型综合性医院。2007年，口腔医院被山东省命名为“山东省口腔医院”，是省直保健定点专科医院。各附属医院专家荟萃，术有专攻，医院的整体竞争力全面提升。

附属医院积极承担临床教学和专业人才培养任务。由齐鲁医院教师主编的《内科学》《妇产科学》入选国家“十一五”计划教材。第二医院是国家医师资格考试基地、卫生部卫生专业技术资格考试试题开发基地、国家临床药理机构、中国医师协会外科基本技能培训基地。口腔医院是国家口腔类执业医师实践技能考试基地、省内最大的口腔医师继续教育培训中心，为全国口腔医疗系统培养了大批专业人才。

附属医院重视科研工作，形成了有较大影响的特色优势学科和专业。齐鲁医院于2005年、2006年连续两年获得国家科技进步二等奖，2008年获山东省科学技术最高奖；同年全国医疗机构SCI收录论文数排名中，收录齐鲁医院论文195篇，排名第六位。第二医院逐步形成了一批“神经系统疾病、泌尿系统疾病、外科微创治疗”的特色学科群。口腔医院逐渐建立了门类齐全的口腔疾病防治体系。

附属医院牢固树立“以病人为中心”的服务意识，积极开展“两好一满意”活动，全面提高服务水平，医院设备条件在国内同行业中居领先水平。坚持开放式办院宗旨，进一步加强国际学术交流。勇于承担社会责任，在支援地方医疗、参加防治“非典”、参与抗震救灾、防治手足口病、防控甲型流感和十一届全运会医疗保障工作中，圆满完成各项救治和保健任务，多次荣获国家级表彰。

第八节 发挥党建思政工作保证作用

合校10年里，学校党委紧紧围绕改革发展稳定大局，始终坚持围绕中心抓党建、抓好党建促发展的工作理念，坚持以改革创新精神推进学校党建工作，制定实施《山东大学2006～2010年党的建设工作规划纲要》，努力提高党建工作科学化水平，为学校各项事业又好又快发展，提供坚强思想、组织和政治保证。合校10年后，山东大学有46个二级单位党委（党总支、直属党支部），931个党支部，19162名党员。

2005年12月19日至20日，中国共产党山东大学第十二次代表大会召开，朱正昌同志代表中共山东大学委员会向大会作了题为《以科学发展观统领学校发展全局，为创建国内外知名的高水平大学而努力奋斗》的工作报告。报告全面总结了山东大学第十一次党代会以来特别是合校5年来学校改革发展基本情况，系统阐述了未来5年学校工作的指导思想、总体思路、发展目标和主要任务。工作报告第一部分全面总结了山东大学第十一次党代会以来特别是合校5年来学校改革发展10个方面工作的基本情况：实质性融合顺利实现，办学目标和理念进一步明晰，各项改革不断深化，教育教学质量稳步提高，综合学术实力明显增强，师资队伍建设得到切实加强，交流合作与服务社会不断拓展，办学条件明显改善，党的建设进一步加强，思想政治工作卓有成效。报告指出，未来5年学校工作的主要任务是：深化教育教学改革，培养高素质人才；搞好学科建设顶层设计，建设高水平学科；推进自主创新，提高服务经济社会发展能力；大力实施人才战略，建设高层次人才队伍；开展高质量的国际合作与交流，提高国际化水平；进一步拓展办学空间，改善办学条件；不断深化改革，建立高效的管理运行机制；调动一切积极因素，努力构建和谐校园。大会号召，创建国内外知名的高水平大学，是党和国家赋予我们的神圣使命，是山东大学实现振兴与发展的战略选择，也是所有山大人的共同追求。这次大会，选举产生了学校新一届党的委员会和纪律检查委员会。

一、加强领导班子建设

合校后，学校党委提出“三个转变”（即在工作水准上，向适应新时期全面创建国内外知名高水平大学的要求转变；在发展模式上，向全面协调可持续发展轨道转变；在学校管理上，向适应大规模、多校区、综合型高水平大学的管理要求转变）的战略思想，着力提高各级领导班子的办学治校能力。

2003 年、2005 年，学校先后两次公开选拔七名副校长；通过两次（2004 年、2008 年）中层班子换届，优化了中层班子的知识结构、年龄结构和专业结构。2008 年 12 月 16 日，成立中共山东大学委员会党的建设领导小组。

二、创新基层党建工作

学校通过集中开展“三讲”教育活动、保持共产党员先进性教育活动、深入学习实践科学发展观活动、创建学习型党组织和“创先争优”活动，促进了基层党组织建设，提高了广大党员的党性修养和推动学校科学发展的能力。学校建立访学学生流动党支部、国防生党支部、学生社团党支部、学生公寓党支部等，延伸党员教育空间。采取多种形式，着重进行党员干部理论修养和办学治校能力的培训。合校 10 年里，共举办处级干部培训班 13 期、培训各类干部 10000 余人次，培训入党积极分子 36000 余人次。

学校坚持理论创新，先后开展了 136 项党建课题研究活动，承担国家级重大课题2 项。坚持实践创新，积极开展主题党日活动和主题实践活动。坚持载体创新，先后开通“先锋网”“师风网”“干部在线学习中心”等，搭建起立体化、交互式干部学习交流和管理平台。2006 年 6 月，山东大学化学与化工学院党委被评为“全国先进基层党组织”。2010 年 6 月，山东大学基层党建工作创新论坛举行，学校党建工作长效机制进一步健全。

三、坚持依法治校，推进和谐校园建设

学校坚持完善党的代表大会制度、党内选举制度和党内民主决策机制。完善教代会和学代会制度，发挥其在学校民主决策中的重要作用。建立健全统战工作的各项制度，发挥各民主党派、无党派人士在推动学校发展中的巨大作用。

不断加强离退休工作，促进离退休教职工为学校发展做贡献。加强各级学术委员会建设，充分发挥专家学者在学术评价、学术发展、学术管理中的主导作用。深入开展反腐倡廉教育，切实抓好惩治和预防腐败体系建设，进一步加强审计、行政监察、信访和案件查办工作，多次获得教育部和山东省表彰。

2001 年 8 月，为进一步提高工作效率，学校出台了《关于加强和改进机关作风建设的意见》。2003 年 12 月，出台《山东大学关于加强依法治校工作的意见》，将依法治校列入重点工作。2009 年 6 月，制定实施《山东大学落实“三重一大”制度实施办法》，全面推进校务公开。2004 年、2005 年学校先后被评为山东省和教育部“首批依法治校示范校”。学校还制定了《山东大学关于进一步加强对哲学社会科学学术会议、报告会、讲座管理的通知》等文件，加强意识形态工作和保密工作。

按照《山东大学关于加强和谐校园建设的意见》（山大党字〔2005〕12 号）要求，学校全面开展和谐校园、平安校园建设。建立健全组织领导体系和长效工作机制，制定应急处置和校园突发事件应急预案，为广大师生员工提供了安全稳定的工作、学习和生活环境。自 2006 年起，学校把消防逃生演练工作纳入新生军训课目，该做法被教育部以简报形式表扬并向全国推广。2007～2009 年，学校连续三年获评“平安山东建设先进单位”。

四、强化师德师风建设

学校用马克思主义中国化的最新理论成果武装师生头脑，用社会主义核心价值体系凝聚人心、引领思想。结合社会热点问题和教职工思想实际，开展形势政策教育和专题学习活动。成立山东大学思想政治教育研究会，强化理论研究，加强信息交流，不断提高教职工的思想政治素质。

学校制定《山东大学教师职业道德规范》《山东大学学术纪律处分规定》等办法，加强师德师风制度化、规范化建设。建立终身教授制度，表彰育才功勋，举办优秀教师、教学名师、“年度十大新闻人物”和“年度十大爱岗奉献模范人物”等评选活动，建立完善教师荣誉体系和师德建设长效机制，发挥先进模范人物的示范引领作用。

五、加强大学生思想政治教育

逐步建立大学生思想政治教育工作长效机制。为落实中央16号文件精神，2005年3月学校成立学生思想政治教育工作领导小组，制定实施《关于进一步加强和改进大学生思想政治教育的实施意见》等系列文件，以党团建设为抓手，以经常性的思想政治教育工作为基础，以社会实践、主题教育、典型教育、网络教育等为主要形式，逐步探索建立思想政治教育工作长效机制。

不断加强思想政治理论课建设。2005年3月，学校成立思想政治理论课教学建设委员会。制定实施《关于进一步加强思想政治理论课建设的意见》等文件，不断加强马克思理论学科建设，形成了以“马克思主义理论”一级学科为龙头、日趋完善的马克思主义理论学科体系。充分发挥思想政治理论课课堂教学主渠道作用，将“形势与政策课”改为“形势政策与社会实践课”，积极推进中国特色社会主义理论体系进教材、进课堂、进头脑工作。重视思想政治理论课教师队伍建设，选派教学骨干参加全国高校教学科研骨干研修班，设立思想政治理论课教师专项考察经费。2009年7月，山东高校思想政治理论课教师培训基地在山东大学成立。

大力推进辅导员队伍建设。2006年4月，学校出台了《关于进一步加强辅导员队伍职业化专家化建设的意见》。2007年，学校成为首批教育部高校辅导员培训和研修基地之一。2008年7月，全国高校辅导员工作研究会在山东大学成立，学校成为研究会会长单位和秘书长单位，校党委书记朱正昌当选为全国高校辅导员工作研究会会长。合校10年里，全校有专职辅导员184人，其中有159名辅导员获得职业指导师或心理咨询师资格证书。护理学院辅导员初世红获评“2009全国高校辅导员年度人物”，化学与化工学院辅导员赵希波获“2008全国高校辅导员年度人物”提名奖，能源与动力工程学院辅导员任伟获“2010全国高校辅导员年度人物”提名奖。

结 语

追求卓越　建世界一流大学

2012年11月，中国共产党第十八次全国代表大会召开，开启了中国特色社会主义新时代；2017年10月，中国共产党第十九次全国代表大会召开，确立习近平新时代中国特色社会主义思想为党的指导思想。山东大学以习近平新时代中国特色社会主义思想为根本遵循，增强“四个意识”，坚定“四个自信”，做到“两个维护”，在教育部和山东省委、省政府的领导下，坚持党的教育方针和社会主义办学方向，紧紧抓住学校发展的历史性机遇，充分发挥党的领导核心作用与最大优势，围绕办好人民满意的教育这一根本任务，努力培养德智体美劳全面发展的中国特色社会主义事业建设者和接班人，坚持学术立校、人才强校、特色兴校、依法治校战略，全面实施“学术振兴行动计划”、“攀越计划”和“强校兴国实施方案”等，在“双一流”建设道路上迈出了坚实的步伐。

第一节　凝心聚力，擘画新的蓝图

创建世界一流大学是全体山大人的光荣梦想，新的蓝图描绘了山东大学未来发展的方向。2010 年 8 月，山东大学在威海举行暑期工作会议，明确提出“建设世界一流大学”的奋斗目标。会后，全校上下开展了“创建世界一流大学”大讨论活动。2011 年 10 月 15 日，山东大学迎来建校 110 周年华诞。时任中共中央政治局常委、全国人大常委会委员长吴邦国致信表示祝贺，希望山东大学为社会主义现代化建设作出新的更大贡献。山东大学正式提出：到 2020 年，初步建成世界一流大学，在世界大学中的排名达到 100 名左右。2012 年 1 月，山东大学《创建世界一流大学战略规划（2011～2020）》（即“攀越计划”）提出，到建校 120 周年前后，初步建成世界一流大学，主要办学指标位居国内高校前列，并接近或进入世界百强。

党的十八大胜利召开以来，山东大学在习近平新时代中国特色社会主义思想指引下，加强党的全面领导，充分发挥党的领导最大优势，学校党委落实把方向、管大局、作决策、抓班子、带队伍、保落实的领导责任，坚持党建工作与业务工作同谋划、同部署、同推进、同考核，带领全校师生医务员工凝心聚力，开拓创新，追求卓越，只争朝夕，为创建世界一流大学而努力奋斗，为学校事业发展提供了坚强的保证。

2013 年 6 月 21 日，中国共产党山东大学第十三次代表大会在中心校区举行。校党委书记李守信作了题为《凝心聚力　开拓创新　为创建世界一流大学而努力奋斗》的工作报告，校长徐显明主持会议，教育部学位管理与研究生教育司司长郭新立、中共山东省委高校工委副书记齐秀生到会致辞。工作报告在全面总结学校十二次党代会以来工作的基础上，深入分析了学校当前面临的新形势，研究提出今后五年的奋斗目标和工作任务，对学校发展和党的建设做出新的部署。

工作报告实事求是地总结了学校上届党代会以来的工作：坚持社会主义办学方向，全面贯彻党的教育方针；全面提高教育教学质量，综合办学实力明显增强；推进体制机制改革，为发展注入新动力；加强和谐校园建设，育人环境进一步优化；全面加强党的建设，为学校事业科学发展提供坚强保障。工作报告深刻概括了上届党代会以来改革发展的基本经验：一定要高举旗帜，牢牢把握社会主义办学方向；一定要深化改革，永葆学校发展不竭动力；一定要内涵发展，走山大特色发展之路；一定要凝心聚力，把广大师生员工作为根本依靠力量。

工作报告规划了学校未来五年总的发展思路：坚持“一个根本”，紧扣“两条主线”，抓住“三个关键”，突出“四个重点”。坚持“一个根本”，就是要把立德树人作为根本任务；紧扣“两条主线”，就是要把“提高质量”和“深化改革”贯穿于创建世界一流大学的全过程；抓住“三个关键”，就是要抓住人才队伍建设、制度建设、条件保障建设三个关键；突出“四个重点”，就是要突出学科建设、协同创新、国际化战略、青岛校区建设四个重点。为此，应完成以下主要任务：坚持立德树人，着力提高人才培养质量；坚持学术立校，大力提升科学研究水平；立足人才强校，努力建设一流师资队伍；强化社会服务，融入经济建设主战场；深化体制改革，建立现代大学制度；提高保障能力，建设绿色、平安、和谐校园；加快青岛校区建设，推进一流大学建设进程。

工作报告对努力提高党的建设科学化水平提出明确要求，强调要完成好未来五年的主要任务，关键在加强党的领导，关键在提高各级领导班子办学治校的能力，关键在充分发挥广大党员干部的积极性主动性。一是加强思想政治建设，二是加强干部队伍建设，三是着力改进工作作风，四是夯实基层组织基础，五是增强党员队伍活力，六是健全完善规章制度，七是提高廉洁从政水平。与实现中华民族伟大复兴的中国梦相呼应，工作报告最后提出了每一个山大人心中的山大梦：弘扬百年优良传统，实现一流大学目标。

2018年6月29日，中国共产党山东大学第十四次代表大会在中心校区召开。中共山东省委书记刘家义对学校党代会召开表示祝贺并专门做出批示，中共山东省委常委、宣传部部长、教育工委书记关志鸥，教育部发展规划司司长刘昌亚出席开幕式并讲话。校党委书记郭新立作了题为《追求卓越　只争朝夕　奋力开创中国特色世界一流大学建设新局面》的工作报告，校长樊丽明主持开幕式。这次大会的主题是：高举习近平新时代中国特色社会主义思想伟大旗帜，全面贯彻党的十九大精神，创新发展理念，激发办学活力，推动内涵发展，追求卓越，只争朝夕，奋力开创中国特色世界一流大学建设新局面，为实现中华民族伟大复兴的中国梦作出山大贡献。

工作报告总结了学校过去五年的工作：旗帜鲜明讲政治，确保中央大政方针和决策部署落地生根；一心一意谋发展，一流大学建设迈出坚实步伐；开拓创新增活力，办学格局和内部治理取得重大突破；多措并举强保障，条件建设和民生工程成效显著。报告指出，五年来学校取得的成绩是全方位的，发生的变化是深层次的。这些成绩是党中央、国务院和教育部党组以及山东省委、省政府正确领导的结果，是社会各界关心支持的结果，是学校历届领导班子、全体山大人团结一心砥砺奋进的结果。

工作报告对新时代学校的历史方位、奋斗目标、发展战略进行了阐述。报告指出，大学要始终与国家和民族同心同向，要始终以国家强盛、民族振兴为使命担当。扎根中国大地办大学，建设中国特色世界一流大学，是党和国家赋予山东大学的时代使命，是百年山大办学初心的内在要求，是新时代再创辉煌的战略选择。要努力建设一所中国特色、山大风格的世界一流大学，一所有担当、有底气、有温度的世界一流大学，一所综合性、创新性、国际性、引领性的世界一流大学。为了实现这一奋斗目标，学校确定了从现在到2021年、从2021年到2035年、从2035年到2050年三个阶段的安排。报告指出，实现远大的奋斗目标要有清晰的行动部署，要始终坚守“四个服务”基本遵循，紧紧围绕立德树人根本任务，牢牢把握“双一流”建设的重大机遇，聚焦主要矛盾，聚力重点领域，大力实施人才强校战略、学术兴校战略、服务山东战略、文化引领战略、国际化战略和一体发展战略，着力解决发展不平衡不充分问题，扎实推动内涵式发展，切实提升办学质量和办学效益，加快实现“由大到强”的历史性转变。

工作报告指出，今后五年是山东大学落实“三步走”安排、加快推进世界一流大学建设的关键阶段，要以“五位一体”总体布局和“四个全面”战略布局为引领，深入贯彻新发展理念，把发展作为第一要务、人才作为第一资源、创新作为第一动力，不断坚定山大自信，紧紧抓住大有可为的战略机遇期，全面落实十大任务：第一，落实立德树人根本任务，着力培养德智体美劳全面发展的社会主义建设者和接班人；第二，推进人才强校，着力建设高水平人才队伍；第三，强化学科龙头地位，着力建设一流学科；第四，推动学术振兴，着力提升科研创新水平；第五，扎根齐鲁大地，着力服务山东现代化强省建设；第六，突出文化引领，着力建设传承创新中华优秀传统文化最具代表性大学；第七，深化国际交流合作，着力拓展对外开放办学新局面；第八，全面深化综合改革，着力推进治理能力和治理体系现代化；第九，坚持一体发展，着力打造创建世界一流大学的动力引擎；第十，加强条件建设和民生保障，着力提升师生获得感和满意度。

工作报告指出，办好山大的事情，关键在党。要坚定不移加强和改进党对学校的全面领导，把党的政治建设放在首位，不断强化思想理论武装，充分发挥学校党委的领导核心作用，着力打造高素质专业化干部队伍；要坚定不移把基层党组织建设得更加坚强有力，进一步发挥学院党委在改革发展中的引领和支撑保障作用，进一步发挥党支部的战斗堡垒作用，进一步发挥党员先锋模范作用；要坚定不移推动全面从严治党向纵深发展，持续加强纪律建设，持续转变作风。

第二节　整合优势，推进一体发展

由于历史的原因和地方经济社会发展的需要，山东大学形成了在济南、威海、青岛三个城市办学的格局，即“一校三地”。如何扬长避短？如何破解难题？山东大学解放思想、群策群力，探索出了一条有山大特色的办学之路。

山东大学威海分校创建于 1984 年，是我国高等教育史上第一所经教育部批准建立，由高校与地方联合共建的多学科、开放式、综合性大学，开创了我国校地合作办学的先河。进入 21 世纪以后，随着我国高等教育大发展和新山东大学的成立，威海分校定位逐渐明确，办学思路逐渐清晰，在教育部、山东大学和威海市的支持下，经过师生员工的共同努力，实现了跨越式发展，在教育教学改革、学科建设、科研、人才队伍建设、国际化办学、校园文化建设、办学条件改善等方面都取得了显著成绩，尤其是已形成了自身的学科优势，某些学科已拥有处于国内一流水平的专家学者。2009 年 3 月 23 日，校长徐显明在威海分校调研时指出，威海分校应融入“大山东大学”的发展战略格局之中，其定位是“统分结合、优势互补、各具特色、一体发展”。一是统分结合，即在山东大学统一规划指导下，在布局与管理体制上各有区分，实现“条块结合”，在济南以条为主，在威海则以块为主；二是优势互补，分校与总校是一个有机统一体，总校的优势要充分为分校所用，反之亦然，形成资源共享双利的和谐局面；三是各具特色，分校的学科建设已有了总校不可替代的鲜明特色，今后要在“山大特色，中国一流，世界水平”的统一目标下，以瞄准世界水平的眼光，重点建设具有世界影响力的学科；四是一体发展，要明确分校的又好又快发展对于山东大学事业具有重要的、积极的促进作用，分校的发展就是山东大学的发展，山东大学的发展当然也是分校的发展，使总校、分校的发展具有共时性、一体性。要在招生、教学管理、科研队伍、学科建设、师资队伍等方面实现充分共享与合作，学校将统筹协调总校、分校一体化发展。

2010年4月，《山东大学“十二五”基本建设规划（草案）》编制完成，明确了“构建一校三地大学系统，创建世界一流大学”的目标。同年12月，教育部批复同意建设青岛校区。2011年8月，山东大学与青岛市政府签署《山东大学—青岛市人民政府关于建设山东大学青岛校区的合作协议》。9月20日，山东大学威海分校正式更名为“山东大学（威海）”。10月23日，中共山东大学威海分校委员会更名为“中共山东大学（威海）委员会”。12月3日，学校出台《中共山东大学委员会关于深入学习贯彻党的十八大精神 全面推进世界一流大学建设的意见》（以下简称《意见》），将“构建山东大学系统，推进办学体制机制创新”作为推进世界一流大学建设的重点工作之一。《意见》提出要从学校发展战略全局出发，建设青岛校区，推进办学模式创新。把体制机制创新作为青岛校区建设的出发点和落脚点，在增加办学资源的基础上，通过体制改革、机制创新、制度建设、学科升级及布局调整，统筹济南、青岛、威海三个校区发展，有力支撑创建世界一流大学目标的实现，在人才培养、科学研究、社会服务、文化传承创新上为国家和区域发展作出新的更大贡献。

2013年6月21日，校党委书记李守信在学校第十三次党代会的报告中提出，要将构建山东大学系统作为未来五年发展的“四个重点”之一，12月19日，校长张荣在威海校区调研工作时强调，要在“一把伞”“一盘棋”的格局下深化体制机制改革，在管理体制上研究赋予相应的管理自主权。2014年，经教育部核准，新修订的《山东大学章程》公布，体现中国特色、时代内涵、山大风格的现代大学制度体系进一步完善。

2015年8月23日，在第22届国际历史科学大会开幕式前，中共中央政治局委员、国务院副总理刘延东接见山东大学领导班子成员时表示，希望山东大学坚持统筹布局、一体发展，坚持提升内涵、强化特色，坚持深化改革、提高效能，加快建设青岛校区，早日实现世界一流大学建设目标。2016年9月，山东大学青岛校区正式启用，实现了学校在青岛恢复办学。9月17日，山东大学青岛校区迎来了政管、法学、信息、计算机、生命、环境等6个学院的1007名学生。9月24日，青岛校区启用暨2016年新生开学典礼隆重举行，标志着青岛校区建设进入新阶段，象征着山东大学与青岛的融合升华到一个新高度，受到了社会各界和媒体广泛关注。由此，山东大学形成了一校三地办学的新格局。

2017年1月10日，经山东大学党委研究，威海校区党委更名为“威海校区党工委”，威海校区纪委更名为“威海校区纪工委”。4月21日，国务院总理李克强在来校考察时要求，山东大学要紧抓机遇，在整合校区资源、规划建设新校区方面先行先试，探索经验、趟出路子，助推学校再一次创业、再一次提升，为中国高等教育的发展跨越提供山大样板和山东解决方案。9月7日，校党委书记郭新立在新学期工作会议上强调，一校三地办学的格局是我们创建世界一流大学的最大优势所在；校长樊丽明强调，青岛校区全面启用，标志着山东大学在济南、威海、青岛三地办学格局正式形成。9月23日，学校正式发布《山东大学世界一流大学建设方案》，确立学校近期、中期和远期建设目标，并将“统筹布局，一体发展”作为学科规划建设的基本思路。

2018年4月3日，学校召开综合改革专题工作会议，研讨一校三地一体发展，研究讨论将“一体发展”确立为学校发展战略。6月29日，校党委书记郭新立在第十四次党代会作了题为《追求卓越　只争朝夕　奋力开创中国特色世界一流大学建设新局面》的工作报告，正式将“一体发展战略”作为学校未来发展的“六大战略”之一。报告提出，实施一体发展战略要立足一校三地办学新格局，坚持“统筹布局，一体发展”，在落实“六个统一，即强化学校党委统一领导，聚焦统一的办学目标，奉行统一的办学理念，遵循统一的规章制度，执行统一的学术标准，营建统一的山大文化”基础上，创新异地多校区管理体制机制，激发各校区内生动力和发展活力，充分发挥济南校本部在创建一流大学中的核心作用，把威海校区建设成为创建一流大学的新亮点，把青岛校区建设成为创建一流大学的新引擎。融汇一体发展合力，推动“同一个山大”建设，打造命运共同体、价值共同体、学术共同体、文化共同体、责任共同体。

2019 年 11 月 25 日，学校出台《中共山东大学委员会关于深化一校三地管理体制机制改革的意见》，提出改革重点任务与推进措施，深入落实一体发展战略，进一步完善一校三地管理体制和运行机制，积极探索具有山大特色的异地多校区管理模式，着力推进学校治理体系和治理能力现代化。

根据学校关于一校三地“统筹布局，一体发展”管理体制机制改革的意见，全校师生医务员工积极响应，落实到行动中，凝聚起了一体发展的强大合力。2018 年 5 月 25 日，山东大学召开第一届全民运动会，首次实现了济南、威海和青岛三地八校园全体师生医务员工共同参与、同场竞技。7 月 20 日，学校招生委员会实现三地同步直播互动。会上研究了统筹推动招生培养一体化工作，提出为各类培养方式统筹配置教师、教室、学生宿舍、实验室等教育教学资源。8 月 15 日至 17 日，学校召开暑期人事人才工作研讨会，强调要坚持“统筹布局、一体发展”的方针，深化一校三地人事人才工作协同推进、共同发展的格局。10 月 16 日，山东大学首门“济南—威海”跨校区同步直播课程在中心校区开讲，这标志着学校跨校区本科教学共建共享工作取得了突破性进展。

2020 年 3 月 30 日，学校第十四届委员会第 53 次常务委员会议审议通过了《山东大学（威海）管理体制机制改革实施方案》《山东大学（青岛）管理体制机制改革实施方案》。

第三节 只争朝夕，书写壮丽篇章

党的十八大以来，山东大学党委团结带领全校师生医务员工，解放思想、振奋精神、只争朝夕、开拓进取、勇攀高峰，用新气象、新作为、新成就，奋力书写无愧于伟大时代的崭新篇章。

2013 年是山东大学事业全面推进的一年。学校开展了以为民、务实、清廉为主要内容的党的群众路线教育实践活动，坚持质量发展、内涵发展、特色发展，深化改革，各项工作都取得了可喜的进步：大力实施教育质量工程，人才培养质量有了明显提升，学生创新能力不断增强，在“挑战杯”、数学建模竞赛等国内外重大创新竞赛中再创佳绩；加大人才引进培养力度，高层次人才、知名学者加快集聚；“金融风险定量计算与控制”“儒学与中华文化复兴”等协同创新中心建设取得新进展；学科建设再传捷报，10个学科的学术影响力和贡献能力进入ESI世界排名前1%；广泛开展社会服务与合作，山大福田汽车研究院等校企、校地合作项目顺利推进，与澳大利亚南澳大学、瑞典卡罗林斯卡医学院、西班牙阿尔卡拉大学等一批世界名校的战略合作关系进一步加深；大力推进文化传承创新，《子海》等众多成果不断涌现。同时，学校按照统筹布局、一体发展的原则，积极推进校区建设，威海校区有了新发展，青岛校区有了新进步。

2014年，是山东大学完善制度建设、优化蓝图规划的重要一年。这一年，教育部核准颁布《山东大学章程》，巡视整改工作全面启动并取得初步成效。学校深化综合改革工作全面展开，确定青岛校区首批学科布局、搬迁学院和相关科研机构。学术科研获批一项“973”计划项目和一项“863”计划项目，首次获批“973”计划青年科学家专项，获批3个国家自然科学基金重点项目，获得3项国家科学技术奖二等奖；国家社科基金立项数量居全国高校第二位、立项经费创历史新高，两项成果入选《国家哲学社会科学成果文库》，《杜甫全集校注》等优秀学术成果出版发行。山大学子在国际水中机器人大赛、全国大学生“挑战杯”等国内外重大赛事中连获佳绩，王文兴院士获“第十届光华工程科技奖工程奖”，庞朴教授当选“首届全国书博会年度主题读书人物”。有7名专家入选国家“万人计划”，新增近20位长江学者、泰山学者。臧乐源教授被评为“全国离退休干部先进个人”并受到习近平总书记亲切接见。山大参与的国际重大科研项目AMS实验再次取得暗物质探测重大发现，第三届尼山世界文明论坛、登州文会馆150周年国际学术研讨会等重大文化活动成功举办。《文史哲》杂志推出英文版，中法诺贝尔文学奖获得者勒克莱齐奥和莫言相聚山大畅谈“文学与人生”，3名教授入选“首批齐鲁文化名家”。以王晨齐鲁医学奖学基金、薛禹胜教育基金设立和首届董治安奖颁发等为代表的捐赠文化在师生校友中产生强烈反响。

2015年，山东大学推进世界一流大学和一流学科建设，书写了四季常新的华美篇章。是年春季，5位教授入选“长江学者奖励计划”，2位教授入选“国家创新人才推进计划”，学校荣获“教育系统新媒体宣传综合力十强”称号，“中华文化体验与教育活动”获评“‘礼敬中华优秀传统文化’全国十佳示范项目”。夏季，学校与海尔共同发起成立2025创新创业联盟，亚太研究所被批准为“一带一路”智库合作联盟理事单位，2位教授任首席科学家的项目获“973”计划批准立项，2位教授获“首届孙冶方金融创新奖”，37项课题获得国家社科基金资助。秋季，学校承办素有“史学奥林匹克”之称的国际历史科学大会，这是大会成立115年以来第一次走进亚非拉地区，国家主席习近平发来贺信，指出历史研究是一切社会科学的基础，重视历史、研究历史、借鉴历史，可以给人类带来很多了解昨天、把握今天、开创明天的智慧，希望这次大会能够推动各国的历史研究，帮助人们从历史的启迪中更好探寻前进方向；13个学科进入世界著名评价指标ESI前1%且列国内高校第八；3项成果入选《国家哲学社会科学成果文库》且在全国高校中并列第一；彭实戈院士在国际工业与应用数学大会上作一小时邀请报告。冬季，学校在U. S. News全球最佳大学排名中跨入300强，毕业生就业竞争力跨入QS毕业生就业竞争力排名世界200强，SCI论文收录数连续两年位列全国第八，获得6项国家科学技术二等奖，11个项目获国家自然科学基金重点类资助，3项课题获国家社科基金重大项目立项，3位校友当选两院院士，2位教授入选“国家百千万人才工程”，2位青年学者入选国家“万人计划”，《山东大学综合改革方案》通过国家审核程序并获得正式备案。

2016年，山东大学制定和实施“十三五”规划，扎实推进实施综合改革方案，进一步完善和推进学科高峰计划和人文社科振兴计划，完成了青岛校区一期工程建设和启用运行。这一年，学校积极开展“两学一做”学习教育，马克思主义学院入选首批全国重点马克思主义学院。一是学科发展成绩斐然。在美国U. S. News公布学科排名中，山东大学的数学、药理学与毒理学、化学3个学科入围全球前100名，工程学、材料科学、物理学、生物学与生物化学入围全球前200名，新增分子生物学与遗传学、农业科学2个学科进入前1%，化学学科首次进入前1‰，进入ESI前1%排名的学科数达到15个且位列国内高校第八。天然产物化学生物学教育部重点实验室顺利通过建设验收。二是学校人才队伍建设佳绩连连。学校新增3位“长江学者奖励计划”专家，新增7位国家“万人计划”入选者，19位学者入选Elsevier发布的中国高被引学者名单；17人入选“泰山学者攀登计划专家”或“泰山学者青年计划专家”；7名专家学者分获“求是杰出科学家奖”“山东省科学技术最高奖”“中国青年科学奖”“中国俄语教育杰出贡献奖”“中国青年五四奖章”“山东省社会科学突出贡献奖”。三是学校“一流人才培养工程”捷报频传。学生参赛团队荣获“英特尔杯”全国大学生软件创新大赛一等奖、中国工程机器人大赛冠军、全国大学生桥牌锦标赛女子甲级团体冠军，蝉联“创青春”山东省大学生创业赛冠军，获中国“互联网+”全国大学生创新创业大赛金奖，69人获中国博士后科学基金面上资助且资助金额列全国高校第三。四是学校科研和文化工作成果喜人。获4项国家科学技术奖，获5项国家社科基金重大项目立项且位列全国高校第八，首次获得国家创新方法工作专项项目资助，首个国家地方联合工程实验室获批立项，SCIE收录论文数位列全国高校第五创历史最好成绩，由三代学人接力、历时36年完成的《杜甫全集校注》荣获“全球华人国学大典国学成果奖”，47项成果获“山东省社会科学优秀成果奖”创历史新高，“山大日记”荣获首届全国高校网络宣传思想教育优秀作品特等奖。学校的对外合作交流发展顺利，社会服务不断深化，与青岛市人民政府签署共建山东大学青岛校区协议，校地合作进一步强化。

2017年，山东大学把学习宣传贯彻党的十九大精神作为首要政治任务和头等大事，坚持社会主义办学方向，切实抓紧抓好改革、发展、稳定各项工作。这一年，学校落实李克强总理来校考察时的指示精神和殷切嘱托，增添工作不断前行的强劲动力；学校以接受中央专项巡视为契机，全面从严治党；贯彻落实全国高校思想政治工作会议精神，扎根中国大地，办社会主义大学，落实意识形态工作责任制，重点做好基层党建工作；学校入选一流大学建设A类高校，事业发展进入了新时代；学校进入ESI前1%的学科数量、国家重点研发计划获批数量等重要指标居全国高校前列，472个项目获国家自然科学基金资助，57项科研课题获国家社科基金立项，86项课题获中国博士后科学基金面上项目资助，彰显了学术实力和发展潜力；本科教学审核评估使学校办学定位进一步聚焦于内涵发展和特色发展，入选“首批深化创新创业教育改革示范高校”和“全国创新创业典型经验高校”，山大学子在国际国内学术竞赛、创新创业大赛中屡获佳绩；学校与剑桥大学合作共建创新转化学院和国际创新转化实践基地，青岛校区全面启动成为学校“双一流”建设的新引擎，威海校区为现代化幸福城市建设和学校“双一流”建设注入新动力；学校凝练“服务山东战略就是服务国家战略，服务山东发展就是服务国家发展，扎根齐鲁大地就是扎根中国大地”的办学思路，致力于服务山东经济文化强省建设，助力全省新旧动能转换；大力推进山东工业技术研究院建设，打造一批高端智库，举办第八届世界儒学大会。

2018年，山东大学全面启动“双一流”建设，成功召开第十四次党代会，确定了学校未来发展的“三个阶段”“六大战略”“十大任务”。学校全面发挥党的领导最大优势，召开党建工作会议，党建工作体制机制更加完善，材料科学与工程学院入选首批全国党建工作标杆学院，土建与水利学院岩土中心党支部、马克思主义学院中国化马克思主义教研室党支部入选全国党建工作样板支部，材料科学与工程学院塑性成形工艺与模具技术党支部书记工作室入选首批全国高校“双带头人”教师党支部书记工作室。深入推进一流学科建设，学科专业实现“瘦身、长高、变强”，新增工程学、材料科学且进入ESI全球学科排名前1‰，进入前1‰和前1%的学科数均位列全国高校第九。积极布局新兴交叉学科，大力提升科研创新能力，学校竞争性科研经费超过12亿元，创历史新高；获批6项国家重点研发计划项目，18项国家基金重点类项目；以第一完成单位获1项国家自然科学奖二等奖；获6项教育部高校科研优秀成果奖，获奖数位列全国高校第十；新一代半导体材料核心领域关键技术集成攻关大平台入选全国高校首批建设名单（共6个），高端国际合作平台——山东大学高等技术研究院、网络空间安全研究院、数据科学研究院成立，多项成果在*Cell*、*NEJM*、*PRL*、*PNAS*等高水平期刊发表；一批“千万级”重大科技成果转化项目成功落地。全球汉籍合璧工程正式获批国家重点文化工程，国家社科基金重大项目立项数居全国第五，章丘焦家遗址入选“全国十大考古新发现”。这一年，教育部和山东省决定重点共建山东大学，支持学校全面加快世界一流大学建设进程；学校科研成果转化额超过1亿元；印发《山东大学关于深化人事人才工作体制机制改革的意见》，深入贯彻人才强校战略，完善杰出人才体系，入选“长江学者奖励计划”“国家杰出青年科学基金项目”“万人计划”人数持续增长，3位学者入选“高被引科学家名单”；山大教师首次获国家级教学成果奖一等奖1项，同时获二等奖4项，标志着学校本科教学改革取得突破。

2019年，山东大学把“不忘初心、牢记使命”主题教育与高质量推动“双一流”建设、强校兴国行动紧密结合、融为一体、互为促进。这一年，学校深化“三全育人”综合改革，深化人事人才体制机制改革，在连续两年实现高层次人才引育倍增的基础上，省级以上杰出人才数量再次实现倍增；陈子江教授、李术才教授分别当选中国科学院、中国工程院院士，王小云教授获“未来科学大奖”。学校主要学术竞争性指标进入国内前十，在国家科技基础资源调查专项、国家地方联合工程研究中心、教育部野外科学观测研究站等方面实现多个“首次”。儒家文明省部共建协同创新中心获批建设，中国特色哲学社会科学“山大学派”加快建设。山大师生在 *Nature*、*Cell*、《中国社会科学》等顶尖刊物发表高水平研究成果。深化与山东省 16 个地市的合作关系，与 50 多家企业开展全方位战略合作，氧化铝特种陶瓷材料等千万级科技成果落地转化，服务山东“山大系”品牌效益初显。着力加强文化引领，积极拓展国际交流，山东大学—南洋理工大学人工智能国际联合研究院和山东大学澳国立联合理学院成为国际化办学的新模式。深化一校三地管理体制机制改革，建立多校区资源共享、优势互补的教育教学管理运行模式。积极实施强院兴校行动，推动管理重心下移，发挥学院办学主体作用，以强院带动兴校；夯实各项条件保障，做好服务师生“十件实事”，不断凝聚“同一个山大，同一个梦想”的山大力量。

第四节　强校兴国，开启新的征程

山东大学在 120 年来的光辉历程中，曾在 20 世纪先后赢得了“海洋学科远东第一”“生物学科全国最好”的美誉，形成了“文史见长”的特色。如今，山东大学已经发展为一所总占地面积 8000 余亩、学科门类齐全、各类全日制学生达 7 万人、培养了 60 多万名毕业生的规模宏大的高等学府。实现“由大到强”的历史性转变是全体山大人的美好期盼，是深入落实山东大学第十四次党代会精神的核心体现，是学校事业发展“三个阶段”安排和“六大战略”实施的具体聚焦，是高等教育承担“人才培养、科学研究、社会服务、文化传承创新、国际交流合作”历史使命的迫切需要。

2019 年 12 月，山东大学出台了《百廿山大强校兴国行动方案（2019～2021 年）》（以下简称《行动方案》）。《行动方案》着力采取十个方面的行动举措推进强校兴国目标的实现。一是坚持为国育贤，着力培养担当民族复兴大任的时代新人。实施铸魂育人工程，努力培养最优秀的本科生与最具创造力的研究生，高标准推进“双创”示范基地建设，把创新创业教育贯穿于人才培养全过程。二是夯实人才基础，打造新时代精英云集的高地。广揽天下英才，营造人才成长发展良好生态。三是推进更新换代，加快建设世界一流学科。打造学科高峰，优化学科结构布局，推进学科交叉融合。四是致力科技创新，为创新驱动发展提供源头供给。实施“重大基础研究行动计划”，合力突破关键核心技术。五是弘扬人文传统，推动哲学社会科学全面振兴。实施文化引领战略，培育“山大学派”，建设新型高端智库。六是扎根齐鲁大地，全面提升服务经济社会发展能力。凝聚“山大师生系”“山大校友系”“山大校企系”“齐鲁医学系”“山大基教系”力量，全力打造服务山东“山大系”品牌，助力山东加快现代化强省建设，凝聚校友力量实干兴邦。七是扩大对外开放，不断提升国际影响力和竞争力。推进人才培养国际化，拓展国际科研合作，构建全球合作伙伴网络。八是深化综合改革，着力推进治理体系和治理能力现代化。创新异地多校区办学模式，实施强院兴校行动，推动内部管理实现深刻变革。九是强化支撑保障，筑牢实现“由大到强”的物质基础。切实提高财务保障水平，扎实推进条件建设。十是加强和改进党的领导，扎实推进党的建设新的伟大工程。充分发挥党的领导这一最大办学优势，为中国特色世界一流大学建设提供坚强的政治保证、思想保证和组织保证。

为推进实施《行动方案》，山东大学党委随后制定《关于实施强院兴校行动的意见》，提出了“121”行动路径，提升学术核心竞争力，聚力做强学科、做强学院两大重点，充分发挥党的领导在改革发展中的最大优势，进一步完善校院两级管理体制，切实增强学院的谋事能力、统筹能力、理财能力、发展能力，加快实现学校“由大到强”的历史性转变。

2020年是极其特殊、极不平凡的一年，深深铭刻于我们的家国记忆乃至人类记忆中。这一年，山大人和全国人民一起亲历惊心动魄的抗疫大战，感受到中国共产党领导和中国社会主义制度的显著优势，感受到“生命至上、举国同心、舍生忘死、尊重科学、命运与共”的精神之光，感受到全体山大人团结奋进、一往无前的使命担当。300余名山大医务工作者积极响应习近平总书记和党中央号召，白衣为甲、逆行出征，用血肉之躯筑起了捍卫生命、护佑健康的钢铁长城，为抗疫斗争取得重大战略成果贡献了山大力量。这一年，山东大学紧紧围绕“立德树人”根本任务，扎实推进“三全育人”综合改革，构建思政工作体系，推进课程思政建设，布局新兴战略专业，加快学科现代化建设，学校首轮“双一流”建设结束，教育部评价建设效果显著；山大人连续4年获得“未来科学大奖”，2人获“全国创先争优奖”，青年学者斩获“中国青年科技奖”“何梁何利基金奖”；学校大力实施学科现代化工程，强化数学与数据科学、化学与物质科学、材料及加工制造、中国古典学术、临床医学与重大疾病等五大一流学科领域为核心的“优特新”学科建设，学术兴校再创佳绩，产生一批重大发现和世界一流研究成果，截至2020年底，5个学科进入ESI全球排名前1‰，18个学科进入ESI全球排名前1%，17个学科进入国际主流学科排名前100，获评“世界十大考古新发现”和两项“全球华人国学成果奖”，学术研究呈现崭新气象；学校深入实施文化引领战略，大力推进治理体系和治理能力现代化，不断凝聚一校三地协同发展的强大合力，激发学院谋大事、干大事、成大事的内生动力；学校在最难就业时期给予毕业生最暖温情守护，助力实现充分高质量就业，办好公寓改造、直饮水工程、电梯加装等民生实事；学校着力打造服务国家、服务山东的“山大系”品牌，成立山东国家应用数学中心、国家健康医疗大数据研究院，筹建黄河国家战略研究院，与中铁、中国社科院等全面合作，推动多个千万级项目落地转化，成果转化再创新高，定点帮扶的河南省确山县正式脱贫摘帽，绘就决胜脱贫攻坚的生动图景，体现了百年学府的责任担当。

2021年是中国共产党成立100周年和“十四五”开局之年，也是山东大学建校120周年。这是继往开来的新起点，是凝心聚力的新机遇，是强校兴国的新跨越。

2021年5月9日，中共中央总书记、国家主席、中央军委主席习近平给《文史哲》编辑部全体编辑人员回信，对办好哲学社会科学期刊提出殷切期望。习近平在回信中说，《文史哲》创刊70年来，在党的领导下，几代编辑人员守正创新、薪火相传，在弘扬中华文明、繁荣学术研究等方面做了大量工作，在国内外赢得一定声誉，你们付出的努力值得肯定。习近平指出，增强做中国人的骨气和底气，让世界更好认识中国、了解中国，需要深入理解中华文明，从历史和现实、理论和实践相结合的角度深入阐释如何更好坚持中国道路、弘扬中国精神、凝聚中国力量。回答好这一重大课题，需要广大哲学社会科学工作者共同努力，在新的时代条件下推动中华优秀传统文化创造性转化、创新性发展。高品质的学术期刊就是要坚守初心、引领创新，展示高水平研究成果，支持优秀学术人才成长，促进中外学术交流。希望你们再接再厉，把刊物办得更好。

习近平总书记给《文史哲》编辑部全体编辑人员回信，让全体山大人深切感受到党和国家对教育工作的高度重视和对山东大学的亲切关怀，令人深受鼓舞。山东大学认真学习贯彻习近平总书记重要回信精神，制定落实方案，以习近平总书记重要回信精神为指引，担负起时代使命，加快推进“双一流”建设，让世界更好认识中国、了解中国，为民族复兴贡献山大力量。

教育兴则国家兴，教育强则国家强。120年来，一代又一代山大人始终秉承“为天下储人才，为国家图富强”的办学宗旨，扎根中国，厚植齐鲁，弦歌不辍，砥砺前行，守正创新，薪火相传，用扎实、朴实、踏实的独特品格书写了教育报国的壮丽篇章。当前，正昂首迈进“双甲子”的山东大学高举习近平新时代中国特色社会主义思想伟大旗帜，坚守初心，开创未来，将以奋进新时代的磅礴之力，开创崭新甲子的伟业，铸就强校兴国的辉煌，为早日建成社会主义现代化强国、实现中华民族伟大复兴的中国梦作出应有贡献！

后　记

山东大学建校以来，始终坚守“为天下储人才，为国家图富强”的办学初心，踔厉奋发，薪火相传，积淀形成了鲜明的办学特色和优良的办学传统。《山东大学简史》是学校历史发展的直接记录，是学校文化和精神的重要载体，是山东大学120年办学实践的客观总结。学校高度重视《山东大学简史》的编写工作，为了更好地发掘山大历史，讲好山大故事，弘扬山大精神，推动学校“双一流”建设，迎接山东大学120周年校庆，2019年学校发文征集校史资料，强调要进一步加强校史研究并作出相应安排。2020年10月《山东大学120周年校庆工作总体实施方案》公布，校史编写被列入山东大学百廿校庆的重点项目，分管领导王琪珑常务副校长、张永兵副书记牵头，邢占军校长助理具体负责，组织校内外校史研究专家、档案馆（校史办）专业人员，形成编写团队。

《山东大学简史编写大纲》原则上以2020年4月13日学校党委常委会通过的《山东大学校史馆展陈大纲》为蓝本，依据校史编写特点和要求，结合山东大学校史研究中心、山东大学校史办形成的《山东大学校史编写大纲》，经专家学者反复论证修改后研究制定了《山东大学简史大纲》，并得到学校同意，编写团队在前期大量准备工作的基础上，按照大纲进行校史编写。

2021年8月9日，学校专门召开会议对《山东大学简史大纲》进行进一步的研讨，郭新立书记、樊丽明校长、学校有关领导和专家结合校史的编写情况，对《山东大学简史大纲》和《山东大学简史》的修改提出了要求并给出指导性意见，要求提升政治站位，确保在政治上、思想上、内容上和体例上符合校史编写规范，保证编写质量，完成一部经得起时间检验的高水平校史。

编写团队根据学校要求和校史编写规则，紧密结合山东大学实际，在系统收集相关校史资料的基础上，充分参考已经出版的《山东大学百年史》《山东大学纪事》《山东大学年鉴》《山东大学大事记》等文献资料，按照编写大纲进行了科学分工，分头编写，形成初稿后，先后十余次召开不同类型的编写修改会、审稿会，广泛征求意见，反复修改，每次修改形成的稿本都通过不同形式送相关领导、部门审核。学校职能部门、威海校区、青岛校区为《山东大学简史》的编写提供了全方位的支持，尤其是对改革开放后的内容反复进行补充修改审核指导。目前的《山东大学简史》在一定程度上是学校集体智慧的结晶。

《山东大学简史》共六编，其中第一编由崔华杰（第一章）、张洪刚（第二章）执笔；第二编由王静（第三章）、胡孝忠（第四章、第五章）执笔；第三编、第四编由徐畅、许志杰（第九章）执笔；第五编由楼蔚文、王玉国、田雪华执笔，徐畅、崔华杰修改；第六编由耿德良（第十二章、第十三章）、孙长俊、苏红燕、张庆美执笔，孙长俊修改；结语由李平生执笔。孙大永、樊树娟、张鹏提供了2011～2021年的初稿，孙大永修改；威海校区（顾炜、赵林林、李松、何峰）、青岛校区（杜亮、盛瑞金、褚雷、徐强）提供校区的初稿，李平生、许志杰修改。王学典教授、郑训佐教授、刘家峰教授等对简史的修改也提出了意见与建议。赵爱国统筹协调组织《山东大学简史编写大纲》《山东大学简史》编写修改工作；张立华、李凤莲、范凯红、王玉国、苏红燕、张鹏、田雪华、樊树娟、杨洁、初桐、李晨、刘晓云、张灵慧等参与了资料收集整理和后期相关工作。崔华杰、徐畅、许志杰、孙长俊、李平生、刘培平、孙大永、赵爱国、史永志参加了书稿的审核统稿。

由于编写时间有限、水平不足等原因，本书还存在一些不足与遗憾，恳请读者批评指正，以便以后修订。本书编写过程参阅引用了《山东大学百年史》等校史出版物，存在标引不详尽的情况，在此对参考文献的作者表示衷心感谢！

编者

2021年10月